Binder / Klettenhammer / Mertz-Baumgartner (Hrsg.)

—

Lyrik transkulturell

SAARBRÜCKER BEITRÄGE
ZUR VERGLEICHENDEN
LITERATUR- UND KULTURWISSENSCHAFT

Herausgegeben von

Manfred Schmeling und Christiane Solte-Gresser
(Allgemeine und Vergleichende Literaturwissenschaft)

unter Mitarbeit von

Hans-Jürgen Lüsebrink
(Romanische Literaturwissenschaft / Interkulturelle Kommunikation)

und

Klaus Martens
(Nordamerikanische Literatur und Kultur)

Band 78 — 2016

Lyrik transkulturell

Herausgegeben von
Eva Binder
Sieglinde Klettenhammer
Birgit Mertz-Baumgartner

Königshausen & Neumann

Gedruckt mit freundlicher Unterstützung von:
Vizerektorat für Forschung, Universität Innsbruck
Philologisch-Kulturwissenschaftliche Fakultät, Universität Innsbruck
Forschungsschwerpunkt „Kulturelle Begegnungen – Kulturelle Konflikte“, Universität Innsbruck
Gefördert vom Land Tirol

Bibliografische Information der Deutschen Nationalbibliothek

Die Deutsche Nationalbibliothek verzeichnet diese Publikation in der Deutschen Nationalbibliografie; detaillierte bibliografische Daten sind im Internet über http://dnb.d-nb.de abrufbar.

Gedruckt auf säurefreiem, alterungsbeständigem Papier
Umschlag: skh-softics / coverart
Umschlagabbildung: © Cecilia Vicuña, *Debajo o encima del agua*
Das Original liegt im Museo Nacional de Bellas Artes de Chile.
Abdruck mit Erlaubnis der Künstlerin und MNBA.
Bindung: docupoint GmbH, Magdeburg

Printed in Germany
ISBN 978-3-8260-5796-0
www.koenigshausen-neumann.de
www.libri.de
www.buchhandel.de
www.buchkatalog.de

Inhalt

Einleitung

Eva Binder / Sieglinde Klettenhammer / Birgit Mertz-Baumgartner

Der vorliegende Sammelband geht auf die gleichnamige Tagung „Lyrik transkulturell“ zurück, die im Januar 2015 vom fächerübergreifenden Forschungszentrum „Kulturen in Kontakt“ an der Philologisch-Kulturwissenschaftlichen Fakultät der Universität Innsbruck ausgerichtet wurde und an der LiteraturwissenschaftlerInnen unterschiedlicher philologischer Fachrichtungen teilnahmen. Ausgehend vom Konzept der Transkulturalität und Begrifflichkeiten der Transkulturalitätsforschung setzte sich die Tagung zum Ziel, Prozesse und Dynamiken des Kulturtransfers, Zonen des kulturellen Kontaktes und Formen der kulturellen Verflechtung und Vermischung in der Gattung Lyrik sowohl diachron als auch synchron auszuloten. In diesem Zusammenhang wurden Poetologien von mehrsprachigen AutorInnen, von AutorInnen aus mehrkulturellen Räumen sowie von AutorInnen mit Migrationserfahrung erkundet. Von besonderem Interesse war dabei die Frage, wie und mit welchen ästhetischen Strategien Lyrik nationale Paradigmen unterläuft, sich an Identitätsdiskursen in unterschiedlichen politischen Kontexten beteiligt oder diese durchkreuzt. Nicht minder bedeutsam war aber auch die Frage, inwiefern Lyrik nicht bereits durch die Dominanz der poetischen Sprachfunktion und den literarhistorisch zu beobachtenden Import und Transfer von Metriken und Gedichtformen genuin hybride und damit transkulturelle Züge trägt. Die Perspektivierung der Tagung entlang des Transkulturalitätsparadigmas legte zugleich auch eine Reflexion des Transkulturalitätsbegriffs und seiner Geschichte nahe, zumal dieser Terminus nicht unumstritten ist und mit den Begriffen ‚transnational‘ und ‚interkulturell‘ konkurriert. Der Terminus ‚transkulturell‘ in der Titelgebung der Tagung wie auch dieses Bandes ist daher nicht bloßes Hilfskonstrukt, unter dem LyrikerInnen unterschiedlichster Herkunft und Biographie versammelt werden, sondern er markiert den theoretischen Ansatz, von dem aus lyrische Schreibweisen, vornehmlich des 20. und 21. Jahrhunderts, in den Blick genommen werden.

Zum Begriff der Transkulturalität

Im deutschsprachigen Raum ist der Begriff der Transkulturalität aufs Engste mit dem Theoretiker der Postmoderne Wolfgang Welsch verknüpft, der damit das bis dahin vorherrschende Interkulturalitäts- und Multikulturalitätsparadigma in Frage stellte. Erstmals eingeführt wurde der Begriff 1992 in Welschs Artikel „Transkulturalität. Lebensformen nach der Auflösung der Kulturen“[1]. Transkulturalität als Beschreibungskategorie zeitgenössischer Gesellschaften findet sich in der Folge in zahlreichen erweiterten kulturtheoretischen Aufsätzen Welschs, in seinen definitorischen Grundprämissen bleibt der Begriff jedoch unverändert.[2] Die zeitgenössischen Kulturen hätten, so Welsch, eine andere Verfassung angenommen, „als unsere Kulturbegriffe noch immer behaupten oder suggerieren“[3]. Weder das Konzept von weitgehend separierten und gegeneinander abgegrenzten Einzelkulturen (in der Denktradition von Johann Gottfried Herder), noch die neueren Konzepte der Interkulturalität und der Multikulturalität seien geeignet, jene Hybridisierung von kulturellen Praktiken und Lebensformen zu beschreiben, wie sie für die gegenwärtigen Gesellschaften charakteristisch sind. Diese würden zwar von einer Vielfalt unterschiedlicher Lebensformen ausgehen, jedoch die Vorstellung von homogenen kulturellen Entitäten, die einander begegnen oder nebeneinander koexistieren, nicht aufgeben und letztlich „noch immer am alten Kugelmodell“ mit seiner „Differenz-Fiktion“[4] festhalten. Transkulturalität hingegen trage, so Welsch, auf der Makroebene der „inneren Differenzierung und Komplexität der modernen Kulturen“, aber auch deren „externer Ver-

---

1 Wolfgang Welsch, „Transkulturalität. Lebensformen nach der Auflösung der Kulturen“, in: *Information Philosophie* 2 (1992), 5–20.

2 U. a. Wolfgang Welsch, „Transkulturalität – die veränderte Verfassung heutiger Kulturen“, in: *Via Regia* 20 (1994), http://www.via-regia.org/bibliothek/pdf/heft20/welsch_transkulti.pdf (10.02.2016); Wolfgang Welsch, „Transkulturalität. Zur veränderten Verfassung heutiger Kulturen“, in: Irmela Schneider / Christian W. Thomson (Hg.), *Hybridkulturen. Medien, Netze, Künste*, Köln 1997, 67–90; Wolfgang Welsch, „Auf dem Weg zu transkulturellen Gesellschaften“, in: Lars Allolio-Näcke / Britta Kalscheuer / Arne Manzeschke (Hg.), *Differenzen anders denken. Bausteine zu einer Kulturtheorie der Transdifferenz*, Frankfurt/New York 2005, 314–341; Wolfgang Welsch, „Transkulturelle Gesellschaften“, in: Peter-Ulrich Merz-Benz / Gerhard Wagner (Hg.), *Kultur in Zeiten der Globalisierung. Neue Aspekte einer soziologischen Kategorie*, Frankfurt a. Main 2005, 39–67; Wolfgang Welsch, „Was ist Transkulturalität?“, Bielefeld 2010, 39–66, http://www2.uni-jena.de/welsch/papers/W_Welsch_Was_ist_Transkulturalität.pdf (28.01.2016); Wolfgang Welsch, „Was ist eigentlich Transkulturalität?“, in: Dorothee Kimmich / Schamma Schahadat (Hg.), *Kulturen in Bewegung. Beiträge zur Theorie und Praxis der Transkulturalität*, Bielefeld 2012, 25–40.

3 Welsch 1997, 67.

4 Welsch 2012, 32, 30.

netzung“ Rechnung.[5] Auf der Mikroebene werde der Transkulturalitätsbegriff der „innere[n] Pluralität“ der Subjekte gerecht, denn „die kulturelle Identität der heutigen Individuen“, so Welsch, sei „eine Patchwork-Identität“.[6]

Welsch spricht zwar davon, dass das „Ausmaß der Transkulturalität in den letzten Jahren stark angestiegen“ sei und die „kulturellen Durchdringungen [...] heute weltweit stärker“[7] seien als je zuvor, er grenzt sein kulturtheoretisches Konzept jedoch deutlich gegenüber der Globalisierung ab, die er als Uniformierung nach westlichem Muster begreift. Transkulturalität hingegen ziele auf „die Vielheit unterschiedlicher Kulturen und Lebensformen, von denen jede aus transkulturellen Kombinationen hervorgeht“[8]. Da Welsch einen prozessualen Kulturbegriff vertritt, plädiert er für eine zeitliche Ausweitung der Untersuchungsperspektive, denn der Blick auf die Geschichte zeige deutlich, „dass historisch seit langem Transkulturalität und nicht Reinheit die Regel war“, was sich auch darin manifestiere, dass die „Stile länder- und nationenübergreifend waren“.[9]

Dass das Konzept der Transkulturalität in einem Spannungsverhältnis zu jenem der Interkulturalität steht, zeigen zahlreiche kritische Auseinandersetzungen mit Welschs Texten, die vor allem von Seiten der Interkulturalitätsforschung und der interkulturellen Germanistik bzw. Didaktik kommen.[10] Zu unbestimmt bleibe der Terminus ‚Transkulturalität‘, zu zentral setze Welsch den Begriff der kulturellen *différance*, zu deutlich untergrabe er die Dichotomie von eigen und fremd, zu sehr rüttle er an hermeneutischen Prämissen des Verstehens bzw. Aneignens des Fremden.

Als Welsch den Begriff der Transkulturalität einführte, ging er zunächst davon aus, dass es sich um einen Neologismus handle.[11] Er war sich also der langen Geschichte transkultureller Prozesse im karibischen und lateinamerikanischen Raum nicht bewusst. Dies verwundert nicht, wurde doch Fernando Ortiz’ *Contrapunteo cubano del tabaco y el azúcar* (1940) erst 1987 von Maralde Meyer-Minnemann ins Deutsche übersetzt und da nur das erste Kapitel, in dem der Begriff ‚transculturación‘ zwar einge-

---

5 Welsch 1997, 71.

6 Welsch 2012, 30.

7 Welsch 2010, 32.

8 Welsch 1997, 78.

9 Welsch 2012, 35.

10 Zu den Kritikpunkten vgl. u. a. Olga Iljassova-Morger, „Transkulturalität als Herausforderung für die Literaturwissenschaft und Literaturdidaktik“, in: *Das Wort. Germanistisches Jahrbuch Russland* 2009, 37–57; Norbert Mecklenburg, *Das Mädchen aus der Fremde. Germanistik als interkulturelle Literaturwissenschaft*, München 2008, 90–98; Werner Delanoy, „Transkulturalität als begriffliche und konzeptuelle Herausforderung an die Fremdsprachendidaktik“, in: Frauke Matz / Michael Rogge / Philipp Siepmann (Hg.), *Transkulturelles Lernen im Fremdsprachenunterricht*, Frankfurt a. M. u. a. 2014, 19–35.

11 Vgl. dazu Welsch 1994, Anm. 3.

führt, jedoch nicht weiter erläutert wird.[12] Das im Kontext der Transkulturalitätsdebatte relevante zweite Kapitel „Del fenómeno social de la transculturación y de su importancia en Cuba"(„Vom Phänomen der ‚Transkulturation' und von seiner Bedeutung in Kuba") blieb bis 2015 unübersetzt. Wie die Herausgeberinnen des Bandes *Lateinamerikanische Kulturtheorien*, in dem sich auch die Übersetzung des zweiten Ortiz-Kapitels befindet,[13] in ihrem Vorwort betonen, ist das ‚Übersehen' lateinamerikanischer KulturtheoretikerInnen ein Schicksal, das der kubanische Jurist und Anthropologe Fernando Ortiz mit vielen KollegInnen teilt, deren Texte nicht oder bestenfalls ins Englische übersetzt wurden. Zu Recht unterstreichen Isabel Exner und Gudrun Rath, dass auch die postkolonialen Theorien, die *per definitionem* auf Positionen der Dekolonialisierung ausgerichtet sind, an diesem ‚Übersehen' nichts änderten bzw. dieses durch die Übermacht englischsprachiger Postkolonialismusdiskurse (Edward Said, Homi K. Bhabha, Gayatri Chakravorty Spivak, Paul Gilroy, Stuart Hall) gar noch verstärkten.[14]

Was versteht nun Fernando Ortiz unter ‚transculturación'? Der Anthropologe ging – ganz ähnlich wie Wolfgang Welsch viele Jahrzehnte später – von der Beobachtung aus, dass die kubanische Lebenswirklichkeit der 1930er Jahre mit gängigen Begrifflichkeiten nur höchst unzulänglich beschrieben werden konnte. Es fehlten Konzepte, um „jene vielgestaltigen Phänomene zu benennen, die in Kuba aus den äußerst komplexen Wandlungen (*transmutaciones*) der hier anzutreffenden Kulturen hervorgehen"[15] und jenes „amestizamiento"[16] hervorbrächten, das die kubanische Lebensrealität ausmache. Der Begriff der Transkulturation sollte, so Ortiz weiter, jenen der Akkulturation ersetzen, weil dieser lediglich die Anpassung einer unterlegenen Kultur an eine überlegene Kultur bedeute. Gerade auf Kuba durchlebten aber vor allem auch die mächtigen weißen Immigranten, vorrangig Spanier, solche Transkulturationsprozesse. Unabhängig davon, ob es sich um spanische Zuwanderer oder afrikanische Sklaven handle, sie alle kämen als „den vertrauten Gesellschaften Entrissene"[17] nach Kuba und durchliefen einen (wenn auch sehr verschieden verlaufenden) Prozess der Wandlung: von der Dekulturation über die Inkulturation zur Transkulturation. ‚Transculturación' bezeichnet nach Ortiz einen „transi-

12 Vgl. dazu Mathias Hildebrandt, „Von der Transkulturalität zur Transdifferenz", in: Allolio-Näcke / Kalscheuer / Manzeschke 2005, 342–347.

13 Die Übersetzung des zweiten Kapitels erschien in Isabel Exner / Gudrun Rath (Hg.), *Lateinamerikanische Kulturtheorien*, Konstanz 2015, 51–57.

14 Vgl. Isabel Exner / Gudrun Rath (Hg.), *Lateinamerikanische Kulturtheorien*, Konstanz 2015, 15–17.

15 Fernando Ortiz, „Vom Phänomen der ‚Transkulturation' und von seiner Bedeutung in Kuba", in: Isabel Exner / Gudrun Rath (Hg.), *Lateinamerikanische Kulturtheorien*, Konstanz 2015, 51.

16 Ortiz 2015, 53.

17 Ortiz 2015, 52.

tiven Prozess“[18], der den schmerzhaften Verlust, die Entfremdung ebenso umfasst wie die Hervorbringung neuer kultureller Erscheinungsformen. Bronislaw Malinowski beschrieb ‚transculturación‘ in seinem Vorwort zu Ortiz' Studie als einen Prozess, aus dem eine neue, zusammengesetzte und komplexe Realität entstünde; eine Realität, die nicht eine Addition von Teilen sei, auch kein Mosaik, sondern etwas gänzlich Neues und Unabhängiges. Es handle sich um einen Übergang zwischen zwei, gleichermaßen ‚aktiven‘ Kulturen, die beide zur Schaffung einer neuen Realität beitragen.[19]

Was Wolfgang Welsch in den 1990er Jahren vor allem im Bezug auf Europa als „veränderte Verfassung heutiger Kulturen“[20] beschrieb, die sich im Hybridcharakter von Gesellschaften, in transkulturellen Lebensformen aber auch in der transkulturellen Prägung von Individuen manifestiert, scheint für den karibischen Raum bereits im ersten Drittel des 20. Jahrhunderts so prägend gewesen zu sein, dass es zu kulturtheoretischen Überlegungen à la Ortiz und zur Formulierung neuer Konzepte führte. Wenn wir den frankophonen karibischen Raum mitdenken, so existiert mit Édouard Glissants ‚créolisation‘ zumindest noch ein weiteres kulturtheoretisches Konzept, um Transkulturationsprozesse zu beschreiben.[21] Dabei geht Glissant davon aus, dass Kreolisierung prinzipiell allen Kulturen eigen ist, dass jedoch in den „atavistischen Kulturen“ (wie in Europa) dieser Prozess lange Zeit zurückliege und durch Erzählungen von (nationaler) Einheit und Einheitlichkeit überschrieben wurde. In den „cultures composites“ (Karibik, Lateinamerika, USA) hingegen sei die Kreolisierung ein ‚junges‘ Phänomen, ja verlaufe in der unmittelbaren Gegenwart.[22] Möglicherweise bringen erst die rasant zunehmende Vernetzung durch neue Kommunikationstechnologien und Globalisierungsschübe im letzten Drittel des 20. Jahrhunderts sowie neue Formen von Mobilität und Migrationsbewegungen die Existenz von Transkulturations- oder Kreolisie-

---

18 Ortiz 2015, 56.

19 „Transculturación es un proceso en el cual emerge una nueva realidad compuesta y compleja; una realidad que no es una aglomeración mecánica de caracteres, ni siquiera un mosaico, sino un fenómeno nuevo, original e independiente. Para describir tal proceso, el vocablo de raíces latinas transculturación proporciona un término que no contiene la implicación de una cierta cultura hacia la cual tiene que tender la otra, sino una transición entre dos culturas, ambas activas, ambas contribuyentes con sendos aportes, y ambas cooperantes al advenimiento de una nueva realidad de civilización.“ (Bronislaw Malinowski, „Introducción“, in: Fernando Ortiz, *Contrapunteo cubano del tabaco y del azúcar*, La Habana 1983, XII)

20 Welsch 1994.

21 Der Begriff der Kreolisierung findet auch bei Ulf Hannerz, dem bekannten schwedischen Anthropologen, Verwendung. Vgl. z. B. „The World in Creolisation“, in: *Africa* 57/4 (1987), 546–559.

22 Vgl. dazu Édouard Glissant, *Introduction à une Poétique du Divers*, Montréal 1995, 19.

rungsprozessen zurück in ein europäisches Bewusstsein.[23] Jedenfalls insistiert sowohl ‚créolisation' als auch ‚transculturación' durch die entsprechenden Suffixe auf dem Wandlungs- und Prozesscharakter der beobachteten gesellschaftlichen wie kulturellen Veränderungen. Welschs ‚Transkulturalität' hingegen rückt stärker das Ergebnis solcher Wandlungen ins Zentrum.

Halten wir abschließend fest, dass die Rezeption des Konzepts der Transkulturation auch in Lateinamerika erst in den 1960er Jahren einsetzte – zunächst um sprachliche Hybridisierungsprozesse zwischen dem Spanischen und den Indio-Sprachen zu benennen, ab den 1980er Jahren schließlich, um vielfältige Aspekte der Vermischung (vor allem von spanischen und indigenen Lebensweisen) zu fassen. Ab diesem Zeitpunkt begann auch die Rezeption des Konzepts im US-amerikanischen Kontext, wobei hier den Literaturwissenschaftlerinnen Mary Louise Pratt (*Imperial Eyes. Travel Writing and Transculturation*, 1992)[24] und Silvia Spitta (*Between Two Waters. Narratives of Transculturation in Latin America*, 1995) – erneut in einem lateinamerikanischen Forschungskontext – besondere Bedeutung zukam.[25] In Europa trat das Konzept, wie bereits dargestellt, mit den Arbeiten von Wolfgang Welsch in das Blickfeld der Kulturwissenschaften und konkurriert seitdem, vor allem in der germanistischen Literaturwissenschaft, mit dem Interkulturalitätsparadigma.[26]

Dem Verdikt, einen statischen und holistischen Kultur-Begriff zu vertreten und die Prozesshaftigkeit von Kultur und ihre Dynamik zu ignorieren, versucht die literaturwissenschaftliche Interkulturalitätsforschung, und hier insbesondere die interkulturelle Germanistik, seit Mitte der 1990er Jahre durch die „kritische Rezeption von postmodernen und dekonstruktivistischen Positionen"[27] bzw. durch die Rezeption postkolonialer Theorien aus dem angloamerikanischen Raum zu begegnen. Dies führte zu einer Übernahme der Begrifflichkeiten aus dem Transkulturalitätskonzept in die Interkulturalitätsforschung. So sieht etwa der Romanist Hans-Jürgen Lüsebrink Transkulturalität „mit Prozessen der Interkulturellen Kom-

---

23 Zur historischen Dimension von Transkulturalität vgl. auch Welsch 1997, 74.

24 Mary Louise Pratt verbindet den Begriff der Transkulturation mit jenem der „contact zone", dem Raum kolonialer Begegnungen, in dem geographisch und historisch entfernte ‚Kulturen' miteinander in Kontakt kommen und in – oftmals konfliktreiche – Beziehungen mit ungleichen Machtverhältnissen eintreten. Mary Louise Pratt, *Imperial Eyes. Travel Writing and Transculturation*, London/New York 1992, 6.

25 Vgl. dazu auch Hildebrandt 2005, 347–348.

26 Vgl. dazu Iljassova-Morger 2009, 37–38. Jüngere Publikationen zu diesem Thema sind etwa Vittoria Borsò / Heike Brohm (Hg.), *Transkulturation. Literarische und mediale Grenzräume im deutsch-italienischen Kulturkontakt*, Bielefeld 2015 oder Jutta Ernst / Florian Freitag (Hg.), *Transkulturelle Dynamiken: Aktanten – Prozesse – Theorien*, Bielfeld 2014.

27 Iljassova-Morger 2009, 44.

munikation und Phänomenen der Interkulturalität eng verknüpft"[28]. Die postkolonialen Theorien und die der Transkulturalitätstheorie entstammenden Leitbegriffe wie ‚Vernetzung', ‚Hybridität', ‚dritter Raum', ‚Grenzüberschreitung', ‚Dialogizität' oder ‚Übersetzung' sind mittlerweile auch für die literaturwissenschaftliche Interkulturalitätsforschung neben der Analyse von Identitäts- und Fremdheitsdiskursen als Untersuchungsperspektiven bedeutsam, stellen sie doch ein Instrumentarium bereit, über das Strategien der Dekonstruktion von nationalkulturellen Paradigmata sowie Phänomene der Internationalisierung und Kosmopolisierung im literarischen Feld aufgezeigt und literaturkritisch gewertet werden können.

Da der Fokus der Tagung vornehmlich auf Formen des Transfers sowie auf Formen grenzüberschreitenden und vernetzten lyrischen Schreibens lag, die sich insbesondere bei mehrkulturellen AutorInnen zeigen, und ‚transkulturell' diese Schreibpraktiken am unmissverständlichsten zu fassen vermag, entschieden wir uns schließlich in der Titelgebung für das der Lyrik nachgestellte ‚transkulturell'. Zugleich strebten wir an, die oben genannten Leitbegriffe der Transkulturalitätstheorie aus literaturwissenschaftlicher Perspektive zu differenzieren und zu präzisieren, indem die Gattung Lyrik auf ihr transkulturelles Potenzial hin befragt und verschiedene Formen und Funktionen transkulturellen lyrischen Schreibens sichtbar gemacht werden sollten.

Lyrik und Transkulturalität

Die Motivation, die Gattung Lyrik unter das Transkulturalitätsparadigma zu stellen und ins Zentrum einer Lyrik-Tagung zu rücken, ergab sich aus der Wahrnehmung eines Forschungsdefizits. So zeigte die Sichtung der literaturwissenschaftlichen Inter- und Transkulturalitätsforschung eine starke Konzentration auf fiktionale und autobiographische Prosa, auf Dramatik und Essayistik. Dieser Befund gilt jedenfalls für die Inter- und Transkulturalitätsforschung in der germanistischen Literaturwissenschaft, aber auch, wenngleich in unterschiedlichem Maße und in Abhängigkeit vom jeweiligen Forschungsgegenstand, für die Fremdsprachenphilologien in den deutschsprachigen Ländern. Im Zuge der Migrationsbewegungen, durch ein gesteigertes Interesse an mehrkulturellen regionalen Räumen sowie im Rahmen einer Literaturwissenschaft, die das Konzept der Nationalliteratur in Frage zu stellen begann, entstanden seit den 1980er Jahren im deutschsprachigen Raum zwar Einzelstudien zu transkulturellen LyrikerInnen (z. B. zu Zehra Çirak, Ilma Rakusa, Dragica Rajčić, José Oliver, Zafer Şenocak, Yoko Tawada, Nevfel Cumart, Oskar Pastior u. a.), den-

---

28 Hans-Jürgen Lüsebrink, *Interkulturelle Kommunikation. Interaktion. Fremdwahrnehmung. Kulturtransfer*, Stuttgart ²2008, 18.

noch wird der Lyrik, insbesondere der Lyrik der unmittelbaren Gegenwart, aus inter- oder transkultureller Perspektive im Vergleich zu Prosa und Drama geringere Beachtung und Aufmerksamkeit geschenkt.[29] Insbesondere zusammenschauende Darstellungen fehlen weitgehend. Unter Rückgriff auf den Mythos von Babel hat sich als eine der ersten Monika Schmitz-Emans in ihrer Studie *Die Sprache der modernen Dichtung* (1997) eingehender mit dem transkulturellen Phänomen der Mehrsprachigkeit sowie mit Formen und Funktionen der Sprachmischung in der Lyrik auseinandergesetzt. Vor dem Hintergrund des „proklamierten Endes des Logozentrismus" und der ihm inhärenten Identitätslogik sei der Übergang zur Mehrsprachigkeit, die u. a. „das Andere als Anderes zur Sprache" kommen lässt, nur konsequent.[30] Mit Bezug auf die Kulturtheorien von Wilhelm von Humboldt und Johann Gottfried Herder könnte man ergänzend hinzufügen, dass Multilingualität auch die Vorstellung von der Bindung des Subjektes an eine Identität, eine Nation und eben eine Sprache als Konstrukt entlarvt.

Eine weitere Pionierarbeit auf dem Feld der literarischen Mehrsprachigkeit ist der von Manfred Schmeling und Monika Schmitz-Emans 2002 herausgegebene Sammelband *Multilinguale Literatur im 20. Jahrhundert*. In Fortsetzung der oben erwähnten Studie von Schmitz-Emans wird darin auf breiter Basis der vielgestaltige Dialog der Sprachen in der Literatur, der das Konzept monolingualer Nationalliteraturen zurückweist, zum Forschungsgegenstand gemacht. Neben Prosa und intermedialen Artefakten nehmen die BeiträgerInnen auch lyrische Texte (u. a. von T. S. Eliot, Ezra Pound, Eugen Jolas, Helmut Heissenbüttel, Eugen Gomringer) in den Blick, wobei der Schwerpunkt auf der Avantgarde-Lyrik des frühen 20. Jahrhunderts und der internationalen experimentellen Literatur der

---

29 Die einzelphilologisch ausgerichtete Literaturwissenschaft klammert transkulturelle AutorInnen und Formen transkultureller Lyrik weitgehend aus der Betrachtung aus. So geht Dieter Lamping in seiner 2008 neu aufgelegten und überarbeiteten Studie *Moderne Lyrik* wohl auf postmoderne Schreibweisen ein, erwähnt aber zeitgenössische transkulturelle LyrikerInnen, ihre Schreibweisen und ihr Werk mit keinem Wort. Allerdings hat sich Lamping in *Literatur und Theorie. Poetologische Probleme der Moderne* mit Mehrsprachigkeit und Sprachwechsel unter dem Aspekt des Exils befasst und konstatiert: „Der Sprachwechsel von exilierten Autoren widerlegt erstens die Annahme, man könne die Literatur sozusagen glatt und ohne Rest in Nationalliteraturen aufteilen. [...] Die Literatur zweisprachiger Exilanten zwingt zweitens dazu, Abschied von *der* sprachtheoretischen oder vielleicht besser: sprachphilosophischen Voraussetzung zu nehmen, mit der sich die einzelphilologische Literaturwissenschaft letztlich in der Sache legitimieren konnte: der Annahme, daß ein Autor nur eine Sprache habe, in der er sich ausdrücken könne." (Dieter Lamping, *Literatur und Theorie. Poetologische Probleme der Moderne*, Göttingen 1996, 46)

30 Monika Schmitz-Emans, *Die Sprache der modernen Dichtung*, München 1997, 105, 94.

1950er und 1960er Jahre liegt.[31] Dabei scheint der Aspekt der literarischen Mehrsprachigkeit in Zusammenhang mit der Literatur der Klassischen Moderne und der experimentellen Lyrik vornehmlich als Kritik an der Festlegung des sprachlichen Zeichens auf Repräsentation und nur implizit als transkulturelle Verfahrensweise behandelt zu werden.[32]

Hervorzuheben sind über die genannten Publikationen hinaus die zuletzt erschienenen Monographien von Karin E. Yeşilada zur *Türkisch-deutschen Lyrik der zweiten Generation* (2012), weiters von Andrea Gremels zur *Kubanischen Gegenwartsliteratur in Paris zwischen Exil und Transkulturalität* (2014) und von Werner Helmich zur *Ästhetik der Mehrsprachigkeit* (2016), die ausgehend von den genannten Leitbegriffen der Transkulturalitätsforschung Formen transkulturellen lyrischen Schreibens behandeln bzw. den Fokus explizit darauf legen.[33] Dennoch scheint die Gattung Lyrik an den Rändern der Transkulturalitätsforschung zu bleiben, wie etwa das Schwerpunktheft zur literarischen Mehrsprachigkeit der *Zeitschrift für interkulturelle Germanistik* zeigt,[34] das keinen Beitrag zu mehrsprachiger Lyrik enthält. Einen ersten richtungsweisenden Systematisierungsversuch von transkulturellen lyrischen Schreibweisen mit Blick auf die deutschsprachige Lyrik von AutorInnen mit migrantischem Hintergrund unternimmt Andreas Blödorn in seinem 2006 erschienene Aufsatz „Nie da sein, wo man ist. ‚Unterwegs-Sein' in der transkulturellen Gegenwartslyrik"[35]. Blödorn verwendet den Begriff ‚transkulturelle Lyrik' ganz selbstverständlich und arbeitet ‚Wanderschaft' und ‚Unterwegs-Sein', Perspektivenwechsel durch Rollenverkehrung von Ich und Anderem, die Situation des *In-between*, das Aufbrechen von Wahrnehmungs- und Sprachmustern durch sprachliche Verfremdung und Bildverdichtung sowie die Verweigerung „einseitige[r] nationale[r] oder kulturelle[r] Identitätszuschreibungen, die Anderes ausschließt"[36], als Merkmale transkultureller Lyrik heraus. Er resümiert:

---

31 Vgl. auch die entsprechenden Kapitel in Jahan Ramazani, *A Transnational Poetics*, Chicago 2009.

32 Im Mittelpunkt der 2015 neu aufgelegten soziolinguistischen Studie *Mehrsprachigkeit in der Literatur* von Georg Kremnitz steht dagegen die Analyse der Motivation für die Sprachwahl von mehrsprachigen AutorInnen. Die Arbeit ist autorbezogen und geht nicht auf literarische mehrsprachige Texte ein.

33 Einige wenige Beiträge zur mehrsprachigen Lyrik finden sich auch in Karl Alfons Knauth (Hg.), *Translation & Multilingual Literature = Translation & littérature multilingue*, Berlin 2011.

34 Natalia Blum-Barth (Hg.), *Literarische Mehrsprachigkeit. Zeitschrift für interkulturelle Germanistik*, 2 (2015).

35 Andreas Blödorn, „Nie da sein, wo man ist. ‚Unterwegs-Sein' in der transkulturellen Gegenwartslyrik", in: Heinz-Ludwig Arnold (Hg.), *Literatur und Migration*, München 2006, 134–147.

36 Blödorn 2006, 144.

> Kennzeichen der transkulturellen Gegenwartslyrik ist der Wechsel der Perspektiven und Positionen, der den Wandernden begleitet und sich als Schreibstrategie fortgesetzter sprachlicher Verunsicherung lyrisch niederschlägt. ‚Identität' ist in diesen Texten nur noch als performativer (und als prinzipiell unabschließbarer) Prozess, als imaginäres Unterwegs-Sein denkbar.[37]

Bernhard Dieterle konstatiert dagegen in seinem 2011 im *Handbuch Lyrik* erschienenen Artikel „Lyrik und Interkulturalität", dass es „einen als solchen ausgewiesenen Forschungszweig zur ‚interkulturellen Lyrik'" gar nicht gebe – geschweige denn zu Lyrik und Transkulturalität, möchte man fortfahren, zumal Dieterle die Debatten um letzteren Begriff und dessen Relevanz auch für die aktuelle Lyrik mit der Begründung der Unschärfe der Begrifflichkeiten (Inter-, Multi-, Transkulturalität, Transnationalität, *cultural hybridity*, *métissage*, *intérité*) und deren konkurrierendem Gebrauch nicht weiter verfolgt. Das Fehlen eines „ausgewiesenen Forschungszweigs zur ‚interkulturellen Lyrik'" wird von Dieterle darauf zurückgeführt, dass der „am Schnittpunkt mehrerer Fragestellungen zu ortende Forschungsgegenstand noch nicht klar konturiert ist".[38] Gleichwohl versucht er, durch eine „mehrperspektivische Annäherung" diese zu bestimmen, und legt, ausgehend von Forschungsfeldern der Vergleichenden Literaturwissenschaft und der Interkulturalitätsforschung, einen Systematisierungsversuch interkultureller Lyrik vor. „Imagologie" mit dem „Themenkreis von Eigen- und Fremdwahrnehmung", „Poetik und Praxis der Übersetzung", d. h. „Zirkulation und […] ‚Einbürgerung' von Texten […] sowohl in der Auswahl der Werke als auch im Wortlaut der Übersetzung selbst", Reisen und räumliche „Grenzüberschreitungen", Formentransfer und Sprachwechsel werden von ihm als zentrale Themenbereiche und Konstituenten der interkulturellen Lyrik genannt.[39] Dennoch resümiert er in seinem Bericht zur Forschungslage skeptisch:

> Trotz aller Bekenntnisse zur „Weltsprache" der Poesie scheint Lyrik weniger prädisponiert zur Behandlung interkultureller Themen als literarische Großgattungen wie der Roman oder das Drama […]. Kulturkontakte lassen sich innerhalb von mimetisch-fiktionalen Gattungen schildern, Konflikte und Begegnungen kann man erzählen oder dramatisieren, auf die Bühne (oder auf die Leinwand) bringen, doch sie sind nicht unbedingt Gegenstand lyrischer Dichtung, auch wenn man die Gattung so historisch als möglich definiert.[40]

---

37 Blödorn 2006, 144–145.

38 Bernhard Dieterle, „Lyrik und Interkulturalität", in: Dieter Lamping (Hg.), *Handbuch Lyrik: Theorie, Analyse, Geschichte*, Stuttgart 2011, 204.

39 Dieterle 2011, 204, 206–207.

40 Dieterle 2011, 204.

Dieterles Schlussfolgerung, die Gattung Lyrik versperre sich interkultureller Thematiken, ist vor allem deshalb zu widersprechen, weil sie in der Argumentation sehr stark auf die *histoire/story*-Ebene konzentriert ist – und hier offensichtlich, was inter- und transkulturelle Fragestellungen betrifft, auf zwischenmenschliche Interaktionen abzielt, die der *récit/discours*-Ebene der Gattungen Prosa und Drama (u. a. auf Figurenebene) tatsächlich mehr entsprechen mögen. Die *récit/discours*-Ebene der Gattung Lyrik, die durch lyrische Sprechinstanzen (lyrisches Ich), durch graphische Gestaltung, Rhythmisierung der Sprache, durch Konzentration auf das (fremd)sprachliche Material und Konzisheit des sprachlichen Ausdrucks sowie durch bildliche Verdichtung und nicht zuletzt durch Selbstreferentialität und Intertextualität gekennzeichnet ist, gerät bei Dieterle kaum ins Blickfeld, und ihr transkulturelles Potenzial wird kaum angesprochen. Durch die Fokussierung auf die Ebene der formalästhetischen Gestaltung und ihr Zusammenspiel mit jener des Inhalts möchten wir mit diesem Sammelband das Verhältnis von Lyrik und Transkulturalität in einer exemplarischen Zusammenschau näher beleuchten und damit einer Forschungslücke begegnen.

Zu den Beiträgen in diesem Band

Versucht man die vorangegangenen Überlegungen mit den in diesem Band versammelten Beiträgen zu verbinden, so gilt es zunächst festzuhalten, dass transkulturelle lyrische Schreibweisen keine Randerscheinung, sondern fester Bestandteil einer dynamischen Lyrikszene der Gegenwart sind. So beschäftigen sich die vorliegenden Beiträge mehrheitlich mit AutorInnen und Texten, die seit den 1980er Jahren, also in einer vierten Phase beschleunigter Globalisierung, um mit Ottmar Ette zu sprechen,[41] entstanden sind. Diese Tatsache zeigt, dass diese Phase im Hinblick auf eine Poetik der Relation (Glissant) und der Bewegung (Ette) auch in der Gattung Lyrik in einem besonderen Maße produktiv war und ist. Dieser Befund darf jedoch nicht darüber hinwegtäuschen, dass eine „historische Transkulturalität", wie Sebastian Donat in seinem Beitrag deutlich macht, in der Lyrik seit jeher existiert, ja sie vielleicht sogar in besonderem Maße prägt, wie der Transfer von lyrischen Bauformen und Metren quer durch die Jahrhunderte und Literaturen deutlich macht. Wie also die gesellschaftliche Transkulturalität kein historisch neues Phänomen darstellt,

[41] Ottmar Ette, *TransArea. Eine literarische Globalisierungsgeschichte*. Berlin 2012. Ette unterscheidet vier Phasen beschleunigter Globalisierung: die Zeit der Entdeckungen seit dem späten 15. Jahrhundert; die zweite Hälfte des 18. Jahrhunderts mit einer zweiten Welle von Entdeckungsreisen (z. B. Alexander von Humboldt); das 19. Jahrhundert als Jahrhundert der kolonialen Expansion; das letzte Drittel des 20. Jahrhunderts mit seinen neuen Kommunikationstechnologien.

sondern geschichtlich geradezu den Regelfall bildet und lediglich von Erzählungen der Einheit (v. a. der Nation) überschrieben wurde, so kann auch die Geschichte der Lyrik eigentlich nur als Verflechtungsgeschichte, als „Globalisierungsgeschichte" (Ette) gedacht werden.

Möchte man historische und zeitgenössische Transkulturalität vergleichen, so stimmen wir mit Ottmar Ettes Beobachtungen überein, dass das im 18. Jahrhundert entstehende „Weltbewusstsein" – Ette knüpft hier an Goethes Konzept der Weltliteratur an – zwar ein Bewusstsein des Verbunden-Seins des Eigenen mit dem Fremden bedeutet, dass es sich jedoch der „eigenen kulturellen Traditionen nicht nur bewusst, sondern von deren Vorrang überzeugt ist"[42]. Es handelt sich streng genommen also um eine an einer europäischen Norm orientierte „interkulturelle Perspektive" und noch nicht um eine „transkulturelle, zwischen verschiedenen kulturellen Perspektiven oszillierende Sichtweise"[43].

Wir gehen in unserem Verständnis von Transkulturalität von den grundlegenden Definitionen aus, die sich bei Fernando Ortiz finden. ‚Transkulturation' bezeichnet demnach einen „transitiven Prozess" [44], ein nicht fixierbares Moment des Übergangs. Mit Wolfgang Welsch kann man in diesem Zusammenhang von Permeativität „nach dem Modell von Durchdringungen und Verflechtungen"[45] sprechen. In den Beiträgen des Sammelbandes wird diese Permeation auf verschiedenen Ebenen sichtbar: auf der Ebene der Gattungsspezifik (z. B. Gedichtformen), auf der Ebene der textuellen Dialogizität (Intertextualität), auf der Ebene der Literaturvermittlung (z. B. literarische Übersetzung), weiters auf der Ebene der Raumkonzeption, der Lingualität und Bildlichkeit. Die von uns gewählte Gliederung des Bandes spiegelt diese Prozesse des Übergangs, des Transitiven, der Durchdringungen und Verflechtungen wider.

Im ersten Teil „**Trans**ferprozesse" sind jene Beiträge versammelt, die sich dem Import (u. a. durch literarische Übersetzung) und der Adaption von Gedichtformen und Metren (Donat, Achilli, Telge) widmen sowie das Kolonialismus- und Identitätsdiskurse dekonstruierende Potenzial transkultureller Intertextualität[46] analysieren (Ananka / Kirschbaum). Die BeiträgerInnen zeigen exemplarisch die Zirkulation von Gedichtformen, Me-

---

[42] Ottmar Ette, *Weltbewusstsein. Alexander von Humboldt und das unvollendete Projekt einer anderen Moderne*. Göttingen 2002, 79.

[43] Ette 2002, 79.

[44] Ortiz 2015, 56.

[45] Im Gegensatz zu separatistischen Modellen und der Vorstellung von klar abgegrenzten ‚Kulturen' und zwischen diesen ablaufenden Transfers; vgl. Welsch 2012, 26.

[46] Erste Überlegungen zu einer „interkulturellen Intertextualität" formulierte Manfred Schmeling, „Poetik der Hybridität – hybride Poetik? Zur ästhetischen Präsentation von Kulturkonflikten im multikulturellen Roman", in: *Komparatistik. Jahrbuch der Deutschen Gesellschaft für Allgemeine und Vergleichende Literaturwissenschaft*, Heidelberg 1999, 9–17.

tren und lyrischen Texten auf und gehen deren Funktion im je spezifischen literarischen bzw. literarhistorischen und soziopolitischen Kontext nach. Wenngleich diese Übertragungsprozesse einen vielfältigen Verflechtungsraum herstellen, der kulturelle und gattungsspezifische Festlegungen aufbricht, so bleiben doch auch Fremdheitseffekte erhalten, die wirkungsästhetisch von Relevanz sind und bei den LeserInnen entsprechende Resonanzen auszulösen vermögen.

Der zweite Teil, der mit „Topographien" überschrieben ist, aber ebenso gut auch „**Transit**räume" hätte heißen können, ist stärker inhaltlich bestimmt und stellt die Transition im Sinne räumlicher Durch- und Überschreitungen in den Mittelpunkt. Dabei ist augenfällig, dass neben konkreten mehrkulturellen und mehrsprachigen Räumen (De Felip), die in lyrischer Form aufgerufen werden, insbesondere auch Wege, die Bewegung im Raum, die Raumdurchquerung (Burghardt, Gremels) wesentlich sind. Es geht dabei weniger um Territorien als räumliche Fixpunkte als vielmehr um Relationen und Überlagerungen von Räumen (Gremels, Aichinger). In diesem Zusammenhang wird auch die Frage nach Heimat und Zugehörigkeit aufgeworfen (Ravizza), die nicht mehr länger nur territorial, sondern vor allem auch sprachlich konzipiert wird.

Der dritte Teil mit dem Titel „**Trans**lingualität" umfasst all jene Beiträge, die sich mit den vielfältigen sprachlichen Verfahrensweisen beschäftigen, die oftmals ganz allgemein als ‚Mehrsprachigkeit' gefasst werden. Darunter fällt zunächst eine offensichtliche Mehrsprachigkeit, die durch unterschiedliche Verfahren der Sprachsimultaneität erzeugt wird. Codeswitching (Finkelstein, Degen) und der spielerische Umgang mit semantischen Interferenzen wie den ‚falschen Freunden' (Degen), aber auch dialogischer Sprachaustausch durch Selbstübersetzung (Siller) sind Beispiele dafür. Darüber hinaus können augenscheinlich einsprachliche Texte Spuren einer anderen Sprache und damit einer anderen Sprach- und Wahrnehmungsordnung enthalten (Prager, Hausbacher). Mehrsprachigkeit und Sprachlatenz führen, so Julia Prager, zu einer Neuverortung des Subjekts als „sich in Übersetzung befindend", was insbesondere auch bei AutorInnen, die als SelbstübersetzerInnen tätig sind, deutlich wird (Siller).

Der vierte und letzte Teil widmet sich schließlich den Metaphern des **Trans**kulturellen, die nicht nur den kulturtheoretischen Diskurs prägen (Rhizom, Mangrove, Pfropfung, Koralle u. ä.), sondern auch von LyrikerInnen in ihren Texten kreiert werden, um identitäre Zuschreibungen und kulturelle Stereotype zu unterlaufen. ‚Luftwurzel', ‚(Zug-)Vogel', ‚Gewebe und Knoten', ‚Schwellenräume' des Hauses (Baumberger, Hausbacher, Prieto, Twist), aber auch die Metaphorik der ‚Bewegung', des ‚Übergangs', des ‚Transits' sind einige Beispiele dafür. Die Figur des ‚In-Bewegung-Seins' verdichtet sich nicht zuletzt zum Bild für eine poetische Haltung und eine Poetologie, die den fortwährenden ‚Transit' zur Bedingung des Schreibens überhaupt erhebt (Zehnder).

Möchte man auf Basis der Beiträge in diesem Band eine verallgemeinernde Schlussfolgerung ziehen, so zeigt sich im Vergleich zu narrativen und dramatischen Texten, dass in der transkulturellen Lyrik typisch transkulturelle Sujets, wie etwa hybride Identitätsentwürfe oder Inszenierungen von Grenzen und GrenzgängerInnen noch eine zusätzliche sprachlich-semantische Verdichtung erfahren. Lyrik als überstrukturierte Gattung lässt, wie aus allen Beiträgen deutlich wird, die Arbeit mit dem Sprachmaterial verstärkt und in besonderer Weise ins Zentrum treten. So kommen transkulturelle Lebenswelten und Erfahrungen vorrangig über formal-ästhetische und sprachliche Strategien, insbesondere über Mehrsprachigkeit zum Ausdruck. Die Gestaltung des Transitiven erfolgt über das In-Bezug-Setzen von Heterogenem (z. B. Ghasel und Metrik des Deutschen, englische Sprache und afrikanische Rhythmen, Lyrik und Installation/Land Art), durch die „Vergleichzeitigung von Entferntem"[47] (Marokko und Kuba) sowie durch die Effekte von Überlagerung, Überlappung und Amalgamierung (Mehrsprachigkeit, Selbstübersetzung).

Werfen wir abschließend einen detaillierteren Blick auf die in den Kapiteln gruppierten Beiträge. Ausgehend von Goethes Weltliteratur-Diskurs und Wolfgang Welschs Transkulturalitätskonzept sowie von der historischen Tiefendimension gegenseitiger kultureller Wahrnehmung (Goethe) und Verflechtung (Welsch) lenkt **Sebastian Donat** im ersten Teil **Transferprozesse** den Blick auf die orientalische Gedichtform des Ghasels als ein Paradebeispiel für „historische Transkulturalität". Dem formstrengen Ghasel wandten sich neben Goethe Friedrich Rückert, August von Platen, Paul Heyse, aber auch Gottfried Keller und Hugo von Hofmannsthal zu. Am Beispiel von Paul Heyses „Prolog" zu den 23 „Ghaselen" aus dem 1903 erschienenen Gedichtband *Ein Wintertagebuch* zeigt Donat auf, dass sich der Transfer des Ghasels ins Deutsche nicht ohne Anpassungen „an das einheimische sprachliche und metrische System" vollzieht, was in Anlehnung an Anne Bohnenkamp als „phänotypische Hybridität" bezeichnet werden kann. Heyse reagiert im ersten Teil des „Prologs" durch eine metapoetische Reflexion auf das Faktum der nur schwer ins Deutsche integrierbaren fremden Form. Der zweite Teil nimmt zum einen in der intertextuellen Anspielung auf den Vorgänger August Platen abwertend-ironisch Stellung zu dessen reicher Ghaselen-Produktion, andererseits ist das Ich nicht ohne Empathie für „die Diskrepanz zwischen der orientalisch geprägten dichterischen Imagination", den vorgegebenen Inhalten und Themen des Ghasels und „der widrigen westlichen Lebenswirklichkeit des homosexuell veranlagten Autors". So verweist Heyse metapoetisch sowohl auf formaler als auch inhaltlicher Ebene auf das ‚Fremde' dieser Gedichtform. Sie erlaube es zwar, Inhalte und

[47] Ulfried Reichardt, *Globalisierung. Literaturen und Kulturen des Globalen*, Berlin 2010, 122.

Themen zur Sprache zu bringen, die in der eigenen Kultur nicht oder nur schwerlich artikuliert werden können, dennoch sei „der dafür zu zahlende Preis" hoch; auch deshalb, weil das sich der Form des Ghasels zuwendende und aus der Altersperspektive sprechende Dichter-Ich sich im Schlussteil im Selbstgespräch auf sich selbst zurückgeworfen sieht. Das Changieren zwischen exotischen Fremdheitszuschreibungen an das Ghasel einerseits und „transkultureller Verbundenheit" andererseits, wie es in Heyses „Prolog" zum Ausdruck kommt, spiegelt nicht zuletzt auch die Buchgestaltung wider, wie Donat aufzeigt.

Alessandro Achilli arbeitet die identitätspolitische Bedeutung von literarischen Übersetzungen am Beispiel des mehrsprachigen ukrainischen Dichters Vasyl' Stus heraus. Stus, der aufgrund seines Engagements für die kulturelle Autonomie der Ukraine von den sowjetischen Machthabern zu langjährigen Haftstrafen in Straflagern und Verbannung verurteilt wurde und 1985 in Gefangenschaft verstarb, wandte sich schon früh der westlichen, insbesondere der deutschsprachigen Literatur (Goethe, Rilke) zu. Sein nach Westen gerichtetes grenzüberschreitendes Schreiben zeigt sich am augenfälligsten in seinem posthum erschienenen Gedichtband *Čas tvorčosti / Dichtenszeit* (1995), der neben 300 originalen Gedichten auch 130 vom Autor ins Ukrainische übersetzte Gedichte Goethes aus allen Schaffensperioden enthält. An den Übersetzungen von Goethes Gedichten „Der Besuch", „An den Mond", der zweiten „Elegie" aus der „Trilogie der Leidenschaft" sowie an den Übersetzungen von „Grenzen der Menschheit", „Prometheus" und „Zueignung" werden die semantischen Verschiebungen aufgezeigt, die Stus in seiner Goethe-Übertragung ins Ukrainische vornimmt und die in Affinität zu seinen Originalgedichten stehen. Sie führen, so Achilli, zu einer Verdüsterung von Goethes Dichtungen, ja unterlegen ihnen sogar eine christlich-religiöse Dimension, ohne dass Stus als christlicher Dichter bezeichnet werden könnte. Stus' Goethe-Übertragungen und die Hinwendung des Autors zur westlichen Literaturtradition sind jedoch nicht bloß aus der existentiellen Situation des verfolgten Dichters zu erklären; sie sind Teil eines „transkulturellen poetischen und poetologischen Projekts", dessen Absicht es ist, die ukrainische Literaturtradition zu stärken und die russisch-sowjetische Kolonisierung zurückzuweisen, die sich kulturell u. a. in einer verordneten Übersetzungspolitik manifestiert,.

Auch **Yaraslava Ananka** und **Heinrich Kirschbaum** behandeln in ihrem Beitrag über die belarussische Gegenwartslyrik Fragen der identitätspolitischen Implikationen von Übersetzungen und intertextuellen Bezugnahmen. Die Sprachsituation in Belarus zeichne sich, so Ananka und Kirschbaum, bis heute durch die russische Hegemonie auf Sprache, Literatur und Kultur sowie durch eine auf Russland zentrierte Sprach- und Literatursozialisation aus. Ananka und Kirschbaum greifen den übersetzerischen Dialog zwischen dem russischen Dichter Igor' Belov und dem belarussischen Poeten Andrėj Chadanovič heraus, dessen intertextuellen Bezugspunkt der zum Mythos gewordene russische Dichter Iosif Brodskij bildet. Vor dem Hintergrund des Ukraine-Konflikts wird Brodskijs politisches Gedicht „Na nezavisimost' Ukrainy" (1992, Auf die Unabhängigkeit der Ukraine) für Belov Anlass zur Kritik an Russland und zur Solidaritätsbekundung für die Unabhängigkeitsbestrebungen der Ukraine. Sein 2014 in seinem Facebook-Blog veröffentlichtes Brodskij-Palimpsest wurde von Chadanovič sofort ins Belarussische übersetzt. Chadanovičs Abweichungen vom Belov'schen Original in der belarussischen Übersetzung verdeutlichen, wie Ananka und Kirschbaum darlegen, dass der Autor nicht nur bewusst und unter Zustimmung Belovs die Kritik auf „die Orientalismen des russischen kolonialen Diskurses" ausweitet und diese parodiert, sondern dass Chadanovič durch Einführung von Putin-Konnotationen auch dem gängigen Vorwurf der Russophobie zuvorkommen will. Im Unterschied dazu signalisieren die wiederum bewusst gesetzten Übereinstimmungen zwischen Original (Belov) und Übersetzung (Chadanovič) eine transkulturelle Haltung, die literarische Nationalismen zurückweist und eine ethische Haltung der Intellektuellen einfordert.

Wie Stus oder Chadanovič ist auch Ann Cotten mehrsprachig (Englisch/Deutsch) sozialisiert, was die Autorin für Sprachsysteme besonders sensibilisiert hat. In ihrem Lyrikband *Fremdwörterbuchsonette* (2007) begegnen wir nicht nur dem Phänomen der Sprachmischung, sondern auch der kreativen Auseinandersetzung mit dem Sonett – einer Gedichtform, die sich in fast allen europäischen Literaturen findet und mithin wohl zu den bedeutendsten und erfolgreichsten transkulturellen lyrischen Formen gehört. **Claus Telge** beleuchtet ausgehend vom Lyrik-Verständnis der Autorin Cottens Transferprozesse in diesem Gedichtband. Die Autorin knüpft darin – so Telge – zwar an Verfahren sprachexperimenteller Literatur (Palindrom, Palinodie) an, geht aber in der Verknüpfung dieser Verfahren mit der Form des Sonetts völlig neue Wege. Die Komposition der *Fremdwörterbuchsonette* nimmt, wie Telge herausarbeitet, die Form der Doppelhelix an, die auf die Zeichenhaftigkeit der Sprache und die „Unfixierbarkeit des Außersprachlichen" verweist und die sozusagen bildlich die DNA der Sprache offenlegt.

Im zweiten Teil **Topographien** richtet sich der Fokus der Beiträge auf Raumdarstellungen, auf Kontaktzonen, Orts-Kreuzungen und Transiträume. **Anja Burghardt** analysiert die Raumkonzeptionen in Uljana Wolfs Gedichtband *kochanie ich habe brot gekauft* (2005), der grundiert ist vom Aufenthalt der Autorin als Mercator-Berghaus-Stipendiatin im polnischen Krzyzowa (Kreisau). Das Motiv des Reisens bzw. der Raum-Durchquerung verbindet sich darin mit der „Begegnung mit einer anderen Sprache" – in diesem Fall dem Polnischen –, wobei Übersetzung und Sprachmischung vom lyrischen Ich, wie Burghardt ausführt, als sprachliche Formen des Umgangs mit dem Fremden thematisiert werden. Das

Hauptaugenmerk des Beitrags liegt jedoch auf jenen transitorischen Räumen, die Wolf in ihren Distichen über verschiedene Verfahrensweisen schafft. Über das Kompositionsprinzip der kontrastiven Raumdoppelung, das gleichen Räumen unterschiedliche Erfahrungen zuordnet, entziehen sich Wolfs lyrische Topographien eindeutigen Festlegungen. Durch eine verdichtete Metaphorik kommt es ferner zu Überlagerungen von Außen- und Innen-Räumen, aber auch von Raum und Sprache („gästezimmer"). Motivparallelen stellen Verbindungen zwischen Räumen und Orten her, und über die Reise-Motivik sowie das damit verbundene „Kartierungsmotiv" verwandelt Wolf Räume in „‚Orte des Unterwegsseins'", deren Semantik nach jeder Durchreise („schliefen die öfen") stets neu hervorgebracht werden kann und die das positiv konnotierte „Potenzial zur Fremde" haben.

Auch **Eleonore De Felip** fokussiert in ihrer Beschäftigung mit dem Gedichtband *Prosperos Land* (2001) von Peter Waterhouse auf die Beziehung von Sprache und Raum, wobei Walter Benjamin, Homi K. Bhabha und Julia Kristeva den theoretischen Bezugsrahmen bilden. Gegenstand der fünf Zyklen, die den Band konstituieren und in denen auf die Gedichtform des Haiku zurückgegriffen wird, sind mehrsprachige und mehrkulturelle regionale Räume: so das Kärntner Jauntal, das „historische Grenzland Friaul", darüber hinaus die an der Grenze zu Kärnten liegende slowenische Stadt Ravne sowie Venedig, die allesamt als „‚liminale Räume der nationalen Gesellschaften'" im Sinne Bhabhas gelten können. Der Beitrag macht sichtbar, dass die Landschafts-Poetik von Waterhouse durch äußerste stilistische Verknappung auf Durchlässigkeit der Sprachen und Kulturen angelegt ist. Verstärkt wird dies durch die poetische Strategie der Sprachmischung: Slowenisch, Deutsch und Italienisch, aber auch Latein – fremdsprachliche Einsprengsel, die wiederum auf das Altgriechische, Altgermanische oder Altenglische zurückverweisen. Der Autor erzeugt so eine Sprachsimultaneität, die, wie De Felip an exemplarisch ausgewählten Gedichten aus den fünf Zyklen expliziert, eine semantische Öffnung auch im Hinblick auf die Geschichte dieser Räume beabsichtigt. Das Herstellen synchroner und diachroner hybrider Raum- und Sprach-Vernetzungen dekonstruiert nationalstaatliche Raum-Konzepte und die Fixierung auf Einsprachigkeit.

Der Beitrag von **Wolfram Aichinger** führt die LeserInnen in den südamerikanischen Raum. Er erklärt das Werk des peruanischen Dichters César Vallejo – die Originalität seiner Bilder, aber auch den spezifischen Rhythmus seiner Gedichte – aus einem dichten Netz an ‚räumlichen' Bruchlinien, die sich entlang seiner Biographie nachzeichnen lassen. Aufgewachsen als Sohn mestizischer Eltern im andinen Hochland, Lebensraum der Indo-Amerikaner, wechselt Vallejo zum Studium zunächst nach Trujillo, dann nach Lima an die Küste. Das Tiefland ist – im Gegensatz zu Santiago de Chuco – Lebensmittelpunkt zumeist wohlhabender peruanischer Eliten europäischer Abstammung und Zentrum von Verwaltung, Ökonomie und Politik. Dieser Erfahrung der Binnenmigration folgten 1923 die Emigration nach Paris sowie Reisen vor allem in die Sowjetunion. Vallejos poetische Sprache speist sich, so Aichinger, aus den Erinnerungen seiner Kindheit (mit seiner Kopräsenz von Spanisch und Quechua, von Katholizismus und indigener Spiritualität) ebenso, wie sie aus der spanischen Barocklyrik und der französischen Poesie des Symbolismus schöpft. Frühe Erfahrungen der Subalternität von Indios und Mestizen überlagern sich mit revolutionären, marxistischen Ideen eines „international solidarischen Proletariats".

Mit der Karibischen Literatur setzen sich aus unterschiedlichen Perspektiven **Andrea Gremels** und **Eleonora Ravizza** auseinander. Die kubanische Literatur changiert, wie **Andrea Gremels** erläutert, zwischen Exil und Transkulturalität. Vor diesem soziokulturellen Hintergrund ist die Frage, ob und wie sich Exil und Transkulturalität miteinander verknüpfen (können) von besonderem Interesse. Gremels widmet sich diesem Thema am Beispiel des im Pariser Exil lebenden kubanischen Autors William Navarrete und seines Gedichtbandes *Lumbres Veladas del Sur* (2008, Die verhüllten Lichter des Südens). Anhand der Gedichte „Cabalgata de ausentes" (Austritt der Abwesenden) und „El gran Halka" (Die große Zuhörerschaft) geht die Autorin der Frage nach, was die transkulturelle Ausgangssituation des Autors „für das Verhältnis von Fremderfahrung und Selbsterkenntnis im Prozess des *reisenden Schreibens*" bedeutet, zumal sie sich unter dem Vorzeichen einer „doppelten Alteritätserfahrung" vollzieht. Die Analyse der Gedichte legt offen, dass die Topographie Marokkos sich zum einen in Bildwelten verwandelt, die auf die Exilsituation des Autors zurückverweisen und die Erinnerung an die verlorene Heimat Kuba evozieren. Der Begegnung des lyrischen Ich mit der Fremde Marokkos, in der sich das Eigene spiegelbildlich artikuliert, und den eine Süd-Süd-Achse herstellenden Raum-Überlagerungen ist zum anderen aber auch Transkulturalität eingeschrieben. Diese eröffnet dem Ich einen (literarischen) Heimatraum jenseits des monokulturellen Denkens: So wenn Marrakeschs Marktplatz Jemaa el-Fna sich metaphorisch zu einem Raum der Diversität und des Dialogs verdichtet; wenn der politisch verfolgte und ebenfalls im Pariser Exil lebende marokkanische Schriftsteller Abdellatif Lâabi für das lyrische Ich über intertextuelle Referenzen zu einer Identifikationsfigur wird oder wenn über den Bezug auf Jorge Luis Borges und über diesen wiederum auf den arabischen Philosophen und Arzt Averroes das Thema der kultur- und sprachvermittelnden Übersetzung angesprochen wird.

Auch **Eleonora Ravizza** führt mit ihrem Beitrag zu Derek Walcott und Edward Kamau Brathwaite in jenen geographischen Raum, der einleitend als Wiege der Transkulturalitätstheorien beschrieben wurde: die Karibik. Geprägt von vielfachen und durchaus unterschiedlichen kolonialen

Erfahrungen (England, Frankreich, Spanien, Niederlande, etc.), aber auch durch Sklavenhandel und Sklaverei stehen die BewohnerInnen der Inselwelt heute geradezu prototypisch für Transkulturalität und *Métissage*. Ravizza arbeitet in ihrem Beitrag heraus, wie zwei englischsprachige karibische Autoren, die derselben Generation (geboren 1930) angehören, auf höchst unterschiedliche Art und Weise mit dieser „Exil-Erfahrung" umgehen. Während Edward Kamau Brathwaite sich für eine Rückbesinnung auf die afrikanischen Wurzeln stark macht, steht Walcott für einen positiven, produktiven Umgang mit der kolonialen Sprache und literarischen Tradition, denen für ihn Zugehörigkeit und Fremdheit zugleich eingeschrieben sind. Während Brathwaite auf eine ‚Verfremdung' der englischen Sprache abzielt, indem er diese mit ungewöhnlichen, afrikanischen Rhythmen und Klängen versieht, folgt Walcott weitgehend einer europäischen literarischen Tradition, der er jedoch ebenfalls „neues Leben einhauchen" möchte. Walcott optiert dabei für eine ‚Kolonialisierung' der englischen Sprache im Sinne einer Kreolisierung derselben. Ravizza zeigt, dass sich Walcott völlig neu mit dem Konzept der Heimat auseinandersetzt, indem er die karibische Identität als ein dauerhaftes Miteinander von Exil und Heimat, von Fremdheit und Zuhause-Sein beschreibt. In seinem bekannten Gedicht „The Schooner *Flight*" beschreibt Walcott Identitätsbildung schließlich als permanenten Prozess des Unterwegs-Seins, als endlose Suche ohne Bedürfnis nach definitiver Verankerung. Für den Dichter wandelt sich Heimat zusehends vom territorialen, auch nationalen Konzept zur Sprach-Heimat: „I had no nation now but the imagination."

Der dritte Teil **Translingualität** beschäftigt sich mit Exophonie und Mehrsprachigkeit sowie mit translingualen Schreibpraxen. **Julia Prager** verdeutlicht in ihrem Beitrag, dass die Beschreibung von Exophonie als „Schreiben in einer adoptierten Sprache" keineswegs ausreicht, um das Phänomen des literarischen Sprachwechsels terminologisch zu fassen. Eine Neukonzeptualisierung des lyrischen Ich bietet sich, wie Prager erläutert, in diesem Zusammenhang an, zumal sich der Übertritt in eine andere Sprache bzw. in die Sprache der Anderen nicht ohne Brüche, Diskontinuitäten und Widersprüche vollzieht – und zwar sowohl für das aus einer Sprachordnung heraustretende Subjekt als auch für den Sprachkörper selbst. Prager macht dies am Beispiel der exophonen Poetik Tawadas deutlich. Diese wird von einem Subjektverständnis und einer Sprachauffassung bestimmt, in der „Körper, Sprache und Subjektivierungsweisen in Relation gedacht werden", ohne dass sie allerdings ineinander aufgehen. Die darin zum Ausdruck kommende „exophone Haltung des In-between" wird von Prager als „Sein-in-Übersetzung" beschrieben. Dies macht den Subjektstatus des Ich ebenso prekär wie die Materialität des Sprachmediums. Die Engführung von Alexander Brehms Modell lyrischer Subjektivität, in dem „das lyrische Ich als Ort spannungsgeladener Begegnungen von Leser_in, Text und Autor_in [...] und damit als Austragungsort einer lyrischen Praxis" konzipiert wird, und Tawadas exophoner Poetik stellt in der Folge den Interpretationsrahmen für Tawadas Gedichte „Die zweite Person" und „Vor einem hellen Vokal" dar. Das besondere wirkungsästhetische Potenzial von Tawadas exophonem lyrischen Ich sieht Prager resümierend im Aufruf an die LeserInnen, „die prinzipielle Verbundenheit des Selbst mit (allen) anderen aufgrund einer geteilten Verletzlichkeit wahrzunehmen und gegen normativ beschränkte Identitätsentwürfe anzugehen".

Literarische Transkulturalität manifestiert sich am offensichtlichsten in jenen lyrischen Texten, die durch Mehrsprachigkeit und Sprachmischung gekennzeichnet sind. **Andreas Degen** rückt aus wirkungsästhetischer Perspektive Codeswitching bzw. den literarischen Sprachwechsel in den Blickpunkt. Er wendet sich dabei einer speziellen, bislang nicht näher beachteten Möglichkeit der Sprachmischung zu, nämlich den semantischen Interferenzen und hier besonders dem sogenannten ‚falschen Freund', d. h. Wörtern, die in unterschiedlichen Sprachen formal gleich oder ähnlich sind, sich aber in ihrer Bedeutung unterscheiden. Am Beispiel von Uljana Wolfs Zyklus „DICHTionary" aus ihrem Gedichtband mit dem bezeichnenden Titel *Falsche Freunde* (2009) lotet der Beitrag das ästhetische Potenzial und die Funktion des ‚falschen Freundes' aus. Unter Einbeziehung der Arbeiten von Monika Schmitz-Emans und András Horn zur literarischen Mehrsprachigkeit werden zunächst an einer Reihe von lyrischen Textbeispielen (M. Kaléko, J. Bobrowski, H. Heine, E. Schlechter) die „ästhetischen Funktionen von Sprachmischung" typologisch bestimmt. „Erwartungsirritation, Verfremdung und Aufmerksamkeitsaktivierung" werden dabei als „Basiseffekte von Sprachmischung" erkannt, wobei Degen eine Parallele zu Aristoteles' Beschreibung der wirkungsästhetischen Funktion der Metapher zieht. Während die Metapher allerdings auf semantischen Schnittmengen beruht, löst eine kalkuliert eingesetzte semantische Interferenz semantische Mehrdeutigkeit aus, deren Entschlüsselung kognitiv anregend auf die LeserInnen wirkt. Der Zyklus „DICHTionary" richtet die Erwartungen der LeserInnen bereits im Titel auf semantische Interferenzen und ‚falsche Freunde' zwischen dem Deutschen und Englischen. Die exemplarische Analyse und Interpretation zweier Texte aus diesem Zyklus durch Degen zeigt Wolfs diffizile Strategien des Codeswitching, in die Klang, Rhythmus und Syntax gleichermaßen involviert sind.

Barbara Siller gibt einleitend einen Überblick über Theorie und Praxis der literarischen Selbstübersetzung, die von einer nationalphilologisch ausgerichteten Literaturwissenschaft lange Zeit vernachlässigt wurde. Im Fokus des Beitrags steht sodann der aus der mehrsprachigen Region Südtirol stammende Dichter, Übersetzer und Selbstübersetzer Gerhard Kofler. Es werden nicht nur exemplarisch Spielarten der Selbstübersetzung bei Kofler dargestellt, sondern auch die identitäts- und kulturpolitischen Implikationen seiner vornehmlich zweisprachigen Poetik (Italienisch-Deutsch) beleuchtet. Bereits die frühen, noch in Dialekt und Hochdeutsch geschriebenen Gedichte zeigen Koflers Hellhörigkeit für Sprachvarietäten, ihre akustischen, syntaktischen und semantischen Nuancen. Insbesondere die spätere Hinwendung des Autors zum Italienischen und zur italienischen Literatur resultiert, wie Siller ausführt, aus dem besonderen Kontext der Region Südtirol, wobei sich Koflers „Poetik der Selbstübersetzung“ gegen eine separierende Identitäts- und Sprachpolitik richtet. Wie Siller u. a. an den autobiographisch grundierten Gedichten („Ballata della casetta crollata“/„Ballade des eingestürzten Häuschens“, „Testo a fronte“/„Text gegenüber“) veranschaulicht, bricht Kofler das Beharren auf Monolingualität u. a. sprachspielerisch auf. Mit Blick auf die Sprachtheorie Bachtins und die Identitätstheorie Levinas’ sind Koflers italienisch-deutsche Gedichte, so Siller, als dialogisch zu bezeichnen – eine Dialogizität, die metapoetisch den Dichter bzw. das lyrische Dichter-Ich mit sich selbst ins Gespräch treten lässt und Dichotomien zugunsten eines vielgestaltigen Austausches und einer Öffnung auf Neues, Anderes zurückdrängt. Eine Rezeption, die auf eine Festlegung des Autors auf eine der beiden Sprachen und eine der beiden Literaturen ausgerichtet ist und nur in nationalliterarischen Kategorien zu denken vermag, wird dieser Poetik nicht gerecht.

Miriam Finkelstein widmet sich in ihrem Beitrag dem noch relativ rezenten Phänomen russisch-amerikanischer LyrikerInnen, die – in den 1960er und 1970er Jahren geboren – als Kinder, Jugendliche oder junge Erwachsene in die USA kommen, bilingual sind und vielfach ausschließlich auf Englisch schreiben. Ihre Publikations-Plattform finden sie in dem 1995 gegründeten Verlag *Ugly Duckling Presse*. Im Mittelpunkt des Beitrags steht das lyrische Werk von Eugene Ostashevsky, das sich durch vielfältige Formen der Translingualität und/oder Mehrsprachigkeit auszeichnet. Während in einer ersten Phase (*Iterature*, 2005) die Migrationserfahrung und das Russische als sprachlicher und kultureller Subtext präsent sind und Bezüge auf die russische Literatur dominieren, verlieren in einer zweiten Phase (*The Life and Opinions of DJ Spinoza*, 2008) sowohl die russische Literatur als auch die Migrationserfahrung zunehmend an Bedeutung, während auf performativer Ebene das Russische (zusammen mit anderen europäischen Sprachen) stärker in den Vordergrund rückt. Die Verhandlung von Sprachwechsel und Sprachverlust weicht einer geistreichen Mischung von Sprachen, literarischen und musikalischen, hoch- und populärkulturellen Genres, die dem Prinzip der barocken *ars combinatoria* folgt. Ostashevskys Lyrik ist der Blick des ‚Außenseiters‘ auf die majoritäre Sprache eingeschrieben, und sie kann als Plädoyer dafür verstanden werden, die zeitgenössische US-amerikanische Literatur als eine definitiv mehrsprachige zu begreifen.

Grenzüberschreitendes lyrisches Schreiben arbeitet nicht zuletzt mit Bildern, die dichotomisierende Zuschreibungen von eigen und fremd aufbrechen und sie unterlaufen. Die Beiträge des vierten Teils stellen **Metaphern des Transkulturellen** vor und setzen diese in Beziehung zur schriftstellerischen Biographie der AutorInnen und zu deren sozialem und kulturellem Umfeld sowie zur literarischen Tradition. **Christa Baumberger** zeichnet am Beispiel von Albert Minder (1879–1965), Papusza (Bronislawa Wajs, 1908–1987) und Mariella Mehr (*1947), die drei AutorInnengenerationen repräsentieren, den langen und schwierigen Weg der Romvölker und der Schweizer Jenischen nach, sich aus dem jahrhundertealten ausgrenzenden und von kulturellen Stereotypen besetzten ‚Zigeunerdiskurs' zu befreien und eine eigene Sprache zu finden. Im Bestreben nach identitärer Spurensuche kommt der Lyrik – so Baumberger – in der Literatur der Roma, Sinti und Jenischen eine ganz besondere Bedeutung zu. Das gattungsspezifische Merkmal bildhafter Verdichtung erlaubt es nämlich, „subjektiven Wahrnehmungen" noch eine andere Sprache zu geben – eine Sprache, die sich abhebt vom bevorzugten Genre der autobiographischen „Lebenserzählungen" und deren narrativer Ordnung. So fokussieren sich etwa im Bild der Korbhausiererin im gleichnamigen Gedicht „Die Korbhausiererin" (1901) aus dem Band *Der Sohn des Heimatlosen* (1925) von Albert Minder über die Kontrastierung von stereotypen Negativzuschreibungen und Exotismen die Dynamiken des Ausschlusses. Die erinnernde Gegenüberstellung der Reaktion der Familie des lyrischen Ich auf die Begegnung mit der armen Verwandten und den abwertenden Stimmen der Nachbarn legt aber auch das Scheitern der Zwangsassimilierung und deren Folgen für das jenische Selbstverständnis bloß. Auch den Gedichten der polnischen Roma-Dichterin Papusza ist das Moment der Erinnerung eingeschrieben. In ihren Gedichten gelingt es aber, u. a. im Bild des auf die nomadische Existenz verweisenden Wassers und in der Situierung der Zigeuner in freier Natur, dieser Lebensweise Würde abzugewinnen. Auch die Gedichte von Mariella Mehr leisten Widerstand gegen ausgrenzende Marginalisierung durch positiv konnotierte Bilder nomadischer Lebensweise sowie durch Bilder („Windwurzeln", „Luftwurzeln"), die Territorialität zurückweisen.

Der Vogel wird seit der griechischen Antike, über die historischen Avantgarden, bis in die Gegenwartslyrik hinein mit der Dichtung (als Symbol für Weltenthobenheit und Entrücktheit), aber auch mit dem Dichter selbst in Verbindung gebracht. So auch in Olga Martynovas 2010 in russischer Sprache erschienenen Lyrikband *O Čvirike i Čvirke* (*Von Tschwirik und Tschwirka*), in dem die Autorin, so **Eva Hausbacher**, über die Vogelsprache „den ‚dritten Raum' zwischen den Kulturen sprachästhetisch auslotet". In Anlehnung an Yoko Tawadas Tübinger Poetik-Vorlesung (1998), in der diese die exophonen SprecherInnen als Vogel und Ornithologe zugleich beschreibt, liest Hausbacher das ‚Zwitschern' der Tschwirik-Gedichte als transkulturelle Mimikry und metapoetische Auseinandersetzung mit Fremdheit, Nachahmung und Übertragung. Die in diesen Gedichten eingesetzten transkulturellen Schreibstrategien, so Hausbacher weiter, seien nicht gattungsspezifisch motiviert, sondern würden in der transkulturellen

Lyrik lediglich offensichtlicher als in anderen Gattungen zutage treten. Wichtige Verfahrensweisen, die Martynova in ihrer Lyrik einsetzt, sind die Mischung von Gattungen – auch wenn die Autorin selbst stets darum bemüht ist, eine scharfe Trennlinie zwischen russischsprachiger Lyrik und deutschsprachiger Prosa zu ziehen –, die simultane Präsenz von Sprachen in Form von Sprachecho und Sprachlatenz sowie die nicht mehr eindeutige Abgrenzbarkeit von Original und Übersetzung. Unter den Vorzeichen transkulturellen Schreibens greift Martynova, wie Hausbacher ausführt, das Konzept einer an den Vogelstimmen orientierten Universal- bzw. Weltsprache auf, wie es Velimir Chlebnikov zu Beginn des 20. Jahrhunderts entworfen hatte, und macht deutlich, wie darin das Andere, das Unsagbare, auch das Unlogische „in der eigenen Stimme hörbar wird".

Julio Prieto widmet sich in seinem Beitrag der chilenischen Lyrikerin Cecilia Vicuña, deren künstlerisches Werk an vielfältigen transmedialen und transkulturellen Schnittstellen angesiedelt ist: zwischen textlichen, performativen und visuellen Praktiken (Installationen, Land-Art, Happenings); zwischen indigenen, europäischen und (latein)amerikanischen Traditionen; zwischen spanischer, englischer und indigenen Sprachen. Prieto zeigt, dass in der Lyrik Vicuñas der ‚in-between-space' stets bedeutsam ist und durch ganz unterschiedliche Verfahren realisiert wird: durch einprägsame Bilder wie jenes der Wanderdüne; durch eine transkulturelle Intertextualität, die das Aufrufen unterschiedlicher kultureller Räume und Traditionen ermöglicht; durch ‚Zwischensprachlichkeit', in der einzelne bewusst gesetzte Wörter mehrfache, simultane Bedeutungen in unterschiedlichen Sprachen aufrufen (z. B. „con-con", „instar"). Prieto beschreibt Relationalität (im Sinne Édouard Glissants), Dialogizität und Zirkularität (vs. Linearität) als Grundbausteine von Vicuñas künstlerischer Poetik und Lyrik, die sich – so der Verfasser – am besten in den Bildern der „transversalen Fäden" und des „Webens" („re-cordar") fassen lassen. Ganz im Sinne Wolfgang Welschs setzt Vicuña Transkulturalität, die Raum für kontrapunktische und subalterne Stimmen gibt, dezidiert von Globalisierung ab, die sie als neoliberale Uniformisierung (verbunden mit Ausbeutung und Zerstörung natürlicher Ressourcen) in ihrer engagierten Poesie kritisiert und ablehnt.

Vor dem Hintergrund der gegenwärtigen Islamdebatten richtet **Joseph Twist** das Augenmerk auf die Lyrik von Zafer Şenocak, einem Autor, der sich wiederholt auch in seinen Essays zu Migration, Islam und zur Identitätsfrage geäußert und in seiner fiktionalen Prosa das deutsch-türkische Verhältnis zum Thema gemacht hat. Ausgehend von Jean-Luc Nancy befasst sich der Beitrag mit Şenocaks Gedichtband *Übergang* (2005). Twist erkennt im Titel und in den Gedichten Şenocaks Parallelen zu Nancys philosophischer Neukonzeption des Subjekts und der damit einhergehenden Neukonzeption einer menschlichen Gemeinschaft, die nicht auf Individualismus und einer „geschlossenen Subjektivität" gründet. Versinnbildlicht wird die Dekonstruktion des dichotomischen Denkens von Selbst und Anderem, die bei Nancy über den Begriff des ‚clinamen' vorgenommen wird, bei Şenocak im Bild des Hauses und seiner Bewohner. In der dialektischen Bewegung von Drinnen und Draußen erfolgt, wie Twist an Gedicht XV des titelgebenden Zyklus „Übergang" herausarbeitet, eine Öffnung hin zum Anderen und zur anderen Sprache. Mit der Aufgabe eines dichotomischen Denkens ist bei Şenocak auch die Forderung nach einer Aufgabe einer nationalgeschichtlichen Perspektive zugunsten einer transnationalen historischen Perspektive verbunden. Dies macht die Analyse des Gedichts XXVII deutlich, das deutsche und türkische Geschichte miteinander in Berührung bringt und in der Baum-Symbolik Brechts Gedicht „An die Nachgeborenen" in Erinnerung ruft. Die Vorstellung einer „Schwächung der Grenzen des Selbst" bezieht Şenocak aus dem Sufismus, wie Twist im Hinweis auf Yunus Emre darlegt. Die Analyse einer Reihe religiös konnotierter Gedichte zeigt, dass Şenocak in der Rückbesinnung auf die sufistische Tradition im Islam einen Weg zur Aufhebung des Differenz-Denkens und seiner vielgestaltigen gewaltförmigen Implikationen sieht.

Figuren transkultureller Dynamisierungen begegnen nicht nur in den Bildwelten lyrischer Texte, sondern auch in den Poetologien von AutorInnen. Dies demonstriert **Christian Zehnder** in seinem Porträt des polnischen Dichters und Übersetzers Edward Stachura. So durchzieht die Figur der Bewegung, des Transits und des Reisens Stachuras Essaysammlung *Wszystko jest poezja* (1975, Alles ist Poesie) und die darin entfaltete „Panpoesie", die auf eine Aufhebung des Dualismus zwischen Poesie und Leben/Alltag gerichtet ist bzw. paradox in der Bewegung zwischen „Veralltäglichung" und „Entalltäglichung" verharrt. Zehnder geht der Frage nach, ob Stachuras vielfach als neoromantisch bezeichnete „Panpoesie" anschlussfähig an das Konzept der Transkulturalität ist, zumal die Biographie des Autors und auch sein Werk als „transkulturell par excellence" bezeichnet werden können. Dem scheint zunächst das Faktum entgegenzustehen, dass sich in den übersetzungstheoretischen Überlegungen des Autors die Sprachwelten sowie die poetisch evozierte Berührung der Kulturen und Landschaftsräume in seinen Dichtungen nicht in einem ‚dritten Raum' auflösen, wie Zehnder erläutert. Der Blick auf die Poetik Lautréamonts und deren Rezeption durch Gaston Bachelard im Essay *Lautréamont*, den der Romanist Stachura vermutlich kannte, eröffnet über die Figuren der Transformation und der Dynamisierung interessante Bezüge zur Poetik Stachuras und erhellt deren transkulturelle Implikationen. Die Transit-Figur – das Signum der Transkulturalität schlechthin – ist bei Stachura – so Zehnder abschließend – nicht sozial konnotiert, sie wird vielmehr als poetisch-ästhetische Kategorie gefasst, die Poesie überhaupt erst ermöglicht. Über sie werden Transkulturalität und Poesie in ein neues, sich gegenseitig bedingendes Wechselverhältnis gestellt, das in *Wszystko* *jest poezja* nicht bloß einen neoromantischen poetologischen Entwurf sehen lässt.

* * *

Die Herausgeberinnen bedanken sich bei der Universität Innsbruck, deren finanzielle Unterstützung die Drucklegung des Bandes erst möglich gemacht hat: beim Dekanat der Philologisch-Kulturwissenschaftlichen Fakultät, dem Forschungsschwerpunkt „Kulturelle Begegnungen – Kulturelle Konflikte“ sowie dem Vizerektorat für Forschung. Auch sind wir der Kulturabteilung des Landes Tirol für die finanzielle Unterstützung zu Dank verpflichtet. Unser besonderer Dank gilt unseren Studienassistentinnen Theresa Frank und Marijana Milošević, deren engagierte und äußerst verantwortungsvolle redaktionelle Arbeit wesentlich zum Erscheinen des Bandes beigetragen hat. Schließlich möchten wir uns an dieser Stelle noch bei unserem ehemaligen Kollegen Federico Italiano bedanken, der uns als Literaturwissenschaftler bei der Tagungsorganisation durch sein fundiertes Wissen sowie durch seine Erfahrung als Lyriker aktiv zur Seite stand. Aufgrund eines beruflichen Wechsels konnte er die Herausgabe des Bandes nicht mehr begleiten. Selbstverständlich gebührt unser Dank auch den TagungsteilnehmerInnen, die durch ihre Vorträge und Diskussionsbeiträge eine intensive Auseinandersetzung mit dem Thema überhaupt erst ermöglichten und deren Beiträge nun zu einer Weiterführung der Diskussion einladen.

Bibliographie

Allolio-Näcke, Lars / Kalscheuer, Britta / Manzeschke, Arne (Hg.): *Differenzen anders denken. Bausteine zu einer Kulturtheorie der Transdifferenz*. Frankfurt/New York: Campus 2005.

Blödorn, Andreas: „Nie da sein, wo man ist. ‚Unterwegs-Sein‘ in der transkulturellen Gegenwartslyrik“. In: Heinz-Ludwig Arnold (Hg.): *Literatur und Migration*. München: edition text + kritik 2006, 134–147.

Blum-Barth, Natalia (Hg.): *Literarische Mehrsprachigkeit. Zeitschrift für interkulturelle Germanistik* 2 (2015).

Borsò, Vittoria / Brohm, Heike (Hg.): *Transkulturation. Literarische und mediale Grenzräume im deutsch-italienischen Kulturkontakt*. Bielefeld: transcript 2015.

Delanoy, Werner: „Transkulturalität als begriffliche und konzeptuelle Herausforderung an die Fremdsprachendidaktik“. In: Frauke Matz / Michael Rogge / Philipp Siepmann (Hg.): *Transkulturelles Lernen im Fremdsprachenunterricht*. Frankfurt a. M. u. a.: Peter Lang 2014, 19–35.

Dieterle, Bernhard: „Lyrik und Interkulturalität“. In: Dieter Lampig (Hg.): *Handbuch Lyrik: Theorie, Analyse, Geschichte*. Stuttgart: Metzler 2011, 204–212.

Ernst, Jutta / Freitag, Florian (Hg.): *Transkulturelle Dynamiken: Aktanten – Prozesse – Theorien*. Bielfeld: transcript 2014.

Ette, Ottmar: *Weltbewusstsein. Alexander von Humboldt und das unvollendete Projekt einer anderen Moderne*. Göttingen: Velbrück 2002.

Ette, Ottmar: *TransArea. Eine literarische Globalisierungsgeschichte*. Berlin u. a.: De Gruyter 2012.

Exner, Isabel / Rath, Gudrun (Hg.): *Lateinamerikanische Kulturtheorien*. Konstanz: konstanz university press 2015.

Glissant, Édouard: *Introduction à une Poétique du Divers*. Montréal: Presses de l'Université de Montréal 1995.

Gremels, Andrea: *Kubanische Gegenwartsliteratur in Paris zwischen Exil und Transkulturalität*. Tübingen: Narr 2013.

Hannerz, Ulf: „The World in Creolisation“. In: *Africa* 57/4 (1987), 546–559.

Helmich, Werner: *Ästhetik der Mehrsprachigkeit. Zum Sprachwechsel in der neueren romanischen und deutschen Literatur*. Heidelberg: Universitätsverlag Winter 2016.

Hildebrandt, Mathias: „Von der Transkulturalität zur Transdifferenz“. In: Lars Allolio-Näcke / Britta Kalscheuer / Arne Manzeschke (Hg.): *Differenzen anders denken. Bausteine zu einer Kulturtheorie der Transdifferenz*. Frankfurt/New York: Campus 2005, 342–352.

Iljassova-Morger, Olga: „Transkulturalität als Herausforderung für die Literaturwissenschaft und Literaturdidaktik“. In: *Das Wort. Germanistisches Jahrbuch Russland* 2009, 37–57.

Knauth, Karl Alfons (Hg.): *Translation & Multilingual Literature = Translation & littérature multilingue*. Berlin u. a.: LIT 2011.

Kremnitz, Georg: *Mehrsprachigkeit in der Literatur*. Wien: Präsens ^{2}2015.

Lamping, Dieter: *Literatur und Theorie. Poetologische Probleme der Moderne*. Göttingen: Vandenhoeck & Ruprecht 1996.

Lamping, Dieter: Moderne Lyrik. Göttingen: Vandenhoeck & Ruprecht ^{2}2008.

Langenohl, Andreas (Hg.): *Transkulturalität: klassische Texte*. Bielfeld: transcript 2015.

Lösch, Klaus: „Begriff und Phänomene der Transdifferenz: Zur Infragestellung binärer Differenzkonstrukte“. In: Lars Allolio-Näcke / Britta Kalscheuer / Arne Manzeschke (Hg.): *Differenzen anders denken. Bausteine zu einer Kulturtheorie der Transdifferenz*. Frankfurt/New York: Campus 2005, 26–49.

Lüsebrink, Hans-Jürgen: *Interkulturelle Kommunikation. Interaktion. Fremdwahrnehmung. Kulturtransfer*. Stuttgart: Metzler ^{2}2008.

Marrero León, Erelis: „Transculturación y estudios culturales. Breve aproximación al pensamiento de Fernando Ortiz“. In: *Tabula Rasa* 19 (julio-diciembre 2013), 101–117.

Mecklenburg, Norbert: *Das Mädchen aus der Fremde. Germanistik als interkulturelle Literaturwissenschaft*. München: Iudicium 2008, 90–98.

Mill, Solveig: „Transdifferenz und Hybridität – Überlegungen zur Abgrenzung zweier Konzepte“. In: Lars Allolio-Näcke / Britta Kalscheuer / Arne Manzeschke (Hg.): *Differenzen anders denken. Bausteine zu einer Kulturtheorie der Transdifferenz*. Frankfurt/New York: Campus 2005, 431–442.

Ortiz, Fernando: *Contrapunteo cubano del tabaco y el azúcar*. La Habana: Edición de Ciencias Sociales 1983.

Ortiz, Fernando: „Vom Phänomen der ‚Transkulturation‘ und von seiner Bedeutung in Kuba“. In: Isabel Exner / Gudrun Rath (Hg.): *Lateinamerikanische Kulturtheorien*. Konstanz: Konstanz University Press 2015, 51–57.

Pratt, Mary Louise: *Imperial Eyes. Travel Writing and Transculturation*. London/New York: Routledge 1992.

Ramazani, Jahan: *A Transnational Poetics*. Chicago: The University of Chicago Press 2009.

Reichardt, Ulfried: *Globalisierung. Literaturen und Kulturen des Globalen*. Berlin: Akademie 2010.

Schmeling, Manfred: „Poetik der Hybridität – hybride Poetik? Zur ästhetischen Präsentation von Kulturkonflikten im multikulturellen Roman“. In: *Komparatistik. Jahrbuch der Deutschen Gesellschaft für Allgemeine und Vergleichende Literaturwissenschaft*. Heidelberg: Synchron Wissenschaftsverlag der Autoren 1999, 9–17.

Schmeling, Manfred / Schmitz-Emans, Monika (Hg.): *Multilinguale Literatur im 20. Jahrhundert*. Würzburg: Königshausen & Neumann 2002.

Schmitz-Emans, Monika: *Die Sprache der modernen Dichtung*. München: Fink 1997.

Welsch, Wolfgang: „Transkulturalität. Lebensformen nach der Auflösung der Kulturen“. In: *Information Philosophie* 2 (1992), 5–20.

Welsch, Wolfgang: „Transkulturalität – die veränderte Verfassung heutiger Kulturen“. In: *Via Regia* 20 (1994), http://www.via-regia.org/bibliothek/pdf/heft20/welsch_transkulti.pdf (18.05.2016).

Welsch, Wolfgang: „Transkulturalität. Zur veränderten Verfassung heutiger Kulturen“. In: Irmela Schneider / Christian W. Thomson (Hg.): *Hybridkulturen. Medien, Netze, Künste*. Köln: Wienand 1997, 67–90.

Welsch, Wolfgang: „Auf dem Weg zu transkulturellen Gesellschaften“. In: Lars Allolio-Näcke / Britta Kalscheuer / Arne Manzeschke (Hg.): *Differenzen anders denken. Bausteine zu einer Kulturtheorie der Transdifferenz*. Frankfurt/New York: Campus 2005, 314–341.

Welsch, Wolfgang: „Transkulturelle Gesellschaften". In: Peter-Ulrich Merz-Benz / Gerhard Wagner (Hg.): *Kultur in Zeiten der Globalisierung. Neue Aspekte einer soziologischen Kategorie*. Frankfurt a. M.: Humanities Online 2005, 39–67.

Welsch, Wolfgang: „Was ist Transkulturalität?". In: Lucyna Darowska / Thomas Lüttenberg / Claudia Machold (Hg.): *Hochschule als transkultureller Raum? Bildung, Kultur und Differenz in der Universität*. Bielefeld: transcript 2010, 39–66, http://www2.uni-jena.de/welsch/papers/W_Welsch_Was_ist_Transkulturalität.pdf (28.01.2016).

Welsch, Wolfgang: „Was ist eigentlich Transkulturalität?". In: Dorothee Kimmich / Schamma Schahadat (Hg.): Kulturen in Bewegung. Beiträge zur Theorie und Praxis der Transkulturalität. Bielefeld: transcript 2012, 25–40.

Yeşilada, Karin E.: *Poesie der Dritten Sprache. Türkisch-deutsche Lyrik der zweiten Generation*. Tübingen: Stauffenburg 2012.

Transferprozesse

Lyrische Transkulturalität am Beispiel des Ghasels in der deutschsprachigen Dichtung

Sebastian Donat

Einleitung. Transkulturalität und Weltliteratur

In einem seiner frühen Aufsätze zur Transkulturalität aus dem Jahr 1994 hat Wolfgang Welsch postuliert, dass „allein in der aktuellen Kreuzung, Durchdringung und Überlagerung von Kulturformen"[1] zukunftsweisende Aspekte zu finden sein werden. Dabei hatte er primär die kulturwissenschaftliche Theoriebildung im Blick. Doch diese wiederum stand und steht für ihn – wie auch in späteren Publikationen zum selben Thema – in enger Verbindung mit der gesellschaftlichen Realität. Welschs Formulierung besitzt folglich eine bemerkenswerte Vielschichtigkeit: Sie ist in ihrem Aussagecharakter angesiedelt zwischen Zustandsbeschreibung und Prognose, wenn nicht Plädoyer, und besitzt zugleich einen doppelten, nämlich einerseits theoretischen bzw. konzeptionellen und andererseits praktischen bzw. sozialen, Bezug. In dieser spezifischen rhetorischen wie semantischen Gestalt, aber zugleich auch in ihrer thematischen Ausrichtung zeigt sie damit deutliche Parallelen zu den berühmten Äußerungen Goethes zur Weltliteratur aus den Jahren 1827–1831. Auch diese bewegen sich im Kontinuum zwischen Deskription und Aufruf zum Mitwirken und betreffen sowohl die konkrete kulturelle Praxis wie auch die Möglichkeiten, diese konzeptionell zu fassen. Und wie bei Welsch, so geht es auch bei Goethe um die Frage der adäquaten Formen des aktuellen Miteinanders von Kulturen, bzw. bei Goethe konkret: von Literaturen.

Allerdings verfolge ich hier trotz der ungebrochenen, in den vergangenen 20 Jahren sogar deutlich angewachsenen Attraktivität der Idee der Weltliteratur nicht das Ziel, Goethe als Vorreiter der Transkulturalitätsdebatte zu stilisieren. Dieser Versuch würde bei einer näheren Betrachtung der besagten einschlägigen Äußerungen auch rasch an seine Grenzen sto-

[1] Wolfgang Welsch, „Transkulturalität. Lebensformen nach der Auflösung der Kulturen", in: Kurt Luger / Rudi Renger (Hg.), *Dialog der Kulturen. Die multikulturelle Gesellschaft und die Medien*, Wien 1994, 163.

ßen. Denn zwar findet sich bei Goethe durchaus eine Formulierung, die an Welschs transkulturelle Kategorien der „Kreuzung, Durchdringung und Überlagerung“ erinnert:

> Wenn wir eine Europäische, ja eine allgemeine Weltliteratur zu verkündigen gewagt haben, so heißt dieses nicht daß die verschiedenen Nationen voneinander und von ihren Erzeugnissen Kenntnis nehmen, denn in diesem Sinne existiert sie schon lange, setzt sich fort und erneuert sich mehr oder weniger; Nein! hier ist vielmehr davon die Rede, daß die lebendigen und strebenden Literatoren einander kennenlernen und durch Neigung und Gemeinsinn sich veranlaßt finden gesellschaftlich zu wirken.[2]

Doch hat Goethe mit den „lebendigen und strebenden Literatoren“ ganz offensichtlich eine kleine, mehr oder weniger elitäre Gemeinschaft im Blick, und ihr im Resultat möglicherweise tatsächlich transkulturelles Zusammenwirken wird von ihm nicht etwa auf gesellschaftliche Realitäten, sondern vielmehr auf individuelle Tugenden – Neigung und Gemeinsinn – zurückgeführt.[3] Vor allem aber konzipiert Goethe trotz wiederholter Beschwörung der neuen Epoche des Übergangs von der National- zur Weltliteratur letztere doch ganz unzweifelhaft primär unter der Perspektive, inwiefern die Nationen bzw. Kulturen „sich miteinander vertragen, wie sie einander ergänzen, wie sie miteinander kommunizieren, einander verstehen oder anerkennen können“[4]. Diese Formulierung könnte zwar so wortwörtlich bei Goethe stehen, stammt aber von Wolfgang Welsch, und zwar aus dessen Definition nicht für Trans-, sondern für Interkulturalität.

Auch wenn sowohl Goethe und der von ihm angestoßene Weltliteraturdiskurs als auch Welsch und das Konzept der Transkulturalität gleichermaßen auf dramatische Internationalisierungsschübe reagieren, dürfen also die Unterschiede zwischen beiden nicht übersehen werden: Die kulturelle Verfasstheit der Gesellschaften hat sich ohne Zweifel in den vergangenen 200 Jahren wohl nicht zuletzt im Hinblick darauf verändert, was Wolfgang Welsch als Ausbreitung der internen Transkulturalität bzw. Patchwork-Identität bezeichnet hat, und verändert hat sich auch der theoretische Blick auf diese Realität.

Es gibt aber noch eine weitere wichtige Parallele zwischen Goethes Äußerungen zur Weltliteratur und Welschs Ausführungen zur Transkul-

---

2 Johann Wolfgang Goethe, „Zu den Versammlungen deutscher Naturforscher und Ärzte“, in: Ders., *Sämtliche Werke nach Epochen seines Schaffens. Münchner Ausgabe*, München 2006, Bd. 18.2, 357.

3 Hier ist am ehesten eine Parallele zu dem gegeben, was Wolfgang Welsch als ‚innere Pluralität bei exquisiten Subjekten‘ bezeichnet hat. Vgl. Wolfgang Welsch, „Was ist eigentlich Transkulturalität?“, in: Dorothee Kimmich / Schamma Schahadat (Hg.), *Kulturen in Bewegung. Beiträge zur Theorie und Praxis der Transkulturalität*, Bielefeld 2012, 31.

4 Welsch 1994, 149.

turalität. Beide konstatieren, dass die primär mit Blick auf die jeweilige aktuelle Situation entwickelten Konzepte eine ‚historische Tiefe' besitzen. Bei Goethe ist dies in der zitierten Passage bereits deutlich geworden, wenn er darauf hinweist, dass bereits seit langer Zeit „die verschiedenen Nationen voneinander und von ihren Erzeugnissen Kenntnis nehmen"[5]. Und mit durchaus vergleichbarer argumentativer Doppelstrategie – nämlich auf der Aktualität des Phänomens beharrend und es dennoch zugleich historisch unterfütternd – konstatiert Wolfgang Welsch:

> Transkulturalität [ist] historisch keineswegs völlig neu. Sie war geschichtlich geradezu die Regel – ganz anders, als die vorgeblich historisch argumentierenden Anhänger des traditionellen Kulturkonzeptes meinen, welche die Transkulturalität von Jahrhunderten übersehen, um statt dessen die erst mit dem 19. Jahrhundert aufgekommene Fiktion homogener Nationalkulturen für verbindlich zu erklären. [...] Für jemanden, der die europäische Geschichte – insbesondere die Kunstgeschichte – kennt, ist diese historische Transkulturalität ohnehin evident. Die Stile waren länder- und nationenübergreifend, und viele Künstler haben ihre besten Werke fern von der Heimat geschaffen. Die Kultur war europäisch und bildete ein Netz quer durch die Staaten.[6]

Folgt man Goethe und Welsch, dann lassen sich also sowohl für Weltliteratur als auch für Transkulturalität zwei historische Ebenen unterschieden, die mit je spezifischen Ausprägungsformen bzw. ‚Aggregatzuständen' verbunden sind.

Holzschnittartig ließe sich das Phänomen ‚Weltliteratur alt' für Goethe vielleicht als ‚Gegenseitiges Wahrnehmen ohne direkte Interaktion' charakterisieren. Die in den jeweiligen Einzelkulturen entstandene Vielfalt der Formen und Inhalte hat also auch schon vor dem Internationalisierungsschub rund um die Napoleonischen Kriege aufeinander eingewirkt – nur geschah dies eben vorwiegend in rezeptiver Form. Anders als Franco Moretti, der in seinem jüngst entwickelten Zweistufenmodell der Geschichte der Weltliteratur für die Phase bis zum 18. Jahrhundert primär ein isoliertes Nebeneinander von sich intern ausdifferenzierenden Einzelliteraturen postuliert,[7] gehe ich hier also von einer ungebrochenen Konti-

---

5 Goethe 2006, Bd. 18.2, 357.

6 Wolfgang Welsch, „Transkulturalität. Zur veränderten Verfassung heutiger Kulturen", in: Irmela Schneider / Christian W. Thomson (Hg.), *Hybridkultur. Medien, Netze, Künste*, Köln 1997, 74. – Vgl. die analoge Argumentation in Welsch 2012, 33–35.

7 Vgl. Franco Moretti, „Evolution, World-Systems, Weltliteratur", in: Gunilla Lindberg-Wada (Hg.), *Studying Transcultural Literary History*, Berlin/New York 2006, 120 (erweiterter Wiederabdruck in: Franco Moretti, *Distant Reading*, London/New York 2013, 134–135): „The ‚first' Weltliteratur is a mosaic of separate, ‚local' cultures; it is characterized by strong internal diversity; it produces new forms mostly by divergence; and is best explained by (some version of) evolutionary theory.

nuität der wechselseitigen Kenntnisnahme einschließlich entsprechender Einwirkungen aus.

‚Transkulturalität alt' bzw. ‚historische Transkulturalität' als Komplementärphänomen wird von Wolfgang Welsch vor allem mit dem Bereich der Kunst und hier wiederum mit Einzelpersönlichkeiten, wie dem wesentlich in und von Italien geprägten Albrecht Dürer,[8] sowie mit der Kategorie des Stils verbunden.

An letzteren Punkt möchte ich nun gern anknüpfen. Allerdings werde ich dabei drei Modifikationen vornehmen. Zunächst verlagere ich den Fokus von der bildenden Kunst auf die Literatur und hier speziell auf die Lyrik. Die relativ amorphe Kategorie des ‚Stils' bei Welsch ersetze ich zum zweiten durch die der Form bzw. Gattung. Und zum dritten gehe ich über das von ihm konstatierte europäische Netzwerk hinaus und erweitere den Blick in Richtung der Literaturen des Vorderen Orients.

Mein Ziel ist es, zu verdeutlichen, dass Lyrik geradezu als Paradebeispiel für das Konzept der ‚historischen Transkulturalität' gelten kann – und zwar sowohl im ‚geronnenen Aggregatzustand' der Gattung als auch im Hinblick auf konkrete Einzelwerke. Im vorliegenden Rahmen lässt sich das natürlich nur exemplarisch durchführen. Im Anschluss an einige grundlegende Bemerkungen zur Transkulturalität von Lyrik konzentriere ich mich daher auf die Gedichtform des Ghasels und möchte zum Abschluss anhand eines vermutlich weitgehend unbekannten Gedichts aus dem Spätwerk von Paul Heyse skizzieren, wie sich Transkulturalität im Einzeltext manifestieren kann und welches Potential sie mit sich bringt.

Lyrik als transkulturelles Phänomen

Unter architextueller Perspektive handelt es sich bei Lyrik in hohem Maße um ein per se transkulturelles Phänomen. Denn zusätzlich zu bewusst einsetzbaren, nicht gattungsspezifischen permeativen[9] Verfahren, wie der Intertextualität oder der Mehrsprachigkeit, stellt hier von vornherein das Versmaß bzw. die Gedichtform in den allermeisten Fällen eine Verschmelzung von fremd- und eigenkulturellen Bestandteilen dar. Hinzu kommt, dass Lyrik wie wohl keine andere literarische Gattung darauf ausgerichtet ist, kulturelle Hybridität – egal ob primär strukturell bedingt

The ‚second' Weltliteratur (which I would prefer to call world literary system) is unified by the international literary market; it shows a growing, and at times stunning amount of sameness; its main mechanism of change is convergence; and is best explained by (some version of) world-systems analysis."

8 Vgl. Welsch 1994, 156, Anm. 23.

9 Zum Begriffspaar ‚permeativ' („nach dem Modell von Durchdringungen und Verflechtungen") vs. ‚separatistisch' („nach dem alten Modell klar gegeneinander abgegrenzter Kulturen") vgl. Welsch 2012, 26.

oder individuell hergestellt – nach außen hin sichtbar zu machen. Dies beruht auf der spezifischen Textstruktur und der damit verbundenen Rezeptionshaltung: Bewusste Segmentierung, doppelte Gliederung und regelmäßige Rekurrenz[10] gehen einher mit einer geschärften Aufmerksamkeit für die Gestalt der Mitteilung auf den unterschiedlichsten sprachlichen Ebenen (von der Phonetik über die Versstruktur bis zur Semantik). Somit treten gerade auch fremdkulturelle Elemente bzw. kulturell hybride Phänomene deutlich hervor und werden als solche wahrnehmbar.

In welchem Maße und in welchen spezifischen Ausprägungsformen sowie Mischungsverhältnissen bereits das Versmaß transkulturell ist, hat auf beeindruckende Weise der russische Literaturwissenschaftler Michail Gasparov herausgearbeitet. In der Einleitung zu seinem *Očerk istorii evropejskogo sticha* (in der englischen Fassung: *A History of European Versification*) unterstreicht er dabei zunächst die grundsätzliche Bedeutung des Metrums:

> История стиха – важнейшая часть истории поэзии. Читая стихи, мы никогда не воспринимаем только то, что сказано смыслом их слов – мы всегда ощущаем также и то, что подсказано формой их метра, ритма, рифм, строф.[11]

> Die Versgeschichte ist der wichtigste Teil[12] der Geschichte der Dichtung. Wenn wir Gedichte[13] lesen, nehmen wir niemals nur das wahr, was durch den Sinn ihrer Worte gesagt wird – wir spüren zugleich auch das, was von der Form ihres Metrums, ihres Rhythmus, ihrer Reime, ihrer Strophen vorgegeben wird.[14]

Angesichts der relativ großen Distanz gegenüber der formalen Seite von Lyrik, die bereits 1946 von Wolfgang Kayser in seiner *Kleinen deutschen Versschule* konstatiert wurde[15] und die inzwischen vermutlich deutlich zugenommen hat, mag Gasparovs These von der entscheidenden Rolle der Versstruktur für die Dichtung sehr befremdlich klingen. Nicht zuletzt auch vor dem Hintergrund des fortdauernden internationalen Siegeszugs der ungebundenen Verse in der Gegenwartsdichtung spielen demgegenüber andere sprachliche Ebenen und insbesondere die Semantik aktuell eine größere Rolle in der Wahrnehmung. Vielleicht lohnt sich daher an dieser Stelle ein kleiner Seitenblick auf einen Verstext, der die Bedeutung der Form in Gedichten in eindrücklicher Weise buchstäblich vor Augen führt. Er stammt ebenfalls aus der zeitgenössischen dichterischen Pro-

---

[10] Vgl. Sebastian Donat, *Deskriptive Metrik*, Innsbruck/Wien/Bozen 2010, 22–28.

[11] Michail Leonovič Gasparov, *Očerk istorii evropejskogo sticha*, Moskva 1989, 3.

[12] Bzw. „ein besonders wichtiger Teil" – das russische Original lässt beide Lesarten zu.

[13] Bzw. „Verse" – auch hier liegt eine Zweideutigkeit im Original vor.

[14] Die Übersetzungen der zitierten Textstellen von Gasparov stammen vom Verfasser – S. D.

[15] Vgl. Wolfgang Kayser, *Kleine deutsche Versschule*, Tübingen/Basel 1992, 5.

duktion, und zwar aus dem Hypertextroman *Rettet Seiber!* von Timmo Strohm aus dem Jahr 1999:

Glaubt es nicht, wenn sie Euch sagen:	INHALT ist bedeutungslos
FORM kann nie Bedeutung tragen	Zählt für Vollidioten bloß
Der Begriff bestimmt das Wesen	Wenn wir Sprache schärfer sehn
Nur, wenn die Naiven lesen	Kann die Form den Inhalt drehn.[16]

Strohm bedient sich hier der Form des sogenannten Spaltversgedichts, bei dem sich je nach gewählter Lektüreperspektive – im Druck wäre das entweder eine Versgruppe in Langzeilen oder zwei nebeneinander stehende Strophen in Kurzzeilen (in der Java-Programmierung gelingt sogar eine echte Ver- und Entflechtung der Zeilen) – der eine oder andere Text ergibt. Was dieser Gattung ohnehin wesenseigen ist, die Steuerung der Wahrnehmung des Inhalts durch die Form, wird in Strohms damit sozusagen metametapoetischem Gedicht auch noch eigens thematisiert. Dennoch stellt das Spaltversgedicht kein eindeutiges Plädoyer für den Primat der Form über den Inhalt dar. Die beiden Lesarten sind gleichberechtigt und relativieren sich in höchst dialogischer Weise gegenseitig. Die zwei Extrempositionen – „INHALT ist bedeutungslos" vs. „FORM kann nie Bedeutung tragen" – werden somit als unhaltbar entlarvt. Ein Ausweg aus diesem Dilemma kann nur darin bestehen, beide Dimensionen von Lyrik in ihrem je spezifischen Verhältnis zueinander zu bestimmen.

Genau dasselbe strukturelle Grundprinzip der gegenseitigen Kreuzung, Durchdringung und Überlagerung verschiedener Orientierungsgrößen macht Michail Gasparov auch für die Versgeschichte geltend:

> Все национальные стихосложения народов Европы развиваются из общих источников, сосуществуют, взаимодействуют, одни и те же стихотворные формы по ходу истории культуры переходят из языка в язык, варииpуясь в соответствии с фонологическими особенностями каждого языка.[17]

> Alle nationalen Metriken der Völker Europas entwickeln sich aus gemeinsamen Quellen, koexistieren, wirken wechselseitig aufeinander ein; ein und dieselben Gedichtformen gehen im Verlauf der Kulturgeschichte von einer Sprache zur anderen über und verändern sich dabei in Abhängigkeit von den phonologischen Besonderheiten jeder Sprache.

Die hier skizzierte Verflechtung der metrischen Systeme in den europäischen Literaturen[18] ist so eng, dass es sinnvoll ist, von einer genuin europäischen Versgeschichte zu sprechen. Dadurch soll keineswegs die Metrik der einzelnen Sprachen und Literaturen ersetzt werden – bezeichnender-

---

16 In: http://www.seekultur.de/edf/ilosvx/seiber/spalt.htm (27.08.2015).

17 Gasparov 1989, 3.

18 Vgl. die beeindruckende graphische Veranschaulichung in Gasparov 1989, 5.

weise hat Gasparov selbst eines der Standardwerke zur russischen Metrik vorgelegt.[19] Entscheidend ist vielmehr, dass sich die Perspektive auf diese Einzelmetriken grundlegend verändert im Hinblick auf die gemeinsamen Ursprünge sowie die verschiedenen Formen von Kontakten und Wechselwirkungen, die sie mit anderen Systemen der Versifikation verbinden.

Eine sehr konkrete Art dieses Kontakts besteht nun in der Übernahme bestimmter Vers- bzw. Gedichtformen. Sie vollzieht sich in der Regel nicht als unveränderter Import, sondern geht zumeist einher mit Adaptionen an das jeweils einheimische sprachliche und metrische System, die sehr unterschiedlich weit reichen können. – Besonders gut lässt sich diese Ausprägungsform des transkulturellen Cross-Over dort beobachten, wo einerseits eine große Distanz zu überbrücken ist, d. h. die betreffende fremde Form sich deutlich vom vorliegenden ‚einheimischen' Repertoire absetzt, und, häufig eng damit verbunden, andererseits keine wirkliche Assimilation stattfindet. Um eine glückliche Formulierung von Anne Bohnenkamp aus dem Bereich der Übersetzungstheorie aufzugreifen,[20] liegt in solchen Fällen eine ausgeprägte ‚phänotypische Hybridität' sowohl der Gattung an sich als auch der Endprodukte, sprich: der konkreten Gedichte in der betreffenden Form, vor.

Ein gut geeignetes Beispiel dafür stellt das Ghasel und seine Aufnahme in die deutschsprachige Literatur dar. Die Gattung stammt aus der arabischen und persischen Lyrik und lässt sich formal folgendermaßen beschreiben:

> *Ghasel* bezeichnet ein kurzes Gedicht, dessen entscheidende formale Kennzeichen die folgenden sind: (1) der Langvers (‚bait') mit einer Zäsur in der Mitte, die den Vers in zwei Hälften (‚misrâ') teilt; (2) der Monoreim (‚qâfiya'), der im ersten Vers (‚matla'') am Ende jedes der beiden misrâ, von da ab nur noch am Ende des bait erscheint (in deutscher Versschreibung mit zwei Verszeilen pro bait erscheint dies also meist als Reimschema aa xa xa xa xa xa...); (3) die Selbstnennung (‚takhallus') im Schlußvers. Eine besonders in der persischen Dichtung beliebte Erweiterung stellt der sog. RADIF (*radîf*) dar: ein Wort oder eine ganze Wortfolge, die nach jedem Reimwort (etwa in der Art eines *Erweiterten* oder *Reichen Reims*) unverändert wiederholt werden.[21]

---

19 Vgl. Michail Leonovič Gasparov, *Očerk istorii russkogo sticha. Metrika. Ritmika. Strofika*, Moskva 2000.

20 Vgl. Anne Bohnenkamp, „‚Hybrid' statt ‚verfremdend'? Überlegungen zu einem Topos der Übersetzungstheorie", in: Peter Colliander / Doris Hansen / Ingeborg Zint-Dyhr (Hg.), *Linguistische Aspekte in der Übersetzungswissenschaft*, Tübingen 2004, 9–26.

21 Johann Christoph Bürgel, „Ghasel", in: Georg Braungart u. a. (Hg.), *Reallexikon der deutschen Literaturwissenschaft*, Berlin/New York 1997–2003, Bd. 1 (1997), 722.

Inhaltlich ist das Ghasel nicht streng festgelegt; das Spektrum reicht „von religiöser und gnomischer Thematik bis zu Naturdichtung und Panegyrik". Im Mittelpunkt steht dabei „jedoch die Verherrlichung des ‚Freundes' […]: einer Chiffre, die – je nach Autor und Kontext – den hübschen Schenkenknaben, einen wirklichen oder gedachten Freund, den Ordensscheich, den Fürsten oder letztlich Gott selber meinen kann."[22]

Innerhalb dieser Gattungsmerkmale liegt für eine Übernahme in den Bereich der deutschsprachigen Dichtung fraglos die größte Herausforderung in den Vorgaben für die Reimbindung. Sowohl die relativ reimarme deutsche Sprache als auch die auf Variation beruhende Reimpoetik, in der rührende, grammatische oder identische Reime kaum akzeptiert sind, bieten hier sehr ungünstige Rahmenbedingungen.[23]

Wirklich heimisch geworden ist das Ghasel in der Lyrik des deutschsprachigen Raums nie,[24] und das, obwohl in der Rezeptionsgeschichte bedeutende und einflussreiche Autoren eine wichtige Rolle spielen. Dazu gehört insbesondere Goethe, der mit seinem erstmals 1819 erschienenen *West-östlichen Divan* das Interesse auf die klassische persische Dichtung, ihre Gegenstände, poetischen Spezifika und Formen lenkte, auch wenn er selbst, wie Johann Christoph Bürgel festhält, „kaum ein regelrechtes, geschweige denn ein formvollendetes Ghasel"[25] verfasst hat. Weitere wichtige Stationen der Geschichte dieser Gattung in der deutschsprachigen Literatur markieren Gedichtpublikationen Friedrich Rückerts und August von Platens aus der Zeit unmittelbar nach Erscheinen von Goethes *West-östlichem Divan*, sowohl im Bereich der Übersetzung, als auch (zunehmend) der Originaldichtung in Ghaselform.[26] Und schließlich können mit Gottfried Keller und Hugo von Hofmannsthal noch zwei weitere, bis heute anerkannte deutschsprachige Autoren angeführt werden, die sich zumindest zeitweilig dieser Gattung bedient haben.

---

22 Bürgel 1997, 723–724.

23 Zur relativen Reimarmut im Deutschen vgl. Erwin Arndt, *Deutsche Verslehre. Ein Abriß*, Berlin 1990, 111, sowie Leif Ludwig Albertsen, *Neuere deutsche Metrik*, Berlin 1997, 29–30. Zur „Störung im Klanglichen", verursacht durch rührende und identische Reime, vgl. Kayser 1992, 87–89.

24 Vgl. Bürgel 1997, 724.

25 Bürgel 1997, 723. – Vgl. Hendrik Birus, „Goethes Annährung an das Ghasel und ihre Folgen", in: Klaus-Michael Bogdal (Hg.), *Orientdiskurse in der deutschen Literatur*, Bielefeld 2007, 125–140.

26 Vgl. Andrea Polaschegg, „Unwesentliche Formen? Die Ghasel-Dichtungen August von Platens und Friedrich Rückerts: Orientalisierende Lyrik und hermeneutische Poetik", in: Steffen Martus / Stefan Scherer / Claudia Stockinger (Hg.), *Lyrik im 19. Jahrhundert: Gattungspoetik als Reflexionsmedium der Kultur*, Bern u. a. 2005, 271–294.

Der immer wieder konstatierte Außenseiter-Status des Ghasels in der deutschsprachigen Dichtung[27] wird von Andrea Polaschegg auf die spezifische Kombination aus einer ‚radikalisierten „äußeren Form"' und dem Bezug auf ‚raum-zeitlich ferne Sphären', d. h. den Orient, zurückgeführt, „den zu verstehen man im Deutschland des frühen 19. Jahrhunderts bereits Fachmann sein mußte"[28]. – Was man sich unter der besagten geringen Resonanz vorstellen muss, macht eine von mir durchgeführte Sichtung der umfangreichen elektronischen Edition *Deutsche Lyrik von Luther bis Rilke* deutlich, die ca. 53.000 Gedichte von 207 AutorInnen aus 5 Jahrhunderten enthält.[29] Sie erbrachte zusätzlich zum Werk der bereits erwähnten wichtigsten deutschsprachigen Ghasel-Dichter Rückert und Platen rund 80 einschlägige Texte von 17 AutorInnen. – Das Ghasel ist also zumindest in quantitativer Beziehung[30] gewiss kein Erfolgsmodell transkultureller Gattungsadaption wie etwa das Sonett. Es wurde und wird überwiegend als sperrig empfunden, und seine Verwendung steht daher von vornherein unter einem gewissen Rechtfertigungsdruck.

Lyrische Transkulturalität in der Nahaufnahme: Paul Heyses „Warum willst du mit Ghaselen…"

In einem abschließenden Blick auf ein konkretes Fallbeispiel möchte ich nun skizzieren, wie sich Transkulturalität in einem Einzeltext in dieser sehr speziellen Gattung manifestieren kann und welches Potential sie – trotz oder gerade wegen dieser spezifischen limitierenden Rahmenbedingungen – mit sich bringt.

Ich verschärfe die ‚Experimentieranordnung' noch weiter, indem ich ein Gedicht aus dem Spätwerk Paul Heyses und damit eines Autors wähle,

27 Neben Bürgel 1997 und Polaschegg 2005 ist hier hinzuweisen auf Birus 2007, bes. 137–138. Albertsen 1997, 138–140, ordnet das Ghasel der paradoxalen Kategorie „Ephemere Traditionen" zu und verbindet damit die ausgangskulturelle Lang- mit der zielkulturellen Kurzlebigkeit.

28 Polaschegg 2005, 292.

29 Vgl. *Deutsche Lyrik von Luther bis Rilke*, Berlin 2002. Die Angaben zum Textcorpus finden sich auf Bildschirmseite 3. – Meine Sichtung erhebt keinen Anspruch auf Vollständigkeit, aber vermittelt wohl dennoch einen adäquaten Eindruck.

30 Allerdings wäre es irreführend, hier kurzerhand von der geringen Quantität der Ghaselproduktion auf das Ausmaß ihrer Verbreitung bzw. den Erfolg in der Rezeption zu schließen. Denn zur kleinen Gruppe der deutschsprachigen Ghasele gehören auch diejenigen, die Friedrich Bodenstedt in seine erstmals 1851 separat erschienenen *Lieder des Mirza Schaffy* integrierte, der mit 142 Auflagen allein zu Lebzeiten Bodenstedts wohl erfolgreichsten deutschsprachigen Lyrikpublikation des 19. Jahrhunderts. – Vgl. dazu Sebastian Donat, „Übersetzung als Brücke zwischen poeta und philologus. Das Phänomen Friedrich Bodenstedt", in: Mark-Georg Dehrmann / Alexander Nebrig (Hg.), *Poeta philologus. Eine Schwellenfigur im 19. Jahrhundert*, Bern u. a. 2010, 161–175.

der zwar Mitte des 19. Jahrhunderts als ‚Münchener Dichterfürst' am Hofe Maximilians des II. als würdiger Nachfolger Goethes angesehen wurde und Deutschland im Jahr 1910 den ersten Literaturnobelpreis für ein literarisches Werk bescherte,[31] aber inzwischen weitgehend in Vergessenheit geraten ist und in der Literaturwissenschaft mit wenig schmeichelhaften Attributen verbunden wird. So spricht Norbert Miller mit Bezug auf Paul Heyse vom Schreiben „aus erzwungener Inspiration", von der ‚fast unbegreiflichen Fülle seines Werks', der „Gewissenhaftigkeit des geschulten Handwerkers" sowie der ‚schillernden und fast schwerelosen Formenvielfalt' und sieht ihn resümierend als den Autor, „der wie kein anderer die bewahrenden Tendenzen in der Kultur des 19. Jahrhunderts repräsentiert hat."[32] Und ein lokales Fundstück macht deutlich, dass bereits zu Lebzeiten Heyses erhebliche Zweifel an der Qualität und insbesondere der Authentizität seiner literarischen Produktion geäußert wurden. Denn im März 1900 spendeten ihm die „Innsbrucker Nachrichten" anlässlich seines 70. Geburtstags in einem umfangreichen Artikel zwar reichlich Anerkennung, brachten jedoch zugleich am Ende massive Kritikpunkte vor:

> Es kann durchaus nicht geleugnet werden, dass die Zeit besten Schaffens für Heyse längst vorüber ist. [...] Sein schier unerschöpfliches Schaffen ist reich an echten Erfolgen [...]. Daneben hat freilich der Dichter auch Werke hervorgebracht, die völlig seine dichterische Antheilname vermissen lassen und den Beweis geben, dass für die Entwickelung eines Talents auch der allzu leichte Erfolg keineswegs günstig ist.[33]

Drei Jahre nach diesem Zeitungsartikel veröffentlichte Paul Heyse den Lyrikband *Ein Wintertagebuch (Gardone 1901–1902)* mit insgesamt 73 Gedichten. Der Titel ist durchaus programmatisch: Natur- und Alltagsbeobachtungen aus Heyses Aufenthalt am Gardasee im Winter 1901–02 mischen sich mit Erinnerungen, Legenden, Nachrufen und Selbstermunterungen. Atmosphärisch lässt sich als übergreifender Tenor eine gefasste Spätzeitstimmung ausmachen.

Die formale Versatilität Heyses wird anhand des Gattungsspektrums deutlich: Die Spannweite im *Wintertagebuch* reicht (ohne Anspruch auf Vollständigkeit) vom paargereimten jambischen Tetrameter („Ankunft"[34])

---

31 Als erster Deutscher war bereits 1902 der Historiker Theodor Mommsen mit dem Nobelpreis für Literatur ausgezeichnet worden.

32 Norbert Miller, „Im Schatten Goethes. Zu Paul Heyses Stellung in der Literatur des 19. Jahrhunderts", in: Sigrid von Moisy (Hg.), *Paul Heyse. Münchner Dichterfürst im bürgerlichen Zeitalter. Ausstellung der Bayerischen Staatsbibliothek 23. Januar bis 11. April 1981*, München 1981, 13; 15.

33 Eugen Isolani, „Paul Heyse. (Zu des Dichters 70jährigem Geburtstage, 15. März.)", in: *Innsbrucker Nachrichten*, Nr. 59, 13. März 1900, 3.

34 Paul Heyse, *Ein Wintertagebuch (Gardone 1901–1902)*, Stuttgart/Berlin 1903, 5–7; vgl. Horst Joachim Frank, *Handbuch der deutschen Strophenformen*, Tübingen/Basel

über die Terzine („Andere Zeiten“[35]), das elegische Distichon („Quam bene disposuit cunctis natura facendis“[36]), Blankverse („Ein Tantalus“[37]), Suleikastrophen („Pasqua“[38]), jambische Reimpaare („Wilhelm Hertz†“[39]), freie Rhythmen („Antonie“[40]), daktylische Vierzeiler („Wintersturm“[41]), serbische Trochäen („Rückblick“[42]), Sonette („Friedrich Rückert“[43]) und asklepiadeische Strophen („Horaz“[44]) bis zu vierzeiligen Liedstrophen im Ländlertakt („Mandolinata“[45]). Mit Blick auf die Herkunft der jeweiligen Gattungen repräsentiert diese formale Fülle zugleich ein breites kulturelles Spektrum von der lateinischen über die englische, italienische, spanische, slawische bis hin zur deutschsprachigen Tradition. Diese gedrängte Vielfalt erzeugt allerdings, um ein Begriffspaar von Wolfgang Welsch aufzugreifen, letztlich eher einen separatistischen als einen permeativen Effekt.[46] Und zwar sowohl im Hinblick auf das Ensemble, in dem die verschiedenen Formen tendenziell isoliert nebeneinanderstehen, als auch in Bezug auf das Einzelgedicht, bei dem, zumal im Falle der zahlreichen Naturgedichte, die Form oft letztlich äußerlich wirkt.

Den Schlussteil des Bandes bilden die insgesamt 23 „Ghaselen“. Sie stellen damit den einzigen größeren formal einheitlichen Abschnitt dar. Auch in thematischer Beziehung weisen sie eine relativ große Kohärenz auf: Es dominieren Altersreflexionen über das dichterische Schaffen.

Bevor ich nun einen Blick auf das erste Gedicht dieses Abschnitts werfe, möchte ich noch einmal auf die Besonderheit dieser Auswahl hinweisen. Es handelt sich um einen Text, der

- die Form eines Ghasels aufweist, d. h. einer aus dem arabisch-persischen Kulturraum stammenden Gattung, die sich in der deutschsprachigen Dichtung nicht wirklich durchsetzen konnte und daher in ihrer Fremdartigkeit herausgehoben ist bzw. über eine ausgeprägte phänotypische Hybridität verfügt,
- von Paul Heyse und damit von einem Autor verfasst wurde, der als konservativ eingestuft wird und dessen lyrische Qualitäten eher im

---

1993, 368 mit Angaben zur Herkunft und Verwendung (AutorInnen, Themen, Häufigkeit).

35 Heyse 1903, 8–10; vgl. Frank 1993, 64–68.

36 Heyse 1903, 11; vgl. Frank 1993, 43–44.

37 Heyse 1903, 13–14.

38 Heyse 1903, 15–16; vgl. Frank 1993, 180–186.

39 Heyse 1903, 34–36; vgl. Frank 1993, 39–40.

40 Heyse 1903, 55–57.

41 Heyse 1903, 64; vgl. Frank 1993, 220–222.

42 Heyse 1903, 71–72; vgl. Otto Knörrich, *Lexikon lyrischer Formen*, Stuttgart 1992, 204–205.

43 Heyse 1903, 79–81.

44 Heyse 1903, 82–83; vgl. Frank 1993, 338–342.

45 Heyse 1903, 92–93; vgl. Frank 1993, 84–85.

46 S. Anm. 9.

Bereich des Äußerlich-Kunsthandwerklichen als der authentischen Selbstaussprache gesehen werden,
- im Publikationskontext unter keinem orientalischen Vorzeichen steht, sondern sich zusammen mit zahlreichen anderen Gedichten in den unterschiedlichsten Formen in einen diaristisch-ephemeren Zusammenhang einfügt.

Zu erwarten ist also sicher kein lyrisches Meisterwerk im Sinne der Autonomie- und Genieästhetik, sondern eher eine beiläufige Spielart des Gelegenheitsgedichts,[47] belastet mit der Hypothek einer sperrigen Form. Es folgt der Text des Gedichtes:

Prolog

Warum willst du mit Ghaselen
Die geduld'ge Muse quälen?
Lieder dichte, drin sich zwanglos
Sinn und Reim von selbst vermählen,
Wie sie hold von Mädchenlippen
Tönen und aus Vogelkehlen! –
Also werden meine Feinde,
Werden meine Freunde schmählen.
Doch bedenkt: nicht steht's dem Dichter
Frei, sich seine Form zu wählen;
Er gehorcht geheimnißvollen
Seines Genius Befehlen.
Platen wagte, Schiras' Gärten
Sehr ausgiebig zu bestehlen,
(Ganze hundertsechsundfünzig
Hafislieder konnt' ich zählen!)
Und er wußte viel vom Schenken
Und vom Liebchen zu erzählen,
Im Gedicht; denn ach, im Leben
Sollt's ihm oft an Beiden fehlen.
Mich, den weltentrückten Alten,
Kann allein der Wunsch beseelen,
Auf den Vollklang dieser Reime
Lauschend, mein Gemüt zu stählen
Und aus mancher bittren Schale
Mir den Kern herauszuschälen.[48]

---

[47] Vgl. Wulf Segebrecht, „Gelegenheitsgedicht“, in: Georg Braungart u. a. (Hg.), *Reallexikon der deutschen Literaturwissenschaft*, Berlin/New York 1997–2003, Bd. 1 (1997), 688–691. Besonders hinweisen möchte ich dabei auf die Begriffsexplikationen (3) Gedichte, „die ihre Entstehung und ihre Bestimmung unterschiedlichen privaten und öffentlichen Veranlassungen verdanken“, und (4) „lyrische Hervorbringungen, die als Nebenwerke im Oeuvre eines Autors nur eine beiläufige Rolle spielen“ (688).

[48] Heyse 1903, 111–112.

Zunächst zur Form. Ich beginne mit der Reimstellung als auffälligstem Kriterium. Heyse folgt im Gedicht „Prolog“ mit der Struktur a a x a x a usw. den Gattungsvorgaben, allerdings macht er dabei umfangreichen Gebrauch von der phonetischen Lizenz im Deutschen und reimt häufig halbgeschlossene auf halboffene Vokale, z. B. Ghas**elen** – qu**älen** (V. 1/2). – Ebenso ‚großzügig‘ ist er bei der Realisierung des Merkmals der Selbstnennung (‚takhallus‘): Diese erfolgt in der Formulierung „Mich, den weltentrückten Alten“ (V. 21), jedoch nicht im Schlussvers, sondern bereits zu Beginn des drittletzten Verspaars. Diese ‚Untererfüllung‘ der Gattungsvorgabe durch die Verlagerung vom prominenten Textende ins Gedichtinnere wird in gewissem Sinne kompensiert durch eine zusätzliche Thematisierung des Autors im ersten Teil des Ghasels: „[...] nicht steht's dem Dichter / Frei, sich seine Form zu wählen“ (V. 9/10). Freilich geht es in dieser ersten Formulierung nicht notwendigerweise speziell um das lyrische Ich dieses Textes, sondern es handelt sich eher um einen generalisierenden Singular und mithin um eine Aussage, die für alle Dichterinnen und Dichter gilt. – Als letztes obligatorisches metrisches Merkmal des Ghasels kann mit Bürgel die isometrische Konstruktion aus zweigeteilten Langversen angeführt werden. Auch hier findet Heyse einen spezifischen Weg, den Vorgaben zu entsprechen. Als Versmaß wählt er den vierhebigen akatalektischen Trochäus. Es ergibt sich damit eine durchgehende Synaphie bzw. Verfugung: Das trochäische Versmaß spielt ohne rhythmische Unterbrechung über die Versgrenzen hinweg. Entsprechend wirken auch die Enjambements relativ ‚leicht‘ bzw. ‚organisch‘, obwohl sie teilweise syntaktische Einheiten mit großer Fügungsenge[49] trennen, wie z. B. im bereits angeführten V. 9/10: „steht's dem Dichter / Frei“ oder in V. 23/24: „Auf den Vollklang dieser Reime / Lauschend“. Zugleich resultiert aus der Bindung durch halben Kreuzreim eine Verklammerung der Verspaare. Horst Joachim Frank hat diese Form in seinem *Handbuch der deutschen Strophenformen* als „eine der wandlungs- und ausdrucksfähigsten Kurzstrophen der deutschen Lyrik“ bezeichnet, weil einerseits „der Erzähl- oder Gedankenfluß in regelmäßiger Alternation über die Grenzen der unbetont schließenden und betont beginnenden Verse hinweggleiten und sich in seinen Kola frei gliedern kann“, und ihr andererseits der Reim „nicht nur Musikalität, sondern durch seine Verschränkung zugleich Festigkeit und strophische Geschlossenheit“ verleiht.[50] Diesem großen Ausdruckspotential entspricht ihre häufige Verwendung in der deutschsprachigen Lyrik insbesondere im 19. Jahrhundert. Zu den besonders prominenten und im vorliegenden Kontext höchst relevanten Verwendern dieser Form gehörte Goethe, und zwar in seinem *West-östlichen Divan* und hier wiederum speziell im „Schenkenbuch“ – daher rührt auch die Be-

49 Zum Begriff der Fügungsenge vgl. Donat 2010, 157–160.
50 Frank 1993, 197.

zeichnung ‚Schenkenstrophe'. – Heyse greift also ein Metrum auf, das einerseits in der deutschsprachigen Lyrik seiner Zeit sehr populär und damit zugleich eingängig ist, andererseits aber über Goethes *Divan*-Dichtung und deren Folgen einen recht klaren Bezug zum Orient aufweist.

Zusammenfassend kann man mit Blick auf die Form festhalten, dass sich im Ghasel „Prolog" auf unterschiedliche Weise Kreuzungen, Durchdringungen und Überlagerungen von Strukturen und Merkmalen feststellen lassen, die aus der arabisch-persischen und der deutschsprachigen literarischen bzw. kulturellen Tradition stammen. Die spezifische Verbindung, die sie bei Heyse eingehen, führt dabei zu einer spürbaren Milderung (aber natürlich nicht Aufhebung) des Fremdheitseffekts: Die Beweglichkeit bei Reim, Selbstnennung und Versbau reduziert die Sperrigkeit, die an sich typisch für die Nachbildung des Ghasels im Deutschen ist.

Inhaltlich weist Heyses „Prolog" eine interne Gliederung in drei Teile mit kontinuierlich abnehmendem Umfang auf. Dem einleitenden imaginierten metapoetischen Dialog zwischen dem lyrischen Ich und seinen Zeitgenossen über die Angemessenheit der Form des Ghasels (I, 12 Verse, V. 1–12) schließt sich ein gattungsgeschichtlicher Verweis auf die Ghaselendichtung August von Platens und deren ‚Sitz im Leben' an (II, 8 Verse, V. 13–20). Im Schlussteil (III, 6 Verse, V. 21–26) rückt wieder das lyrische Ich ins Zentrum.

Mit der Verringerung des Umfangs gehen auch Reduktionen im Hinblick auf die Sprechsituation einher. Teil I verfügt über eine explizite innere Zweistimmigkeit, bei der das lyrische Ich zunächst die Einwände wohl- und übelgesonnener RezipientInnen gegen die sperrige Form des Ghasels aufgreift. Im Anschluss wird der Versuch unternommen, diese durch das Argument der ‚Unkontrollierbarkeit' auch der formalen Seite der Dichtung zu entkräften. Dabei wird mit dem Verweis auf ‚des Genius Befehle' eine Ästhetik aufgerufen, die dem Dichter und seinen Werken Gottunmittelbarkeit, Originalität und Unabhängigkeit zuschreibt. – Die Narration in Teil II ist auf der Textoberfläche monologisch, allerdings bezieht die Erzählinstanz zunächst in tendenziell abwertender Form Stellung im Hinblick auf die Quantität der Ghaselendichtung Platens (V. 13: „Platen wagte, [...] sehr ausgiebig zu bestehlen" zusammen mit der ausgeschriebenen Kardinalzahl „hundertsechsundfünfzig", V. 15). Andererseits zeigt sie Mitgefühl in Bezug auf die Diskrepanz zwischen der orientalisch geprägten dichterischen Imagination und der widrigen westlichen Lebenswirklichkeit des homosexuell veranlagten Autors (Interjektion in V. 19/20: „denn ach, im Leben / Sollt's ihm oft an Beiden fehlen"). – Der kurze Schlussteil ist durch die Form der Selbstansprache bzw. Selbstvergewisserung auf spezifische Weise wiederum explizit dialogisch. Allerdings findet hier keine Vermittlung zwischen verschiedenen Positionen mehr statt. Das lyrische Ich bezeichnet sich programmatisch als „weltentrückt" und ist damit allein ‚bei sich selbst' angekommen.

Ich möchte nun abschließend eine Interpretation von Heyses „Prolog"-Ghasel vorschlagen, die der Dimension der Transkulturalität in besonderer Weise Rechnung trägt.

Heyses *Wintertagebuch*-Gedicht lässt sich lesen als drei aufeinanderfolgende Versuche des lyrischen Ichs, ein angemessenes Verhältnis zwischen Dichter und Gedicht zu finden – und zwar genau für den Fall, dass es sich nicht um eine als selbstverständlich und harmonisch, sondern als befremdlich und sperrig empfundene lyrische Form handelt.

Im ersten Teil wählt das lyrische Ich gegenüber dem organizistischen, antiformalistischen Ideal der ‚zwanglosen selbständigen Vermählung von Form und Sinn' Zuflucht bei einer Externalisierung der Formwahl. Die Übertragung der Verantwortung auf den ‚Genius' wirkt dabei argumentativ wie auch sprachlich wenig überzeugend: Die auffällige Inversion und Sperrung in V. 11/12: „Er gehorcht geheimnißvollen / Seines Genius Befehlen" anstelle von „Er gehorcht geheimnisvollen Befehlen seines Genius" wirkt bis zur Unverständlichkeit störend; und genauso unverständlich bleibt auch, warum der Genius ausgerechnet die Wahl der Ghaselform befohlen haben sollte. – Der Bezug auf den Fall August von Platens im zweiten Teil steht in meiner Lesart bei Heyse für die Instrumentalisierung der Gattung für den Transport bestimmter Inhalte. Das Ghasel mitsamt seiner Verankerung in einer Kultur, die als Alternative zum ‚Eigenen' wahrgenommen wird, ermöglicht es zwar, Gegenstände zu thematisieren, die in der eigenen Kultur nicht oder nur sehr schwer zur Sprache gebracht werden können. Doch der dafür zu zahlende Preis ist hoch: die bereits skizzierte dramatische Diskrepanz zwischen dichterischer Imagination und Realität, die sich in Platens Biographie deutlich niederschlägt. – Den letzten Abschnitt lese ich als ehrliche Bereitschaft des lyrischen Ichs, die Verantwortung für die Wahl der Form selbst zu übernehmen und ganz unspektakulär das Beste daraus zu machen. Dies kann dann gelingen, wenn man sich auf die Spezifik der Gattung – in unserem Fall: die ausgeprägte, genuin transkulturelle phänotypische Hybridität des Ghasels – einlässt und aufmerksam für die Resonanzen ist, die sie auslöst.

Gestützt wird diese Lesart zusätzlich zu den bereits angeführten Argumenten auch durch die beiden auffälligen Enjambements, die ich schon kurz erwähnt habe. In V. 9/10 – „[...] nicht steht's dem Dichter / Frei, sich seine Form zu wählen" – wird durch die rhythmische Markierung in sehr auffälliger Weise die vorausgehende argumentative Verneinung der Freiheit bei der Wahl der Form konterkariert, wenn nicht zurückgenommen. Und gegen Ende führt die Verlagerung des Partizips des Wahrnehmungsverbs auf den nachfolgenden Vers dazu, dass die gesteigerte Aufmerksamkeit für die besondere Hybridität herausgehoben wird: „Auf den Vollklang dieser Reime / Lauschend" (V. 23/24).

Das Ghasel „Prolog“ als Gelegenheitsgedicht des formal versatilen Autors Paul Heyse kann damit als konkretes Anschauungsbeispiel dienen für lyrische Transkulturalität in der Form ausgeprägter phänotypischer Hybridität. Gleichzeitig steht es für das damit verbundene Potential, Reflexionsprozesse über Kultur, Literatur und die eigene Stellung darin in Gang zu setzen.

Die hier gewählte Perspektive hat auch Konsequenzen für die Wahrnehmung der Buchgestaltung, und es lohnt sich, einen abschließenden Blick auf den Abdruck des Prolog-Ghasels zu werfen.[51] Denn nun erlangt die Vignette oberhalb des Gedichtanfangs[52] über das Ornamentale hinaus spezifische Bedeutung: Sie wird mit ihrer stilisierten Darstellung der Orchideenart Frauenschuh einerseits zum Sinnbild für das Exotische, eben ‚Orchideenhafte‘ der gewählten Form und repräsentiert andererseits aufgrund der weltweiten Verbreitung dieser Pflanze in je unterschiedlichen Ausprägungsformen zugleich das Moment der transkulturellen Verbundenheit.

---

51 Heyse 1903, 111–112.

52 Sie findet sich nur an zwei Stellen im Gedichtband: vor dem Eingangsgedicht „Ankunft“ (Heyse 1903, 5), mit dem die oben skizzierte Formenvielfalt eröffnet wird, und eben zu Beginn des Abschnitts mit den Ghaselen.

Prolog.

Warum willst du mit Ghaselen
Die geduld'ge Muse quälen?
Lieder dichte, drin sich zwanglos
Sinn und Reim von selbst vermählen,
Wie sie hold von Mädchenlippen
Tönen und aus Vogelkehlen! —
Also werden meine Feinde,
Werden meine Freunde schmählen.
Doch bedenkt: nicht steht's dem Dichter
Frei, sich seine Form zu wählen;
Er gehorcht geheimnißvollen
Seines Genius Befehlen.
Platen wagte, Schiras' Gärten
Sehr ausgiebig zu bestehlen,
(Ganze hundertsechsundfünfzig
Hafislieder konnt' ich zählen!)
Und er wußte viel vom Schenken
Und vom Liebchen zu erzählen,
Im Gedicht; denn ach, im Leben
Sollt's ihm oft an Beiden fehlen.
Mich, den weltentrückten Alten,
Kann allein der Wunsch beseelen,
Auf den Vollklang dieser Reime
Lauschend, mein Gemüth zu stählen
Und aus mancher bittren Schale
Mir den Kern herauszuschälen.

Paul Heyse, *Ein Wintertagebuch (Gardone 1901–1902)*, Stuttgart/Berlin 1903, 111–112.

Bibliographie

Albertsen, Leif Ludwig: *Neuere deutsche Metrik*. Berlin: Weidler Buchverlag ²1997.

Arndt, Erwin: *Deutsche Verslehre. Ein Abriß*. Berlin: Volk und Wissen ¹²1990.

Birus, Hendrik: „Goethes Annährung an das Ghasel und ihre Folgen". In: Klaus-Michael Bogdal (Hg.): *Orientdiskurse in der deutschen Literatur*. Bielefeld: Aisthesis 2007, 125–140.

Bohnenkamp, Anne: „‚Hybrid' statt ‚verfremdend'? Überlegungen zu einem Topos der Übersetzungstheorie". In: Peter Colliander / Doris Hansen / Ingeborg Zint-Dyhr (Hg.): *Linguistische Aspekte in der Übersetzungswissenschaft*. Tübingen: Groos 2004, 9–26.

Bürgel, Johann Christoph: „Ghasel". In: Georg Braungart u. a. (Hg.): *Reallexikon der deutschen Literaturwissenschaft*. 3 Bde. Berlin/New York: Walter de Gruyter 1997–2003, Bd. 1 (1997), 722–724.

Deutsche Lyrik von Luther bis Rilke. Berlin: Directmedia 2002 (= Digitale Bibliothek, Bd. 75).

Donat, Sebastian: *Deskriptive Metrik*. Innsbruck/Wien/Bozen: Studienverlag 2010 (= Comparanda. Literaturwissenschaftliche Studien zu Antike und Moderne, Bd. 15).

Donat, Sebastian: „Übersetzung als Brücke zwischen *poeta* und *philologus*. Das Phänomen Friedrich Bodenstedt". In: Mark-Georg Dehrmann / Alexander Nebrig (Hg.): *Poeta philologus. Eine Schwellenfigur im 19. Jahrhundert*. Bern u. a.: Peter Lang 2010 (= Publikationen zur Zeitschrift für Germanistik. Neue Folge, Bd. 22), 161–175.

Frank, Horst Joachim: *Handbuch der deutschen Strophenformen*. Tübingen/Basel: Francke ²1993.

Gasparov, Michail Leonovič: *Očerk istorii evropejskogo sticha*. Moskva: Nauka 1989.

Gasparov, Michail Leonovič: *Očerk istorii russkogo sticha. Metrika. Ritmika. Strofika*. Moskva: Fortuna limited ²2000.

Goethe, Johann Wolfgang: *Sämtliche Werke nach Epochen seines Schaffens. Münchner Ausgabe*. München: btb 2006.

Heyse, Paul: *Ein Wintertagebuch (Gardone 1901–1902)*. Stuttgart/Berlin: J. G. Cottasche Buchhandlung Nachfolger 1903.

Isolani, Eugen: „Paul Heyse. (Zu des Dichters 70jährigem Geburtstage, 15. März.)". In: *Innsbrucker Nachrichten*, Nr. 59, 13. März 1900, 1–3.

Kayser, Wolfgang: *Kleine deutsche Versschule*. Tübingen/Basel: Francke ²²1992.

Knörrich, Otto: *Lexikon lyrischer Formen*. Stuttgart: Alfred Kröner 1992.

Miller, Norbert: „Im Schatten Goethes. Zu Paul Heyses Stellung in der Literatur des 19. Jahrhunderts". In: Sigrid von Moisy (Hg.): *Paul Heyse. Münchner Dichterfürst im bürgerlichen Zeitalter. Ausstellung der*

Bayerischen Staatsbibliothek 23. Januar bis 11. April 1981. München: C. H. Beck 1981, 11–16.
Moretti, Franco: *Distant Reading*. London/New York: Verso 2013.
Moretti, Franco: „Evolution, World-Systems, *Weltliteratur*". In: Gunilla Lindberg-Wada (Hg.): *Studying Transcultural Literary History*. Berlin/ New York: Walter de Gruyter 2006 (= spectrum Literaturwissenschaft / spectrum Literature. Komparatistische Studien / Comparative Studies, Bd. 10), 113–121.
Polaschegg, Andrea: „Unwesentliche Formen? Die Ghasel-Dichtungen August von Platens und Friedrich Rückerts: Orientalisierende Lyrik und hermeneutische Poetik". In: Steffen Martus / Stefan Scherer / Claudia Stockinger (Hg.): *Lyrik im 19. Jahrhundert: Gattungspoetik als Reflexionsmedium der Kultur*. Bern u. a.: Peter Lang 2005 (= Publikationen zur Zeitschrift für Germanistik, Bd. 11), 271–294.
Segebrecht, Wulf: „Gelegenheitsgedicht". In: Georg Braungart u. a. (Hg.): *Reallexikon der deutschen Literaturwissenschaft*. 3 Bde. Berlin/New York: Walter de Gruyter 1997–2003, Bd. 1 (1997), 688–691.
Strohm, Timmo: *Rettet Seiber!* In: http://www.seekultur.de/edf/ilosvx/ (27.08.2015).
Welsch, Wolfgang: „Transkulturalität. Lebensformen nach der Auflösung der Kulturen". In: Kurt Luger / Rudi Renger (Hg.): *Dialog der Kulturen. Die multikulturelle Gesellschaft und die Medien*. Wien: Österreichischer Kunst- und Kulturverlag 1994 (= Neue Aspekte in Kultur- und Kommunikationswissenschaft, Bd. 8), 147–169.
Welsch, Wolfgang: „Transkulturalität. Zur veränderten Verfassung heutiger Kulturen". In: Irmela Schneider / Christian W. Thomson (Hg.): *Hybridkultur. Medien, Netze, Künste*. Köln: Wienand 1997, 67–90.
Welsch, Wolfgang: „Was ist eigentlich Transkulturalität?". In: Dorothee Kimmich / Schamma Schahadat (Hg.): *Kulturen in Bewegung. Beiträge zur Theorie und Praxis der Transkulturalität*. Bielefeld: transcript 2012, 25–40.

Das goethesche Element im lyrischen Ich und in der Poetologie von Vasyl' Stus

Alessandro Achilli

Vasyl' Stus gilt als einer der wichtigsten ukrainischen Dichter der zweiten Hälfte des zwanzigsten Jahrhunderts.[1] Er wurde 1938 in der Westukraine geboren, zog als Kind nach Donec'k, wo er ukrainischsprachig im russischsprachigen Donbas aufwuchs, und kam endlich Anfang der 1960er Jahre nach Kiew, nachdem er sein Studium der ukrainischen und allgemeinen Literaturwissenschaft abgeschlossen hatte.[2] In der ukrainischen Hauptstadt näherte er sich der jungen intellektuellen Elite der Chruščev-Zeit an und begann ein Promotionsstudium im Bereich Literaturwissenschaft beim Ševčenko-Institut für Literatur der Akademie der Wissenschaften der ukrainischen Sowjetischen Sozialistischen Republik. Im Jahr 1965 musste er wegen seiner Beteiligung an einer Demonstration gegen die wachsende politische und kulturelle Unterdrückung seitens der sowjetischen Macht seine Promotion abbrechen. Im Januar 1972 wurde er festgenommen, einige Monate später zu mehreren Jahren Haft und Verbannung in Mordowien und Sibirien verurteilt. Während seiner Haftzeit stellte er seine literarische Tätigkeit nicht ein: Er verfolgte die ukrainischen, russischen und internationalen literarischen Ereignisse mit erstaunlicher Aufmerksamkeit, beschäftigte sich mit der Übersetzung deutscher Dichtung

---

1 Vgl. Oksana Zabuzhko, „Reinventing the Poet in Modern Ukrainian Culture", in: *Slavic and East European Journal* 39/2 (1995), 271: „Ukrainian poetry does not boast any Nobel Prize winners as yet, for reasons of literary politics. For instance, two Ukrainian Nobel Prize candidates, Pavlo Tychyna and Mykola Bazhan, both quite remarkable world-class poets, once nominated, were forced by Soviet authorities to write letters of recantation from their nomination by the Nobel Committee. The third one, Vasyl Stus, the greatest Ukrainian post-war poet, who was imprisonned after Brezhnev and nominated for the Nobel Prize in 1985, died in a prison camp the same year of his nomination, six months after Gorbachev came to power."

2 Dmytro Stus, *Vasyl' Stus: Žyttja jak tvorčist'*, Kyjiv 2005. Vgl. auch Alois Woldan, „Dichtung als Alternative zur Unterdrückung. Zur Lyrik von Vasyl' Stus", in: Marek Zybura (Hg.), *Geist und Macht: Schriftsteller und Staat im Mitteleuropa des „kurzen Jahrhunderts" 1914–1991*, Dresden 2002, 373–383.

und widmete sich seinem eigenen dichterischen Schaffen. Nach seiner Heimkehr setzte er sich intensiv für die ukrainische Kultur ein, sowie für die Menschenrechte in der Sowjetunion, was eine zweite Festnahme und ein noch schwereres Urteil zur Folge hatte. Infolge eines Hungerstreiks, der seinen bereits angegriffenen Gesundheitszustand zusätzlich verschlimmerte, starb Stus 1985 in einem Lager im Uralgebiet.

Die Anfänge Stus' als Dichter liegen in den späten 1950er Jahren, als der junge Mann schon über sehr tiefe Kenntnisse der ukrainischen, russischen[3] und westlichen Literatur verfügte. Besondere Aufmerksamkeit schenkte er sein Leben lang der deutschsprachigen Dichtung.[4] In einem Brief Ende der 1970er Jahre erklärte Stus, dass seine Lieblingsdichter Goethe, Rilke und Pasternak seien.[5] Das ziemlich überraschende und unerwartete Hauptthema der Briefe Stus' an seine Frau aus der Verbannung ist tatsächlich seine jahrelange Tätigkeit als Übersetzer der *Duineser Elegien* und der *Sonette an Orpheus*. Stus' späte Dichtung der 1970er Jahre, die ihren Höhepunkt in seiner berühmtesten Lyriksammlung *Palimpsesty* erreichte, zeigt in der Tat etliche Spuren seiner unaufhörlichen Auseinandersetzung mit dem Werk Rilkes.

Die Vermutung, dass die Arbeit an der Aneignung fremder dichterischer Sprachen und Bilder für Stus eine Bereicherung der eigenen Tradition und des eigenen künstlerischen Potentials bedeutete, ist durch eine kurze Bemerkung Stus' aus den 1960er Jahren untermauert: „Es ist sehr schwer, Rilke zu übersetzen. Seine Gedichte können nur in sehr entwickelte Sprachen übersetzt werden."[6]

Unterschiedlicher Natur im Vergleich zu seiner jahrelangen ‚extensiven' Befassung mit Rilkes Dichtung ist die unübersehbare ‚intensive' Anwesenheit Goethes in Stus' vorhergehendem Lyrikband 1972, den er in den neun Monaten seiner Untersuchungshaft im Kiewer KGB-Sitz verfasste, als er auf das Urteil wartete. Der zweisprachige ukrainisch-deutsche Titel des Bandes – *Čas tvorčosti / Dichtenszeit* – ist der erste, augenfällige Hinweis auf seine transkulturelle Beschaffenheit. Der Band besteht aus ungefähr 300 originalen Gedichten, sowie 130 ins Ukrainische übersetzten goetheschen Gedichten. Die originalen Texte und die Goethe-Über-

---

3 Vgl. Alessandro Achilli, „Vasyl' Stus and Russian Culture: A Complex Issue", in: *Australian and New Zealand Journal of European Studies* 5/2 (2013), 37–44.

4 Leonid Rudnyc'kyj, „Vasyl' Stus i nimec'ka literatura: Vidnošennja poeta do Gete i Ril'ke", in: Osyp Zinkevyč / Mykola Francuženko (Hg.), *Vasyl' Stus: v žytti, tvorčosti, spohadach ta ocinkach sučasnkykiv*, Baltimore/Toronto 1987, 352–367.

5 „Für mich gibt es vielleicht drei Dichter: Goethe [...], Rilke und Pasternak." („Для мене, мабуть, є три поети: Гете [...], Рільке і Пастернак.") (Vasyl' Stus, *Tvory: u čotyr'och tomach, šesty knyhach*, L'viv 1994–1998, VI, 1, 455).

6 „Перекладати Рільке дуже важко. Його поезії можуть трансформуватися тільки в дуже розвинені мови." (Stus 1994–1998, IV, 239). Sofern nicht anders vermerkt, stammen die Übersetzungen vom Verfasser – A. A.

setzungen[7] wurden in zwei verschiedenen, aber ähnlich aussehenden Heften geschrieben. Außerdem ist in beiden Heften derselbe Abschlusssatz zu lesen: „Finis coronat opus.“ Das kann als Beweis für die Spiegelhaftigkeit der beiden Hefte gelten, die die Zusammengehörigkeit des originalen Teiles mit dem ‚goetheschen' bekräftigt.

Čas tvorčosti / Dichtenszeit gilt als der erste vollständig reife Band von Stus. Nach der von intensivem Experimentieren mit verschiedenen Stilen und Traditionen gekennzeichneten Dichtung der 1960er Jahre zeigt *Čas tvorčosti / Dichtenszeit* jene fast obsessive Konzentration des lyrischen Ichs auf sich selbst, die sich ins Gedächtnis jedes Lesers von Stus am stärksten einprägt. Die meisten und typischsten Gedichte des Bandes sind um die Gestalt des Subjekts aufgebaut, das seine schmerzende innere Befindlichkeit im Kontext seiner äußeren Haft beschreibt und besingt. Seine Qual,[8] die durch innere sowie äußere Faktoren verursacht ist, wechselt sich mit gelegentlichen geistigen Aufhellungen ab.[9] Eine fast unerschöpfliche Quelle innerer Beruhigung ist für das lyrische Ich die Feststellung seines unbegrenzten dichterischen Vermögens, das ihm die Möglichkeit der Überwindung üblicher menschlicher Beschränkungen zur Verfügung stellt.[10] Eigentlich zerrissen zwischen den entgegengesetzten Trieben beziehungsweise zur Flucht von der Erde,[11] die mit dem poetischen und

---

7 Zur ukrainischen Goethe-Rezeption vgl. Wolodymyr Zyla, *Goethe in der ukrainischen Literatur*, München 1989, sowie Jurij Bojko-Blochyn, „Goethe und die ukrainische Literatur“, in: Hans-Bernd Harder / Hans Rothe (Hg.), *Goethe und die Welt der Slawen: Vorträge der 1. internationalen Konferenz des „Slawenkomitees“, Goethe-Museum Düsseldorf: 18.–22. September 1979*, Gießen 1981, 213–228. Zur sowjetischen Goethe-Rezeption vgl. Galina Viktorovna Jakuševa, „Goethe in der sovjetischen Literatur (1940er–1980er Jahre)“, in: *Goethe-Jahrbuch* 117 (2000), 201–216.

8 „Wo bringt mich hin auf Flügeln mein Elend, / das Kind meines Glaubens? / Wer hat auf mich ein Kreuz gestellt? Wer schreibt das Urteil? / Mein alter Mantel, / antworte mir.“ („Куди мене розкрилено несе / моя біда, дочка моєї віри? / Хто хрест поклав на мене? Пише вирок? / Моє старе пальто, скажи про все.“) (Vasyl' Stus, *Zibrannja tvoriv u dvanadcjaty tomach*, Kyjiv 2007–2009, III, 22).

9 „Das ist die Wonne der Einsamkeit, / das ist die Freude der Ruhe – überall auf der Erde. / Und solche Stärke hat damit der Poet, / solche Gedanken und solche Höhe“. („Аж ось воно, блаженство самоти / й розкоші спокою — на всю планету. / І стільки сили додало поету, / і стільки дум, і стільки висоти!“) (Stus 2007–2009, III, 27).

10 „[...] dein Wesen liegt aber im Flug, / und nur im Flug ist deine Rettung. / Dein ganzes Wesen ist die Dichtung, / und alles andere ist Humus, / der deine Wurzel nährt.“ („[...] а все ж буття твоє у леті, / і в ньому порятунок твій. / Вся суть твоя — лише в поеті, / а решта тільки перегній, / що живить корінь.“) (Stus 2007–2009, III, 21).

11 „Sag deinen Namen, o du Dichter, / und so errate ich, ob du / in deinem hohen Flug dein Ziel / erreicht hast, das plötzlich sich entzünden kann / und ohne Feuer, du Freund der Freiheit, / oder als deines Geistes Feind, / du das Verderben als Buße suchst, / für eine kleinliche Tüchtigkeit.“ („Скажи ім'я своє, поете, / і я вгадаю, ачи ти / засяг у горнім переліті / своєї ярої мети, / що раптом може

poetologischen Muster der von ihm hochgeschätzten russischen Dichterin Marina Cvetaeva verglichen werden könnte,[12] und zur Erreichung des Lobes des Irdischen,[13] was Spuren von Rilkes spätem poetologischem System verrät, zeigt das lyrische Ich von *Čas tvorčosti / Dichtenszeit* sehr bestimmte Merkmale einer modernistischen künstlerischen Sensibilität.

Umso anregender erscheint in diesem Kontext die Frage nach der Stelle Goethes im allgemeinen Sinnzusammenhang des Lyrikbands. In *Čas tvorčosti / Dichtenszeit* beobachtet man eine ziemlich einzigartige Verschmelzung von einer modernistischen dichterischen Welt, die definitionsgemäß widersprüchlich und hermetisch ist, mit dem klassischen Bild der goetheschen Bildung.[14] Es ist bemerkenswert, dass die in der Samm-

---

сплахнути / і без вогню, ти волі брат / чи, свого духу супостат, / загуби просиш, як покути / для хисту ницого.") (Stus 2007–2009, III, 25). „Durch den Tod komm zum Leben zurück, / durch die Qual die Seligkeit erreiche, / die hohe Flut des Selbstverschwindens / all unsre irdischen Spuren auswischt." („Через смерть вертай до існування, / через муку до блаженства йди, / віща повінь самопочезання / змиє наші всі земні сліди.") (Stus 2007–2009, 305).

12 Marharyta Jehorčenko, „Problema tvorčosti u Vasylja Stusa ta Maryny Cvjetajevoji", in: *Mandrivec'* 2 (2008), 63–66.

13 „Und nochmal die Erde gibt man dir zurück, / die langsam verschwand. / Streb doch auf zwei Flügeln zu ihr, / um den Tod mit dem Tod zu zerdrücken." („І знову повертають / тобі землі, що почала віддавна утікати. / Стреми ж до неї — в два крила, / щоб смертю смерть попрати.") (Stus 2007–2009, III, 48).

14 Zur paradox gleichzeitigen ‚Modernität' und ‚Vormodernität' Goethes vgl. Luciano Zagari, „Der Lyriker Goethe: Der erste der Modernen, der letzte der Vormodernen", in: *Goethe-Jahrbuch* 108 (1991), 117: „Problematisch erscheint uns heute der Zugang zum größten unter den deutschsprachigen Dichtern, wenn er nicht nur akademischer Art sein soll, andererseits auch nicht nur subjektivistisch motiviert oder willkürlich aktualisierend. Das lyrische Oeuvre Goethes ist heute wohl doch von den in unserem Jahrhundert vorherrschenden Formen der Produktion und Rezeption lyrischer Dichtung zu weit entfernt, als daß wir noch imstande wären, uns seine Gedichte im Zeichen der Kontinuität unproblematisch anzueignen. Zugleich sind sie uns in anderer Hinsicht noch so nahe, daß es uns alles andere als leichtfallen dürfte, mit ihnen wie etwa mit den Gedichten einer Sappho, eines Petrarca, eines Shakespeare bloß aus der historischen Distanz umzugehen." Insbesondere zur Klassik vgl. auch Reiner Wild, *Goethes klassische Lyrik*, Stuttgart/Weimar 1999, ix: „Die klassische Lyrik Goethes ist Teil und Ausdruck des ‚Projekt Klassik', in dem Goethe und Schiller in gemeinsamer Arbeit auf tiefgreifende Krisenerfahrungen am Ende des 18. Jahrhunderts antworten, auf persönliche, in der eigenen künstlerischen Entwicklung motivierte, auf politisch-gesellschaftliche, wie sie sich vor allem in der Französischen Revolution verdichten, und, nicht zuletzt, auf die allgemeine Erfahrung moderner Dissoziations- und Entfremdungsphänomene, etwa in den Wissenschaften. Insofern ist das ‚Projekt Klassik' eine Antwort auf Modernisierungsprozesse. […] Die Antike wird zum Gegenbild einer als krisenhaft erfahrenen Moderne. Im Bewußtsein der eigenen Modernität und also der Distanz zur Antike tritt Goethe, gerade mit seiner Lyrik, in einen Wettstreit mit ihr. Und im Wechselspiel von Orientierung am antiken Muster und Selbstgewißheit als moderner Dichter gelingt es ihm in seiner klassi-

lung enthaltenen Goethe-Übersetzungen ein breites Spektrum von Goethes Werk vertreten: Texte der frühen Sturm-und-Drang-Phase, der Weimarer Klassik, des *West-Östlichen Divans*, sowie der letzten Jahre.[15]

Es erweist sich als unmöglich, ein eindeutiges Kriterium für die Beurteilung der übersetzerischen Strategien von Stus zu erkennen. Einerseits können zahlreiche Übereinstimmungspunkte zwischen den originalen Gedichten des ersten Teils der Sammlung und den goetheschen Übersetzungen des zweiten Teils gefunden werden, andererseits sind mehrere aus dem Deutschen übersetzte Gedichte mit der eigenen dichterischen Welt von Stus einfach nicht vergleichbar. Auch wenn goethesche Muster an die originale Dichtung Stus' leicht herangerückt werden können, lassen sich oft bedeutungsvolle Veränderungen verfolgen. Am nächsten in beiden dichterischen Welten ist die lyrische Reflexion über das Wesen des Dichters und der Kunst, sowie die damit eng verbundene problematische Thematisierung der *Grenzen der Menschheit* im poetologischen Kontext.[16] Darüber hinaus hat sich Stus bei jedem Gedicht aufmerksam mit der Metrik Goethes auseinandergesetzt, um sie angemessen auf Ukrainisch wiederzugeben.[17]

Das erste Gedicht des zweiten Teils von *Čas tvorčosti / Dichtenszeit*, mittels dessen klassische *Topoi* durch die goethesche Vermittlung in die Dichtung Stus' eindringen, ist die Übersetzung von Goethes „Der Besuch" (1788). In der ukrainischen Version erlebt der Text durch den Übergang vom Indikativ in den Optativ in den jeweiligen ersten Strophen eine gewichtige semantische Verschiebung, die die Anpassung des Gedichts an die dichterische Welt der Sammlung erlaubt:

Meine Liebste wollt' ich heute beschleichen,
Aber ihre Tür war verschlossen.

---

schen Lyrik, die Erfahrung von Entzweiung und Entfremdung der Moderne noch einmal in ästhetischer Versöhnung aufzuheben." Die Beziehung Stus' zu Goethe könnte durch das Prisma von Goethes Beziehung zur Antike interpretiert werden.

15 Zur Evolution des Werkes Goethes im Kontext seiner Zeit vgl. Marianne Wünsch, „Das lyrische Werk Johann Wolfgang von Goethes", in: Dietrich Jöns / Dieter Lohmeier (Hg.), *Festschrift für Erich Trunz zum 90. Geburtstag: Vierzehn Beiträge zur deutschen Literaturgeschichte*, Neumünster 1998, 75–90, sowie Walter Müller-Seidel, „Lyrik, Tragik und Individualität in Goethes später Dichtung", in: Gerhard Buhr / Friedrich A. Kittler / Horst Turk (Hg.), *Das Subjekt der Dichtung: Festschrift für Gerhard Kaiser*, Würzburg 1990, 498–518.

16 Zu verschiedenen Phasen der „Partizipation am Göttlichen" seitens des schöpferischen lyrischen Ichs in der Dichtung Goethes vgl. Johannes Windrich, „Götter im Zwielicht: Zur Hymnendichtung des jungen Goethe", in: *Poetica* 44/1–2 (2012), 143–179.

17 1973 überarbeitete Stus seine ursprüngliche Übersetzung der *Römischen Elegien* aus dem vorigen Jahr, nachdem er von den Mitarbeitern des Lagers die Erlaubnis bekommen hatte, ein Handbuch der lateinischen Metrik von seinen Freunden in der Ukraine zu erhalten.

Hab' ich doch den Schlüssel in der Tasche!
Öffn' ich leise die geliebte Türe![18]

Я б прокрався до своєї любки,
тільки ж замкнені у неї двері.
Ох, коли б то мав ключа в кишені,
або стиха увійти до хати.[19]

So lautet eine wortgetreue Übersetzung der ukrainischen Version:

Ich würde mich zu meiner Geliebten schleichen,
Ihre Tür ist aber zu.
Ach, wenn ich nur den Schlüssel hätte,
um leise das Haus zu betreten.

Der goethesche Liebhaber bezweifelt seine Möglichkeit nicht, die Frau besuchen zu können. In der auf einer hypothetischen Aussage basierenden Version von Stus herrscht umgekehrt keine Sicherheit über die Begegnung. In den jeweiligen letzten Strophen scheint dieser Unterschied überwunden zu sein. Es sei zuerst aus dem Original und dann aus der ukrainischen Übersetzung zitiert:

Seh' ich diese Nacht den Engel wieder,
O, wie freut sie sich, vergilt mir doppelt
Dieses Opfer meiner zarten Liebe.[20]

Стріну янгола я, ледве смеркне.
І вона сторицею віддячить
за офіри ніжного кохання.[21]

Der ukrainische Text gibt die goetheschen Zeilen fast wörtlich wieder, er lässt aber ein wichtiges Element ihrer semantischen Konstruktion aus: Die im deutschen Gedicht enthaltene Partikel ‚wieder' ist in der Übersetzung nicht aufzufinden. Das trägt zu einer weiteren Distanzierung des lyrischen Ichs von der Geliebten im Vergleich zum Original bei und zu einer dazugehörenden Schwächung des vitalistischen, lebensbejahenden Charakters der goetheschen lyrischen Situation. Darüber hinaus wird die Hypothese einer allgemeinen Tendenz der Übersetzung von Stus zu einer Entkonkretisierung des Ausgangstextes bekräftigt.

Es seien die Anfangs- und Schlussverse von „Spyt' žona, zolotymy nožamy" (Es schläft mein Weib, mit goldenen Messern) zitiert, eines Ge-

---

18 Johann Wolfgang von Goethe, *Werke: Hamburger Ausgabe in 14 Bänden*, München 2000, I, 237.
19 Stus 2007–2009, III, 369.
20 Goethe 2000, I, 239.
21 Stus 2007–2009, III, 372.

dichts, das Stus wenige Tage vor Erhalt der ersten zwei Bände der 1966 erschienenen Aufbau-Verlag-Sammlung Goethes im Gefängnis verfasste:

> Спить жона, золотими ножами
> пообкладувана,
> на зажурену схожа маму.
> [...]
> Чи ти перекинешся в мене, як я вже не буду собою,
> ачи відшукаєш хоч в смерті моє охололе плече?[22]
>
> Es schläft mein Weib, mit goldenen Messern
> bedeckt
> der traurigen Mutter ähnlich.
> [...]
> Wirst du dich in mich hereinwerfen, wenn ich schon nicht mehr sein werde,
> wirst du mindestens im Tod meinen kalt gewordenen Körper suchen?

Es besteht ein augenfälliger Zusammenhang zwischen dem Bild der schlafenden Frau in den jeweiligen Texten. Da das ukrainische Gedicht vor der Übersetzung des goetheschen „Der Besuch" geschrieben wurde, kann man folgern, dass die veränderte lyrische Situation der Übersetzung im Vergleich zum deutschen Original vom Muster der eigenen Dichtung und von deren dichterischen Welt beeinflusst wurde. Es soll aber noch bemerkt werden, dass die zeitliche Nähe zwischen der Verfassung des originalen Gedichts und Stus' Übersetzung des Gedichts Goethes eine Erklärung dafür liefern könnte, warum „Der Besuch" der erste Text des zweiten, vollständig aus Übersetzungen der Lyrik Goethes bestehenden Teils von *Čas tvorčosti / Dichtenszeit* ist.

Ein weiteres besonders anschauliches Beispiel der Tendenz bei Stus, die goethesche Dichtung an seine eigene dichterische Welt anzupassen, ist in seiner Übersetzung der letzten zwei Strophen von Goethes „An den Mond" anzutreffen. So lautet der deutsche Ausgangstext:

> Selig, wer sich vor der Welt
> Ohne Haß verschließt,
> Einen Freund am Busen hält
> Und mit dem genießt
>
> Was, von Menschen nicht gewusst
> Oder nicht bedacht,
> Durch das Labyrinth der Brust
> Wandelt in der Nacht.[23]

---

[22] Stus 2007–2009, III, 102.
[23] Goethe 2000, I, 239.

Im Gegensatz zum Original[24] betont die Übersetzung die absolute Einsamkeit des Menschen, der nicht mehr imstande ist, oder nicht mehr wünscht, mit seinem Freund im eigenen Herzen zu wandeln:

Хто од світу одвернувсь,
зла не мавши — свят,
хто ж до себе пригорнув
любого стократ,
хто подалі од людей,
їх не зовучи,
лабіринтами грудей
бродить уночі.[25]

Wer sich von der Welt zurückgezogen hat,
Ohne Ärger – ist ein Heiliger,
wer in seine Arme hundertfach
einen Lieben geschlossen hat,
wer fern von den Menschen,
ohne sie zu rufen,
im Labyrinth des Herzens
wandelt in der Nacht.

Indem die zwei Strophen des ukrainischen Texts auf einem Parallelismus in ihren Anfangszeilen beruhen („Хто од світу одвернувсь — хто подалі од людей" – Wer sich von der Welt zurückgezogen hat – wer fern von den Menschen), besteht in ihnen keine Verbindung mehr zwischen der Nähe zum Freund und der Entdeckung der eigenen inneren Welt, die den Schluss des goetheschen Gedichts charakterisiert. Die Unausweichlichkeit der Einsamkeit, die sowohl von existentiellen als auch von historischen Gegebenheiten mitbestimmt ist, ist ein beständiges Thema der dichterischen Welt von *Čas tvorčosti / Dichtenszeit*, das auch die Wichtigkeit anderer literarischer Quellen für den Band enthüllen kann, wie insbesondere Rilke.

Nicht weniger bemerkenswert ist Stus' Anpassung der Übersetzung der Marienbader „Elegie", des zweiten Teils der goetheschen „Trilogie der

24 Gerhard Kaiser hat den ekstatischen Charakter dieser Verse hervorgehoben. Vgl. Gerhard Kaiser, „Goethes Naturlyrik", in: *Goethe-Jahrbuch* 108 (1991), 61–73, 70: „Die Nacht ist hier Tageszeit und Seelennacht in einem, so wie in der zweiten Gedichtstrophe *mein Gefild*, über das der Mond seinen Blick breitet, sowohl das *liebe Tal*, das mir zugehört, wie das Seelengefilde sein kann. Intimität und genußvolle Versenkung ins Unbewußte erscheinen als paradoxes Lebens- und Dichtungsprogramm. […] Das Unbewußte gleitet ins Bewußte, das innerst Eigentümliche in die Mitteilung, das Labyrinthische in die Ordnung der Sprache und des Denkens hinüber und bringt diese dazu, sich dem Sog, dem Fluß, dem Strudel, dem Dunkel zu öffnen."

25 Stus 2007-2009, III, 384.

Leidenschaft" und laut Wilhelm von Humboldt des schönsten Gedichts Goethes, an seine eigene dichterische Stimme.[26] Das Motto des langen Gedichts zeigt seine ausgeprägte Vereinbarkeit mit Stus' originaler Dichtung: „Und wenn der Mensch in seiner Qual verstummt, / Gab mir ein Gott, zu sagen, was ich leide."[27] Bedeutungsvolle Änderungen sind in den letzten Zeilen der ukrainischen Übersetzung zu beobachten. Es sei die letzte Strophe des deutschen Ausgangstexts zitiert:

> Mir ist das All, ich bin mir selbst verloren,
> Der ich noch erst den Göttern Liebling war;
> Sie prüften mich, verliehen mir Pandoren,
> So reich an Gütern, reicher an Gefahr.
> Sie drängten mich zum gabeseligen Munde,
> Sie trennen mich, und richten mich zugrunde.[28]

Die räumliche Konfiguration des Schlusszweizeilers erlebt im ukrainischen Text vielsagende Modifikationen: „Тепер боги мені склепили губи, / підносять вгору й віддають погубі."[29] Im goetheschen Gedicht ist der Verfall des lyrischen Ichs durch die Verwendung des Phraseologismus ‚zugrunde richten' mit der Sphäre der Erde verbunden: Er, der ihr Liebling war, wird jetzt von den Göttern zu Grunde gedrückt und geschlagen und behauptet, die Möglichkeit der Anteilnahme an ihrer himmlischen Allmacht nicht mehr genießen zu können. Im Gegensatz dazu scheint das Verderben des Subjekts in der ukrainischen Version Folge des Verlassens der Erde zu sein. Deutsch lauten die zwei letzten Verse der ukrainischen Übersetzung wie folgt: „Die Götter haben mir nun die Lippen versiegelt, / Sie heben mich an und übergeben mich dem Verderben." Indem es sich von der Erde hat trennen müssen, hat das lyrische Ich die göttliche Gabe des Gleichgewichts eingebüßt.

Die typisch goethesche Schwankung zwischen der Selbsterhebung des lyrischen Ichs zur göttlichen Kraft und der gegensätzlichen Mahnung zur bewussten Beachtung der „Grenzen der Menschheit" ist Stus' dichterischer Welt nicht fremd. Die Übersetzung der berühmten goetheschen

---

[26] Vgl. Gerhard Oberlin, „‚Doch tückisch harrt das Lebewohl zuletzt'. Psychische Tiefenstrukturen und Bewußtseinsschichten in Goethes Marienbader ‚Elegie'", in: *Goethe-Jahrbuch* 123 (2006), 135: „Goethes Marienbader *Elegie* spiegelt in ihrer nervösen Bildfluktuation und Stilfarbigkeit konfligierende Bewußtseinsmomente und -schichten des Autors wider, die sich heute tiefenpsychologisch beschreiben lassen. In ihrer oszillierenden Dynamik (und wenn man ihren spontanen Entstehungsprozeß in Betracht zieht) genügt sie dem paradoxen Anspruch an eine Kunst des Unbewußten, das psychische Geschehen in wohlorganisierte Form sich selbst zu überlassen."

[27] Goethe 2000, I, 381.

[28] Goethe 2000, I, 385.

[29] Stus 2007–2009, III, 38.

Hymne unter diesem Titel scheint somit in Widerspruch zu stehen zu „Jak dobre to, ščo smerti ne bojus' ja" (Gut, dass ich keine Angst vor dem Tod habe), einem der bekanntesten originalen Gedichte des Bandes. So lautet dessen erste Strophe:

> Як добре те, що смерті не боюсь я,
> і не питаю, чи тяжкий мій хрест.
> Що вам, богове, низько не клонюся,
> в передчутті недовідомих верств.[30]
>
> Es ist so gut, dass ich keine Angst vor dem Tod habe,
> und dass ich nicht frage, ob mein Kreuz schwer ist.
> Dass ich mich vor euch, o Götter, nicht beuge,
> in Vorahnung unbekannter Meilen.

Die Herausforderung der Götter durch das lyrische Ich, die sich in eine unmittelbare Ablehnung der herkömmlichen Verbeugung des Menschen vor ihrer Überlegenheit verwirklicht, ist der in „Grenzen der Menschheit" enthaltenen Lehre entgegengesetzt: „Denn mit Göttern / Soll sich nicht messen / Irgendein Mensch."[31] „Grenzen der Menschheit" stellt sich als eigentlich unvereinbar mit einem besonders bedeutsamen Bestandteil der dichterischen Welt des originalen Teils von *Čas tvorčosti / Dichtenszeit* heraus. Goethes Hymne proklamiert die Notwendigkeit für den Menschen, auf der Erde zu bleiben: „Steht er mit festen, / Markigen Knochen / Auf der wohlgegründeten / Dauernden Erde, / Reicht er nicht auf / Nur mit der Eiche / Oder der Rebe / Sich zu vergleichen."[32] Goethes aufklärerische, vertrauensvolle Aufforderung zur Bescheidenheit, die gleichzeitig eine tatsächliche Verherrlichung der menschlichen Tüchtigkeit bedeutet, scheint vom modernistischen Streben weg von der Erde zur Leere des Himmels in der Dichtung Stus' entschieden entfernt zu sein.

Näher zum Aufstand des lyrischen Ichs gegen die Götter in „Jak dobre to, ščo smerti ne bojus' ja" ist „Prometheus", in dem sich der Geist des Sturm und Drang vollständig widerspiegelt. Die Dichotomie zwischen „Prometheus" und „Grenzen der Menschheit", die, wie bekannt, in der Geschichte des Werks Goethes mit dem allmählichen Übergang vom Sturm und Drang zur Klassik erklärt wird, kann sich leicht in die allgemeine poetologische und geistige Vieldeutigkeit der dichterischen Welt von Stus einbetten lassen. Das Eingangsgedicht von *Čas tvorčosti / Dichtenszeit* zeigt ein völlig anderes Beziehungsmodell zwischen dem lyrischen Ich und der Gottheit. Im ersten Gedicht des Bandes erklärt das Subjekt seine Abhängigkeit von der göttlichen Gnade, dank deren er seinen eigenen dichterischen Weg begehen und folglich seine Rettung anstreben kann. So

---

30 Stus 2007–2009, III, 13.
31 Goethe 2000, I, 146.
32 Goethe 2000, I, 147.

lauten die Anfangsverse von „Meni zorja sijala nyni vranci“ (Mich hat morgens ein Stern erleuchtet):

> Мені зоря сіяла нині вранці,
> устромлена в вікно. І Благодать —
> така ясна лягла мені на душу
> смирену, що я збагнув блаженно:
> ота зоря, то тільки скалок болю,
> що вічністю протятий, мов огнем.
> Ота зоря — вістунка твого шляху,
> хреста і долі — ніби вічна мати.[33]

> Mich hat morgens ein Stern erleuchtet,
> Durchs Fenster eingedrungen. Und die Gnade –
> legte sich mir so hell auf die Seele,
> dass ich selig verstand:
> jener Stern ist nur ein Splitter Schmerz,
> als ob von Feuer ewig durchdrungen.
> Jener Stern ist Bote deines Weges,
> deines Kreuzes, deines Schicksals – wie die ewige Mutter.

Der programmatische Charakter dieses Gedichts, das das ganze Wesen des lyrischen Ichs in Verbindung mit der belebenden Tätigkeit der Gottheit setzt, zeigt sowohl die beträchtliche Komplexität der dichterischen Welt von Stus, als auch ihre teilweise Entfernung von dem sie mitbestimmenden goetheschen Element. Die Notwendigkeit des expressionistisch dargestellten Leidenswegs, der von der besonderen Rolle christologischer Attribute in der Selbstdarstellung des lyrischen Ichs augenfällig zeugt, kann kaum mit der dichterischen Welt Goethes in Einklang gebracht werden.

Ein sehr deutlicher Fall der Christianisierung eines goetheschen Textes ist in der Übersetzung von „Zueignung“, dem 1784 entstandenen Gedicht, das Goethe als Eröffnungstext seiner *Schriften* des Jahres 1787 und nochmals drei Jahrzehnte später auswählte. Dies kann sehr gut durch eine Gegenüberstellung der jeweiligen sechsten Strophe der Gedichte erörtert werden:

> Du hast mir wie mit himmlischen Gefieder
> Am heißen Tag die Stirne sanft gekühlt;
> Du schenktest mir der Erde beste Gaben,
> Und jedes Glück will ich durch dich nur haben.[34]

> У літню спеку ти мені, мов сину,
> чоло студила, пресвята жоно

---

33 Stus 2007-2009, III, 7.

34 Goethe 2000, I, 150.

усі земні дари я брав од тебе,
все щастя, що зазнав, — спадало з неба.[35]

Die Übersetzung entfernt sich vom Original in zwei Punkten nur: Im ersten Vers des ukrainischen Textes vergleicht sich das lyrische Ich mit einem „Sohn“; darüber hinaus wird im letzten Vers die weibliche Figur mit dem Himmel gleichgesetzt: „Und jedes Glück will ich durch dich nur haben“ im Original; „Jedes Glück, das ich gekannt habe, ist vom Himmel gefallen“ in der Übersetzung. Während das Glück bei Goethe das Geschenk einer heidnischen oder irdischen Muse ist, erweist es sich bei Stus im Gegenteil als eine Gabe der göttlichen Gnade. Außerdem ist das Glück in der ukrainischen Übersetzung eindeutig der Sphäre der Vergangenheit zugeschrieben. Darüber hinaus ist die poetologische Bedeutung der ukrainischen Version von „Zueignung“ mit „Meni zorja sijala nyni vranci“, dem hier schon besprochenen Eingangstext des ersten Teiles von *Čas tvorčosti / Dichtenszeit*, vergleichbar. In beiden Gedichten ist das dichterische Vermögen des sich als Künstler darstellenden lyrischen Ichs Ergebnis seiner Aufnahmefähigkeit gegenüber der göttlichen Gnade. Die ausgeprägte Einführung neuer christlicher Elemente in der ukrainischen Übersetzung von „Zueignung“ und die Betonung der wenigen im Ausgangstext schon anwesenden ist auch im letzten Zweizeiler der siebenten Strophen besonders evident. Es wird zuerst aus dem deutschen Text und dann aus der ukrainischen Version zitiert:

Ich muss mein Glück nur mit mir selbst genießen,
Dein holdes Licht verdecken und verschließen.[36]

Хай сяєво твоє благословенне
з довірою світитиме до мене.[37]

In diesem Fall erscheint es sogar unkorrekt von einer Übersetzung zu sprechen, da das Original einer vollständigen semantischen Neubearbeitung unterzogen wurde. Wortgetreu lautet der ukrainische Zweizeiler wie folgt: „Es leuchte hell zu mir und im Vertrauen / dein begnadeter Schimmer.“ Dass diese zwei Textstellen Ausdrücke zweier vollständig verschiedener dichterischer Weltanschauungen sind, ist augenfällig.

Im Gegensatz dazu stimmen die jeweiligen zweiten Hälften der achten Strophe der deutschen und der ukrainischen Version desselben Gedichts, dessen wesentliche poetologische Bedeutung für die jeweiligen dichterischen Welten von Goethe und Stus kaum überschätzt werden kann, völlig überein.

---

35 Stus 2007–2009, III, 373.
36 Goethe 2000, I, 151.
37 Stus 2007–2009, III, 373.

So glaubst du dich schon Übermensch genug,
Versäumst die Pflicht des Mannes zu erfüllen!
Wie viel bist du von andern unterschieden?
Erkenne dich, leb' mit der Welt in Frieden.[38]

Хіба ж для тебе збав уже нема
і ти вже непорушний, як колона?
Хіба ж ти не такий, як інші? Годі,
пізнай себе й зі світом будь у згоді.[39]

Der ukrainische Vierzeiler lässt die Erwähnung des Übermenschen aus, der für eine moderne Sensibilität zu eng mit dem nietzscheschen Philosophem erscheinen könnte, und ‚klassizisiert' die lyrische Situation, indem er eine mögliche Anspielung auf den horazischen Topos des *Monumentum, aere perennius* aufweist. Deutsch lautet er wie folgt: „Bist du wohl frei von Fehlern / und unverderblich wie eine Säule? / Bist du nicht vielleicht wie die Anderen? Schluss, / erkenn' dich und leb mit der Welt in Frieden." Die Kompatibilität dieser Verse mit Stus' eigener Dichtung ist durch den Topos des *Γνῶθι σεαυτόν* gewährleistet. Selbsterkenntnis spielt in der dichterischen Welt von Stus eine wesentliche Rolle, und sie ist mit der Tradition des neuplatonischen ukrainischen Philosophen des 18. Jahrhunderts Hryhorij Skovoroda verbunden.[40]

Die komplexe Dynamik von Alterität und Ähnlichkeit im Dialog zwischen den jeweiligen dichterischen Welten Goethes und Stus' durch den Versuch ihrer Verschmelzung mittels Übersetzung, die die Besprechung der originalen und der ukrainischen Version von „Zueignung" gezeigt hat, kann somit durch die These einer einfachen und eindeutigen Christianisierung der goetheschen Gedichte nicht erklärt werden. In einem der ersten wissenschaftlichen Beiträge zum Werk von Stus und zu seiner Beziehung zur deutschen Literatur hat der ukrainische Komparatist Leonid Rudnyc'kyj Ende der 1980er Jahre die These aufgestellt, dass Stus eine beständige und entschlossene Christianisierung seiner intertextuellen Quellen in seiner eigenen Dichtung durchgeführt habe. Rudnyc'kyjs vereinfachende Generalisierung kann teilweise durch die damalige Unmöglichkeit begründet werden, auf *Čas tvorčosti / Dichtenszeit* und folglich auf die Übersetzungen von Stus goethescher Lyrik zuzugreifen. Der Band wurde erst Anfang der 1990er Jahre nach dem Zusammenbruch der Sowjetunion veröffentlicht. Heutzutage sollte die These Rudnyc'kyjs unbedingt modifiziert werden. Wie die ukrainische Version von „Zueignung"

[38] Goethe 2000, I, 151.
[39] Stus 2007–2009, III, 373.
[40] Zu Stus und Skovoroda vgl. Natalia Pylypiuk, „Vasyl' Stus, Mysticism, and the Great Narcissus", in: Paul Duncan Morris (Hg.), *A World of Slavic Literatures: Essays in Comparative Slavic Literatures in Honor of Edward Mozejko*, Bloomington 2002, 173–210.

gezeigt hat, kann tatsächlich eine Christianisierung eines goetheschen Originals festgestellt werden. Diese in etlichen Fällen auffindbare Tendenz darf man jedoch nicht als allgemeingültige Regel betrachten. Wie aus den hier bereits besprochenen Gedichten deutlich wird, kann die originale Dichtung Stus' selbst nicht endgültig als christlich oder unchristlich bezeichnet werden, was der Vieldeutigkeit ihres modernistischen Wesens entspricht.

Es sei außerdem betont, wie sich der Gegensatz zwischen einem poetischen System, das aus dem Blickwinkel des 21. Jahrhunderts als klassisch definierbar ist, und der Komplexität einer modernistischen dichterischen Welt in einer strukturellen Veränderung des Ausgangstexts konkretisieren kann. Das kann am Beispiel der ukrainischen Version eines späten Meisterwerkes von Goethe erläutert werden, das teilweise schon besprochen wurde, und zwar der „Trilogie der Leidenschaft". Die semantische Eigenschaft des dreigliedrigen Textes von Goethe darf nicht von dessen Dreiteiligkeit absehen, weil seine tiefe Bedeutung genau in der dialektischen Dynamik des Übergangs vom ersten Teil zum dritten durch die Vermittlung des zweiten liegt. Die Liebesqualen des Menschen und des Dichters, die die Hauptfigur des ersten Gedichts der Trilogie unter dem Titel „An Werther" zur Verzweiflung bringen könnten, werden in der nachfolgenden „Elegie" von Marienbad widergespiegelt und erweitert.[41] Die paradoxe Unmöglichkeit für das lyrische Ich, sein Leiden fruchtbar und heilsam in der Kunst auszudrücken, die in der vorherig erwähnten „Elegie" thematisiert ist, ist in „An Werther" teilweise vorweggenommen oder zumindest angekündigt. Es sei dessen Schlusszweizeiler zitiert: „Verstrickt in solche Qualen, halbverschuldet, / Geb' ihm ein Gott zu sagen, was er duldet."[42] „Aussöhnung", der Titel des nach der „Elegie" von Marienbad folgenden dritten und letzten Gedichts der Trilogie verrät die Überwindung jener seelischen und künstlerischen Machtlosigkeit, die den Protagonisten von „An Werther" und das lyrische Ich der „Elegie" fast zum Schweigen gebracht hatte. So lautet die letzte Strophe von „Aussöhnung":

> Und so das Herz erleichtert merkt behende,
> Dass es noch lebt und schlägt und möchte schlagen,

[41] Mathias Mayer, „Dichten zwischen Paradies und Hölle: Anmerkungen zur poetologischen Struktur von Goethes Elegie von Marienbad", in: *Zeitschrift für deutsche Philologie* 105/2 (1986), 234–256, 239: „Jedes Liebesgedicht verdankt sich dem Umstand des ‚Nachher' und setzt die Trennung vom geliebten Gegenüber voraus. Das anscheinend Selbstverständliche jeder Dichtung wird aber in der *Elegie* seiner Selbstverständlichkeit beraubt und als paradoxe Einheit sichtbar gemacht: die Bedingung des Dichtens durch die existentielle Gefahr des Lebens. Die *Elegie* wird zu einem die Selbstverständlichkeit des Dichtens in Frage stellenden Gedicht. [...] Die Selbstverständlichkeit des Dichtens bricht in der *Elegie* zu schmerzlicher Bewußtheit auf und wird *als* Elegie gestaltet."

[42] Goethe 2000, I, 381.

Zum reinsten Dank der überreichen Spende
Sich selbst erwidernd willig darzutragen –
Da fühlte sich – o dass es ewig bliebe! –
Das Doppelglück der Töne wie der Liebe.[43]

Die Parabel ist vollendet: Das lyrische Ich hat sich in der Ganzheit seiner menschlichen und dichterischen Beschaffenheit wiedergefunden. Was in der Übersetzung von Stus am stärksten auffällt, ist, dass die Struktur der Trilogie aufgegeben ist zugunsten einer unabhängigen Anordnung der drei Gedichte außerhalb einer zyklischen Gliederung. Als plausible Erklärung dafür kann behauptet werden, dass jeder der drei Texte mit einem besonderen Aspekt und Moment der vielfältigen und höchst widersprüchlichen modernistischen dichterischen Welt von Stus verglichen werden kann, die der teleologischen und deshalb dialektischen Konstruktion der Klassik[44] nicht mehr standhält.

Die besondere transkulturelle Beschaffenheit des Lyrikbands *Čas tvorčosti / Dichtenszeit* ist die augenfälligste Realisierung eines breiteren transkulturellen poetischen und poetologischen Projekts, das Vasyl' Stus mit dem ehrgeizigen Ziel einer tieferen Modernisierung und ‚Wiedereuropäisierung' der ukrainischen Literatur unternahm. Diese verwirklichte sich in einer Verschränkung der ukrainischen Tradition sowohl mit der seitens ukrainischer Schriftsteller sonst als Zwang empfundenen russischen Literatur, als auch mit den westlichen Kulturen, vor allem der deutschen. Darüber hinaus hängt das damit zusammen, dass Transkulturalität und die mit ihr selbstverständlich eng verbundene übersetzerische Tätigkeit als Legitimierung für die erstrebte Autonomie der ukrainischen Literatur von der imperialen kulturellen Obrigkeit galt.[45]

Im Fall von Stus sowie anderer Kulturträger und -vermittler in der spätsowjetischen Ukraine war die jahrelange Hingabe an die literarische Übersetzung ein Beitrag zur Bereicherung des eigenen kulturellen Vermö-

---

43 Goethe 2000, I, 151.

44 Vgl. dazu Eckart Goebel, „Aussöhnung. Sublimierung als Paradigma in Goethes ‚Trilogie der Leidenschaft'", in: *Monatshefte* 100/4 (2008), 461–488. Vgl. auch Marianne Wünsch, „Zeichen – Bedeutung – Sinn: Zu den Problemen der späten Lyrik Goethes am Beispiel der ‚Trilogie der Leidenschaft'", in: *Goethe-Jahrbuch* 108 (1991), 179–190.

45 Vgl. Vitaly Chernetsky, „Literary Translation and the Shaping of Modern Ukrainian Culture", in: Brian James Baer (Hg.), *Contexts, Subtexts, and Pretexts: Literary Translation in Eastern Europe and Russia*. Amsterdam/Philadelphia 2011, 33–53, 34: „Although vernacular translation stood at the root of many national literary traditions, the case of Ukraine [...] differs from its neighbors due to the nations lengthy colonial status and the long-standing policy of bans and restrictions against the use of Ukrainian language promulgated by Russian imperial authorities. These conditions also help explain why literary translators, such as Hryhorii Kochur (1908–1994) and Mykola Lukash (1918–1988), were at the forefront of the dissident movement in Ukraine in the 1960s–1970s."

gens, der nichts mit den ‚aufgezwungenen Übersetzungen' fremdsprachiger Dichtung zu tun hatte, mittels derer zahlreiche sowjetische Dichter für ihren Unterhalt sorgten und ihren frustrierten schöpferischen Trieb mindestens teilweise befriedigen durften. Der von Stus geführte Dialog mit verschiedenen fremden Literaturen im Kontext der bewusst erstrebten Konsolidierung der eigenen Tradition und dichterischen Sprache ist der Beweis seiner künstlerischen Reife, die selbstverständlich nicht anders als transkulturell sein kann.

Bibliographie

Achilli, Alessandro: „Vasyl' Stus and Russian Culture: A Complex Issue". In: *Australian and New Zealand Journal of European Studies* 5/2 (2013), 37–44.

Bojko-Blochyn, Jurij: „Goethe und die ukrainische Literatur". In: Hans-Bernd Harder / Hans Rothe (Hg.): *Goethe und die Welt der Slawen: Vorträge der 1. internationalen Konferenz des „Slawenkomitees", Goethe-Museum Düsseldorf: 18.–22. September 1979*. Gießen: Wilhelm Schmitz 1981, 213–228.

Chernetsky, Vitaly: „Literary Translation and the Shaping of Modern Ukrainian Culture". In: Brian James Baer (Hg.): *Contexts, Subtexts, and Pretexts: Literary Translation in Eastern Europe and Russia*. Amsterdam/Philadelphia: John Benjamin 2011, 33–53.

Goebel, Eckart: „Aussöhnung. Sublimierung als Paradigma in Goethes ‚Trilogie der Leidenschaft'". In: *Monatshefte* 100/4 (2008), 461–488.

Goethe, Johann Wolfgang: *Werke: Hamburger Ausgabe in 14 Bänden*. München: dtv 2000.

Jakuševa, Galina Viktorovna: „Goethe in der sovjetischen Literatur (1940er–1980er Jahre)". In: *Goethe-Jahrbuch* 117 (2000), 201–216.

Jehorčenko, Marharyta: „Tema tvorčosti u Vasylja Stusa ta Maryny Cvjetajevoji". In: *Mandrivec'* 2 (2008), 63–66.

Kaiser, Gerhard: „Goethes Naturlyrik". In: *Goethe-Jahrbuch* 108 (1991), 61–73.

Kaufmann, Sebastian: *„Schöpft des Dichters reine Hand ...": Studien zu Goethes poetologischer Lyrik*. Heidelberg: Winter 2011.

Mayer, Mathias: „Dichten zwischen Paradies und Hölle: Anmerkungen zur poetologischen Struktur von Goethes Elegie von Marienbad". In: *Zeitschrift für deutsche Philologie* 105/2 (1986), 234–256.

Müller-Seidel, Walter: „Lyrik, Tragik und Individualität in Goethes später Dichtung". In: Gerhard Buhr / Friedrich A. Kittler / Horst Turk (Hg.): *Das Subjekt der Dichtung: Festschrift für Gerhard Kaiser*. Würzburg: Königshausen & Neumann 1990, 498–518.

Oberlin, Gerhard: „‚Doch tückisch harrt das Lebewohl zuletzt'. Psychische Tiefenstrukturen und Bewußtseinsschichten in Goethes Marienbader ‚Elegie'". In: *Goethe-Jahrbuch* 123 (2006), 135–151.

Pylypiuk, Natalia: „Vasyl' Stus, Mysticism, and the Great Narcissus". In: Paul Duncan Morris (Hg.): *A World of Slavic Literatures: Essays in Comparative Slavic Literatures in Honor of Edward Mozejko*. Bloomington: Slavica 2002, 173–210.

Rudnyc'kyj, Leonid: „Vasyl' Stus i nimec'ka literatura: Vidnošennja poeta do Gete i Ril'ke". In: O. Zinkevyč / M. Francuženko (Hg.): *Vasyl' Stus: v žytti, tvorčosti, spohadach ta ocinkach sučasnkykiv*. Baltimore/ Toronto: Ukrajins'ke Vydavnyctvo „Smoloskyp" im. V. Symonenka 1987, 352–367.

Stus, Dmytro: *Vasyl' Stus: Žyttja jak tvorčist'*. Kyjiv: Fakt 2005.

Stus, Vasyl': *Tvory: u čotyr'och tomach, šesty knyhach*. L'viv: Prosvita 1994–1998.

Stus, Vasyl': *Zibrannja tvoriv u dvanadcjaty tomach*. Kyjiv: Fakt 2007–2009.

Wild, Rainer: *Goethes klassische Lyrik*. Stuttgart/Weimar: Metzler 1999.

Windrich, Johannes: „Götter im Zwielicht: Zur Hymnendichtung des jungen Goethe". In: *Poetica* 44/1–2 (2012), 143–179.

Woldan, Alois: „Dichtung als Alternative zur Unterdrückung. Zur Lyrik von Vasyl' Stus". In: M. Zybura (Hg.): *Geist und Macht: Schriftsteller und Staat im Mitteleuropa des „kurzen Jahrhunderts" 1914–1991*. Dresden: Thelem 2002, 373–383.

Wünsch, Marianne: „Zeichen – Bedeutung – Sinn: Zu den Problemen der späten Lyrik Goethes am Beispiel der ‚Trilogie der Leidenschaft' ". In: *Goethe-Jahrbuch* 108 (1991), 179–190.

Wünsch, Marianne: „Das lyrische Werk Johann Wolfgang von Goethes". In: D. Jöns / D. Lohmeier (Hg.): *Festschrift für Erich Trunz zum 90. Geburtstag: Vierzehn Beiträge zur deutschen Literaturgeschichte*. Neumünster: Wachholtz 1998, 75–90.

Zabuzhko, Oksana: „Reinventing the Poet in Modern Ukrainian Culture". In: *Slavic and East European Journal* 39/2 (1995), 270–275.

Zagari, Luciano: „Der Lyriker Goethe: Der erste der Modernen, der letzte der Vormodernen". In: *Goethe-Jahrbuch* 108 (1991), 117–127.

Zyla, Wolodymyr: *Goethe in der ukrainischen Literatur*. München: Ukrainische Freie Universität 1989.

Belarussische Translationen des Majdan. Revision und Transkulturalität

Yaraslava Ananka / Heinrich Kirschbaum

Die belarussische Gegenwartsdichtung begreift sich selbst in einem produktiven Stress der soziokulturellen Selbstbestimmung und poetologischen Selbstdefinition – in ihren eigenen Augen und in den Augen der internationalen Leserschaft. Auf der für die lyrische Sinnstiftung grundlegenden Versebene bietet sich dafür zum einen der Weg des freien Verses, d. h. eines ‚Versmaßes ohne Versmaß' und folglich ohne intertextuellen Ballast. Die angebliche *tabula rasa* des *verse libre*, der in der heutigen Weltpoesie dominiert, gibt den ‚Verselibristen' die fruchtbare Illusion eines Sprechens im programmatisch transnationalen literarischen Esperanto. Ein viel gefährlicherer Pfad – und wer ihn betritt, meidet die Palimpsestkollisionen nicht, sondern sucht sie gezielt – ist der konventionelle Vers mit seinen intertextuellen Labyrinthen und Fallen. Besondere Bedeutung erlangt in diesem Kontext auch der Raum der Nachdichtungen und Nachahmungen.

In unserem Beitrag beanspruchen wir keinen Panoramaüberblick über die aktuelle belarussische Lyrikszene,[1] sondern konzentrieren uns auf einen repräsentativen und zugleich autonomen Vertreter der belarussischen Dichtung: auf Andrėj Chadanovič (geb. 1973). Genau er leitet seit Jahren das belarussische PEN-Zentrum, das zur Koordinationsstelle für

[1] Einen Überblick über die aktuellsten Entwicklungen in der belarussischen Gegenwartsdichtung bekommt man im fundamentalen Abriss der spät- und postsowjetischen belarussischen Literatur von Arnold McMillin (Arnold McMillin, *Writing in a Cold Climate: Belarusian Literature from the 1970s to the Present Day*, London 2010; Arnol'd Makmilin, *Pis'menstva ŭ chalodnym klimace: Belaruskaja litaratura ad 70-ch hh. XX st. da našych dzën*, Białystok 2011). An einer anderen Stelle haben auch die Autoren des vorliegenden Beitrages versucht, die Ergebnisse ihrer Recherchen zum kenotisch-katastrophistischen Galgentopos der belarussischen Gegenwartsliteratur dem deutschen Lesepublikum zu präsentieren (vgl. Yaraslava Ananka / Heinrich Kirschbaum, „Briefe vom Galgen. Gewaltnarrative in der weißrussischen Gegenwartsliteratur", in: Laura Burlon / Nina Frieß / Katarzyna Rózanska / Peter Salden (Hg.), *Verbrechen – Fiktion – Vermarktung: Gewalt in den zeitgenössischen slavischen Literaturen*, Potsdam 2013, 213–227).

viele unabhängige Literaten des totalitär regierten Landes wurde. Das zeugt von der Anerkennung seiner (trans-)kulturträgerischen Aktivitäten seitens der ‚Zunftkollegen'. In Belarus herrscht wohl ein Konsensus darüber, dass im Namen der belarussischen Literatur erstens ein Dichter sprechen soll und zweitens einer, der sowohl ein Traditionalist als auch ein Erneuerer ist, einer, der unaufhörlich neue poetische und kulturelle Identitäten sondiert, jedoch auch kritisch die omnipräsente Intertextualität nicht aus dem Blick verliert: in formalistischen Kategorien gesprochen, ein Traditionalist-als-Modernisierer.[2]

Während die Translationen und Transmissionen aus der west- und mitteleuropäischen Literatur einen integralen Teil der selbsteuropäisierenden und selbst(-inter-)nationalisierenden transkulturellen Hybridisierungen der belarussischen Literatur darstellen, bilden die zu meidenden und zugleich unausweichlichen Anspielungen auf die russische Kultur und Poesie sowie Übersetzungen aus dem Russischen Orte der kulturpoetischen Emanzipation und antikolonialen Revision, auch im Harald Bloom'schen Verständnis der Revision als Limitation des Einflusses.[3] Zum einen kämpft die aktuelle belarussische Dichtung allein durch das Faktum ihrer eigenen Existenz für das Überleben der vom Aussterben akut bedrohten belarussischen Sprache und Kultur, zum anderen reflektiert sie selbst diesen Überlebenskampf, indem sie eigene antiimperiale Komplexe und Re-

2 Viktor Šklovskij schlug für Jurij Tynjanovs Buch *Archaisty i novatory* (*Archaisten und Neuerer*, dt. München 1967) einen anderen Titel vor, der Tynjanovs Konzept „noch klarer ausdrücken würde: ‚Archaisten als Neuerer'" („которое выразило бы его мысль ещё ясней: ‚Архаисты – новаторы'"); vgl. Viktor Šklovskij, *Sobranie sočinenij v trech tomach*, t. III. Moskva 1974, 608. Für eine neue Modelkonstruktion werden laut Šklovskij umgedeutete Elemente älterer Systeme gebraucht, die miteinander verknüpft werden, miteinander streiten, einander parodieren und dadurch neue Motivierungen gewinnen („[...] для нового построения модели могут понадобиться переосмысленные элементы старых систем. Системы сопрягаются, спорят, пародируют друг друга [...] приобретают новые мотивировки"); vgl. Šklovskij 1974, 614.

3 Harald Bloom versuchte die als positivistisch verworfene Einflussforschung mit Freuds Theorien zu verbinden: Intertextualität sei als Waffe und Schlachtfeld der „Einfluss-Angst" (*anxiety of influence*), der Revision und Limitation der Prätexteinflüsse zu verstehen (Harold Bloom, *The Anxiety of Influence*, New York 1973; dt. *Einflussangst. Eine Theorie der Dichtung*, Frankfurt a. M./Basel 1995). Ein Gedicht sei immer eine Antwort auf ein Gedicht. Der Prätext wird als Herausforderung und ‚Vatertext' angesehen, den es zu übertreffen (intertextuell zu überwinden) gilt. Jeder Posttext sei nach Bloom als eine Fehllektüre des ihn beeinflussenden Prätextes zu verstehen, oder, um es wieder formalistischer zu formulieren, eine entautomatisierende Neudeutung, eine Umschrift, ein *sdvig* (Verschiebung bzw. Entstellung). Unter der intertextuellen Revision versteht Bloom – u. a. auch in seinem ebenfalls für die Transkulturalitätsstudien relevanten Buch *Eine Topographie des Fehllesens* (Bloom 2011) – ein Wiederanvisieren (*re-aiming*), ein prüfendes Wiederhinsehen, das zu einer Bewertung führe.

flexe kritisch demontiert und simultan (re-)generiert. Dabei gießen die antikolonialen Motivationen Öl ins Feuer der sowieso für jeden Dichter bzw. jede Dichterin lebenswichtigen Einflusslimitationen und werden dabei zum sinnstiftenden Generator jeglicher übersetzerischen oder intertextuellen, bewussten oder ungewollten Berührung mit der – im Bloom'schen Sinne – ‚einflussreichen' russischen Sprache und Literatur.

Eine solche, doppelte Syntonisation privater und gesellschaftlicher Schmerzrezeptoren ist eng mit den Besonderheiten der poetisch-linguistischen und kulturell-personellen Reifungsprozesse belarussischer Dichter verbunden. Die Mehrheit der belarussischen Poeten (und Andrėj Chadanovič bildet hier keine Ausnahme) liest in ihrer Kindheit und Jugend vorwiegend Russisch und beginnt Gedichte zunächst auf Russisch zu schreiben. Erst im ‚Erwachsenenalter' geht man bewusst zum Belarussischen über. Wenn man sich Jurij Tynjanovs Ausdifferenzierung von Genesis und Evolution ins Gedächtnis ruft,[4] so erweist sich der Übergang zum Belarussischen als Versuch, die ursprünglich aktive evolutionäre Erfahrung (Schreiben in den Paradigmen der russischen Literatur) in das Faktum einer passiven genetischen Relation umzuwandeln. Diese Transformation wird nicht nur durch viele linguistische Affinitäten zwischen dem Russischen und Belarussischen produktiv kompliziert, sondern auch durch die immer hörbare und spürbare Präsenz russischer poetischer Paradigmen im Bewusstsein (und Unterbewusstsein) der belarussischen Textproduzenten und -rezipienten. Die belarussische Dichtung der letzten 150 Jahre übernahm bzw. entlehnte aus der russischen nicht nur das syllabotonische Versifikationssystem selbst, sondern auch konkrete Versmaße mit den in der russischen Lyrik herausgearbeiteten bildsemantischen Aureolen und motivthematischen Linien,[5] die in den auf Belarussisch geschriebenen syllabotonischen Gedichten immer vernehmbar sind. Infolge dieser „Spürbarkeit" („oščutimost'") entstehen neue konfliktäre Zonen des Schreibens: Genetisch-evolutionäre Elemente dieses Schreibens werden dabei

---

4 Jurij Tynjanov, *Poėtika. Istorija literatury. Kino*, Moskva 1977, 270–281. Jurij Tynjanovs Überlegungen zur Evolution in der Literatur sind auf Deutsch in der Sammlung seiner Schriften (Tynjanov 1967) zu finden, deren aufmerksame und kritische Lektüre die in vielen westeuropäischen Lexika und anderen theoretischen Nachschlagewerken präsente Vorstellung vom Formalismus als Prästrukturalismus demontieren und die bisher unterschätzte literaturhistorische Leistung des formalistischen Gedankenguts hervorheben würde.

5 Zum Problem der historischen Semantisierung von Metren (am Beispiel der russischen Dichtung) vgl. die leider immer noch nicht in die westeuropäischen Sprachen übersetzten Schriften Michail Gasparovs (1935–2005) im Allgemeinen und seiner Monographie zur semantischen Aureole des Metrums im Besonderen (Michail Gasparov, *Metr i smysl. Ob odnom iz mechanizmov kul'turnoj pamjati*, Moskva 1999).

nicht nur zum Objekt, sondern auch zum translingualen Medium der Dekonstruktion.[6]

Das antiimperiale Ethos macht diese Situation noch komplexer. Persönliche Motivationen solch poetisch-linguistischer Konversionen (Übergang zum Belarussischen) überlappen sich mit den sozialen, private psychopoetische Abwehrmechanismen mit zivilgesellschaftlichen Imperativen, die jeder belarussische Literat durch seinen Sprachübertritt zum Belarussischen unterschreibt. Die sprachlich-ästhetische Wahl ist zugleich eine ethische: Sie unterstreicht indirekt die Nämlichkeit des Ethischen und (sprachlich) Ästhetischen in den aktuellen belarussischen Identitätsdiskursen. Diese Komponente des poetischen sowie alltäglichen Sprechens auf Belarussisch muss bei der Lektüre jedes belarussischen Textes beachtet werden.

In jedem Fall geschieht das ethisch-ästhetische, individuelle und (zivil-)gesellschaftliche Werden belarussischer Dichter, Übersetzer und Leser in der Ausgangssituation einer inspirierend konfliktären Diglossie des Lesens und des Schreibens. Diese Konflikte des Bilinguismus entwickeln sich in der permanenten und omnipräsenten Spannung, die nicht zuletzt in den Räumen der Übersetzung und der intertextuellen Polemik mit den russischen Texten ausgetragen wird. Russisch-Übersetzungen werden zu Kanälen und Codes einer emanzipierenden Distanzierung. Es geht dabei nicht nur darum, dass ein russischer Text, der die ‚Sanitätskontrolle' – gar ‚Quarantäne' – der Übersetzung passiert hat, weniger ‚gefährlich' ist. Durch die Übersetzung grenzt sich die belarussische von der russischen Kultur ab. Außerdem kann sich nur eine souveräne Sprache, nur ein autonomes poetisches System den ‚Luxus der Übersetzung' leisten. Nebenbei wird auch die russisch-imperiale Schablone von der angeborenen dialektalen Provinzialität der belarussischen Sprache und Literatur ironisiert.

Man kann an dieser Stelle kaum alle wichtigen Objekte der inneren und äußeren Emanzipation von ‚russischen Einflüssen' aufzählen. Viele russische Impulse und Komplexe der belarussischen Poesie der 1990–2010er Jahre – und im Kontext Chadanovičs wäre hier zumindest auf die Dichter der Gruppe „Moskovskoe vremja" (Moskauer Zeit) zu verweisen – werden in den aus verschiedenen wissenschaftspolitischen Gründen noch stagnierenden Untersuchungen der belarussischen Gegenwartsliteratur hoffentlich künftig sorgfältig markiert sowie quantitativ und qualitativ ausgewertet und klassifiziert. Im Folgenden möchten wir uns nur auf das wohl prominenteste Ziel dieser Identitätslimitationen konzentrieren, auf

---

6 Bei der Verwendung des Begriffs ‚Spürbarkeit' folgen wir dem für die vorliegende Studie konzeptuell inspirierenden formalistischen Fahrwasser. Vgl. Boris Ėjchenbaums Ausführungen zu Šklovskijs „Prinzip der Spürbarkeit der Form" („принцип ощутимости формы") in seinem Artikel *Teorija formal'nogo metoda* (*Theorie der formalen Methode*) (Boris Ėjchenbaum, *O literature. Raboty raznych let*, Moskva 1987, 385, 390).

Iosif Brodskij (1940–1996), der eine besondere Rolle in der poetischen Evolution bzw. Genese von Chadanovič spielte. In seiner jugendlichen ‚Abhängigkeit' von Brodskij teilt Chadanovič, der, wie oben erwähnt, Russisch zu schreiben begann, das Schicksal vieler russischsprachiger Dichter des spät- und postsowjetischen Raumes, deren dichterische Reifung in die Zeit der Perestrojka fiel, d. h. in die Jahre der größten Popularität und Kanonisierung Brodskijs. Bewusst und unbewusst ahmten viele Dichter der Chadanovič-Generation die Schreibmodi des Nobelpreisträgers nach, wobei diese Nachahmung stellenweise total war, auf beinahe allen Textebenen, von den Versmaßen, der Strophik und den Reimmodi bis zur lexikalisch-syntaktischen Textorganisation (und sogar bis zur typisch Brodskij'schen melancholisch lamentierenden Deklamation).

In der zweiten Hälfte der 1990er Jahre beginnt die Revision des Brodskij-Einflusses. Die Besonderheit von Chadanovičs ‚(Anti-)Brodskismus' besteht darin, dass sich seine Brodskij-Distanzierung in einem anderen literarisch-lingualen System, das sich gerade in den 1990er Jahren, d. h. in den ersten Jahren der staatlichen Unabhängigkeit von Belarus, die kritische Revision des russischen bzw. sowjetischen politischen, kulturellen und literarischen Erbes auf die Fahnen schreibt. Die damit verbundene Abgrenzung ist umso stärker, da Brodskij nicht nur als ein einflussreicher russischer Dichter wahrgenommen wird, sondern auch als Poet des Imperiums. Die Brodskij-Dekonstruktion und die Dekonstruktion des ‚Brodskij in sich' werden zum lebenswichtigen Teil der Identitätsfindung der belarussischen poetischen Selbst-Bewusstwerdung.

Chadanovič übersetzt zum einen Brodskijs kanonische Texte,[7] zum anderen arbeitet er auch mit ‚klassischen' intertextuellen Demontageverfahren. Manchmal, wie in Chadanovičs Gedicht „Jaščė adzin litoŭski dyvertysment" (Noch ein litauisches Divertimento), das unzweideutig auf Brodskijs Gedicht „Litovskij divertisment" (Litauisches Divertimento) verweist,[8] kommt der renommierte russische Dichter sogar selbst als Protagonist vor:

> У кавярні, якую наведваў Бродзкі (ці Троцкі),
> [...] прыдумляй свой вершык задроцкі.[9]
>
> Im Café, das Brodskij (oder Trockij) besuchte,
> Denk dir dein Wichsergedichtchen aus.[10]

---

7 Andrėj Chadanovič, *Razam z pylam: kalekcyja perakladaŭ*, Minsk 2013, 165–168.

8 Zu den beiden „litauischen Divertimenti" vgl. auch Irina Skoropanova: „Litovskij kod v proizvedenijach I. Brodskogo i A. Chadanoviča", in: Anastasija Golovnja (Hg.), *Karpovskie naučnye čtenija: sbornik naučnych statej* 5, 1 (2011), 56–60.

9 Andrėj Chadanovič, *100 li100ŭ na tut.by*, Mensk 2007, 29.

10 Sofern nicht anders vermerkt, stammen die Übersetzungen von den VerfasserInnen – Y. A. und H. K.

Im Original werden Brodskij, Trockij und ‚задроцкі' (zadrocki/Wichser) kalauernd gereimt. Die demonstrative Komik der Passage soll nicht über die Ernsthaftigkeit der Invektive hinwegtäuschen. Allein die Aufzählung und Ersetzbarkeit von Brodskij und Trockij – durch das Bindewort ‚ці' (oder) – demontiert den Mythos von Brodskij als Dichter, der gegen den Totalitarismus und Kommunismus kämpfte. Das, was die beiden verbindet, ist für den Belarussen Chadanovič wichtiger als alle Unterschiede. Relevant wird hier weniger der Verweis auf das Emigrantentum der beiden, sondern die eine gemeinsame imperiale ideologische Natur des Predigers der Weltrevolution und Sowjetexpansion Trockij und des Sängers des Imperiums Brodskij. Beide werden dazu noch mit dem pejorativ-vulgären ‚задроцкі' gereimt, das angeblich auf das ‚brodskistische' Epigonentum des Autors hinweist. Aber diese fiktive Selbsterniedrigung ist schnell durchschaut und vergessen. Im Gedächtnis des Lesers bleibt dagegen die Semantik des Reims ‚Brodskij – Wichser'. Hinter einem angeblich naiven Witz verbirgt sich, wie es so oft beim unverbesserlichen Ironiker Chadanovič der Fall ist, eine ernsthafte Botschaft: die der antiimperialen Distanzierung von der russischen Literatur.

Die die nationale und transkulturelle Identität stiftende Aktualität der revidierenden Brodskij-Allusionen für die belarussische Literatur illustriert auch die folgende Episode: Am 21. März 2014 veröffentlichte ein Freund und Übersetzer Chadanovičs ins Russische, der Kaliningrader Dichter Igor' Belov, der inzwischen nach Warschau (!) emigrierte, in seinem Facebook-Blog ein Palimpsest des imperialen Gedichts Brodskijs „Na nezavisimost' Ukrainy" (Auf die Unabhängigkeit der Ukraine) von 1992. Der Text wurde wieder aktuell nach der russischen Krim-Annexion. In seinem Gedicht verdammt Brodskij die Ukraine für den Austritt aus dem Imperium, hier ein Auszug daraus:

Пусть теперь в мазанке хором Гансы
с ляхами ставят вас на четыре кости, поганцы.
Как в петлю лезть, так сообща, сук выбирая в чаще,
а курицу из борща грызть в одиночку слаще?

Прощевайте, хохлы! Пожили вместе, хватит.
Плюнуть, что ли, в Днипро: может, он вспять покатит,
брезгуя гордо нами, как скорый, битком набитый
отвернутыми углами и вековой обидой.

С Богом, орлы, казаки, гетманы, вертухаи!
Только когда придет и вам помирать, бугаи,
будете вы хрипеть, царапая край матраса,
строчки из Александра, а не брехню Тараса.[11]

[11] Natal'ja Gorbanevskaja, „Ešče odna dobavka k ČUŽIM STICHAM (otvet na vopros o Brodskom)", in: *LiveJournal*, 17.05.2008, http://ng68.livejournal.com/123368.html (21.01.2015).

Mögen nun die Hanse [die Deutschen – Y. A. / H. K.] im Chor in der Lehmhütte einstimmig,
zusammen mit den Polaken euch auf vier Knochen stellen, Dreckschweine.
Wenn es um Galgen geht, dann gemeinsam, sich den Ast im Dickicht aussuchend,
aber das Hendl im Borschtsch alleine nagen ist wohl süßer?

Adieu, ihr Drecksukrainer! Wir lebten lange zusammen, es reicht.
Soll ich etwa in den Dnjepr spucken: Vielleicht fließt er dann rückwärts,
stolz uns verschmähend, wie ein Eilzug, vollgestopft
Mit gestohlenen Koffern [Gaunersprache – Y. A. / H. K.] und uralten langen Kränkungen.

Gott mit euch, Adler, Kosaken, Hetmane, Gefängniswärter,
Aber wenn auch eure Todesstunde schlägt, Bärenkerle,
werdet ihr röcheln, den Matratzenrand kratzend,
Zeilen aus Alexander und nicht den Quatsch von Taras.

Brodskijs Gedicht konstituiert sich nicht zuletzt durch den Gebrauch des Lagerargots, der Gefängnislexik und -metaphorik der Vergewaltigung. Partiell versteckte, aber größtenteils zynisch offengelegte Schimpfworte werden in die typisch Brodkij'sche didaktische Apostrophendiktion eingepackt und mit pejorativ gebrauchten sprachlichen und kulturellen Ukrainismen sowie anderen ‚Stereotypen' versehen. Ein solches ‚Stereotyp', mit dessen Semantik Brodskij spekuliert, stellt die Gegenüberstellung der Nationaldichter der Ukraine und Russlands dar: des ‚Provinzlers' Taras Ševčenko und des ‚Europäers' Aleksandr Puškin. Dieser metapoetische ‚Vergleich' Ševčenkos und Puškins befindet sich außerdem an der kompositionell relevantesten Textstelle, in der eben zitierten Schlusspointe des Gedichts. Die politisch-poetische Verwünschung der freien Wahl der Ukraine kulminiert in Brodskijs Negation jeglicher Autonomie der Ukraine und jeglichen Wertes der ukrainischen Sprache, Kultur und Literatur.

Brodskijs umstrittenes Gedicht wurde 2014 mehrmals in russischen und ukrainischen Netzwerken republiziert. Die pro-Putin'schen Publikatoren von Brodskijs Ukraine-Invektive fanden im ‚Apokryphentext' des renommierten Klassikers, der in ihren Augen den antirussischen Vektor der Entwicklung in der Ukraine vorausgesagt hat, eine Bestätigung für die eigenen rhetorischen Ausführungen zur Undankbarkeit der Ukraine gegenüber Russland, das ihr angeblich Zivilisation und Kultur brachte. Die proukrainischen Blogger republizierten den Text als Ausdruck der aggressiv-imperialen russischen Rhetorik auf höchster – poetischer – Ebene und als Beispiel dafür, dass vom imperialen Syndrom nicht nur Kreml-Leute oder postsowjetische spießbürgerliche Putinisten befallen sind, sondern sogar die eine Dissidentenreputation besitzenden Schriftsteller. Dabei kann man bereits 2008 eine kontroverse Internet-Diskussion im Blog der Dichterin und Übersetzerin Natal'ja Gorbanevskaja beobachten,[12] wo eine Variante des Gedichts publiziert wurde, die Gorbanevskaja von Brodskij selbst erhielt und die heute als die genaueste gilt: Brodskijs Gedicht bewegte die einen Leser, mit allen Mitteln den Dichter für sein (post-)imperiales Gedicht zu preisen oder zu rechtfertigen und die anderen, sich radikal vom gesamten Œuvre des einst geliebten Autors loszulösen.

Für Belov war die Wahl von Brodskijs Gedicht für sein kritisches (Pseudo-)Remake ein Solidaritätsakt mit der Ukraine. Chadanovič übersetzte Belovs Text sofort ins Belarussische. Von Interesse sind für die vorliegende Studie vor allem die Abweichungen vom Original, in dem der Fernsehzuschauer der Putin'schen Propaganda beschrieben wird. Auf die Unterschiede in der belarussischen Übersetzung macht Belov selbst aufmerksam: „Перевод местами даже лучше – особенно про джина с одной затяжки" (Die Übersetzung ist stellenweise sogar besser: besonders beim Kiffer-Dschinn).[13] Belovs Replik verweist auf die fünfte Strophe seines ‚Remakes':

А ведь когда-то ты был битником и бродягой,
ангелом-разнорабочим с неупиваемой флягой,
срать бы не сел в одном поле с хозяевами домена,
поверившими, что им море Черное по колено.[14]

Aber du warst mal ein Beatnik und Vagabund,
ein Engel-Gelegenheitsarbeiter mit einem unendlichen Flachmann,
du würdest nie in einem Feld mit den Herren der Domäne zusammen scheißen,
die glauben, dass das Schwarze Meer ihres sei.

Und hier die belarussische Version Chadanovičs, die Belov lobte:

Ты, што раней выклікаў джына адной зацяжкай,
align="left"
рознарабочы анёл зь неразьменнаю пляшкай,
сраць бы ня сеў у полі з гаспадарамі дамэну,
якія вераць, што ім мора Чорнае па калена.[15]

Du, der einst den Dschinn mit einem (Kiffer-)Zug hervorrief,
ein Engel-Gelegenheitsarbeiter mit einem unendlichen Flachmann,

12 Gorbanevskaja 2008.

13 Andrej Khadanovich, „Z dnëm paėzii, paėty j hramadzjane!", in: *Facebook*, https://www.facebook.com/andrej.khadanovich/posts/10203419808724486 (21.03.2014).

14 Igor' Belov, „Na nezavisimost' Ukrainy", in: *Facebook*, https://www.facebook.com/igor.belov.311/posts/723240807716062?pnref=story (21.03.2014)

15 Khadanovich 2014.

du würdest nie in einem Feld mit den Herren der Domäne zusammen scheißen,
die glauben, dass das Schwarze Meer ihre Pfütze sei.

Mit dem narkotischen Kifferbild der Dschinn-Heraufbeschwörung ersetzte Chadanovič Belovs Zeile über die Vagabundenvergangenheit seines lyrischen Helden, der aus einem frivolen Perestrojka-Hippie zu einem verblödeten Konsumenten der Putin'schen imperialen Ideologie wurde. In der translatorischen Entscheidung Chadanovičs ist nicht nur das Faktum der Metaphorisierung von Relevanz (die im Original fehlt), sondern vor allem der orientalistische Stoff der Metapher selbst. Die Dschinn-Passage könnte man für eine einmalige und zufällige Abweichung halten, deren orientalistische Semantik man nicht überinterpretieren sollte, wenn es nicht andere essentielle Substitutionen Chadanovičs geben würde, die den Leser auf die orientalistische Komponente der Übersetzung zusätzlich fokussieren würde. So erscheinen bei Chadanovič bereits in der nächsten Strophe des Gedichts weitere ‚östliche', diesmal ‚japanische' Einschübe, die im Original fehlen. Zunächst Belovs Original:

Ну, а теперь, будучи вдвое старше,
ты рукоплещешь пехоте родной на марше.
Вечный студент, онанирующий в потемках,
что ты оставишь возлюбленным и потомкам?[16]

Und nun, wenn du doppelt so alt bist,
applaudierst du dem eigenen Fußvolk auf dem Marsch.
Ewiger Student, der im Dunklen wichst,
was wirst du deinen Geliebten und Nachfahren hinterlassen?

Und hier die übersetzerische Verschiebung von Chadanovič:

Ну, а цяпер, калі ты – удвая старэйшы?
Самурая віншуеш у позе гейшы?
Мерыш агульным аршынам бойні і путчы,
вечным студэнтам у прыцемках мастурбуючы?[17]

Und nun, wenn du doppelt so alt bist?
Ehrst du in der Geisha-Pose den Samurai?
Misst du mit dem allgemeinen Maß Gemetzel und Putschs,
ewiger Student, der im Dunklen masturbiert?

Belovs ironisch-selbstdemontierende Metapher des Gehorsams und der pathetischen Partizipation an der staatlichen Militärfeier (anlässlich der Eroberung der Krim) ersetzt Chadanovič durch das Motiv der Geisha-Eh-

16 Belov 2014.
17 Khadanovich 2014.

rung des Samurais. Eine Geisha amüsiert die Kunden mit Tanz und Gesang, sie ist aber auch, zumindest in der hier relevanten europäischen orientalistischen Tradition eine Prostituierte, eine Variation zwischen Hure und Haremsfrau. Chadanovič intensiviert in seiner Nachdichtung den Moment des Käuflichen und der ethischen Prinzipienlosigkeit mit ‚orientalistischen Mitteln'. Was bedeuten aber diese orientalistischen Installationen im Kontext des Gesprächs über das belarussische Schreiben als ein per definitionem antikoloniales? Zum einen parodieren Chadanovičs Exotismen die Orientalismen des russischen kolonialen Diskurses, denn die Verwendung von Orientalismen ist ein Merkmal der Kolonisatorensprache. Zum anderen werden Chadanovičs Exotismen aus dem westlichen Draußen artikuliert, sie orientalisieren Russland. Zu einer solchen zivilisatorisch-orientalistischen Sprache griffen mal die polnische Kultur der Russland-Beschreibungen sowie einige intrarussische Westler-Diskurse. Koloniale Orientalismen sind a priori eindeutig und teleologisch, die antikolonialen dagegen polysemantisch. In diesem Sinne offenbart allein die hermeneutische Zweideutigkeit von Chadanovičs Orientalismen eine für die ganze belarussische Gegenwartsliteratur charakteristische antikoloniale Affektivität der poetischen Rede, die im vorliegenden Beispiel die imperiale Diktion Brodskijs zu subvertieren sucht. Chadanovičs (pseudo-)orientalistische Ironie entblößt ihre ganze Raffiniertheit, wenn wir das Samurai-Bild genauer unter die Lupe nehmen; im Laufe des Textes greift es Chadanovič dezidiert noch mal auf:

> Если из моды выйдут прогулки строем
> прежде, чем каждый из нас дома умрет героем,
> кончится всё [...][18]
>
> Wenn Exerzierspaziergänge aus der Mode kommen
> Bevor jeder von uns zu Hause als Held stirbt,
> endet alles [...]

Im Gegensatz zum oben zitierten Original Belovs entwickelt sich Chadanovičs übersetzerische Intuition erneut in eine orientalistische Richtung:

> Перш, чым з нашае моды выйдуць прагулкі шыхтамі
> і самурай накрыецца ўласным татамі,
> скончыцца ўсё [...][19]
>
> Bevor Exerzierspaziergänge aus der Mode kommen
> Und der Samurai sich mit dem eigenen Tatami tot bedeckt,
> endet alles [...]

---

[18] Belov 2014.
[19] Khadanovich 2014.

Tatami sind Matten bzw. Mattenteppiche, die in den fernöstlichen Zweikämpfen benutzt werden, unter anderem auch im Judo. Der in den postsowjetischen Breiten prominenteste Judo-Anhänger ist Putin, ein Judo-Sportmeister; das Hobby des russischen Präsidenten wurde und wird immer noch intensiv während seiner PR-Kampagnen verwendet. Somit unterstreicht Chadanovič die übertriebene Wunsch-Maskulinität Putins, die neben dem Geisha-Bild (das für den Fernsehzuschauer der Putin-Propaganda steht) zusätzlich an Männlichkeit gewinnt.

In Belovs Text, der in erster Linie die kollektive Schuld der Russen gegenüber der Ukraine akzentuiert, gibt es keine Verweise auf den russischen Präsidenten. Der indirekt thematisierte Putin ersetzt in Chadanovičs Übersetzung das Belov'sche „Wir" („jeder von uns"). Während bei Belov die bittere, selbstgeißelnde Ironie auf den statistischen Rating-Russen abzielt (und auf sich selbst, wie in der siebten Strophe des Gedichts, wo Belov zum „Ich" übergeht), wird die Schuld bei Chadanovič geteilt und auf Putin konzentriert.

Zu welchen interpretatorischen Verschiebungen führt dieser Ersatz des/eines Russen durch Putin? Wie es uns scheint, lebt die harte poetisch-gesellschaftliche Geste Belovs, verfasst in russischer Sprache, von der Energie der Selbstkritik; die intertextuelle Brodskij-Dekonstruktion organisiert bei ihm die zentrale Autodekonstruktionsdiktion. Bei der Übersetzung (ins Belarussische) ändert sich jedoch die Rezipientenschicht und Belovs Autodemontage könnte russophob klingen. Der explizite Diskurs einer kollektiven Schuld ist nur innerhalb einer Gesellschaft möglich; wenn er von außen kommt, kann er sogar bei den ‚Schuldigen' als aggressive Anschuldigung wahrgenommen werden, die Abwehrreaktionen hervorruft. Augenscheinlich ist die Furcht vor der potenziellen Russophobie-Rezeptionsmöglichkeit für Chadanovičs Verschiebung der Belov'schen Perspektive verantwortlich; umso mehr, da genau der Russophobie-Vorwurf zur willkommenen Argumentationsfigur in der Verleumdungskampagne gegen die Ukraine seitens der russischen Medien wurde, die 2014 sogar dem Putin-loyalen und russifizierten Belarus Russland-Feindlichkeit vorwarfen. Genau im Laufe der russischen Intervention in die Ukraine begriffen viele Belarussen, von den Oppositionellen bis zur Führung des Landes, zum ersten Mal die reale Gefahr einer russischen Besetzung von Belarus. Diese Gefahr existierte auch in den 2000er Jahren und intensivierte sich proportionell zu der wachsenden wirtschaftlichen und politischen Abhängigkeit des Landes von Russland; jedoch wurde das Interventionsszenario konsequent verschwiegen, gar verdrängt, um das Übel nicht heraufzubeschwören. Die Putin-zentrische übersetzerische Interpretation Chadanovičs ist somit einerseits ein Verzicht auf die Universalisierung und Pauschalisierung der russischen Schuld, zum anderen eine Vorsichtsmaßnahme.

Gegen Ende des Gedichts kehrt die Aussage zu ihrer intertextuellen Reizquelle zurück: zu Brodskij. Es wird die Untrennbarkeit von politisch-ethischen und ästhetisch-poetologischen Fragen demonstriert und behauptet. Das Original und die Übersetzung stimmen hier bezeichnenderweise überein:

> А коли так – трезвея, с иглы слезая,
> окна больших мониторов протрем слезами,
> и наш пароход – конечно же, философский –
> пустит на дно подлодка „Иосиф Бродский".[20]
>
> Вось жа, працьверазеўшы ад вадкай сьмерці,
> вокны сваіх манітораў сьлязьмі працерці,
> каб наш параход – які ні ёсьць, філасофскі –
> пусьціла на дно падлодка „Іосіф Бродзкі".[21]
>
> Und wenn es so ist, dann werden wir, nüchtern werdend, von der Nadel wegkommen
> Und die Fenster der Monitore mit Tränen wischen
> Und unseren Dampfer, natürlich, einen Philosophendampfer,
> versenkt das U-Boot „Iosif Brodskij".

Die scharfe aphoristische Schlusspointe des Textes führt zu einer Interpretation, die sowohl für das Verständnis des russischsprachigen Dichters Belov als auch für den belarusssischen Brodskij-Nachfolger Chadanovič äußerst relevant ist. Brodskij und mit ihm metonymisch die ganze russische Literatur, auf deren ‚Größe' sogar politisch kritische Liberale und Intelligenzler so stolz sind, wird im militärischen Bild des Unterseebootes dargestellt, in einem Bild, das in eine bildsemantische Reihe mit dem Putin-Samurai und anderen Kriegsmotiven des Textes gerät. Der Philosophendampfer verweist auf die Vertreibung der andersdenkenden Intelligenzija aus Sowjetrussland mit einem Schiff Anfang der 1920er Jahre. Es ist für Belov und Chadanovič eine Metapher der russischen intellektuellen und künstlerischen Gemeinschaft: Nicht Putin, nicht der Staat, sondern das Brodskij-U-Boot, benannt nach dem Nobelpreisträger und angeblichen Demokraten Brodskij, versenkt das Schiff. Belov und Chadanovič bestehen darauf, dass solche Texte, wie Brodskijs Gedicht „Auf die Unabhängigkeit der Ukraine", gefährlicher sind als jegliche direkte Machtdiskurse. Genau solche Texte und dahinter stehende Persönlichkeiten, die die imperiale Gewalt ästhetisieren, unterminieren von innen, aus der Tiefe, aus ‚der Meerestiefe' (um in der Metaphorik des Gedichts zu bleiben) jegliche ethische Imperative. Die russische Literatur, die im literaturzentrischen Russland zum Gewissen der Nation stilisiert wurde und wird, egal

---

20 Belov 2014.

21 Khadanovich 2014.

wie oppositionell sie den russischen Intelligenzlern erscheinen mag, erweist sich in Person ihrer einflussreichsten Vertreter, von Puškin (mit seiner Invektive „Klevetnikam Rossii“ [An die Verleumder Russlands], mit der er die russische Invasion in Polen rechtfertigte) bis Brodskij, der in seinem Gedicht seine imperialen Komplexe artikuliert, als Träger und Motor, Anwalt und Ideologe des ‚Imperiums des Bösen‘. Belovs Bild der Brodskij-Submarine korrespondiert in der autotextuellen Welt Chadanovičs mit dem gereimten Pärchen ‚Brodskij – Trockij‘, mit dem wir unseren Beitrag begonnen haben. Im Raum der Übersetzungen und intertextuellen Allusionen, in dem Transkulturalität nicht zuletzt Revision und Distanzierung bedeutet, setzt Chadanovič, stellvertretend für die aktuelle belarussische Literatur, seine mühsame Arbeit der Emanzipation der belarussischen Sprache und des belarussischen kulturellen und zivilgesellschaftlichen Selbstbewusstseins von der russischen politischen, diskursiven, lingualen und literarischen Gewalt fort.

Bibliographie

Ananka, Yaraslava / Kirschbaum, Heinrich: „Briefe vom Galgen. Gewaltnarrative in der weißrussischen Gegenwartsliteratur“. In: Laura Burlon / Nina Frieß / Katarzyna Rózanska / Peter Salden (Hg.): *Verbrechen – Fiktion – Vermarktung: Gewalt in den zeitgenössischen slavischen Literaturen*. Potsdam: Universitätsverlag Potsdam 2013, 213–227.

Belov, Igor’: „Na nezavisimost’ Ukrainy“. In: *Facebook*, https://www.facebook.com/igor.belov.311/posts/723240807716062?pnref=story (21.03.2015).

Bloom, Harold: *The Anxiety of Influence*. New York: Oxford University Press 1973.

Bloom, Harold: *Einflussangst. Eine Theorie der Dichtung*. Frankfurt a. M./Basel: Stroemfeld 1995.

Bloom, Harold: *Eine Topographie des Fehllesens*. Frankfurt a. M.: Suhrkamp 2011.

Chadanovič, Andrėj: *100 li100ŭ na tut.by*. Mensk: Lohvinaŭ 2007.

Chadanovič, Andrėj: *Razam z pylam: kalekcyja perakladaŭ*. Minsk: Knihazbor 2013.

Ėjchenbaum, Boris: *O literature. Raboty raznych let*. Moskva: Sovetskij pisatel’ 1987.

Gasparov, Michail: *Metr i smysl. Ob odnom iz mechanizmov kul’turnoj pamjati*. Moskva: RGGU 1999.

Gorbanevskaja, Natal’ja: „Ešče odna dobavka k ČUŽIM STICHAM (otvet na vopros o Brodskom)“. In: *LiveJournal* (17.05.2008), http://ng68.livejournal.com/123368.html (21.03.2015).

Khadanovich, Andrej: „Z dnëm paėzii, paėty j hramadzjane!“. In: *Facebook*, https://www.facebook.com/andrej.khadanovich/posts/10203419808724486 (21.03.2015).
Makmilin, Arnol'd: *Pis'menstva ŭ chalodnym klimace: Belaruskaja litaratura ad 70-ch hh. XX st. da našych dzën*. Białystok: Orthdruk 2011.
McMillin, Arnold: *Writing in a Cold Climate: Belarusian Literature from the 1970s to the Present Day*. London: Maney Publishing 2010.
Šklovskij, Viktor: *Sobranie sočinenij v trech tomach*. T. III. Moskva: Chudožestvennaja literatura 1974.
Skoropanova, Irina: „Litovskij kod v proizvedenijach I. Brodskogo i A. Chadanoviča“. In: Anastasija Golovnja (Hg.): *Karpovskie naučnye čtenija: sbornik naučnych statej* 5, 1. Minsk: Belorusskij Dom Pečati 2011, 56–60.
Tynjanov, Jurij: *Archaisty i novatory. Archaisten und Neuerer*. München: Fink, Slavische Propyläen 31 1967.
Tynjanov, Jurij: *Poėtika. Istorija literatury. Kino*. Moskva: Nauka 1977.

„in sich verschlungen sind wir manchmal redundant". Ann Cottens Spiel mit der Sprach-DNA

Claus Telge

Ist die Redewendung ein Syntagma, das wie kaum ein anderer Grundbestandteil einer Sprache seine spezifische Sprach- oder Kulturzugehörigkeit signalisiert, so ist demgegenüber das Fremdwort für sich genommen dasjenige Sprachelement, bei dem diese Eigenschaft am wenigsten vorhanden ist. Das Fremdwort verweist, gesetzt den Fall, dass es sich nicht über die Zeit im allgemeinen Sprachgebrauch ein- bzw. abgeschliffen hat – ein Schicksal, das es mit der Redewendung teilt, deren einstmalig innovative Metaphorik ebenso konventionalisiert wurde –, in seiner anatomischen Beschaffenheit (phonologisch, morphologisch, semantisch) schon immer darauf, dass es anderswo herkommt. In Abhängigkeit von der Sprachbiographie der Sprecherin/des Sprechers kommt es dabei jedoch zu grundsätzlichen Verschiebungen. Aus der Perspektive der Zweitsprache wirkt das Fremdwort genauso vertraut oder unvertraut, ja, in seiner die Einsprachigkeit transzendierenden Eigenschaft vermutlich noch vertrauter als jedwede gemeinsprachlich zementierte Wortverbindung.

In Ann Cottens Debüt *Fremdwörterbuchsonette*, verfasst in ihrer Zweitsprache, dem Deutschen, wimmelt es nur so von Phraseologismen. Aber diese erscheinen nicht gewöhnlicher oder ungewöhnlicher als die Fremdwörter, die die Sonette konstituieren. Wenn der „Induktion" ade gesagt wird,[1] dann gibt es keine Berührungsängste mehr. Jedes Fremdwort hat das Potential zur individualästhetischen Phrase. „Intermission"[2] anagrammiert sich autoreferentiell zu „N's" – für Ann (Cotten) – „Ironie-Mist"[3]. Darin bezeugt sich zugleich die mehrsprachige Poetik der Sonette, zum einen durch die Mischung von Umgangssprache und Latein, zum anderen durch die Mischung von Deutsch und Englisch,[4] Cottens Erstspra-

---

1 Ann Cotten, *Fremdwörterbuchsonette*, Frankfurt a. M. 2007a, Sonett Nr. 10 (Der Gedichtband hat keine Seitenzahlen).

2 Cotten 2007a, Sonett Nr. 11.

3 Cotten 2007a, Sonett Nr. 55.

4 Nach Thomas Borgstedts Typologie: *sonettus semiliteratus* und *sonettus bilinguis* (vgl. Thomas Borgstedt, *Topik des Sonetts. Gattungstheorie und Gattungsgeschichte*, Tübingen 2009, 201).

che, aber auch anderen Drittsprachen. Der „Ironie-Mist" permutiert sukzessive zu „Riot ce soir. O sei mein Intro Baby. Time irons sin"[5].

Der Entschluss, Fremdwörter beziehungsweise Fremdwörterbucheinträge zum Ausgangspunkt für Sonette zu nehmen, erklärt sich nicht allein aus einer subjektiven Sprachdisposition, sondern ist auch vor dem Hintergrund von Cottens Forderung an die zeitgenössische deutschsprachige Lyrik „Etwas mehr" zu sein, zu verstehen, die im gleichen Jahr wie ihr Suhrkamp-Debüt in der *Bella Triste* veröffentlicht wurde. Cotten kritisiert dort eine grassierende „Konstatierungslyrik"[6]. Gemeint sind damit erstens die tradierte Vorstellung vom Gedicht als auratischen, in sentimentaler Statik verharrenden Augenblicksspeicher und zweitens ein oftmals damit einhergehender, betulicher Beschreibungsrealismus. Das ist keine grundsätzliche Absage an die Welthaltigkeit des Gedichts als vielmehr eine Anklage der Fetischisierung der außersprachlichen Materialität zu Lasten der Poesie. Gleichwohl sucht die Dichterin das Heil nicht in der alleinigen Konzentration auf die poetische Sprache selbst:

> Es braucht die Herausforderung [...] des Außersprachlichen als Stoß vor den Kopf, ebenso wie es umgekehrt ohne das Sprachspiel mit allen Mitteln völlig aussichtslos ist, irgendeinen Zugriff auf etwas zu bekommen, das mehr oder klüger ist als was in die im Alltag etablierten etwas lügenhaften, gedankenlosen Phrasen hineingeht.[7]

Das Innere und das Äußere des Gedichts sollen sich schockartig durchdringen. Der Überschuss, der dabei entsteht, ist das ‚Etwas mehr', das Cotten einfordert.

Bemerkenswert ist daran allerdings weniger die Theorie, als deren Umsetzung. Anstatt aus einer Augenblicksevidenz entfaltet sich das Gedicht aus einem nur das Wort selbst betreffenden, sachlichen Fremdwörterbucheintrag. Dennoch handelt es sich nicht um ein deduktives Verfahren. Die „Induktion To The Blues" ist keine abgeleitete Gedankenlyrik über elektrische Ströme:

> Sein Anblick fuhr mir rasend durch die Adern.
> Mein Herzschlag horchte auf und
> wollt sich nicht entblöden,
> mich wie ein Kurzschluss haltlos
> auf die Tanzfläche strecken.[8]

Vom Tanzeindruck ausgehend – Induktion meint hier auch das Schließen vom beobachteten Phänomen auf das Allgemeine – ergeben sich gleich

[5] Cotten 2007a, Sonett Nr. 55.

[6] Ann Cotten, „Etwas mehr. Über die Prämissen und den Sinn von dem, was wir mit Wörtern anzustellen imstande sind", in: *Bella Triste* 17 (2007b), 186.

[7] Cotten 2007b, 186.

[8] Cotten 2007a, Sonett Nr. 69.

mehrere Spannungsverhältnisse: Zwischen DJ und tanzendem Ich, elektrisch erzeugtem Schall und Körper, Beats und Metrum. Das Ich lässt sich mit „Anakreontenmucke“[9] beschallen. Die Zeilen haben ihren Kopfstoß erhalten und zucken sprunghaft hin und her. Allerdings ohne sich dem Erlebnisgefühl beziehungsweise dem DJ anzubiedern: „Mein Herzschlag [...] wollt sich nicht entblöden“. Vor diesem Hintergrund scheint es nur folgerichtig, sich dazu zu entscheiden, mit dem Sonett zu experimentieren, denn es gilt nach wie vor als Idealbild der Vermittlung von Form und Inhalt im Gedicht. Nun gibt es wohl kaum eine Gattung, die derart oft vermessen, verdammt oder verabschiedet worden ist, wie das Sonett. Dass Cotten mit den *Fremdwörterbuchsonetten* einer angeblich anachronistischen Gedichtform neues Leben einhaucht, mag im Feuilleton als Aufhänger genügen, trifft aber nur bedingt zu. Aus Sicht der neueren Sonettforschung, vor allem in den Arbeiten von Erika Greber, ist ein solcher Befund generell problematisch, beruht er doch auf der noch immer vorherrschenden Vorstellung vom Sonett als Gedicht mit einer besonders ‚harten‘ und ‚strengen‘ Strophenform, über deren Abweichung oder Einhaltung sich je nachdem ein ‚reines‘ von einem ‚unreinen‘ Sonett unterscheiden lasse. Greber verwahrt sich gegen diese normative Sonett-Konzeption und liest sie gegen den Strich. Das einzige Beständige am Sonett sei schließlich das paradoxe Spiel mit der eigenen Unbeständigkeit, d. h.:

> [D]ie **Gattungs-Invariante des Sonett** ist seine **Varianz**. Diese nicht-essentialistische Bestimmung des Sonetts besagt, daß es keine Variante gibt, die als ‚eigentliche‘, ‚wahre‘ oder ‚richtige‘ Sonettform anzusehen wäre, nicht einmal eine, die als Urform gelten könnte, denn schon in statu nascendi wurde das Sonett variiert. Auch die weitere Gattungsevolution ist nicht als teleologische Bewegung von einer Urform zur ‚erfüllten‘ Hochform und dann zur ‚Verfallsform‘ zu denken, sondern als historische Akkumulation von Varianten im Gedächtnis der Gattung (im Bachtinschen Sinne).[10]

Die Gedichtform des Sonetts trägt demnach das Potential in sich, jedwede essentialistische Zuschreibung zu irritieren oder ganz aufzulösen. Gattungstheoretisch fragt Grebers Ansatz nicht primär danach, wie und ob sich eine Gattung hierarchisch klassifizieren lässt, sondern wie ein Text seine Teilhabe an einer (oder mehreren) Gattungen realisiert. So versuchen sich die *Fremdwörterbuchsonette* auch gar nicht erst an einer vermeintlich substantiellen Sonettform – weder in der Reimordnung noch im Metrum noch durch 14-Zeiligkeit, d. h. den allgemein geltenden Basiselementen des Sonetts –, die bei näherer Betrachtung ohnehin nur als eine

---

9 Cotten 2007a, Sonett Nr. 69.

10 Erika Greber, *Textile Texte. Poetologische Metaphorik und Literaturtheorie. Studien zur Tradition des Wortflechtens und der Kombinatorik*, Köln 2002a, 568 (Hervorhebung im Original).

unter vielen Gattungsvariationen beziehungsweise Gattungsrealisierungen sichtbar werden würde. Cotten folgt jener Konzeption Grebers, die das Sonett als experimentierfreudige *ars combinatoria* ausweist.[11] Alle Grundelemente eines solchen Textverfahrens kommen zur Anwendung: Reimpermutation, Zahlenproportionalität, Sprachspiel.[12] Der Band kommt wie eine Exploration des gattungseigenen Variationsreservats daher. Wer nach Versatzstücken der klassischen Sonettpoetik – zum Beispiel dem Schweif-, Doppel- oder Dialogsonett[13] – sucht, der mag fündig werden. Man sollte aber nicht den Fehler begehen, sich auf den komfortablen Aussichtsturm des Alles-Schon-Mal-Dagewesenen zu begeben und das Vorgefundene bloß typologisch durchzudeklinieren, da einem so das Gespür für die Singularität von dem, was Cotten treibt, verloren geht. „Feixen in ausgefeilten Systemen, trauern im kaputten Sonett", heißt es pointiert, im mit Bedacht formulierten Klappentext, der, abgesehen von einigen kleineren Ausfällen wie der Charakterisierung des Sonetts als toter Form, durchaus poetologisch-programmatische Züge trägt. Zwar de- und rekombinieren die *Fremdwörterbuchsonette* das Gattungsrepertoire nach Belieben, doch auch wenn Cottens Sonette augenzwinkernd von einem Metrum oder Tonfall zum anderen springen, stellen sie dabei stets eine innere Zerrissen- und Gebrochenheit aus. Gattungsvariation heißt hier auch immer Gattungstransformation – bis hin zum „kaputten Sonett". Darüber hinaus legen eine ganze Reihe von soundästhetischen Aspekten nahe, von einer Gattungsmodulatio (gemeint ist die Klangveränderung) zu sprechen. Das oben genannte „An Induktion To The Blues" beginnt mit einem Zitat von Frank Zappa, in dem er seinen Electro Wagnerian Emancipator[14] beschreibt, und in „Klangsynthese, digital" wird dem Klanggedicht (Sonett) ebenfalls ein Effektprozessor eingeschleift: Narciss und Echo entgleiten sich und ihren Stimmen im Signalweg eines Vocoders.[15] Der Text ent-

---

11 Greber 2002a, 569; 575.

12 Greber 2002a, 569. Umso mehr verwundert es da, dass Cottens Debütstreich der Sonettforschung bisher verborgen geblieben ist.

13 Wobei freilich zu klären wäre, was unter den jeweiligen Sonettformen zu verstehen sei.

14 Zappa ist von dessen Bau- und Funktionsweise, die es ihm ermöglicht, jeder einzeln gespielten Note auf der E-Gitarre einen Akkord hinzuzufügen, beindruckt, kann aber dem Klang des Geräts, den er mit dem einer Farfisa Heimorgel vergleicht, nichts abgewinnen. Somit karikiert die Anspielung auf den dünnen und hohlen Orgelton des Electro Wagnerian Emancipators vorab den ‚Clubsound', dem sich das Ich ausgesetzt sieht. Vgl. dazu Cotten 2007a, Sonett Nr. 69.

15 Seiner ursprünglichen Verwendung nach handelt es sich bei einem Vocoder – die Kurzform für *voice encoder* – um ein Gerät aus dem Bereich der Nachrichtentechnik, mit dem natürliche Sprache kodiert und elektrisch übertragen werden kann. Zu wirklicher Bekanntheit gelangt der Vocoder erst in der elektronischen Musik, wo er eingesetzt wird, um die menschliche Stimme synthetisch zu verfremden. Das prominenteste Beispiel dürften Kraftwerks „Die Roboter" sein. In

wickelt eine ganz eigene Spielart des Echo-Sonetts. Gleich die erste Zeile zergliedert den Vocoder in seine zusammengefügten semantischen Einheiten, d. h. die kodierende Aufnahmeeinheit, den Coder, und die modulare Klangsynthese zur Wiedergabe der Stimme, den Voder. Dabei wird der Begriff interlingual aufgespalten: „Wo, wo bist du, Coder, Coder, wo?“[16] Aufgenommene und wiedergegebene Stimme haben sich verloren. Allein die o-Assonanzen bezeugen ihre Bindungszugehörigkeit. Mindestens jede fünfte Seite des Buches ist illustriert, entweder mit kleineren, comicartigen Strichzeichnungen, die als Panels gerahmt sind, oder – wie in diesem Fall – mit einem Schwarzweiß-Foto, auf dem ein für den Gebrauch von Vocodern übliches Schwanenhalsmikrophon zu sehen ist. Durch Hals und Foto zieht sich ein weißer Trennstrich, gleichbedeutend mit der Trennung von Stimme und Kodierer.

Die Paronomasie („Wo“/Vo-) verdichtet nicht nur die Klangähnlichkeit zwischen den Silben, sondern auch ihre Sinnpotentiale. Dadurch, dass sich die Stimme im Vocoder selbst entäußert (zum Vo- wird), ist sie nicht mehr identisch mit sich selbst („Wo“). Sie ruft sich quasi im doppelten Sinne herbei: einerseits in Richtung der Aufnahmequelle („Coder“) und andererseits im Effektweg selbst. Am Ende der Zeile steht dann aber nicht, wie im barocken Echo-Sonett, die Antwort auf seine Frage; im Gegenteil, die Frage wird wiederholt und das Echo somit übersteuert. Zumindest was die Ursprünglichkeit angeht, scheint die Stimme die eigene Delokalisierung keineswegs zu bedauern: „warum, Coder, verzerrt dich mein Verstehen? / Ists so verzärtelt, dies Bestehen auf einander?“[17]. Dass Narciss (Coder) und Echo (Vo-) schlussendlich im binären Code nicht mehr zueinanderfinden, liegt indes in einem weiteren, dem mythischen Ausgangssignal eigenen Effekt begründet, der dem Vocoder vorgeschaltet ist, dem Echo:

> hört Echo calling Echo, calling: read me, Narciss?
> Narciss: Ich hör nur Echo. Echo: Over.

Auf das Textsubjekt wirkt das Ganze bisweilen ermüdend:

> Stecken im Hall, halten im Raum, gewiss
> meinen sies gut, doch hören schlecht. Maroder
> und immer öder schleppen nun die beiden
> die trübe Schleife und schon lange nervts[18]

Cottens Modulations-Sonett ist von einem „trockene[n], hell klappernde[n] Geräusch“ (Cotten 2007a, Sonett Nr. 53) die Rede.

16 Cotten 2007a, Sonett Nr. 53.

17 Cotten 2007a, Sonett Nr. 53.

18 Cotten 2007a, Sonett Nr. 53.

Man hat den Eindruck, als ob es sich nach einem klaren, unmittelbaren Ausgangssignal mit minimalster Verzerrung zurücksehnt.[19]

Der Aufbau der *Fremdwörterbuchsonette* verläuft nicht linear. Die 78 durchnummerierten Sonette verschrauben sich zu einer komplementär angeordneten Doppelhelix. Zudem existiert eine Art Rahmung. Das erste Sonett zur Loxodrome beschreibt eine räumliche und zeitliche Kurvenkonstante zum 78., ebenfalls ein Sonett zur Loxodrome, in dem jedoch der seltene Fall eintritt, dass diese ihre spiralförmige Bewegung auf einen Pol hin abschließt: „Und die Loxodrome trifft trunken auf, als käme sie nach Haus."[20] Sie fällt so mit jenem Meridian, an dem sie im ersten Sonett noch „Unerreichbar weilt"[21], (scheinbar) in eins.

Die biochemische Metaphorik der Doppelhelix setzt sich in der innerlogischen Struktur der Sonette fort. Als Strukturvariante der DNA, die ein äußerst flexibles Molekül ist, bilden sie eine Palindromische Sequenz. Das Palindrom tritt zum einen im strengen Sinne, also als Wort, Satzglied oder Satz, das/der vorwärts oder rückwärts gelesen vollkommene Gleichheit in Buchstabenabfolge und Bedeutung einhält, auf, wie der Titel des zweiten Sonetts zum Palindrom exemplarisch vorführt: „Die Liebe ist Sieger – rege ist sie bei Leid". Das ganze Gedicht liest sich als Gang durch dieses Palindrom:

> und setze Fuß vor Fuß der Mitte zu,
> wo man in jede Richtung bis zum Ende schauen kann.
> Dort schaue ich das Nichts, und schüttle mich, und dann
> nehm ich den ersten besten Weg und finde Ruh.
>
> Nehm ich den ersten besten Weg und finde keine Ruh,
> liegt es vielleicht am Weg, vielleicht an mir.
> Denn diesen Weg hab ich ja nur genommen,
> weil ich glaubte, er führt vielleicht zu dir.
>
> Wie aber, wenn das Ziel sich auch bewegt,
> muss man dann nicht, ums zu erreichen, stehen bleiben?
> Die Schritte, die den Vorgang weiter treiben
> werden in andren Alphabeten hingelegt.[22]

---

19 Diese kurze, im Hinblick auf das gesamte Gedicht und seinen Counterpart „Intention, digital" sicherlich auch etwas verkürzende Detailbeobachtung sei den folgenden Überlegungen zu Cottens Spielart des Sonetts vorangestellt. Zu klären wären vor allem noch die Unterschiede zwischen analoger und digitaler Klangerzeugung sowie die dissoziative Wirkung digitaler Kommunikation auf die Stimme im Allgemeinen.

20 Cotten 2007a, Sonett Nr. 78.

21 Cotten 2007a, Sonett Nr. 1.

22 Cotten 2007a, Sonett Nr. 2.

Das Ich folgt einem Weg und muss erkennen, dass es sein Ziel nicht erreichen kann, denn sobald es glaubt, angekommen zu sein, entgleitet ihm dieses wieder, so wie auch das Palindrom eine Buchstabenreihe abschreitet, die sich zu drehen beginnt und auf ihren Anfang verweist, sobald man an ihr Ende gelangt ist. Bevor ein fester, außersprachlicher Bedeutungszusammenhang entstehen kann, wird das Ich vom Du abgeschnitten und aufs „Nichts" zurückgeworfen. Das ist das Spiel, das Cottens Sonette mit der Sprach-DNA treiben.

„Wozu den Inhalt überhaupt beginnen", fragt Sonett 47, wenn dieser sich fortwährend wieder verflüchtigt, wenn „Wörter wie Wale von sich selbst verwaltet"[23] werden. Daher hat man es gerade nicht mit einer spiegelbildlichen Sequenzwiederholung zu tun, die in jedem Strang eine symmetrische Sequenz enthält, weshalb sie wesentlich leichter als eine palindromische, die eine doppelte Symmetrie aufweist, mit einem anderen Strang deckungsgleich gedreht werden kann, was eine abbildhafte Spiegelung von Sprache und Welt suggerieren würde. Demgegenüber steht die Utopie eines unabgeschlossenen Fortgangs in die Abstraktion der Sprache, bis diese selbst sinnlich und organisch, d. h. körperhaft über das Körperhafte hinausgehend, wird:

> Man sollte, wenn man ich ist, vielleicht lieber weitergehen.
>
> Um von den süßen Schmerzen abzusehen,
> die C und G und T und A verrücken,
> in sich verschlungen sind wir manchmal redundant.[24]

Das Ich geht diesen Weg der Sprachliebe[25] und wohnt ihrer innersten Bewegung bei – „abzusehen" nicht im Sinne von Abstand nehmen, sondern beobachtend von jemandem lernen, sodass sich auch darin Sprache und Ich ineinander verschlingen. Die Momente der Redundanz, der manchmaligen Überreichlichkeit, die dabei entstehen, konstituieren das Poetische, das Gedicht und seine unendliche Überdeterminiertheit.

Der gesamte Band lässt sich vorwärts und rückwärts lesen, da die Gedichtstränge von vorne und von hinten kommend sich in der Mitte überschneiden, genauer: als Doppelhelix ineinander und miteinander verschlungen sind. Der Palindrom-Begriff muss hier weiter gefasst werden. Er be-

---

23 Cotten 2007a, Sonett Nr. 47.

24 Cotten 2007a, Sonett Nr. 2.

25 Man kann das auch als poststrukturalistische Aktualisierung des petrarkistischen Liebessonetts lesen, das auch in der Liebesthematik, schon immer „tendenziell metapoetisch war" (Greber 2002a, 557).

zeichnet generell alle ästhetischen Phänomene, die die Dreh-, Wend- und Umkehrbarkeit von Schrift und Bild betreffen.[26]

Wenn es so etwas wie eine gemeinsame Grundeigenschaft der jeweils einzelnen Sonette gibt, so ist diese in der Zahlenproportionalität zu suchen. Abgesehen vom Ausreißer „Ellen Blick"[27] verdoppeln nämlich alle Sonette ihre gattungstypische Basissumme von 14 auf 28 Zeilen. Dieser Zugewinn an Komplexität ist ebenfalls Ausdruck einer überströmenden (*redundare*) Sprach- und Versästhetik. Eine typologische Annäherung über die italienische Sonettpoetik erscheint wenig aussichtsreich, zumal die ‚Verdopplung' weder nach den Strukturvorgaben des *sonettus duplex*[28], das *settenari* in *piedi* und *volte* einfügt, noch des Schweifsonetts, das zusätzliche Verse am Sonettende anfügt, erfolgt. Man kann insofern vielleicht von Doppelsonetten sprechen, weil die Zeilenverdopplung auf zwei Sonette schließen lässt, die formal und thematisch gemeinsam ein Gedicht ergeben. Doch auch innerhalb solcher Parameter wird sich keine Fremdwörterbuchsonettform bestimmen lassen, die als die ‚eigentliche' oder ‚wahre' gelten könne. Vielmehr werden die in sich selbst unveränderlich veränderlichen Ausstattungsmerkmale der Sonettgattung stets aufs Neue kombiniert – und bilden so alternative Strukturen innerhalb der Stränge der Sonetthelix. Die am häufigsten anzutreffende Anfangsformation bilden zwei Quartette. Der obligatorische Einschnitt kommt nach dem achten Vers. Danach folgt ein Sextett, gefolgt von zwei Quartetten und zwei Terzetten (1) oder einem Sextett (3); oder auf die zwei Quartette folgen vier Terzette und zwei Quartette (5) oder ein Sextett und zwei Quartette (15); oder auf zwei Anfangsquartette folgen zwei Terzette, gefolgt von vier Schlussquartetten (17) usw. Die eine Form (1) tritt zwar öfters auf als die anderen. Daran sind aber keine Ursprünglichkeitsrechte (und Pflichten) geknüpft.

Selbst die Zeilenanordnung, die noch am ehesten auf Regelmäßigkeit und Gleichheit schließen lässt – zwei Quartette und zwei Terzette, gefolgt von zwei Terzetten und zwei Quartetten – widersetzt sich jedweder Tendenz zur Normierung. Das führt Sonett Nummer fünf, „Zwei im Fallen", paradigmatisch vor. Dieses Gedicht über zwei Synchronschwimmerinnen kann man zunächst ganz allgemein als Spiegelsonett bezeichnen.

---

[26] Vgl. dazu Erika Greber, „Wendebuchstaben, Wendebilder. Palindrome der Jahrtausendwende", in: Dies. (Hg.), *Materialität und Medialität von Schrift*, Bielefeld 2002b, 132.

[27] Gemeint ist das vierte Sonett zum Fremdwort „inkommensurabel", das aus 42 Zeilen besteht und somit die vorgegebene Basissumme verdreifacht.

[28] Borgstedt gibt zu bedenken, dass es sich bei der Bezeichnung ‚Doppelsonett' (*sonettus duplex*) eigentlich um eine oft missverständlich gebrauchte Übersetzung handelt. Verdopplung meint bei Da Tempo schließlich nicht etwa die Verdopplung des gesamten Gedichts, sondern nur bestimmter Reimklänge, sodass ‚Doppelklangsonett' die treffendere Übersetzung/Bezeichnung wäre. Der von Da Tempo gebrauchte Ausdruck ‚Sonett' bezieht sich eben nicht auf „die Einheit des Gedichts […], sondern auf den einzelnen Reimklang" (Borgstedt 2009, 200–201).

Unter den ersten beiden Terzetten verläuft eine (gedachte) Achse, sodass zwei miteinander symmetrische Sonette sichtbar werden. Das Fremdwort, das den Ausgangspunkt des Textes bildet, ist „Isanabase"[29]. Eine gleichbleibende (*ísos-*) Verbindungslinie zwischen dem Aufsteigen (*anábasis*) der Schwimmerinnen aus dem Wasser lässt sich indes nicht einzeichnen: „Erhoben wurde aber, dass, / als oder wie, der beiden Mädchen Brüste / nicht gleicher Höhe sind." Dadurch erweist sich sowohl die Idee einer reinen Synchronie zwischen den „Mädchen" als auch einer reinen Symmetrie zwischen den Sonetten als illusorisch: „Und wie sie lächeln, ganz als wärn sie gleich! / Und jeder kann sie leicht doch unterscheiden!"[30] Das kann man, was die Relation der zwei Sonette zueinander betrifft, vor allem daran ablesen, dass die Endreime sich nicht an der Achse spiegeln. Natürlich spielt Cotten mit der verbindenden und trennenden Kraft des Reims, und so findet sich eben zum ABBA ABBA CCD CCD kein deckungsgleiches CCD' CCD' ABBA' ABBA'. Aus den Schlussquartetten wird ersichtlich, dass die zwei 14-Zeiler nicht nur zu sich selbst, sondern ebenso in sich selbst nicht gleichmäßig beschaffen sind:

> Gehen die Mädchen dann und hören auf
> Und sehen asymmetrisch sich im Spiegel an,
> fängt langsam hier ein Haar, dort eine Falte an
> und fröstelt sich aus der Haut hinüber,
>
> ein Achselzucken fügt sich wie die Gänsetippel
> an ihre Körperteile. Keine hebt den Blick.
> In andern Betten liegen sie den gleichen Knick.
> Ihr Körper tut, als schliefe er, da ihm vorm Morgen graut.[31]

Zum einen werden sich die Synchronschwimmerinnen ihrer Asymmetrie im Spiegelbild bewusst, zum anderen sind zwei Waisen („hinüber" und „graut") eingeflochten, die aus dem umarmenden Reim ausbrechen.

Überhaupt ist allen hier zitierten Textbeispielen gemein, dass die in ihnen auftretenden Reime in Stellung und Anzahl offen kombiniert werden. Grundlegendes dazu ist dem Sonett „Ellen Blick" zu entnehmen. Es verhandelt, ob, und wenn ja, wie etwas Abstraktes wie die Liebe in Reim, Versfüßen und Metrum gemessen werden kann und konstatiert, dass der entscheidende Aspekt bei allen drei Parametern – und das ist auf alle Sonette übertragbar – die Normabweichung ist: „doch bleibt entscheidend jener kleine Unterschied, / der Fehler, wenn ihr wollt, bestellt zur Streit-

---

29 Cotten 2007a, Sonett Nr. 5.

30 Cotten 2007a, Sonett Nr. 5.

31 Cotten 2007a, Sonett Nr. 5.

barkeit“[32]; und weiter heißt es: „Versfüße ufern aus in Müdigkeit […] und metrisch messend haben sich zu viele schon vertan.“[33]

Das Comicpanel zu „Zwei im Fallen“ zeigt die zwei „Mädchen“ beim Kopfstand unter Wasser. Zu sehen sind nur ihre ungleichen Beine in schiefer Symmetrie und die ungleichen Ansätze ihrer Unterkörper, die unterschiedlich weit aus dem Wasser ragen. Metapoetisch reflektiert die Szene mit, dass es eben nicht darum geht, dass sich die Sonette auf sich selbst abbilden lassen, um auf diese Weise ihre eigene und einzige Wesenhaftigkeit zu bezeugen. Die ‚Spiegelachse‘ ist eher als Rotationsachse zu denken, um die sich die vorgegebene Zeilenordnung auf den Kopf dreht, sodass Quartette auf Terzette folgen können. Wieder wird deutlich, wie beweglich die Struktur der Fremdwörterbuchsonette ist: Sie schöpft ihr Inventionspotential daraus, dass sie sich drehen, wenden und umkehren kann.

Die komplementäre Beziehung, die die Sonette auf der Gesamttextebene eingehen, unterliegt ebenfalls den Prinzipien einer reversiblen Schreibweise, die dem Palindrom nicht unverwandt ist, und zwar der Palinodie, die, oft parodistische Züge tragend, eine ihr vorangegangene schriftsprachliche Äußerung widerruft, sodass diese nicht in fester Abgeschlossenheit verbleiben kann, sondern wieder neu aufgerollt wird. In der Mitte von Cottens Gedichtband finden sich beispielsweise zwei Einhorn-Phantasien, die eine Songzeile der Anti-Folk Ikone Daniel Johnston variieren.[34] Sonett Nummer 39, „Voice over Daniel Johnston“, macht den Anfang: *„My voice is a little horse running / into the deep woods*“[35]. In Sonett Nummer 40, „Übertön *crackle*“, verlässt die Stimme den Wald hingegen: *„From the deep woods emerging, / my voice coughs twigs and sticks*“[36]. Besonders prägnant ist, wie Form und Inhalt der Oberflächenübersetzung von Shakespeares 18. Sonett, „Begriff“[37], im Sonett Nummer 60, „Ingeniös, begriffen“, ins Gegenteil verkehrt werden. Aus „Darf ich den Sommertag mit dir vergleichen?“[38] wird „Ist alles kalt und brüchig. / […] Die Luft besteht aus Kanten, / Winter aus seinen Rändern.“[39]

Der Durchnummerierung folgend ist die Palinodie des Palindrom-Sonetts Sonett Nummer 77 zum Autodrom. Es trägt den Titel: „Beim Beschleunigen flattert dein Revers“. Zirkuliert das Ich im zweiten Sonett staunend durch die Sprache, empfängt es nun einen außersprachlichen Kopfstoß: In einem Ansturm von *coming-of-age* Befindlichkeit – die

---

32 Cotten 2007a, Sonett Nr. 4.

33 Cotten 2007a, Sonett Nr. 4.

34 Der Titel des Songs ist „My Yoke is Heavy“. Er befindet sich auf dem Album *Don't Be Scared* (1982).

35 Cotten 2007a, Sonett Nr. 39 (Hervorhebung im Original).

36 Cotten 2007a, Sonett Nr. 40 (Hervorhebung im Original).

37 Eine detaillierte Einzelanalyse dieses Texts ist in Arbeit.

38 Cotten 2007a, Sonett Nr. 19.

39 Cotten 2007a, Sonett Nr. 60.

Fremdwörterbuchsonette sind voll von Adoleszenzmomenten, die symptomatisch für die Individuation in die eigene poetische Sprache sind, – ‚rast' es im Autodrom:

> Man rempelt unsren Käfig, Baby! steig aufs Gas!
> Lass flapsen die leitende Feder übers Netz,
> renn uns so schnell es geht gegen den Bord
> und küss mich. This is as good as it gets.[40]

Es ist sogar anzunehmen, dass es sich um einen endemischen Text der Autorin handelt, denn wenn Autodrom[41] gefahren wird und „gleißend Licht" die „Kassahütte" erreicht, sind das Volksfest beziehungsweise der Prater nicht weit.

Allerdings bezieht der Augenblick seine Spannung nicht allein aus sich heraus, sondern auch aus einem stromleitenden Gitternetz. Solche Netz- und Gewebestrukturen umspannen die gesamten Fremdwörterbuchsonette. Grebers Gattungsbestimmung umfasst zwei Aspekte: einerseits, wie bereits erwähnt, die Konzeption des Sonetts als autoreflexive Gattung der *ars combinatoria* und andererseits – und darauf verweist die Oberleitung des Autodroms – als metapoetisches Wortweben und Wortflechten[42]. Abschließend ziert das Sonett eine Zeichnung, die das „[F]lapsen" der „Feder übers Netz" nochmal in den Fokus nimmt. Das „[F]lapsen" entfaltet eine poetologisch aufgeladene Sprachkomik. Die Aufforderung, flapsig zu reden, ist eine zwischensprachliche Konjugation, denn „flap" bedeutet im Englischen „flattern", das im Deutschen eine weitere, noch nähere klangliche Entsprechung im lautmalerischen „flappen" – einem klatschenden Stoffgeräusch (zum Beispiel Segeltuch im Wind) – erfährt, womit die Zeile sich an den Titel – „Beim Beschleunigen flattert dein Revers" – zurückbindet.[43] Es ist so, als ob das „[F]lapsen" nicht nur die Intensität des Augenblicks poetisierend einfängt, sondern ihm auch klanglich enteilt, um aufzuzeigen, dass dieser erst mit und aus der Sprache im Gedicht in die Welt kommt. Die metapoetische Selbstreflexion bildet somit einen vitalen Gegenpol zum resignativen Versöhnungskuss mit den Umständen.

Dennoch zielen die auftauchenden Befindlichkeitsmomente tatsächlich auf eine außersprachliche Wirklichkeit ab; und darin unterscheiden sie

---

40 Cotten 2007a, Sonett Nr. 77.

41 In der Übersetzung vom ‚Österreichischen Deutsch' ins ‚bundesdeutsche Hochdeutsch': Autoskooter.

42 Greber 2002a, 554.

43 So erklärt sich im Übrigen auch das Auftreten des Bords eines Schiffes in der nächsten Zeile. Eine zusätzliche (Assonanz-)Aufladung geschieht vorab im vorletzten Quartett durch den Erfinder der elektromagnetischen Induktion: „Sag, sprachst du von [Michael] Faraday? / Fahr, sagst du, fahr" (Cotten 2007a, Sonett Nr. 77).

sich von einem Großteil der rein selbstbezüglichen Wortflechtereien. Nur misstrauen Cottens Sonette eben einer unmittelbaren, transparenten Weltzugänglichkeit. Die „Welt", so Derrida, ist „ein durchgängiges Kryptogramm, das mit Hilfe einer Einschreibung oder einer poetischen Entzifferung konstituiert werden muss"[44]. Palindrom und Palinodie sind solche poetischen Entzifferungen, gerade weil aus ihnen keine Sinnpotentiale hervorgehen, die ein einheitlich fixierbares Wesen haben, nichts anderes meint ja der Begriff der *différance*. Im Sprachspiel als Verfahren der Weltentzifferung, so die Konzeption dieser Dichtung, ist „Alles [...] deutlich konkreter als du jemals empfinden kannst"[45].

Die organische Metaphorik der palindromischen Sequenz signalisiert einen hybriden Prozess zwischen Sprache und Leben. Am deutlichsten zeigt sich dies an einem weiteren, grundlegenden Stoff des Wortgewebes der *Fremdwörterbuchsonette*, nämlich dem Haar beziehungsweise der Frisur. Das Anagrammieren im genannten „N's Ironie-Mist" ist wie „Haarezwirbeln"[46]. „Plastik, Slapstick" – wieder so ein interlinguales Anagramm – ist sicher ein in der deutschsprachigen Lyrik einmaliger Text über das Hair-/Sonettstyling:

> I like your hair that way
> und mögen ist etwas wie Zuckerwasser.
> Am Gel steht: Kurze Zeit manipulierbar.
> Why don't you wear it that way every day?
>
> Liebe ist manipulierbar, Mögen aber
> verhärtet sich zu glitzernd klarem Tand.
> Der Reiz versetzt mich bis an meinen Rand:
> Natur gefällst du mir, künstlich noch besser.[47]

Sich die Haare machen ist ein *guilty pleasure*, das die Lust am Sonettweben um seiner selbst willen verkörpert/zelebriert – und das Ergebnis „verhärtet sich zu glitzernd klarem Tand". Zugleich wohnt diesem textuellen Flächengebilde eine starke physische Präsenz inne: Umgekehrte (Sprach-)DNA-Sequenzwiederholungen sind in der Lage, Haarnadelstrukturen auszubilden. Cottens Form und Formbewusstsein geht über den Gedichtrand hinaus, sodass sich die organische Verbindungsfähigkeit der Sonette bis in die paratextuelle Inszenierungspraktik der Autorin hinein erstreckt. Ihr Debüt-Band enthält ein ganzseitiges Portraitfoto, auf dem sie einen *sidecut*[48] trägt,

---

44 Jacques Derrida, *Die Schrift und die Differenz*, Frankfurt a. M. 1989, 118.

45 Cotten 2007a, Sonett Nr. 47. Das Sonett trägt den programmatischen Titel: „Inhalt, teleologisch".

46 Cotten 2007a, Sonett Nr. 55.

47 Cotten 2007a, Sonett Nr. 59.

48 Im Gegensatz zum *undercut*, bei dem die Haare an der Unterseite kurz und das Deckhaar lang getragen werden, wird beim *sidecut* das Haar nur einseitig gekürzt

in dessen schwunghaft-asymmetrischer Textur sich die Gewebemetaphorik der *Fremdwörterbuchsonette* manifestiert.

Mit der poetologischen Betrachtung von Sonetten als biochemischem Sprachgewebe bringt Ann Cotten außerdem ein autobiographisches Moment in ihre literarische Arbeit hinein. Nicht nur sind beide Elternteile Biologen und der Webstuhl der Mutter fester Bestandteil der familiären Wohnumgebung,[49] die Ortswechsel der Familie haben auch einen erheblichen Einfluss auf Cottens Sprachbiographie. All das transformiert sich in der Semantik der Sonettform zu einer weitestgehenden Abstraktion seiner selbst. Dahinter verbirgt sich zwar ein Begehren nach einem unmittelbaren Welt- und Erkenntnisbezug. Doch wird dieses eben zugleich unterlaufen, indem die Unfixierbarkeit des Außersprachlichen in seiner reversiblen Zeichenhaftigkeit ausgestellt wird, allerdings nur, um sich der Wirklichkeit drehend und wendend unendlich anzunähern – und um Fremd- und Eigenwörter spielerisch permutieren zu lassen.

Bibliographie

Borgstedt, Thomas: *Topik des Sonetts. Gattungstheorie und Gattungsgeschichte*. Tübingen: Niemeyer 2009.

Cotten, Ann: *Fremdwörterbuchsonette*. Frankfurt a. M.: Suhrkamp 2007a.

Cotten, Ann: „Etwas mehr. Über die Prämissen und den Sinn von dem, was wir mit Wörtern anzustellen imstande sind“. In: *Bella Triste* 17 (2007b), 177–187.

Derrida, Jacques: *Die Schrift und die Differenz*, Übers. von Rodolphe Gasché. Frankfurt a. M.: Suhrkamp 1972. 4. Aufl. 1989.

Greber, Erika: *Textile Texte. Poetologische Metaphorik und Literaturtheorie. Studien zur Tradition des Wortflechtens und der Kombinatorik*. Köln: Böhlau 2002a.

Greber, Erika: „Wendebuchstaben, Wendebilder. Palindrome der Jahrtausendwende“. In: Dies. (Hg.): *Materialität und Medialität von Schrift*. Bielefeld: Aisthesis 2002b, 131–151.

beziehungsweise rasiert und der Rest der Haare lang gelassen. Die Haare werden dann entweder mit oder gegen den *sidecut* getragen (bei Cotten mit).

49 Laut Auskunft von Ann Cotten hat ihre Mutter ihr auch das Weben beigebracht.

Topographien

Orts-Kreuzungen. Transkulturelle Aspekte in der Lyrik von Uljana Wolf

Anja Burghardt

Unter dem Titel „Vielleicht sollte man das Konzept Ort abschaffen“ führten Uljana Wolf und Jan Kuhlbrodt ein Gespräch für den *poetenladen*. Hier erzählte Uljana Wolf, sie sei in den letzten Wochen

> [...] in Berlin, Malmö, New York, Oslo und Los Angeles (gewesen): halb Leben, halb Lesen, das macht es nicht einfacher, über Orte zu schreiben, zu denken, man muss sich erst einmal verhalten, festhalten, da kommen einem die Orte dazwischen, oder kommt man zwischen die Räder.[1]

Es sei wichtig, ein Verhältnis zu einem Ort zu finden. In der folgenden – man könnte sagen – ‚Orts-Typologie‘ nennt sie vor den „Joborten“ und „Leseorten“ „Leerorte“, wie Los Angeles. Ein Ort, der nicht in seinem Namen zu finden ist:[2] eine Leerstelle – und die verwandelt sie dann in „Orte para leer“, spanisch gelesen: „Orte para leer“, also Leseorte. Die Orte können sich demnach wandeln. Dieser gleichzeitigen Annäherung an einen Ort und der Konstatierung von dessen Nicht-Bestimmbarkeit möchte ich in der Darstellung von Orten und Räumen vor allem in Uljana Wolfs erstem Gedichtband *kochanie ich habe brot gekauft* (2005) nachgehen.

Dafür werde ich zuerst das titelgebende Gedicht vorstellen, das ich in manchen Hinsichten als programmatisch für den Band lese. Auf einige Anmerkungen zum Aufbau des Bandes folgt eine Diskussion von Übergangsräumen, Raum-Überlagerungen und schließlich der Wechselwirkung von Raum und Person. Wie ich aufzeigen möchte, finden sich in den Gedichten etliche Verschiebungen und Überlagerungen von Räumen. Unter

---

1 Uljana Wolf, Gespräch mit Jan Kuhlbrodt für den poetenladen. „Vielleicht sollte man das Konzept Ort abschaffen.“, in: *poet nr. 10*, poetenladen 2011, http://www.poetenladen.de/jan-kuhlbrodt-uljana-wolf.htm (07.07.2015).

2 Auf die spanische Bedeutung spielt sie im Weiteren mit dem Verweis auf Engel an. Allerdings ist die Tatsache der Leere der Stadt, die Tatsache, dass ihr Name und ihre Gestalt wenig zu tun haben mit dem „Hierjetzt“ der Schreibenden, nicht auf die Wortverbindungen beschränkt (vgl. Wolf 2011).

dem Blickwinkel der Transkulturalität verhandelt Uljana Wolf in diesen Gedichten die Begegnung mit einer anderen Sprache, mit ungekannten Regionen bzw. allgemein das Unterwegssein als ein Erleben oder Empfinden, bei dem die entsprechenden Orte und Räume überhaupt erst Gestalt gewinnen. Der Verortung kann dabei vieles dienen, wie in *kochanie* deutlich wird. Wie ich aufzeigen möchte, werden die Räume nicht mit Spezifika einer Geographie oder einer Kultur ausgestaltet, vielmehr wird die Erfahrung der Fremde aufgezeigt. Diese Gedichte sind insofern transkulturell, als sie keine national(staatlich) begründeten Differenzen zwischen Kulturen entwerfen, zwischen denen es erst zu vermitteln gilt.[3]

Zunächst zu der im Titel verwendeten Anrede: Das polnische ‚kochanie' bedeutet so viel wie ‚Geliebte/Geliebter'; hier ist es im Plural verwendet (so auch die Anmerkung), es bedeutet in der Anrede auch so viel wie ‚Liebling', ‚Schatz'. Der 2005 veröffentlichte Band wurde teilweise in Krzyzowa (Kreisau) geschrieben.[4]

kochanie ich habe brot gekauft

so bildet die fremde
gespräche aus

ich erkenne sie
mit warmem rücken

mit geschlossenen augen
in einem doppelbett

noch immer ohne muster
ohne richtige antwort

---

3 Wie beispielsweise Stuart Hall anführt, dürften anstelle einer „uniformen homogenen Weltkultur" vielmehr global wie lokal neue Identifikationen als mögliches Ergebnis der Globalisierung und der wechselseitigen Durchdringung von Politischem, Sozialem, Ökonomischem und Kulturellem entstehen (vgl. Stuart Hall, „Die Zentralität von Kultur. Anmerkungen über die kulturelle Revolution unserer Zeit", in: Andreas Hepp / Martin Löffelholz (Hg.), *Grundlegende Texte zur transkulturellen Kommunikation*, Stuttgart 2002, 97). Ähnlich führt Klaus Lösch zur Erfassung der komplexen kulturellen Phänomene, die sich nicht in die binäre Oppositionsstruktur von Alterität und Identität fassen lassen, das Konzept der Transdifferenz ein. Damit werden „Momente beschreibbar, in denen Differenz vorübergehend instabil wird", sich allerdings weder aufgrund einer Synthese noch durch die Dekonstruktion von Differenz auflöst (Klaus Lösch, „Begriff und Phänomen der Transdifferenz: Zur Infragestellung binärer Differenzkonstrukte", in: Lars Allolio-Näcke et al. (Hg.), *Differenzen anders denken. Bausteine zu einer Kulturtheorie der Transdifferenz*, Frankfurt a. M./New York 2005, 43).

4 Uljana Wolf verbrachte dort drei Monate als Mercato-Berghaus Stipendiatin.

nur die gewöhnug
an berg und tal

wie sich was
zu hälften fügt

auf einer übersetzbaren
matratze

Die Fremde ist hier dargestellt als ein bestimmter Zustand: Orientierungslos macht sie, eben darin zeigt sie sich: „ich erkenne sie [...] mit geschlossenen augen [...] noch immer ohne muster / ohne richtige antwort". Dabei impliziert ‚richtig' auch die Auflösung von Normen, also nicht nur das Fehlen von den – explizit benannten – Mustern und der Gewöhnung. Offenbar ist es allerdings möglich, sich an die Fremde zu gewöhnen, wobei die Versfolge nahelegt, dass das mit bekannten Dingen beginnt, nämlich erst einmal mit „berg und tal". Das derart Vertraute oder eben ‚Gewohnte' ist der Ausgangspunkt für das Übersetzen. Allerdings geht dies nicht mit einer Aneignung einher, sondern die Fremde bleibt dabei bestehen. Man beginnt sich daran zu gewöhnen, „wie sich was / zu hälften fügt". Und das ermöglicht dann offenbar die Übersetzung – wohl gemerkt auf einer übersetzbaren Matratze: ein ganz konkreter, aber ein denkbar unbestimmter Ort.

Die Fremde ist auch sprachlich bestimmt. In dem Gedicht wird das allein mit dem Titel deutlich. Ohne Polnischkenntnisse bzw. die entsprechende Anmerkung im Buch bleibt „kochanie", wenn auch syntaktisch als Anrede markiert, ein unbekannter Name. In dem Gedicht ist es jedoch nicht so sehr die Unverständlichkeit, die die sprachliche Dimension der Fremde ausmacht („kochanie" scheint einfach selbstverständlich), sondern ihr Potenzial, Gespräche zu veranlassen oder auch zu formen. Die Fremde, die andere Sprache kann über eine zugrundeliegende Sprachen-Mischung die Wortwahl gestalten. Das zeigt ein anderes Gedicht, nämlich „legnica północna": Eigentlich wäre es mit ‚nördliches' oder ‚mitternächtliches Legnica' zu übersetzen. Das Wort ‚północ', das die Himmelsrichtung Norden bezeichnet und auch ‚Mitternacht' bedeutet, lässt sich – quasi als Kompositum betrachtet – auch mit ‚Halb-Nacht' übersetzen, so dass sich auch ‚halb-nächtiges Legnica' lesen lässt. Diese Bedeutung evoziert der erste Vers: „legnica deine richtung spricht sich: nacht halbnacht". Wenn Wolf hier die inhärenten Bedeutungen einzelner Wortbestandteile anführt, so eröffnet die andere Sprache neue Inhalte, und zwar sowohl in der Muttersprache als auch in der später erlernten Sprache.[5] Weiters führt

5 In dem Band *kochanie* nutzt einzig dieses Gedicht eine solche Überlagerung zweier Sprachen. In den späteren Bänden wird dieses Verfahren tragend für viele Texte, insbesondere in *falsche freunde* (2009), in dessen Titel es sich bereits spiegelt.

die Fremde nicht selten zu einem Gespräch über Bedeutungen, über Redeweisen, was hier anklingt in den fehlenden Mustern für eine Konversation.

Der Ort oder Raum, den dieses Gedicht explizit nennt, ist das Doppelbett, die Matratze. Vermutlich liegt sie in einem Zimmer, einer Wohnung, aber genannt ist das nicht. Als Aufenthaltsort wird somit ein Zustand beschrieben, dem fast etwas Freischwebendes zukommt. Allerdings (oder gerade deshalb?) hält sich das lyrische Subjekt sehr konkret an das Vertraute: die Matratze. Und eben im Doppelbett liegt die Sprecherin[6] – vermutlich wohlig, wenn es heißt „mit warmem Rücken" und die Anrede im Titel die Gegenwart eines geliebten Menschen suggeriert. Mit Matratze und Doppelbett ist ein Motiv angesprochen, das den Band durchzieht: Der Schlaf, und der ist eng verbunden mit Vergessen, mit dem Verlust der Identität – und zwar, wie ich für den „aufwachraum i" zeigen möchte, mit einem positiven, angenehmen Verlust des Gefühls der eigenen Identität.

Vor dem Hintergrund von Reise-Texten, die manche Zyklen des Bandes anklingen lassen, ist die Art der Wahrnehmung der Fremde signifikant: Üblich ist es, dass unbekannte Regionen zumindest skizziert werden oder Aspekte der anderen Kultur in Motiven, in Phänomenen, Gegenständen und Szenen aufscheinen. Hier jedoch gibt es nichts von alldem. Vielmehr ist die Sprecherin zwar wach, ihre Augen sind aber noch geschlossen, die Wahrnehmungen beschränken sich also auf Akustisches und den Tastsinn. Die körperliche Empfindung wird dadurch hervorgehoben. In dem – noch schläfrigen? – Daliegen wird das Doppelbett als ein „aufwachraum" entworfen, um den Titel eines vorangegangenen Gedichtpaars aufzugreifen. Es ist ein Empfinden, ein Zustand, was die Fremde ausmacht. Ähnlich programmatisch wie ein solches Fehlen der Eindrücke einer konkreten Landschaft, Stadt oder von Personen ist die Bemerkung über die Gewöhnung. Auch hier bleibt unklar, woran sich die Sprecherin eigentlich gewöhnt (oder nicht).

Die bereits erwähnte paarige Struktur, die mit der „übersetzbare[n] / matratze", dem „doppelbett" und „wie sich was / zu hälften fügt" in *kochanie* angesprochen wird, ist insofern für die in diesem Band versammelten Gedichte programmatisch, als die Doppelung ein häufiges Kompositionsprinzip für die Abfolge der Gedichte zu beschreiben scheint: Immer wieder folgen zwei einander in der Motivik recht ähnliche, aber durchaus widersprüchliche (oder zumindest deutlich divergierende) Gedichte aufeinander. Zunächst soll zur Verdeutlichung dessen der Gedichtband insgesamt kurz vorgestellt werden. Er beginnt mit dem Motto „What's your

6 Explizit weiblich ist das lyrische Subjekt in „gästezimmer". Dass es sich beim lyrischen Subjekt auch in allen anderen Gedichten um eine Frau handelt, legt die Gesamtkonzeption des Bandes nahe. Denn immer wieder ist explizit eine Chronologie gegeben, auch wenn sich nicht jedes einzelne Gedicht in eine chronologische Ordnung reiht. Zudem spricht die enge motivische Verknüpfung der Gedichte in dem Band dafür, dieselbe Sprecherin anzunehmen.

name when you're at home?", einem Zitat des Journalisten, Kritikers und Dramenautors Tom Stoppard, eigentlich: Tomáš Straussler.[7] Geboren wurde er in der Tschechoslowakei, 1939 floh die Familie nach Singapur, von wo aus seine Mutter mit den Kindern nach Indien evakuiert wurde, ehe sie 1946 nach England emigrierte, wo er aufwuchs.[8] Als Motto ist diese Frage gänzlich losgelöst von einem Kommunikationszusammenhang, so dass „home" sowohl ein anderes Land als auch die eigene Wohnung aufruft. Betont werden so divergierende Namensgebungen je nach Land bzw. Sprache (oder eben auch die Wahl eines anderen, vermutlich unauffälligen Namens) und die Identität[9] zu Hause im Gegensatz zu der an anderen Orten. Das Motto verknüpft also Ort und Identität, wobei im Lauf der Gedichte diese Verbindung auf vielfältige Weise durchgespielt wird, oft auch nur aufscheint.

Die Gedichte sind in vier Abschnitte gegliedert, in denen es teilweise längere Zyklen, zudem Einzelgedichte und mehrere Gedichtpaare gibt, wobei die häufige Nennung von Orten oder Räumen im Titel auffällt: Neben den bereits erwähnten Orten, also Legnica, die Fremde, Matratze, Doppelbett und Aufwachraum, ist ein Gedicht mit „deutsches literaturarchiv marbach" betitelt, ein ganzer Abschnitt trägt den Titel „flurstücke" (wobei „Flur" sowohl als Landschaftsbezeichnung zu verstehen ist als auch als „Korridor") und eine ganze Reihe von Ortsnamen. Auf die Flurstücke werde ich allerdings nicht weiter eingehen. Vor allem über Shakespeares römische Tragödie *Titus Andronicus* wird hier Gewalt eingeführt, die über die vier Gedichte des Zyklus „wald herr schafft" den schmalen Band mit prägt; weitere Themen, die in den folgenden Ausführungen ebenfalls nicht genauer berücksichtigt werden, sind Märchenmotive, die Zentralität der Liebe und stellenweise Erotik. Aufgrund der insgesamt dichten Motiv-Verknüpfung in *kochanie* sind diese Aspekte allerdings eingebunden und lassen sich vor dem Hintergrund der verschiedenen Dopplungsfiguren als weitere Facetten oder als Gegenbilder zu den Gedichten lesen, die im Folgenden näher betrachtet werden. Eine weitere Zweierstruktur stellen die vielen Verspaare oder Distichen dar, wenn in ihnen auch selten eine direkte Gegenüberstellung erfolgt.

kochanie ist der einzige Gedichtband, in dem das Polnische eine offensichtliche Rolle spielt. In *falsche freunde* (2009) und *meine schönste lengevitch* (2013) ist dagegen vor allem das Englische (bzw. Amerikanische) als andere Sprache präsent. Die Raumgesaltung in *kochanie*, die Umgangsweise mit der Sprache, ihre Verbindungen und Übersetzungen und letzt-

---

7 Dabei handelt es sich um ein Zitat aus seinem Drama und Film *Rosencrantz and Guildenstern are dead* (1966/1991).

8 Paul Delaney, „Chronology", in: Katherine E. Kelly (Hg.), *Cambridge Companion to Tom Stoppard*, Cambridge u. a. 2001, 1–9.

9 Identität ist eng mit dem Eigennamen verbunden, da er als ein Zeichen gelesen werden kann, das die Individualität eines Menschen deutlich macht.

lich die Brücke zum Raum sind in diesem Band durchaus anders als in den beiden späteren, in denen sprachliche Überlagerungen neue Räume regelrecht hervorbringen.[10] Im Folgenden stehen die Durchfahrtsorte und Übergangsräume im Mittelpunkt, wobei ich die durchreisten Räume als Bilder transkultureller Erfahrungen lese.

Der jeweils erste Vers der Gedichte „aufwachraum i" und „aufwachraum ii" zeigt bereits, wie die beiden gegeneinander ausgespielt werden: „ach wär ich nur im aufwachraum geblieben" steht einem „ach wär ich nie im aufwachraum gewesen" gegenüber. Die Atmosphäre dieser beiden Zwischenräume divergiert dementsprechend deutlich: Der erste Aufwachraum ist ein Ort des wohligen Vergessens. „Traumverloren" und – das wird im vierten Verspaar deutlich: noch – schmerzlos liegt die Sprecherin zwischen anderen unter Gleichen. Eine Schafherde sind sie, rundum scheint alles Weiß und es ist der „postnarkotische" Zustand, der die Personen einander gleichmacht: „und wäre keine grenze da [...] die uns erschließen könnte // aus der tiefe [...] blieben wir ganz nah bei diesem // ich von andern schafen kaum zu unterscheiden" (5.–6. Distichon). Sie „weiden neben sich", was das Nicht-bei-Sinnen-Sein unterstreicht. Der zweite Aufwachraum hingegen ist eher ein Ort des Schreckens: Die geschilderte Taubheit hat nichts von der angenehmen Fühllosigkeit und dem schafherdenartigen Identitätsverlust. Stattdessen bestimmt das Gefühl des Gefangenseins die Verse: „neben andern barken angebunden" im „klammen schlafkanal" (2. Distichon). Das lyrische Subjekt befindet sich an einem Ort, der von einem finsteren Strafgericht bestimmt ist: „in den schleusen sanitäres fegewasser das // dich tropfenweise [...] ernährt" (5. Distichon). Mit dieser großartig-eigenen Form des Fegefeuers gleicht die Szenerie der Hölle. Sind schon diese Räume, in denen man nach einer

10 Die Differenzen zwischen *kochanie* und den beiden späteren Bänden können hier nur angedeutet werden. Auffällig ist der andere Umgang mit Prätexten: An die Stelle konkreter Zitate sind in den beiden späteren Gedichtsammlungen Auflistungen am Ende des Bandes getreten, auf welche Autorinnen und Autoren in den verschiedenen Abschnitten Bezug genommen wird. Eine Ausnahme davon ist in *meine schönste lengevitch* allerdings der Abschnitt „mittens", dem als Motto einige Worte von Nelly Sach vorangestellt sind: „Anstelle von Heimat / halte ich die Verwandlungen der Welt –". Vor allem in *falsche freunde* werden außerdem Sprache und Raum einander weiter und weitgehender angenähert, als das in *kochanie* der Fall ist. Beispielsweise heißt es in dem Gedicht „look on my card": „wir wollten über diesen satz wie eine stadt uns beugen, punkt erzeugen, mundraum, traum vom hören, oder sagen: hier in diesem netz aus zungen, ist ein weg gelungen, ein versehen, verstehen." (85) Auch die Klanglichkeit, die in *meine schönste lengevitch* v. a. im Abschnitt „babeltrack" eine zentrale Rolle für die Assoziationsketten spielt, kommt in *kochanie* kaum zum Tragen. Das Gedicht „übersetzen" in *kochanie* ließe sich als Vorwegnahme der späteren Verschränkung von Sprache und Raum bzw. der Öffnung ganz neuer Räume über die Sprachen-Überlagerungen lesen, wenn hier von dem „kleinen grenzverkehr / holprig unter zungen" (46) die Rede ist.

Operation liegt, ein Bereich des Übergangs, so wird das Transitorische noch durch die Wahl des Tempus der Vergangenheit im ersten Vers betont. Über den Irrealis wird zugleich auf den jetzigen Zustand und Ort verwiesen, der sich allerdings nur vage bestimmten lässt, und zwar in erster Linie als eine Zustandsbeschreibung, die in der Bildlichkeit ebenfalls körperlich geprägt ist.

Ein anderer Übergangsraum ist das Gästezimmer. Geht man von der Funktion des realen Orts aus, so ist es ein Raum, der vorübergehend bewohnt wird. Zunächst einige Beobachtungen zu dem ersten Gedicht des Bandes, „die verschiebung des mundes", in dem Uljana Wolf eine Überlagerung vornimmt, die in „gästezimmer" wieder zum Tragen kommt. Die Verschiebung des Mundes wird vom lyrischen Subjekt beobachtet: Zu einer Aufwachstunde (hier: vier uhr morgens – in der Uhrzeit ist bereits das Motiv des Aufwachens gegeben) sieht es die Verlagerung von der Tür des Hauses in den Himmel, der „seinen rachen [öffnet]": Sichtbar ist ein Lichtstreifen, „ein hellblau [...] über den dunkel gespannten / zungenbögen der wälder // aus dem dunstigen mund / entspinnt sich [...] lang anhaltender atem". Dieser Lichtstreifen „[spricht] über / die wimpern des schlafenden / dahin". Neben einer engen Verbindung von Mitteilung und Sehen werden hier also über das Motiv des Mundes Haus und Landschaft miteinander überlagert. Beides erhält damit eine Mitteilungsfähigkeit. Das Sprechen ist – abgesehen von einem explizit erwähnten „über etwas dahinsprechen" – vor allem in den Mund-, Gaumen- und Zungen-Motiven angelegt, die in diesem ersten Gedicht des Bandes eingeführt und dann verschiedentlich aufgegriffen werden.[11]

Auch in „gästezimmer" gibt es eine Verschiebung des Mundes, und zwar des Mund-Innenraums. So heißt es, dass „sich stufe um stufe / der gast einschleicht // in unseren mund" (4.–5. Vers). Der Mund-Innenraum scheint sich zu verändern, was er ja tatsächlich mit der anderen Phonetik einer Sprache und der entsprechend anderen Zungenbewegung auch tut, aber natürlich auch die benutzten Worte ändern sich (im Polnischen bedeutet ‚język' sowohl ‚Zunge' als auch ‚Sprache'). Wenn der Gast „sich strophe für strophe [...] besser auskennt" so wird also die andere Sprache heimisch – im Sprechen wie auch in der Lexik. Allerdings ist die Sprache der Akteur, nicht das lyrische Subjekt.

---

[11] In dem Eingangsgedicht ist über die bereits zitierten Verse hinaus von „lippen" die Rede, die „gaumenzapfen" werden erwähnt, beispielsweiseweise beginnen das dritte und sechste der flurstücke mit „meine münder" (19, 22), die auch im siebten genannt sind (23), in „kinderlied" ist in Verbindung mit Gesang und Trompeten von „kehlen" und „lippen" die Rede, oder in „reisende" gibt es „an den weichen / geschiente küsse" (45).

Das Motto zu „gästezimmer", „die Welt ist so klein / die Welt hat nur zwei Etagen",[12] mag zuerst eine Enge evozieren, zumal der erste Vers mit „schließ" beginnt, wenn sich das auch als ein Einschließen ins Gebet herausstellt. Die intertextuelle Dimension bringt dann aber im Gegenteil eine Erweiterung mit sich. In Halina Poświatowskas Gedicht schleppt sich die kranke Sprecherin – gefolgt von der Ewigkeit, als Bild des unausweichlich herannahenden Todes – die Treppe hinauf, in das zweite Stockwerk, wo der Geliebte sein Zimmer hat. Am Ende von Poświatowskas Gedicht weitet sich der Blick auf „die Welt mit ihren kreisenden Sternen" („z krążącymi gwiazdami świat"). Auch in Uljana Wolfs Gedicht findet eine Ausdehnung statt, wenn die Sprecherin sich über die Stimme in die andere Sprache „einschließen" lassen möchte: „schließ mich ein liebe / wohin sich die frauen schließen / wohin die frauen sprechen" (4. Strophe). In der Adressierung an die andere Dichterin ist auch ein Hinausgehen formuliert – man könnte sagen: das Eingehen in eine (erweiternde) andere (Sprach-)Gemeinschaft und letztlich eine andere Literatur.

Übergangsräume prägen den Zyklus „schliefen die öfen". Er besteht aus fünf Gedichten, die neben der entsprechenden Ziffer einen Ortsnamen haben (berlin – glauchau – malczyce/maltsch und legnica/liegnitz), mit Ausnahme des vierten Gedichts, dem ein Motto von Wolfang Koeppen vorangestellt ist: „Die kleinen Bahnhöfe ohne Ort". Der Zyklus hat eine diachrone Dimension: Erzählt wird der Fortgang von Berlin und die Ankunft in Glauchau, wo das lyrische Wir „mit den großvätern / ins geschlossene stellwerk ein[zog]". In Glauchau stahlen sie einen Wagen, mit dem sie losfuhren. Am Ende steht die Fahrt nach Legnica, nun mit einem ‚normalen' Zug, durch den Männer „das land in handgeflochtenen körbern / (pilze, bier) [...] [trugen]". Mit dem letzten Distichon – „der rauch aus ihren mündern hing / wie nacht uns lange noch im haar" – schließt sich der Rahmen zum Berlin-Gedicht, in dem es heißt, dass „wir aufwachten mit nestern / im haar, die wir nacht nannten". Unterschiedliche Orte, die in zwei verschiedenen Ländern liegen, werden also über dasselbe Motiv miteinander verbunden.

In Hinblick auf den Raum sind vor allem das dritte und vierte Gedicht interessant. Die ausrangierten Wagen „träumten" „auf einem nebengleis", von dort brachte das lyrische Wir offenbar einen in das leere Stellwerk,[13] wo sie „funken springen [ließen] die uns galten". Bereits im zweiten Gedicht war das geschlossene Stellwerk gewissermaßen zum Leben erweckt worden: „wir [...] sahn die alten gleisbewacher / ihre hände an die hebel legen // durch die tote weichenleitung / ging ein zittern wie auf rei-

[12] Bei dem Motto handelt es sich um die ersten beiden Verse von Halina Poświatowskas Gedicht „Dysonans" (1958, Dissonanz).

[13] Im dritten Gedicht ist von „leeren lagerhallen" die Rede, allerdings gibt es im zweiten ein „geschlossene[s] stellwerk", das u. a. aufgrund der scheinbar zirkulären Bewegungen in diesem Zyklus hier anklingt.

sen". Das vierte Gedicht – eben das mit Koeppens Motto zu den „kleinen Bahnhöfen ohne Ort" – erzählt dann von der Fahrt auf offener Strecke: Das Gedicht ist geprägt von Bewegungen, vom „Aufstieben", also einem Auffliegen voller Lebendigkeit: Da heißt es, dass „wir [...] **auf offener strecke** / aufstoben **zwischen** den orten" (1.–2. Vers), und von der Landschaft sagt das lyrische Wir, dass sie „wie flugasche um uns lag" (vorletztes Verspaar). Auch die Landschaft ist also etwas, das sich leicht aufwirbeln lässt. Das Aufwirbeln wird in dem Gedicht nicht nur mit dem Auffliegen verknüpft, sondern auch mit einem Aufleuchten, und zwar über die Sterne, die sichtbar werden und die „ihren ofen über uns anheizen" (vgl. das zweite Verspaar). Über die springenden Funken im vorangegangenen Gedicht erscheint dies wiederum als ein Aufleben.[14]

Wenn das lyrische Wir – wie es abschließend heißt – „noch einmal die route durch[funkte] / zum haus der weichenwärter", dann ist das natürlich ein Funkspruch. Damit wird zudem das Kartierungsmotiv aus dem Zyklus „mein flurbuch" aufgegriffen: „meine väter sind keine einfachen vermesser [...] / der dritte trägt ein / was die karten verschweigen" (21). Zugleich lässt sich das Durchfunken als eine lebhafte Rückfahrt lesen wie auch als eine lebendige Vergegenwärtigung der bisherigen Reise. Bemerkenswert ist dabei, dass das Ganze letztlich im Nirgendwo geschieht, denn das Dazwischen des dargestellten Raums lässt sich kaum mehr steigern. Es sind Bahnhöfe ohne einen Ort, was sich als die Abwesenheit einer Stadt in Nähe des Bahnhofs oder wirklich als ein rein imaginärer/imaginierter Bahnhof lesen lässt. Zudem heißt es von der Landschaft nur, dass sie „wie flugasche um uns lag". Im Kontext des Bandes verweist dieser Vers darauf, dass sie zum Leben erweckt werden kann. Es fehlt aber jegliche Andeutung ihrer Gestalt. Das unterstreicht die Wichtigkeit, sich einen solchen Landschaftsraum überhaupt erst zu erschließen. Dass damit das Wesentliche die persönliche Beziehung ist, die zu dem entsprechenden Raum entsteht, tritt insofern hervor, als es auf den genannten Strecken nicht nur solche Ortschaften gibt, die vermutlich die Wenigsten kennen oder mit denen sie ein Bild verbinden: Die Fahrt von Berlin nach Glauchau führt immer über Dresden, und auch von Glauchau nach Maltsch muss man dort umsteigen.[15] In diesem – fast möchte man sagen Niemandsland – erscheint so das Zurücklegen des Weges als der eigentliche

---

14 Ein einziges Gedicht entwirft eindeutig eine Starre: „lódz". Dieser Stillstand ist aber darüber motiviert, dass hier „die größte fototapete" im Fenster zum Hof erscheint. Tatsächlich scheint es sich gemäß dem ersten Vers „blende auf oktober" eher um die Beschreibung „eine[r] alten aufnahme / im überbelichteten wind" zu handeln (vorletzter Vers) als um die Darstellung eines ‚wirklichen' Ortes.

15 Eine durchaus vergleichbare Beschreibung des Landes gibt das Gedicht „krzyz polny", was so viel wie ‚Feldkreuz' bedeutet, wie in den Anmerkungen erläutert wird. Hier prägt der Sommer die trockene Landschaft, die vor allem dadurch gekennzeichnet ist, dass die Autofahrerinnen Staub aufwirbeln.

Reiz des Fremdseins. Bei aller Zwiespältigkeit mancher Verse und Bilder steht letztlich die positive Konnotierung des Auflebens, das verknüpft ist mit den Motiven des Aufwirbelns und Aufleuchtens, im Vordergrund. Das Fremdsein macht das Land gleichermaßen lebendig und kartierbar.[16]

Ein abgeschlossener oder einschließender Raum gegenüber der sonst vorherrschenden Offenheit, welche die Räume in *kochanie* prägt, könnte die Nebelvoliere in Kreisau sein. Doch diese entpuppt sich nicht als Gefängnis eines Käfigs, sondern als durchlässiger, letztlich angenehmer, in viele Richtungen hin offener Raum: Mittlerweile ist November, und das lyrische Subjekt spricht den Monat am Ende als Geliebten an. Er scheucht sie zwischen den Eichen, und er verwandelt die Allee in ein Labyrinth, so dass das lyrische Subjekt „halbblind" und „schwindlig" ist. Der Nebel wird letztlich im Bild eines „schwebeteilchen herz[ens]" gefasst, und damit wirkt auch das von ihm gewebte „schimmlige gitter" wenig erschreckend und jedenfalls nicht als ein Käfig, aus dem es kein Entkommen gibt.

Aufgrund dieser Beobachtungen zu Uljana Wolfs Gedichten möchte ich mit zwei Thesen zur Raumgestaltung in der transkulturellen Lyrik (bzw. in lyrischen – in Abgrenzung zu epischen oder narrativen – Texten) schließen. Eva Hausbacher hat für transkulturelle Schreibweisen in der Prosa aufgezeigt, dass die Raum-Zeit-Gestaltung häufig eine Duplizität aufweist, bei der mehrere geographische Bereiche miteinander verschränkt werden.[17] Demgegenüber zeigt sich für die Lyrik, dass die Verschiebungen von Räumen vielgestalter sind. Denn die Gegebenheiten des Gedichts erlauben es, beispielsweise Mundraum und Landschaft miteinander zu überlagern (vgl. das Gedicht „die verschiebung des mundes" oder „gästezimmer"), was in narrativen Texten schwer möglich wäre. Anders gesagt: Nicht so sehr eine Dopplung von Räumen, zwischen denen die Figuren leben, sondern vielfältige Raum-Überlagerungen zeigen sich in der Lyrik.

Eine zweite These greift auf die Konzeption des mythischen Raums zurück,[18] der zufolge Räume durch ihre BewohnerInnen geprägt sind. Wie in der Untersuchung ausgewählter Gedichte dargelegt, zeichnen sich in *kochanie* viele der dargestellten Räume und Landschaften dadurch aus, dass sie durchreist werden, es sind Orte des Unterwegsseins. Die marginalen Beschreibungen der Städte und Landschaften, die anstelle von kul-

---

16 Das Dazwischen ist in dem Gedicht „reisende" ebenfalls markant: das lyrische Wir, das sich hier „zwischen den / bahnhöfen" befindet, der Raum, der geprägt ist von Schotter und Halmen, dem Geräusch der Züge und der Liebe der Reisenden.

17 Vgl. Eva Hausbacher, *Poetik der Migration. Transnationale Schreibweisen in der zeitgenössischen russischen Literatur*, Tübingen 2009. Zur „Duplizität von Zeit und Raum" beobachtet sie, dass „[d]oppelte Zeit und doppelter Ort" „paradigmatische Motive dieser Literatur" sind (118). Beispielsweise zeigt sie für Marija Rybakovas *Anna Grom i ee prizrak* die Dopplung von realer Welt und dem Zwischenreich, von dem aus die Protagonistin als Geist (nach dem Selbstmord) erzählt, auf (197–200).

18 Vgl. zum mythischen Raum beispielsweise Ernst Cassirer, *Das mythische Denken*, Hamburg 2002, insbesondere 18–19.

tur- und landesspezifischen Phänomenen vorrangig alltägliche Szenen und Gegenstände aufgreifen, sowie die Betonung des Erlebens der Räume und der Empfindungen angesichts der Orte führen in den Gedichten dazu, dass die Räume eben davon bestimmt sind, dass sich jemand durch sie hindurch oder in ihnen bewegt, und wer das ist. Die Reisenden charakterisieren die Orte, gegebenenfalls kartieren sie die Räume, wobei jede dieser Kartierungen korrigiert werden kann. Die immer neue Durchquerung der Räume wiederum bringt deren ständige Veränderung mit sich. Damit hat jeder Raum das Potenzial zur Fremde zu werden.

Dass der Lyrik bei einer solchen ‚beweglichen Kartierung' eine wichtige Rolle zukommt, macht am Ende des Bandes *kochanie* der „nachtrag an die kreisauer hunde" deutlich. Abschließend betont hier die Sprecherin die Verschränkung von Realität und Dichtung: Klanglichen Assoziationen kommt eine wichtige Rolle für das Dichten zu, doch es gibt zudem eine Bezugnahme auf die Welt – hier die Hunde in Kreisau. Im Druckbild stehen sie neben jeder Seitenzahl. Mehr noch hinterlassen sie ihre Spuren mit den Abdrücken ihrer Zähne im Stiefel der Sprecherin (vorletztes Distichon), wobei das Gedicht mit einer Verschränkung von Sprache und Wirklichkeit in der Lyrik endet:

> so lohnt ihr dem vers der euch nachlief
> folgt welt wohl der dichtung bei fuß

Bibliographie

Cassirer, Ernst: *Das mythische Denken* (= *Philosophie der symbolischen Formen*. Hg. von Claus Rosenkranz. Bd. 2). Hamburg: Meiner 2002.

Delaney, Paul: „Chronology". In: Katherine E. Kelly (Hg.): *Cambridge Companion to Tom Stoppard*. Cambridge u. a.: Cambridge University Press 2001, 1–9.

Hall, Stuart: „Die Zentralität von Kultur. Anmerkungen über die kulturelle Revolution unserer Zeit". In: Andreas Hepp / Martin Löffelholz (Hg.): *Grundlegende Texte zur transkulturellen Kommunikation*. Konstanz: UVK 2002, 95–117.

Hausbacher, Eva: *Poetik der Migration. Transnationale Schreibweisen in der zeitgenössischen russischen Literatur*. Tübingen: Stauffenburg 2009.

Lösch, Klaus: „Begriff und Phänomen der Transdifferenz: Zur Infragestellung binärer Differenzkonstrukte". In: Lars Allolio-Näcke et al. (Hg.): *Differenzen anders denken. Bausteine zu einer Kulturtheorie der Transdifferenz*. Frankfurt a. M./New York: Campus 2005, 26–49.

Wolf, Uljana: *kochanie ich habe Brot gekauft*. Idstein: Kookbooks 2005.

Wolf, Uljana: *falsche freunde*. Idstein: Kookbooks 2009.

Wolf, Uljana: *meine schönste lengevitsch*. Berlin: Kookbooks 2013.

Wolf, Uljana: Gespräch mit Jan Kuhlbrodt für den poetenladen. „Vielleicht sollte man das Konzept Ort abschaffen." In: *poet nr. 10*. poetenladen 2011, http://www.poetenladen.de/jan-kuhlbrodt-uljana-wolf.htm (07.07.2015).

Im ‚dritten Raum'. Peter Waterhouse' *Prosperos Land*

Eleonore De Felip

Für Joachim Giacomelli

Peter Waterhouse wuchs in einem Elternhaus auf, das von kulturellen Transferprozessen geprägt war: Als Sohn einer Österreicherin und eines Offiziers des britischen Geheimdienstes war er von Anfang an nicht nur in zwei Sprachen zu Hause, sondern in wechselnden Ländern mit verschiedenen Sprachen. Seinem Vater widmete Waterhouse später sein *opus magnum (Krieg und Welt)*[1], eine 700 Seiten umfassende große Erzählung mit, wie der Autor selbst bekennt, deutlich autobiographischen Bezügen[2]. In frühester Kindheit lernt der Erzähler ferne Länder wie Malaysia kennen, so dass die das Kind umgebenden Sprachen wie das Malayische sich für immer in sein Gedächtnis einschrieben. Das Kind sah im Haus die vielen Sprachlehrbücher seines Vaters, der viele Sprachen erlernte und doch verschwiegen war. Das Kind liebte seinen geheimnisvollen Vater, der Decknamen benutzte und immer wieder, unangekündigt und für längere Zeit, verschwand. Wenn er wieder auftauchte, erschien es dem Kind, als kehrte der Vater vom Tod zurück ins Leben; und da der Vater nichts erzählte, lernte das Kind, die Lücken mit Vermutungen zu füllen; es entwickelte Antennen für eine Sprache, die vor allem aus Schweigen bestand, und es verstand früh, dass der Vater und also die Welt an sich weder einsprachig noch eindeutig waren. Von dieser früh ihn prägenden Erfahrung der sprachlichen Simultaneität schreibt Waterhouse in *Lobreden auf den poetischen Satz*:

> Das Englische wurde wirksam unterhalb der deutschen Sprache, durchstieß diese, durchlautete sie, durchfremdete sie, durchsprach und durchflüsterte sie. So stelle ich mir den poetischen Satz (so es

[1] Peter Waterhouse, *(Krieg und Welt)*, Salzburg u. a. 2006, 61.

[2] Siehe dazu das Gespräch, das Beatrice Simonsen mit dem Autor führte, in: http://www.literaturhaus.at/index.php?id=5252/ (21.4.2015).

> einen solchen gibt) vor: als durchflüstert von einem anderen Satz; auch durchflüstert von *falscher* Übersetzung.[3]

Aus dem Kind wurde ein Verfasser poetischer Texte, die gleichermaßen von mehreren Sprachen wie vom Schweigen durchlautet sind, und ein preisgekrönter Übersetzer literarischer Texte. Bekannt sind Waterhouse' Übersetzungen aus dem Englischen von Michael Hamburger und Gerard Manley Hopkins, sowie seine Übersetzungen aus dem Italienischen von Andrea Zanzotto und Biagio Marin. Waterhouse' Übersetzungen fokussieren das, was Walter Benjamin die „Unübersetzbarkeit der Sprache" nennt,[4] jene sprachlichen Momente also, in denen Inhalte oder metrische Strukturen nicht eins zu eins übertragbar sind. Diese ‚Lücken' macht Waterhouse in seinen Übersetzungen wahrnehmbar; er markiert sie als poetische Brücken, über die das Fremde herübergerettet werden soll ins Eigene. 2003 erhielt Waterhouse den Österreichischen Staatspreis für literarische Übersetzer, für seine eigenen Dichtungen erhielt er neben zahlreichen anderen Preisen 2012 den Großen Österreichischen Staatspreis für Literatur. Sein 2001 bei Jung und Jung erschienener Gedichtband *Prosperos Land*[5] ist ein fünfteiliger Zyklus aus Haikus, die die „durchflüsterten", „durchlauteten" und „durchfremdeten" Sprachen sogenannter ‚peripherer' Zonen in poetische Sätze übersetzen. Die fünf Kapitel sind verschiedenen Grenzlandschaften gewidmet:

1. „Jauntal-Übersetzung" (dem Jauntal in Kärnten, dem traditionellen Siedlungsgebiet der Kärntner Slowenen);
2. „Friuli Friuli" (dem historischen Grenzland Friaul mit Blick auf die angrenzenden Länder Istrien, Kroatien und Bosnien);
3. „In diesem Tal" (der zweisprachigen Gemeinde Gallizien im südlichen Kärnten);
4. „Km 0,0 Ravne" (der nahe der österreichischen Grenze liegenden slowenischen Stadt Ravne na Koroškem, die bis zum Ende des Ersten Weltkrieges zum Kronland Kärnten und in den Jahren 1941 bis 1945 zum Gau Kärnten gehörte);
5. „dār aṣ-ṣinā 'a" (ital. ‚arsenale') schließlich ist der Stadt Venedig gewidmet, dem historischen ‚Tor' zum Osten, das heutzutage mehr denn je eine polyphone Stadt ist.

Es sind, wie Homi Bhaba sagen würde, „liminale Räume der nationalen Gesellschaften"[6], die in den Kapitelüberschriften aufscheinen.

---

3 Peter Waterhouse, „Lob einer Dichterin und eines Baumarktleiters und eines Musikanten aus dem Gasthaus Komet", in: Robert Gernhardt / Peter Waterhouse / Anne Duden, *Lobreden auf den poetischen Satz*, Göttingen 1998, 19–34, 20–21.

4 Walter Benjamin, „Die Aufgabe des Übersetzers", in: Ders., *Gesammelte Schriften* Bd. IV/1, Frankurt a. M. 1972, 9–21.

5 Peter Waterhouse, *Prosperos Land*, Salzburg u. a. 2001.

6 Homi K. Bhabha, *Die Verortung der Kultur*, Tübingen 2011, 241.

Auf jeder Seite des Gedichtbandes stehen jeweils drei Kürzestgedichte, drei Haikus. Zwischen ihnen öffnet sich der Weißraum des Papiers, in welchem man das Schweigen zwischen den Worten sehen kann, oder auch die Weite der Landschaft, von denen die Dinge umgeben sind. Der erste Zyklus, „Jauntal-Übersetzung", beginnt so:

Die Häuser
wie Obstkörbe Apfelsäcke
stehen im großen Garten

Die Häuser
wie Bäume

Die Häuser
wie Berge

Drei Berge
und Grashalme
und drei Geher[7]

Es sind einfache, geheimnislose Wörter. Es ist ein Erfasstwerden durch die Phänomene der Landschaft, das hier übersetzt wird. Es ist ein Gehen, Wahrnehmen, Hinschauen, kein Aussprechen von Emotionen oder Gedanken. Die Phänomene einer Landschaft werden annähernd so erfasst, wie sie in die Augen des Gehers einfallen, ohne erkennbaren Zusammenhang, ohne Verknüpfungen. Die Verse übersetzen die Bewegungen der Augen, die über die Landschaft wandern, die das Leichte und Unbedeutende der Landschaft erfassen, ihre Durchlässigkeit und Zartheit, von der Waterhouse in seinem Essayband *Die Geheimnislosigkeit* sagt, dass sie eine alles-verbindende Kraft sei.[8] Es ist das gleiche ereignislose Gehen, wie es Stifter in seiner Erzählung *Granit* beschreibt und über dessen heilsame Wirkung Waterhouse in *Die Geheimnislosigkeit* nachdenkt.[9] In Stifters Erzählung werden dem kleinen Ich-Erzähler von einem arglistigen Wagenschmierer die Füße mit Pech bestrichen. Als das Kind dafür auch noch gezüchtigt wird, nimmt es der gütige Großvater an der Hand und führt es hinaus auf die vertrauten Wege, Hügel und Felder. Er beginnt, den Kleinen auf Details aufmerksam zu machen; er erklärt ihm die Beschaffenheit und die Bedeutung der Dinge und lehrt ihn, alles mit großer Achtsamkeit wahrzunehmen. Dann zeigt er auf Einzelheiten der Landschaft und befragt das Kind nach deren Namen, Geschichte und Bedeutung. Im Dialog

---

7 Waterhouse 2001, 6–7.

8 Peter Waterhouse, *Die Geheimnislosigkeit. Ein Spazier- und Lesebuch*, Salzburg u. a. 1996, 12.

9 Waterhouse 1996, 18–19.

mit dem Großvater vergisst der Kleine sein Leid. Dazu sagt der Waterhouse'sche Erzähler:

> [...] mit den wenigen und kargen Fragen für eine weit ausgebreitete Landschaft gelingt dem Großvater ohne Mühe die Erzeugung der Durchlässigkeit. Das ist keine Durchlässigkeit für Sinn, sondern eine Durchlässigkeit für Wirklichkeiten [...].[10]

Die „Granit-Substanz“[11] der Welt, ihre scheinbare Kompaktheit, offenbart sich allmählich als komplex und vielschichtig. Aus des Großvaters Worten wird „eine Landschaft, das heißt etwas Großes mit weiten Zwischenräumen und vielem Schweigen und einer Unbestimmtheit“[12]. In ihr wird das Kind Teil des Allgemeinen; es verliert auf heilsame Weise vorübergehend seine Individualität und vergisst sich selbst und sein Leid. Im ereignislosen Gehen durch das vertraute Gelände und in den einfachen, ‚unbedeutenden‘ Wörtern schenkt der Großvater dem Kind eine „Heimat“:

> Die Heimat, das sind immer die unbedeutenden, nebensächlichen Wörter. Solche Wörter sagen: nicht ich, aber dort drüben das Strauchwerk; nicht ich, aber da die große Landstraße; niemals ich. Es sind republikanische Sätze. Die Heimat sind immer die anderen.[13]

Auch Waterhouse' ‚republikanische‘ Haikus, die sein Gedichtbuch einleiten, fokussieren das Allgemeine, Über-Individuelle, die Weite und Durchlässigkeit einer Landschaft, die Durchlässigkeit ihrer Sprache und Kultur, die dem Gehenden zur Heimat werden, bevor sie sich später dem Spezifischen, dem Gedächtnis der Landschaft zuwenden, in das sich die Spuren der kulturellen Differenzen und Konflikte eingeschrieben haben.

Die Wahl des Haiku ist die Realisation einer transkulturellen Poetologie; sie kann als Akt der Reverenz vor der Kunst des japanischen Haiku-Dichters Matsuo Bashô gesehen werden, eines Dichters des 17. Jahrhunderts, dem Waterhouse in *Die Geheimnislosigkeit* Seiten voller Wertschätzung widmet.[14] Bashôs kontemplative Poesie steht Modell für Waterhouse' behutsame Annäherung an die Zartheit der Phänomene, an die Weite und Durchlässigkeit der Landschaft und an die Durchlässigkeit sogenannter kultureller Identitäten. Waterhouse hat sich von den traditionellen Vorgaben der japanischen Haikus gelöst, welche meistens aus drei Wortgruppen von 5 – 7 – 5 Lauteinheiten (Moren) bestehen; seine Kürzestgedichte kommen zum größten Teil mit deutlich weniger Silben aus. In Waterhouse' Haikus wird fast nichts mehr gesagt. Trotz der vielen Wiederholungen bewegt sich seine Sprache in Richtung Stille. Seine Hai-

10 Waterhouse 1996, 10.
11 Waterhouse 1996, 9.
12 Waterhouse 1996, 8.
13 Waterhouse 1996, 10.
14 Waterhouse 1996, 12–15.

kus verkörpern die Reduktion, Momente der Zurücknahme, des Wegnehmens. Von der traditionellen Form des Haiku übernimmt Waterhouse die Offenheit der Texte, in welcher die LeserInnen „des Ganzen und des Kontinuums gewahr werden“[15]. Es sind winzige Details, die benannt werden, landschaftliche Schwingungen und Sinneseindrücke, die ohne Verben oder Relatoren wie Konjunktionen zusammengeführt werden. Obwohl keine Gefühle benannt werden, geht es hier wie in den Haikus von Matsuo Bashô um die Intensität der Wahrnehmung. Dabei gelingt es beiden Dichtern, äußerste Sprachintensität durch äußerste Zurückhaltung zu erreichen.

Im Jauntal wechselt man in den Sätzen von einer Sprache in die andere, vom Deutschen ins Slowenische und retour. Der Wechsel geschieht leicht und geschwind. Es ist ein in vielen Details wahrnehmbarer Wechsel, eine Bewegung der Drehung, die das Tal erfasst hat und die Waterhouse in zum Teil einzeilige Haikus übersetzt:

Die Bäume drehen sich

Die Häuser drehen sich

Die Äpfel rollen

Die Kinder rollen

Die Rundungen dreier Eimer
antworten Monde Sonne Mars
Gespräche Gespräche

An der Wegkreuzung
Gespräch zweier Frauen
und die Wege kreisen wie Zeiger[16]

[...]

Taufschalenrundung
des Tals
und die Klänge wechseln

Von Dorfname
und weißer Tafel
Dunkel und Licht

Jeder
tauft jeden

---

15 Waterhouse 1996, 15.
16 Waterhouse 2001, 8–9.

Keller Gärten
Wege Stuben sind:
Taufbecken

Ich werde eingetaucht
in vás[17]

Der letzte Zweizeiler „ist so ein Jauntaler Wechselsatz“[18], von welchem es in *(Krieg und Welt)* heißt:

> Hier [im Jauntal] konnte man im Satz wechseln, von einer Sprache in die andere: Ta tiedn ti prpelám Eisschrank, ist wer zu Haus am Mittwoch? [...] Auch Ortsschilder wechselten hier so von einer Sprache in die andere. Bleiburg zum Beispiel: Pliberk. Ebendorf: Dobrla vas. Eisenkappel: Zelezna kapla.[19]

Benennt der Titel „Jauntal-Übersetzung“ also das in den Jauntaler Sätzen stattfindende Hinübergleiten von einer Sprache in die andere? Oder geht es um die Übersetzung des Tals? Wie kann ein zweisprachiges Tal übersetzt werden und wohin soll es übertragen werden? Die Haikus werden zu Vehikeln einer ‚Übertragung‘, bei welcher die Dinge nicht nur einen neuen Namen bekommen. Es ist wie eine Taufe, das Tal wird zur Taufschale, die Dorfschilder werden zu Bürgen einer wieder und wieder vollzogenen Taufe.

Der Wechselsatz „Ich werde eingetaucht in vás“ lässt sich nicht einfach übersetzen mit: „Ich werde eingetaucht in ein Dorf“. ‚Vás‘ hat eine andere Qualität als ‚Dorf‘. ‚Vás‘ und ‚Dorf‘ sind, so Homi Bhaba, lediglich zwei ähnliche sprachliche Symbole, deren Referenz durch die Performanz ausgeformt wird.[20] Werden die Sprachzeichen übersetzt, gleiten sie durch verschiedene kulturelle Orte, doch ihre ursprüngliche Referenz kann im anderen Ort nicht einfach wiederholt werden. In der differenziellen Verwendung der zwei verschiedenen Signifikanten durch die Jauntaler zeigt sich eine kulturelle Differenz. Walter Benjamin bezeichnet dies als die „Fremdheit der Sprachen“[21], als ihren „unübersetzbaren Kern“[22], der das

---

17 Waterhouse 2001, 14–15. Das slowenische Wort ‚vás‘ entspricht dem deutschen ‚Dorf‘. In *(Krieg und Welt)* beginnt das 2. Kapitel („Die Straßen“) mit der Beschreibung der sich drehenden Landschaft Südkärntens: „Ich bin im Jaunfeld gefahren. Der Turm von Dobrla vas hat sich gedreht, die Häuslein mit den geschlossenen Fenstern haben sich gedreht, drinnen Schrank, Tisch, Ecke eines Fernsehers, der Computer hat sein Gesichtlein abgewendet, das Möbellager Ratur hat das ebenso gemacht, der nächste Wald war ein großes Bild, aber es hat sich so gedreht wie die Erde, der Wald war fast Wende zum Besseren.“ (Waterhouse 2006, 61).

18 Waterhouse 2006, 65.

19 Waterhouse 2006, 65.

20 Bhabha 2011, 243.

21 Benjamin 1972, 14.

22 Benjamin 1972, 15.

Übersetzen eines Inhalts in einen anderssprachigen Text (eine andere „kulturelle Praktik“[23]) so schwierig macht. Der Bedeutungstransfer zwischen Bedeutungssystemen kann nie vollständig sein, so Benjamin, da

> [...] die Sprache der Übersetzung ihren Gehalt wie ein Königsmantel in weiten Falten [umgibt]. Denn sie bedeutet eine höhere Sprache als sie ist und bleibt dadurch ihrem eigenen Gehalt gegenüber unangemessen, gewaltig und fremd. Diese Gebrochenheit verhindert jede Übertragung, wie sie sie zugleich erübrigt.[24]

Waterhouse' Haikus weisen darauf hin, dass der schlecht sitzende Mantel der Sprache einen ‚fremden' Inhalt noch zusätzlich verfremdet, dass dieser Mangel in Schwellenländern jedoch teilweise behoben werden kann durch Phänomene der Sprachsimultaneität, durch hybride sprachübergreifende Formen, die Momente der sprachlichen Grenzaufhebung sind. Von der Landschaft und ihren Lauten erfasst, wird das deutschsprechende Ich eingetaucht in den anderen kulturellen Ort ‚vás' wie in ein Taufbecken. Es ist das Ergebnis einer ihn erfassenden sprachlandschaftlichen Schwingung. Im poetischen Raum, den die Haikus eröffnen, sind Mixturen, Ambivalenzen, Polyvalenzen und hybride Sprachformen nicht nur erlaubt, sondern erwünscht. Der Raum der Poesie ähnelt Prosperos Zauberland aus Shakespeares „Sturm“: Auf Prosperos Insel entfaltet sich die Wirkkraft gelehrter Bücher, hier können versöhnliche Kräfte wirksam werden, während im Herzogtum Mailand, aus welchem Prospero vertrieben wurde, nur die Machtgier herrscht. *Prosperos Land* ist Homi Bhabhas ‚drittem Raum' vergleichbar, in welchem sich die Bedeutungen der Zeichen aufeinander zubewegen und die Sprachen ineinander wuchern.

In *(Krieg und Welt)* beschreibt der Ich-Erzähler, wie er, in der Eisenbahn durch Südkärnten fahrend, vom einem ‚österreichischen' in den anderen ‚slowenischen' Ort hinübergleitet: „Auf deutsch nannte ich das Land *Schwellenland*. Auf Slowenisch nannte ich das Land *Zadruga*, wörtlich übersetzt hieß das vielleicht *Mit-dem-Andern*, *Für-den-Andern*, *Zu-dem-Andern*. Wenn ich durch das Jauntal fuhr, fuhr ich immer *Zu-Dir, Zadruga*.“[25] Doch *Prosperos Land* ist kein Buch über Idyllen; es erfasst vielmehr alle Substrate der komplexen Berührungslandschaft Südkärnten und übersetzt auch und gerade ihre leidvollen Substrate. Dabei werden die Zeichen des Sterbens und die des Lebens in ihrer Gleichzeitigkeit erfasst:

> Die Hotels
> sterben. Ja, und:
> sie leben mit mehr Fenstern und Türen

---

[23] Bhabha 2011, 243.
[24] Benjamin 1972, 15.
[25] Waterhouse 2006, 399.

Smrt: der Lebendige
Smrt: der Lebendige
Smrtnik: Nachbar des Pristovnik[26]

Ins ‚einsprachig' Deutsche übersetzt, würde das Haiku lauten: „Tod: der Lebendige / Tod: der Lebendige / Sterblicher: Nachbar des Pristovnik". „Smrt", das ist der Tod auf Slowenisch. Der Tod ist slowenisch, der Lebendige ist deutsch. Zweimal steht dieser Vers da, vergleichbar einem dunklen Gongschlag mit langem Echo. „Smrtnik", der Sterbliche, ist slowenisch. Der „Nachbar des Pristovnik" ist deutsch. Franc Pristovnik war ein slowenisch-kärntnerischer Widerstandskämpfer gegen den Nationalsozialismus in Kärnten, der von den Nazis gefoltert und dann durch das Fallbeil hingerichtet wurde.[27]

Während der Teil „Jauntal-Übersetzung" mit der einfachen, ‚republikanischen' Seite des Tals begonnen hat, mit den Gemeinsamkeiten, aus denen politische Solidarität entstehen kann, endet er mit einem spezifischen Aspekt des Tals, mit einem vergessenen Trauma. 1941 begannen die sogenannten Slowenenaussiedlungen aus der Region Oberkrain und ab Mitte April 1942 aus den Karawankentälern Kärntens.[28] Auf dem Gebiet des heutigen Kärnten bestanden am Loiblpass zwei Außenlager des KZ-Mauthausen, ein weiteres befindet sich auf heutigem slowenischem Staatsgebiet. Heute erinnern auf österreichischer Seite nur zwei unscheinbare Steintafeln an das Unrecht. Sie sind die Spuren einer extremen Form von Ethnozentrismus. Der Bau eines neuen Tunnels unter dem Loiblpass, den die Nazis vorhatten, stand nicht im Zeichen eines transkulturellen Übergangs, sondern im Zeichen der Unterwerfung und eines differenzsetzenden Terrors.[29]

In Wörtern
eines Lieds
Wohnen die ...

---

26 Waterhouse 2001, 44.

27 Siehe dazu Franz Kattnig (Hg.), *Sämtliche Slowenen. Versuch einer Dokumentation aus den Akten des Volksgerichtshofes Berlin*, Klagenfurt 1978, insbes. 55.

28 Siehe dazu Stefan Karner, „Die Aussiedlung von Kärntner Slowenen 1942", in: Stefan Karner / Andreas Moritsch (Hg.), *Aussiedlung - Verschleppung - nationaler Kampf*, Klagenfurt 2005, 21–51; Manfred Scheuch, „Slowenenaussiedlung, Partisanenkrieg", in: Ders., *Historischer Atlas Österreich*, Wien 1994, 186–187.

29 Vgl. Jörn Rüsen, „Kulturelle Identität in der Globalisierung – Über die Gefahren des Ethonzentrismus und die Chancen des Humanismus. Zur Erinnerung an Richard van Dülmen", in: Antje Gunsenheimer (Hg.), *Grenzen, Differenzen, Übergänge. Spannungsfelder inter- und transkultureller Kommunikation*, Bielefeld 2007, 49–54.

Večer: dunkles Haus
dieser Weg führt auf einem
weiten tlóris[30]

‚Večer' bedeutet auf Slowenisch ‚Abend', ‚tlóris' bedeutet ‚Grund(riss)'. Übersetzt (d. h. in ein aller Wechselsätze beraubtes Deutsch) hieße der Dreizeiler: „Abend: dunkles Haus / dieser Weg führt durch / weiten slowenischen Grund".

14. Juli
erste „Corrida"
da droben auf dem Loibl[31]

Zum Tunnelvortrieb wurden die Häftlinge des Naziregimes herangezogen. Am 14. Juli 1943 fand eine erste „Corrida" statt: ‚Corrida' war die zynische Bezeichnung für Prügelexzesse, die die Nazis – zumeist an den Wochenenden – mit sandgefüllten Gummischläuchen an den Häftlingen verübten.[32]

„Das Lager ist vergessen" –
nein ist ohne Zeichen
ohne Ordnung ohne offene Wirkung

Der Berg gibt dem Lager Platz
und das Lager dem Berg Auge
Auge des Schattens Eichhörnchens kleinen Buben

Was tut dieser Platz für die Natur –
welcher Plan ist –
oder wird gehindert –

Und
vier Bäume
renovieren die Welt[33]

Der 2. Zyklus „Friuli Friuli" ist den zwei italienischen Regionen Friaul gewidmet, der Region Friaul mit der Hauptstadt Udine und der Region Friaul-Julisch Venetien mit der Hauptstadt Triest. Auch hier wird zunächst das Allgemeine fokussiert, das Durchlässige und Grenzaufhebende.

Leitmotivisch ziehen sich die semantischen Felder ‚Licht', ‚Traum' und ‚Ostern' durch die Gedichte. In diesen historisch mehrsprachigen

30 Waterhouse 2001, 46–47.
31 Waterhouse 2001, 47.
32 Siehe dazu das Loibl Memorial, in: http://loibl-memorial.uni-klu.ac.at/sud.html (22.04.2015).
33 Waterhouse 2001, 47–18.

Grenzlandschaften, wo die Sprachen immer schon durchlässig und die Gespräche immer schon interkulturell waren, haben die Dinge die Qualität des Lichts, des Allgemeinsten und Durchlässigsten überhaupt; sie können träumen, d. h. sie besitzen die Fähigkeit, Wirklichkeiten ineinanderfließen zu lassen, Ambivalenzen und Mehrdeutigkeiten zu erzeugen und ‚träumend' Lösungen zu finden, die im Wachzustand nicht denkbar wären. Waterhouse' poetische Sprache hat diese träumende Qualität: Sie erzeugt einen verbindenden, österlichen Raum, oder auch ein poetisches Pfingsten, zumal sie in vielen Zungen spricht.

> Das Dorf
> in Licht und Land
>
> Am Dorfrand steht ein Haus aus Licht
>
> Im Land steht der Tote aus Licht
>
> [...]
>
> Das Erdinnere
> leuchtet
> aus Tolmezzo
>
> Der Baum ist
> Docht und der Docht
> steigt immer und Dörfer steigen
>
> Tolmezzo
> ist auf
> Zeit gebaut
>
> Honigfarbene
> Colli Orientali Kerzen
> rinnen
>
> Geher
> brennt
>
> Grußwort
> des Gehers
> brennt kurz
>
> Geher Kerze
> zündet an die
> Colli Orientali Kerzen
>
> Tolmezzo Kirsche

Colli colligunt ceram[34]

[...]

Und
das Licht schläft
in der Wiese

Ich wecke
es, es
träumt[35]

[...]

Das Licht
steht auf, geht
sieht aus wie ein Mensch

Das Licht träumt und
neben dem Weg
ist die Osterrose und Osteria[36]

Der Einzeiler „Tolmezzo Kirsche" lädt dazu ein, einen gedanklichen Bogen zur japanischen Dichtkunst zu schlagen, in welcher die Kirschblüte ein klassisches Symbol ist. Wenn die Kirsche, ein Sinnbild für Schönheit und Vergänglichkeit, unmittelbar neben Tolmezzo gestellt wird, so entsteht eine Gleichzeitigkeit und Gleichheit, so dass auch die Stadt Tolmezzo zum Sinnbild für rasch wechselnde Zeiten wird. Tolmezzo (furlanisch Tumieç, deutsch Tolmein, slowenisch Tolmeč, lateinisch Tulmetium, veraltet Schönfeld) ist eine Stadt am Fluss Tagliamento in Friaul und der Hauptort der historischen Region Karnien. Noch zu Beginn des 17. Jahrhunderts war das Gebiet um Tolmezzo deutschsprachig.[37] Heute spricht man in der Region die alte furlanische Sprache, die eine romanische Sprache ist und von manchen Forschern zu den rätoromanischen Sprachen gezählt wird, und Italienisch. Friaul und insbesondere Tolmezzo sind Sinnbilder für die historisch immer schon dagewesene Präsenz von kulturellen Differenzen und Transformationsprozessen. Die Geschichte Tolmezzos zu schreiben, bedeutet also, gegen einen nationalistischen Historismus anzuschreiben, der, so Bhabha, „annimmt, dass es einen Augenblick gibt, in dem die unterschiedlichen Zeitlichkeiten der kulturellen Vorgeschichten

34 Waterhouse 2001, 56–60.
35 Waterhouse 2001, 67.
36 Waterhouse 2001, 67–69.
37 Siehe dazu: Furio Bianco u. a., *Il Tagliamento,* Sommacampagna 2006, 414.

in einer unmittelbar lesbaren Gegenwart einswerden“[38]. Die Geschichte von Tolmezzo entspricht Julia Kristevas Konzept der „vielfältigen Zeit“[39], welches besagt, dass die „Gestalt des Volkes in der narrativen Ambivalenz disjunktiver Zeiten und Bedeutungen erscheint“[40]. Tolmezzo, das auf Zeit gebaut ist, steht für eine „neue historische Zeitlichkeit“ im Sinne Kristevas, welche durch „das konkurrierende Zirkulieren linearer, fließender und kommemorierter Zeit im selben kulturellen Raum“[41] geschaffen werde. Historische Transfer- und Transformationsprozesse bewirken fluktuierende Bewegungen, die uns „zwingen“, jene politischen und literarischen Zeichen „zu überdenken, die ein Volk als ‚das Eine‘ bezeichnen“[42].

Der lateinische Vers „Colli colligunt“ [43] heißt ins Deutsche übersetzt: „Die Hügel verbinden das Wachs bzw. die wächserne Schreibtafel“. Zurückübersetzt in ‚Prosperos Sprache‘ könnte dies heißen: Diese Berge sind verbunden mit den Geschichten aller Berge.

Grenzlandschaften sind Erinnerungslandschaften. Die sich im Laufe der Zeit verändernden Häuser tragen in sich die Spuren der Kriegsgeschehnisse, deren Zeugen sie geworden sind. Genauso tragen die „Berge des Kriegs“ die Spuren aller Berge, in denen Kriege geführt wurden und werden:

> Ein Haus
> schmilzt zur
> Spur
>
> Ein Dorf schmilzt
> und stellt sich neu und verändert und gleich
> in die Ebene
>
> Das Schlachten
> am Isonzo endet und
> ist und ist
>
> Die Schlacht im Friaul
> erscheint vergeht
> erscheint endet beginnt
>
> ›monti della guerra azzurrini‹
> es sind die hellblauen Berge des Kriegs
> im Frühlicht dieses Tags

---

38 Bhabha 2011, 227.

39 Julia Kristeva, „Women’s time“, in: Toril Moi (Hg.), *The Kristeva Reader*, Oxford 1986, 187–213.

40 Bhabha 2011, 228.

41 Bhabha 2011, 228–229.

42 Bhabha 2011, 229.

43 Waterhouse 2001, 60.

Die hellblauen rhythmischen Berge
im Leuchten dieses Morgens
und eine Spur Blau im Fels

Und
Feuerdörfer
am Himmel

Nato – ja
die ist
hier

Ein Mann steht vor Bergen
und Bosnien und
ist wie nichts und erscheint

Ein Tal
für Bosnien und Herzegowina
und Ostern

Ein Mann
und Linien
auf dem Körper

[...]

Das Gesicht ist Oster
(und Hostie)

Der Mann geht in die
Ostern der
Bäume Bäche Düfte Wiesen Hügel

Im Gasthaus
serviert wird mir
die Oster

Einer
ruft Worte
jedes sagt Oster

[...]

Ostern Istrija Ister Sterne Erste
Oste Bosna Austria Strahlen Oriente
Orte auf Steinhöhen[44]

---

[44] Waterhouse 2001, 82–88.

In den zwölf blutigen Schlachten am Isonzo (slowenisch Soča) zwischen Italien und Österreich-Ungarn verloren im ersten Weltkrieg – vom Juni 1915 bis Oktober 1917 – Hunderttausende ihr Leben.[45] Die erbitterten Stellungskämpfe in den Julischen und Karnischen Alpen sind als Spuren in der Landschaft omnipräsent, in den Bergen, den Häusern, den Dörfern. Sie werden demjenigen, der über historisches Wissen verfügt und es nicht verdrängt, zu sichtbaren Schriftzeichen. Wo aber das historische Wissen der Menschen schwindet, wo die Bereitschaft fehlt sich zu erinnern, vergehen die Spuren, so dass alles wiederkommt als Wiederholung. So führt eine Spur von den hellblauen Bergen des Kriegs am Isonzo zu den Bergen von Bosnien und Herzegowina. Für das wahrnehmende lyrische Ich ist die Sprache dieser Grenzlandschaft durchlautet von der Wirklichkeit des Sterbens und von der Hoffnung auf Ostern.

Aus dem Spiel mit der *différance* der Sprache entstehen Laut- und Bedeutungsketten, vielleicht auch falsche Übersetzungen wie im Dreizeiler: „Im Gasthaus serviert wird mir die Oster", was einen dazu veranlasst zu denken, dass es wohl eine Auster sein muss, die serviert wird, eine von Oster[n] durchlautete Auster, eine vielleicht noch-nicht-tote oder nicht-mehr-tote Auster. Offen bleibt auch die Frage, ob das mehrfach wiederholte „Oster" das um einen Buchstaben verkürzte, ein versehrtes Ostern ist oder etwas Anderes, noch zu Entdeckendes. Waterhouse spielt mit dem, was Lacan die gleitenden Signifikationen der Zeichen nennt.[46] Im letzten Haiku ruft Ostern „Istrija" herbei und „Istrija" wiederum „Ister", das lateinische ‚Hister', griech. ‚Ἴστρος', das in der Antike eine verbreitete Bezeichnung war für den Unterlauf der Donau; und also werden die Donau und alle an ihr liegenden Länder auch hereingeholt in den Vers und mit ihnen alle friedlichen und feindlichen Berührungen, die die alte Donaumonarchie und das heutige Südosteuropa prägen. Und weiter verläuft die Linie hin zu „Sterne" und „Erste". In dieser semantisch völlig offenen Wortfolge ist alles enthalten: die Sterne am Himmel und die Granaten, die Erste Bank und der Erste Weltkrieg; die „Oste" ist zugleich ein Nebenfluss der Elbe in Niedersachsen und ein italienischer Wirt, und dieser wird verknüpft mit der „Bosna"-Bratwurst aber auch mit dem Land Bosnien und dieses wiederum mit „Austria". Diese latinisierte Landesbezeichnung für Österreich ist nicht lateinischer Herkunft, sondern vom altgermanischen *austar- (‚östlich, im Osten') abgeleitet. Auch das deutsche Wort ‚Ostern' und das engl. ‚Easter' leitet das Herkunftswörterbuch von Duden vom altgermanischen ‚Austrō' > ‚Ausro' für ‚Morgenröte' ab, das sich im Altenglischen zu ‚Ēostre, Ēastre', im Althochdeutschen zu ‚ōst(a)ra', Plural ‚ōstarun' fortbildete.[47] Und also ist „Oster" das vom englischen ‚Easter' und

45 Manfred Scheuch, „Der Erste Weltkrieg", in: Scheuch 1994, 146–149, 148–149.

46 Jacques Lacan, *Schriften II*, Weinheim/Berlin ^{3}1991, 36.

47 *Duden. Das Herkunftswörterbuch. Etymologie der deutschen Sprache*, Berlin u. a. ^{5}2014, 608–609.

vielleicht sogar von den Auferstehungen des Vaters durchflüsterte „Ostern“ und ist verbunden mit „Austria“ und „Strahlen“ und „Oriente“. Und wenn man schließlich aus „Oriente“ Buchstaben weglässt, werden es „Orte auf Steinhöhen“, bei welchen man an die Schützengräben hoch oben im Gebirge denkt. Immer liegen in *Prosperos Land* Tod und Auferstehung nah beieinander, so nah, dass auch diese Grenze wie im Traum durchlässig wird. „Ich glaube“, sagt Waterhouse, „dass es im Gedicht immer eine, nicht zu gewahrende, Unzertrennlichkeit gibt. [...] Das Gedicht eine ineinanderklingelnde Anwesenheit, ein Glück. Oder im großen Unglück klingelt es ineinander oder aneinander und *läutet* und *lautet* und *läutert* und sofort.“[48]

Der 5. Zyklus „dār aṣ-ṣinā ʿa“ ist polyphon und vielschichtig wie die Stadt Venedig und ihr moderner Hafen Porto Marghera, denen er gewidmet ist. Hingewiesen sei hier zum einen auf den Titel, der auf die arabische Wurzel eines ‚typisch‘ venezianischen Wortes hinweist. ‚dār aṣ-ṣinā ʿa‘ bedeutet im Arabischen ‚Haus des Handwerks‘;[49] im Venezianischen wurde es zu ‚arsenale‘ und bezeichnete die Schiffswerft, das Zeughaus und die Flottenbasis der Republik Venedig. Zum anderen sei erwähnt, dass hier immer von „Maghera“ und nicht von „Marghera“ die Rede ist, wie z. B. in den folgenden drei Haikus:

Maghera
läutet läutet
wie viele Kirchen

Città dove
si può dire
che sono l'Indie

Die mede
die Leuchttürme
Minarette bis in die mediterranen Indien[50]

„Maghera“ ist der Name einer kleinen Provinzstadt in Nordirland. Eine geringfügige Veränderung des Schriftzeichens, hier das Auslassen eines Buchstabens, macht den Namen auf irritierende Weise mehrdeutig. Eine italienische Stadt wird von einer nordirischen durchfremdet. „Maghera“ ist beides, ist Venedigs modernes Tor zum Orient und zugleich Nordirland am anderen Ende Europas, das von konfessionell-kulturellen Konflikten geschüttelt war. Beide Städte „läuten wie Kirchen“: hier das Läuten der Schiffsglocken, die Sirenen einer Hafenstadt, das Hupen der Lkws, dort vielleicht das Läuten von Kirchenglocken. Als Berührungsstädte ha-

48 Peter Waterhouse, *Im Genesis-Gelände. Versuch über einige Gedichte von Paul Celan und Andrea Zanzotto*, Basel u. a. 1998, 7.

49 *Duden. Das Fremdwörterbuch*, Mannheim u. a. ^{8}2005, 94.

50 Waterhouse 2001, 179.

ben Maghera und Marghera das Potenzial, zu ‚dritten Räumen' zu werden, in denen die Durchlässigkeit von differenzsetzenden Grenzen zelebriert werden könnte. Das an „Maghera" anschließende Haiku ist ganz auf Italienisch:

Città dove
si può dire
che sono l'Indie

„Stadt wo gesagt werden kann, dass es die Indien sind." Es ist ein merkwürdig holpriges Italienisch, in welchem in einer Pluralwendung beide Indien (West- und Ostindien) und mit ihnen die ganze koloniale Vergangenheit in die Stadt Maghera/Marghera hereingeholt werden. Margheras kulturelle Komplexität wird zum Sinnbild für die postkoloniale Wirklichkeit. Es sind die Menschen von Marghera, die der Stadt ihr kulturelles Profil geben: die Schiffsleute, die Hafenarbeiter, die Lkw-Fahrer, die Menschen aus aller Herren Länder, die kommen und gehen und bleiben.

Die mede
die Leuchttürme
Minarette bis in die mediterranen Indien

Auch unter dem polyvalenten Zeichen ‚mede' gleiten die Signifikationen. Großgeschrieben ist ‚Mede' der Name einer norditalienischen Stadt in der Provinz Pavia; ‚mede' lässt auch an Medina denken, die heilige Stadt der Moslems; ‚međe' sind schließlich im venezianischen Dialekt Heuhaufen, die um einen Pfahl herum aufgeschichtet werden (‚međe' leitet sich aus dem lateinischen ‚medius' her). ‚Mede/međe' erinnert auch an das bosnische Wort ‚među', das ‚zwischen' bedeutet und ebenfalls mit dem lateinischen ‚medius' verwandt ist (man denke an Medjugorje, die Stadt zwischen den Bergen). Wenngleich kein Verbum da steht, suggerieren die Verse dennoch, dass alles leuchtet: die aufstrebenden venezianischen Heuhaufen, die aufstrebenden Leuchttürme des polyphonen Hafens, die schlanken, aufstrebenden Minarette – sie alle leuchten bis ins mediterrane Maghera/Marghera, dessen Sprachen-, Kulturen- und Religionenmix so komplex ist wie die eines vielfachen Indiens.

Die Straßen hier
von Suleika
zu Suleika

Wie bin ich jetzt
umgeben
von Bazarlädchen[51]

---

[51] Waterhouse 2001, 184–185.

[...]

Venezianisches Ich!
nein
magheranisches Ich![52]

Die venezianische Identität wird eine magheranisch/margheranische, die auch Spuren einer maghrebinischen in sich trägt. Wieder wird ein kultureller Text, wie Bhabha sagen würde, „von der différance des Schreibens überkreuzt“[53]. In Maghera, Marghera, maghrebinisch Venedig oder venezianisch Maghreb werden kulturelle Differenzen virulent, das Konzept einer kulturellen Überlegenheit bzw. Autorität wird für alle Beteiligten problematisch.[54] Hier, so Bhabha, können die „Gefahren einer Fixierung und Fetischisierung von Identitäten“[55] überwunden und die Unheimlichkeit („unhomeliness“) zelebriert werden. Unheimlich meine nicht dasselbe wie ohne Heim („homeless“); das Unheimliche schleiche sich vielmehr verstohlen wie der eigene Schatten an einen heran, so dass plötzlich das eigene „Heim“ (die eigene Identität) in einem Zustand „ungläubigen Entsetzens“ neu bemessen werde.

In diesem Sinne zelebriert Waterhouse' Gedichtbuch *Prosperos Land* das achtsame Gehen durch sich wandelnde und sich vervielfältigende Landschaften. Es besingt das Wahrnehmen von neuen Bedeutungen, jene kurzen, wunderbaren Augenblicke, in denen sich dem Wahrnehmenden neue Augen und Ohren öffnen, in denen er neue Gesänge vernimmt:

Ich gehe
in die
Italien

In die
in diese
Indien

---

[52] Waterhouse 2001, 186.

[53] Bhabha 2011, 54.

[54] Bhabha schreibt dazu: „Das Problem besteht darin, wie etwas, das die Gegenwart signifiziert, im Namen der Tradition wiederholt, neu verortet und übersetzt werden kann“ (Bhabha 2011, 53). Zwischen den differierenden kulturellen Akten brauche es einen interpretatorischen Akt, der nie nur einfach ein Akt der Kommunikation zwischen verschiedenen Subjekten sei. Um eine Bedeutung zu produzieren, die für beide Seiten bedeutsam ist, sei es erforderlich, dass beide kulturellen Ichs in eine Bewegung versetzt werden, in der sie einen ‚dritten Raum‘ durchlaufen. Dieser Raum repräsentiere sowohl das Allgemeine als auch das vielfältig Spezifische, er ist weder das eine noch das andere, er ist neu, hybrid und in hohem Maße ambivalent.

[55] Bhabha 2011, 13.

[...]

Sonne mein drittes
Mond
ist mein viertes Auge

[...]

Hier sind die
neuen Gedichte Maghera-
Medeas

Frau
Parkplatzarbeiterin
singt

Frau Parkplatzsängerin
schüttelt das Haar und die
Haare aller flattern

[...]

Die Frau
singt meine
Ohren singen

Die Frau
singt und ich
höre Venedig im Indus[56]

Bibliographie

Bhabha, Homi K.: *Die Verortung der Kultur*. Tübingen: Stauffenburg 2011.

Benjamin, Walter: „Die Aufgabe des Übersetzers". In: Ders.: *Gesammelte Schriften* Bd. IV/1. Frankurt a. M.: Suhrkamp 1972, 9–21.

Bianco, Furio / Bondesan, Aldino / Paronuzzi, Paolo / Zanetti, Michele / Zanferrari, Adriano (Hg.): *Il Tagliamento*. Sommacampagna: Cierre 2006.

Duden. Das Fremdwörterbuch (=Der Duden in zwölf Bänden. Das Standardwerk zur deutschen Sprache, Bd. 5). Mannheim/Leipzig/Wien/Zürich: Dudenverlag [8]2005.

[56] Waterhouse 2001, 189–194.

Duden. Das Herkunftswörterbuch. Etymologie der deutschen Sprache (= Der Duden in zwölf Bänden. Das Standardwerk zur deutschen Sprache, Bd. 7). Berlin/Mannheim/Zürich: Dudenverlag [5]2014.

Karner, Stefan: „Die Aussiedlung von Kärntner Slowenen 1942". In: Stefan Karner / Andreas Moritsch (Hg.): *Aussiedlung – Verschleppung – nationaler Kampf*. Klagenfurt: Johannes Heyn 2005, 21–51.

Kattnig, Franz (Hg.): *Sämtliche Slowenen. Versuch einer Dokumentation aus den Akten des Volksgerichtshofes Berlin*. Klagenfurt: Slowenisches Informationscenter 1978.

Kristeva, Julia: „Women's time". In: Toril Moi (Hg.): *The Kristeva Reader*. Oxford: Blackwell 1986, 187–213.

Lacan, Jacques: *Schriften II*. Hg. von Norbert Haas. Weinheim/Berlin: Quadriga [3]1991.

Rüsen, Jörn: „Kulturelle Identität in der Globalisierung – Über die Gefahren des Ethnozentrismus und die Chancen des Humanismus. Zur Erinnerung an Richard van Dülmen". In: Antje Gunsenheimer (Hg.): *Grenzen, Differenzen, Übergänge. Spannungsfelder inter- und transkultureller Kommunikation*. Bielefeld: Transcript 2007, 49–54.

Scheuch, Manfred: „Slowenenaussiedlung, Partisanenkrieg". In: Ders.: *Historischer Atlas Österreich*. Wien: Brandstätter 1994, 186–187.

Waterhouse, Peter: *(Krieg und Welt)*. Salzburg/Wien: Jung und Jung 2006.

Waterhouse, Peter: *Prosperos Land*. Salzburg/Wien: Jung und Jung 2001.

Waterhouse, Peter: „Lob einer Dichterin und eines Baumarktleiters und eines Musikanten aus dem Gasthaus Komet". In: Robert Gernhardt / Peter Waterhouse / Anne Duden: *Lobreden auf den poetischen Satz*. Göttingen: Wallstein 1998, 19–34.

Waterhouse, Peter: *Im Genesis-Gelände. Versuch über einige Gedichte von Paul Celan und Andrea Zanzotto*. Basel/Weil am Rhein/Wien: Urs Engeler 1998.

Waterhouse, Peter: *Die Geheimnislosigkeit. Ein Spazier- und Lesebuch*. Salzburg/Wien: Residenz 1996.

Die schwarzen Herolde. Indigenismus und poetischer Rhythmus im Werk von César Vallejo[1]

Wolfram Aichinger

Naturraum und ethnische Zugehörigkeit

Ich entdeckte César Vallejo bei Max Aub wieder, in dessen Zyklus zum spanischen Bürgerkrieg mit dem Titel *El laberinto mágico*. Der sechste Band, *Campo de los almendros*, deutsch *Bittere Mandeln* (1968), handelt von den letzten Märztagen des Jahres 1939 und den letzten republikanischen KämpferInnen und ihren Familien, mehreren Tausend, die im Hafen von Alicante Zuflucht suchen und hoffen, von britischen oder französischen Schiffen aufgenommen und außer Landes gebracht zu werden. Madrid ist gefallen, der Krieg ist verloren. Zwei Intellektuelle führen den folgenden Dialog:

> „Wie hieß der?"
> „Vallejo."
> „César?"
> „Kanntest Du ihn?"
> „Ja. Wir saßen gerade an der Ausgabe eines Buches vom ihm. Das lesen jetzt bestimmt die Faschos. Ich weiß nicht, ob Petere ein paar Exemplare retten konnte. Unwahrscheinlich."
> „Kommunist?"
> „Ja und nein."
> „Wenn es etwas gibt, woran kein Zweifel möglich ist, dann das."
> „Er war Mitglied der Partei."
> „Der peruanischen?"
> „Nein, der spanischen."
> „Seltsam."
> „Nein, wieso? Vallejo war Amerikaner und Spanier. Wie es sich gehört..."
> „Also mir ist Amerika schnuppe."

---

1 Für wertvolle Hinweise danke ich Romina Palacios Espinoza, Claus Telge und Daniel Vázquez ganz herzlich.

„Dabei wünschst du nichts mehr als ein Schiff, das herkommen und dich hinbringen soll!"
[...]
„Woran ist Vallejo gestorben?"
„Dass wir in zwei Hälften geteilt wurden, am 14. April letzten Jahres."
„Vor einem Jahrhundert."
„Seine letzten Worte waren: ‚Nach Spanien, ich gehe nach Spanien.' Ins Jenseits."
„Woher weißt du das?"
„Das hat mir Larrea[2] gesagt, einige Tage danach", antwortet Templado.
„Was hast du in Paris gemacht?" fragt Bonilla.
„Mich zu Tode geekelt."
„Vallejo war Enkel von zwei spanischen Geistlichen und zwei Indianerinnen: Bestimmt stachelte ihn die Hoffnung an, sich von der Erbsünde zu befreien. Unseren Schuldkomplex als Nachfahren Adams, der nicht in Tierfelle gehüllt im Paradies leben konnte."
[...]
„Ich kenne weder Larrea noch kannte ich Vallejo, aber das stimmt natürlich, es waren die Vorstellung und das Empfinden der Erbsünde, die die Spanier nach Amerika trieben. ‚Bereue!' sagten sie zu den Indios. ‚Was denn?' Und sie stießen sie in einen tiefen Brunnen, aus dem sie bis heute nicht rausgekommen sind."[3]

Zwei spanische Geistliche und zwei indigene Frauen als Vorfahren; Erbsünde, jahrhundertelange Unterwerfung einer Kultur durch die andere. Im Folgenden werde ich Gedanken zu diesen Stich- oder Reizwörtern vorstellen, zur kulturellen Bipolarität von Peru und der Art und Weise, in der sich diese auf das poetische Schaffen von César Vallejo auswirkte, einem Dichter, der heute zur klassischen Moderne der hispanoamerikanischen Lyrik zählt. Der Naturraum Perus kann Ausgangspunkt sein, der Gegensatz zwischen Hochland und Küste, der die Geschichte Perus ganz wesentlich bestimmte und auch die Lebenswege Vallejos vorzeichnete. Geboren wurde Vallejo in Santiago de Chuco, mehr als 3000 Meter über dem Meer, in einem entlegenen Seitental, das damals nur eine staubige Landstraße mit der Außenwelt verband. Hans Magnus Enzensberger schrieb in einem Essay im Jahr 1963:

---

2 Juan Larrea (Bilbao 1895 – Córdoba, Argentinien 1980) war Poet und enger Freund Vallejos.

3 Max Aub, *Bittere Mandeln*, Frankfurt a. M. 2003, 396–397. Am 15. April 1938 (so die von mir konsultierte Literatur) stießen die Truppen Francos bei Vinaroz bis zum Mittelmeer vor und zerschnitten damit das Gebiet, das von den Republikanern verteidigt wurde, in zwei Teile (vgl. etwa Rafael Reig, *Manual de literatura para caníbales*, Barcelona 2006, 197–208).

> Über ihre endlosen Haarnadelkurven kriechen die Lastwagen, die das Erz aus den primitiven Kupferminen, den Blei- und Wolframgruben der Provinz zur Endstation der Stichbahn bringen, die fast hundert Kilometer weit talwärts liegt. Die Bahn führt zu einem kleinen Erzhafen an der pazifischen Küste. Auch das Schlachtvieh von Santiago de Chuco wird dort verladen, der Weizen, der Schinken und der Käse; dazu ein paar Kisten voll Strohwerk, Sattler- und Töpferarbeit. [...] Die Reise nach Lima ist weit, sie dauert vier bis fünf Tage; [...]. Während der Regenzeit gleicht Santiago einer Falle: die einzige Landstraße ist dann wochenlang unpassierbar. Nur vierzehn Häuser haben elektrisches Licht, die allermeisten sind ohne Trinkwasser und Kanalisation. Auf den engen, wirr ineinander geschachtelten Dächern der Stadt – denn als Stadt fühlt sich Santiago – wächst Gras. Das nächste Telefon steht in Otuzco. Ein guter Reiter kann es in zwei Tagen erreichen.[4]

Das Hochland der Anden ist Lebensraum der Indo-Amerikaner, Nachfahren einer unterworfenen Kultur, deren politisch religiöse Zentren zerstört sind; die zum Glauben der Eroberer bekehrt wurden; die aber weiter eine eigene Sprache sprechen, das Quechua, und in der Art, wie sie die Natur wahrnehmen, das Klima ertragen, den Boden nutzen, Vieh aufziehen, tanzen, musizieren, Feste feiern, halluzinogene Pflanzen konsumieren, Kinder gebären oder die Toten ehren, die Arbeit zwischen den Geschlechtern aufteilen, Lebensformen behalten, die älter sind als die Eroberung, älter zum Teil als das Inkareich.

Was für einen Katholizismus brachten aber die spanischen Missionare nach Peru? Das Land wurde von Jesuiten und vor allem von Mitgliedern der Bettelorden, Dominikaner, Franziskaner missioniert. Die Prediger dieser Orden brachten eine Spiritualität nach Amerika, die sich in der Dunkelheit spätgotischer Kirchen und im Aufruhr der Straßen und Plätze

---

[4] Hans Magnus Enzensberger, „Nachwort“, in: César Vallejo, *Gedichte*, Frankfurt a. M. 1963, 107. In seiner Dissertation setzt sich Claus Telge mit Enzensbergers Text auseinander und legt auch Filiationen offen: „Das Nachwort beginnt mit einer atmosphärischen Beschreibung von Vallejos Geburtsort: ‚Santiago de Chuco liegt dreitausendeinhundertundfünfzehn Meter hoch über dem Meer, in einem entlegenen Seitental der peruanischen Cordillera.‘ [...] Wie der nachgestellten Bibliographie zu entnehmen ist, greift Enzensberger auf die damals zur Verfügung stehende Sekundärliteratur zurück, hier auf die Monographie von Luis Monguió, und das fast wortwörtlich: ‚Hállese Santiago asentado a una altura de tres mil ciento quince metros sobre el nivel de mar, en un valle de cordillera andina‘ [...]. Allerdings verdichtet er das Ausgangsmaterial – Santiago de Chuco liegt ‚entlegen‘, in der Regenzeit ist es eine ‚Falle‘ [...] – und leistet einer romantischen Mystifizierung Vallejos Vorschub. Von einem ‚Augur, halb Medizinmann, halb Prophet‘ ist da die Rede, einem dem Tode geweihten Kierkegaardianer, der Zeit seines Lebens verkannt wurde.“ (Claus Telge, *„Brüderliche Egoisten“. Die Gedichtübersetzungen aus dem Spanischen von Erich Arendt und Hans Magnus Enzensberger*, Leipzig 2014, 141).

der Kaufmannsstädte Italiens herausgebildet hatte. In ihrem Mittelpunkt steht der Gekreuzigte, dessen Leiden und Wundmale in Bildwerk, Gebet, Meditation in allen Einzelheiten dargestellt und vergegenwärtigt werden; dessen Fleisch und Blut, so nun das Dogma, als bei der Messfeier real präsent gedacht wird; ein Katholizismus, der zu unmittelbarer Identifikation mit dem geschundenen und zutiefst menschlichen Christus auffordert und das Heilige, hier kommen auch vorspanische Traditionen ins Spiel, als lebensweltlich präsent erlebt.[5] Diese Spiritualität und ihre Symbole werden sich bei Vallejo noch in Werken finden, die den Kampf des Proletariats gegen kapitalistische Ausbeutung besingen. Zum zweiten Raum Perus: Es ist das Tiefland an der Küste, der Raum der zentralen Verwaltung, der politisch-militärischen und ökonomischen Herrschaft, der Kommunikation mit dem Ausland, bestimmt von einer Elite europäischer Abstammung, seit dem Beginn des 19. Jahrhunderts jedoch politisch unabhängig von Europa, diesem aber weiterhin verbunden in Sprache, Religion, Lebensstil und was die Übernahme kultureller Vorbilder betrifft. Bis heute. Kurz, auf der einen Seite ‚weiße' UnternehmerInnen, PolitikerInnen, Filmstars, die ihre Vergangenheit in Spanien suchen, auch in der nichtchristlichen übrigens, auf der anderen das Hausmädchen, die Fabriksarbeiterin oder der Chauffeur mit indoamerikanischen, afrikanischen oder asiatischen Wurzeln. Dieser Gegensatz ist Schlüsselthema der Literatur des 20. Jahrhunderts, etwa in den Werken von José María Arguedas und Mario Vargas Llosa.[6]

Der naturräumliche Gegensatz von Gebirge und Küste, der mit der ethnischen Herkunft der dominierenden Bevölkerungsgruppe an der Küste korreliert, ist nur ein Aspekt eines verwickelten Nebeneinander, Miteinander und Gegeneinander. Denn Indio-AmerikanerInnen oder MestizInnen sind als Mägde, als Minenarbeiter, als PlantagenarbeiterInnen, Teil einer überregionalen Arbeitsteilung, die in ihrer Ideologie immer – nach dem Prinzip *a difference that makes a difference* – körperliche Unterschiede hervorhebt und mit bestimmten psychisch-mentalen Dispositio-

---

5 Vgl. Luis Millones, *Texto sagrado y tradición oral: el culto a los santos en el Perú*, Lima 2003, 63–79; Fernando Iwasaki, *rePUBLICANOS: Cuando dejamos de ser realistas*, Madrid 2008, 110–113.

6 Der Roman *Conversación en la Catedral* (*Gespräch in der „Kathedrale"*) von Mario Vargas Llosa enthält ein Streitgespräch zweier ungleicher Brüder, beide aufgezogen im Nobelviertel Miraflores. Der konservativ Gesinnte der beiden Sprösslinge fordert den Abtrünnigen, der seine soziale Herkunft verleugnen möchte, indem er sich in die marxistisch ‚unterwanderte' und ethnisch gemischte Universität San Marcos einschreibt, wie folgt heraus: „‚Wenn Du so gern Cholo werden willst, warum suchst du dir nicht lieber einen Job als Dienstbote?' sagte Chispas. ‚Lauf barfuß rum, bad dich nicht, züchte Flöhe, Intelligenzbestie.'" (Mario Vargas Llosa, *Gespräch in der „Kathedrale"*, Frankfurt a. M. 1984, 81) Der Roman erschien 1969 und spielt am Beginn der Fünfzigerjahre des 20. Jahrhunderts, während der Militärregierung von Manuel Odría.

nen verbindet. Das ist umso leichter, wenn den Unterschichten Kompetenz in der dominanten Sprache fehlt, städtisch-moderner Lebensstil nicht vertraut ist, Bildung nach westlichen Standards nicht zugänglich ist. Schon aus dem 16. Jahrhundert stammt der Begriff *cholo*, welcher den Platz am unteren Ende der sozialen Hierarchie anzeigen und ethnisch fundieren soll. Zwar haben sich Bedeutung und Verwendung verschoben, die Funktion des Begriffs aber hat sich, sofern er nicht familiär konnotiert oder von Aufsteigern im öffentlichen Diskurs bewusst umgemünzt wird, um ‚Volksnähe' zu suggerieren, nicht verändert. Und bis heute ist es möglich, sich vom Stigma, ein *cholo*, eine *cholita* zu sein, durch Geld und Macht reinzuwaschen.[7]

Dieses Streben der herrschenden Sprache, die Weißen klar von den Cholos zu scheiden, kontrastiert mit einer ebenso alten Geschichte der ethnischen Durchmischung, gesetzlichen Bestimmungen zum Trotz. Das Konkubinat von Spaniern, insbesondere auch Geistlichen wie im Falle der Großeltern Vallejos, mit Indoamerikanerinnen war, wie Bartolomé Bennassar darstellt, durch die Jahrhunderte eine übliche Form des ethnischen Miteinanders und Ursache für „eine außergewöhnliche Mischung der Rassen mit unzähligen Varianten, welche die Juristen und andere Autoren bis zur Erschöpfung zu klassifizieren suchten"[8]. Auf eigentümliche Weise ist César Vallejo typischer Vertreter seiner Kultur, gleichzeitig aber Fremder ab dem Moment, in dem er seine kleine Stadt in den Bergen verlässt und an die Küste übersiedelt, zuerst nach Trujillo, dann nach Lima. In den armen Quartieren der Rive Gauche von Paris bleibt er ebenso Randfigur, erlebt Anfang der 1930er Jahre aber kurze Anerkennung, als ihn spanische Vertreter der Generación del 27 nach Madrid einladen, seinen Band *Trilce* neu auflegen und die unerhörte Originalität der Poesie Vallejos würdigen. Im Bürgerkrieg schreibt Vallejo Poesie für die republikanischen Milizen: „España aparta de mi este cáliz" („Spanien, lass diesen Kelch an mir vorübergehen").

Gerade die Herkunft und ethnische Besonderheit Vallejos geben nun seiner Dichtung für Marxisten, Trotzkisten, Anarchisten, Republikaner zusätzlichen Glanz und besondere Authentizität und trugen neben der Qualität seiner Verse dazu bei, dass er geradezu zur Christusfigur eines international solidarischen Proletariats und seiner Intellektuellen werden konnte; die am Anfang zitierte Stelle aus dem Roman von Max Aub deutet das schon ein Jahr nach dem Tod des Dichters im Jahr 1938 an und Aub kannte, als er den Roman 1968 veröffentlichte, den Ruhm Vallejos,

---

7 Vgl. u. a. Suzanne Oboler, *The Foreignness of Racism*, New York 2007, 80–97.

8 „una extraordinaria mezcla racial, que supuso una infinidad de variantes que los hombres de ley y diversos autores intentaron clasificar, hasta el agotamiento." Bartolomé Bennassar, *La América española y la América portuguesa (Siglos XVI–XVIII)*, Madrid 1986, 180. Sofern nicht anders vermerkt, stammen die Übersetzungen vom Verfasser – W. A.

der in den folgenden Jahrzehnten immer mehr zunahm. In Peru begann die ‚Bewahrung' einer präkolumbianischen Tradition mit den Chronisten des 16. Jahrhunderts. Als die „criollos", das heißt also die in Peru geborenen Nachfahren von SpanierInnen oder EuropäerInnen, ihren spanischen Vettern und Cousinen die politische Zugehörigkeit aufkündigen, berufen sie sich auf die Geschichte der Inka, insbesondere auf den Aufstand von Túpac Amaru II. gegen die Stellvertreter und Amtsträger der Bourbonen in den Jahren vor 1781 (am Rande: Túpac Amaru war Sohn einer Indo-Amerikanerin und eines Spaniers, wurde von Jesuiten erzogen und verteidigte nicht ohne Eigennutz seine Rechte als Cacique, also als Teil der Indio-Elite, welche die Bourbonen beseitigen wollten). Von 1879–1884 kämpften im Pazifischen Krieg oder Salpeterkrieg peruanische gegen chilenische Truppen und zogen als Verlierer heim. Die Niederlage wurde auch mit dem mangelnden Kampfgeist der indigenen Soldaten (und der sie begleitenden Mägde, Köchinnen, Marketenderinnen; ich habe den Punkt der Präsenz von Frauen in der Armee und ihrem Tross noch nicht ausreichend recherchiert) begründet; erneut strebte nun die intellektuelle Elite nach nationaler Regeneration durch Belebung eines vorkolonialen Erbes.

Hier sind wir bereits in der Zeit, in der Vallejo liest und lernt und den führenden Lehrern, ja, nur männlichen, der Zeit begegnet.[9] Er selbst gehört nicht zu den ganz Armen. Enzensberger schreibt über ihn:

> Aufgewachsen ist er als der Jüngste von elf Geschwistern im Hause seines Vaters, der ein geringer Verwaltungsbeamter war. Dort war das Leben arm, patriarchalisch, nüchtern, doch nicht ohne Anstand und Würde. So, zwischen Entbehrung und Würde, Ehrbarkeit und Bedrückung hat das vorindustrielle Kleinbürgertum, bevor es aufgeschwemmt oder zermalmt wurde, überall, auch in den peruanischen Anden, gelebt.[10]

Die Würde bezog man auch daher, dass man sich in der Sphäre der Schrift bewegte. Schrift ist assoziiert mit Macht, ökonomischer Überlegenheit, Beweglichkeit in weiteren Kommunikationskreisen, oder, ebenso bedeutend, mit den Schriften, die im Kirchenraum mit der Aura des Heiligen geladen sind. Dort wäre dann aber genauer von Re-Oralisierung zu sprechen. Dagegen steht eine Welt der Mündlichkeit für Körpergebundenheit, Emotion, Verwendung von Zeichen und Symbolen, die direkt der Lebenswelt entnommen sind, Performativität, Bindung der Wörter an gesamtsinnliche Erfahrung, Nähe des Sprechers und des Wortes zum Referenten und die Möglichkeit, direkt auf diesen zu verweisen oder ihn in die Kommunikation einzubeziehen.

Für Vallejo war die Sprache der Eltern und der Geschwister, der mündlichen Lebenswelt, das Spanische, wenn wir von Interjektionen, To-

---

9 Vgl. Michelle Clayton, *Poetry in Pieces*, Berkeley 2011, 28–29.

10 Enzensberger 1963, 109.

ponymen, Tiernamen absehen oder Begriffen, die mit den Ruinen und Erzählungen vom Inkareich verbunden sind. Das unterscheidet ihn vom jüngeren José María Arguedas, der unter indo-amerikanischem Gesinde aufwuchs, das Quechua als seine ureigene Sprache begriff, ja sogar im Gebrauch des Quechua, seinem besonderen Klangwert, seinem Einklang mit dem Wesen der andinischen Landschaft und dem Wesen der vorspanischen Bevölkerung seine soziale Utopie begründete. Es ist eindrucksvoll, wie Arguedas in Erzählungen, etwa *Warma Kuyay/Amor de niño*, Elemente des Quechua, Diminutive, Ausrufe, Dialog-Fragmente, einbezieht und so die Unmittelbarkeit der mündlichen Lebenswelt des Kindes Arguedas suggeriert und auch die Kosmologie, die sich über den Klang und die Art der Begriffsbildung des Quechua ausdrückt. William Rowe spricht von einem „physisch-semantischen Netz, dessen Gehalt und Form die *wakas* sind, die Name, Wesenheit und Ort in einem sind" und von der „Beziehung des Wortes mit dem Ort (*waka*) und den Kräften (*camay*)".[11] So konnte Arguedas vorbringen, die Tragik des von ihm bewunderten César Vallejo hätte darin bestanden, keine Sprache mehr zu sprechen, die seinem Ausdrucksbedürfnis und seinen elementaren Erfahrungen im Naturraum der Anden adäquat gewesen wäre.

Enzensberger dagegen hat wenig Geduld mit dem Indigenismo und heißt ihn „folkloristische Geisterbeschwörung"[12]. In seinen besten Zeugnissen strebt der Indigenismo, so José Miguel Oviedo dagegen, nach der

> [...] Darstellung der peruanischen Kultur in ihrer Gesamtheit, als multikulturelle Realität, in der Herren und Knechte, Reiche und Arme, Indios, Mestizos und Weiße in wirre Kämpfe verstrickt sind, die weniger mit Ideologien, die von außen auferlegt wurden, zu tun haben, denn mit uralten Glaubensformen einer archaisierenden Kultur, die nur zur Hälfte in die Bahn des Westens aufgenommen ist.[13]

Der heikle Punkt wäre wohl: Wie lassen sich Ausdrücke wie „creencias ancestrales", „cultura arcaizante" genauer fassen und ausdifferenzieren?

---

11 „red físico-semántica, cuyo fondo y forma son las *wakas*, que son a la vez nombres, seres y lugares"; „relación de la palabra con el lugar (*waka*) y con las fuerzas (*camay*)". William Rowe, *Sobre la heterogeneidad de la letra en* Los ríos profundos*: una crítica a la oposición polar escritura/oralidad*, Lima 2003, 233.

12 Enzensberger 1963, 111.

13 „...representación de la cultura peruana en su totalidad, como una realidad multicultural, en la que señores y siervos, ricos y pobres, indios, mestizos y blancos se traban en confusas luchas que tienen que ver menos con ideologías impuestas desde fuera que con creencias ancestrales de una cultura arcaizante, que sólo a medias ha ingresado a la órbita de Occidente." José Miguel Oviedo, *José María Arguedas*, Madrid 2002, 73.

Vallejo zwischen den Anden und Paris

Es ist nicht dasselbe, in Paris zu leben und seinen Lärm, seine Gerüche, sein Elend der Zwanziger Jahre, sein Tempo zu erleben oder aber französisches Kulturgut über nicht-körpergebundene Medien zu rezipieren. Ich teile daher die These, sie findet sich bei Alfonso de Toro, nicht, die lautet: In der Welt des Internets ist es sinnlos von Transkulturalität zu sprechen, es gäbe ohnehin keine Grenzen mehr zwischen den Kulturen, alles werde ständig rund um die Welt kommuniziert und transferiert.[14] Diese Auffassung überschätzt die Bedeutung des Visuellen und Akustischen gegenüber der gesamtsinnlichen Erfahrung, die immer noch Anwesenheit an einem Ort verlangt. Dennoch scheint zuzutreffen: Die Vorstellung von isolierten Kultur-Räumen ist spätestens dann obsolet, wenn Schrift und Bücher im Umlauf sind; und so überwinden kulturelle Formen und Inhalte recht schnell große Distanzen, reisen über Ozeane; und es wäre wohl zu simpel, wenn auch nicht ganz unrichtig zu sagen, dass kulturelle Güter in Peru importiert wurden, in dem Maße, in dem Rohstoffe außer Landes geschafft wurden. Über Anthologien und Übersetzungen gelangten die neuesten Strömungen der Dichtung nach Peru: Baudelaire, Verlaine, Mallarmé[15], die radikal-materialistische Evolutionsphilosophie von Ernst Haeckel, die Analyse der Macht des Kapitals, der Börse, des Profitstrebens durch den Marxismus und vor allem sein Glaube, die FabriksarbeiterInnen, die Bergleute, die TagelöhnerInnen würden durch den Tunnel entfremdeter Arbeit, über die Zwangsverpflichtung zur Maschinenarbeit, durch den Dienst an Technik, Naturwissenschaft und Urbanität zu einer geschwisterlichen neuen Weltordnung gelangen.[16]

Nach seiner ersten Reise in die Sowjetunion berichtet Vallejo begeistert von der musterhaften Organisation des Staates – gleichzeitig allerdings anmerkend, dass er bald abgereist sei, weil er die Sprache nicht verstand und es in Moskau unmöglich wäre, ein leistbares Zimmer zu finden.[17] 1926 veröffentlichte Tristán Morof den Band *La justicia del Inca*, 1928 erschien das Buch *L'Empire socialiste des Incas* von Louis Boudin.[18] Hier trafen sich Indigenismo und Marxismus, die Unterwerfung des Individuums unter die Diktatur des Proletariats und der Fünfjahresplan Stalins fanden ihr fernes Vorbild in der mustergültigen Organisation des Inka-Reichs, das dem Untertanen gegen den Preis einer vollständigen Kon-

---

14 Alfonso de Toro, *Pasajes – Heterotopías – Transculturalidad: Estrategias de hibridización en las literaturas latino/americanas: un acercamiento teórico*, Madrid 2005, 25–26.

15 Vgl. Jean Franco, „La temática", in: César Vallejo, *Obra poética*, Madrid 1996, 582.

16 Vgl. Clayton 2011, 9–11.

17 Der Bericht findet sich im Brief an Pablo Abril de Vivero, datiert in Paris am 27. Dezember 1928 (César Vallejo, *Dossier*, Madrid 1996, 698).

18 Vgl. César Vallejo, *Obra poética*, Madrid 1996, 720.

trolle seines Lebenslaufes, seiner Privatsphäre, sowie einer Uniformierung des Lebens der Untertanen ein Stück Land und damit ein Überleben in der Gemeinschaft sicherte.

Freilich ging es dem Indigenismus in seinen differenzierten Varianten nicht um eine Neugeburt des Inkareichs, sondern darum, in der Gegenwart soziale Formen zu entfalten, die in den alten Kulturen im Keim angelegt seien.[19] Vallejos „Nostalgias imperiales" stammt etwa aus der Zeit, in der der Poet den Lobgesang kollektiven Wirtschaftens in der Sowjetunion mit Elementen der peruanischen Geschichte zu verschmelzen versuchte:

> Telúrica y magnética
> [...]
> ¡Rotación de tardes modernas
> y finas madrugadas arqueológicas!
> ¡Indio después del hombre y antes de él!
> ¡Lo entiendo todo en dos flautas
> y me doy a entender en una quena!
> ¡Y lo demás, me las pelan!
>
> Rotation of modern afternoons
> And rarified archeological early mornings.
> Indian after man and before him!
> I understand all, in two flutes,
> And I come to understand, in a *quena*!
> And the rest, oh they've got me going!...[20]

Wörter zu identifizieren, ihr Alter, ihre Herkunft, ihr Prestige, ihre Konnotationen festzustellen, kann nur ein erster Ansatz sein, um die Poesie Vallejos besser zu verstehen oder: tiefer zu empfinden. Doch kann es eben nur ein erster Schritt sein, wenn wir der eigenen Logik der Poesie gerecht werden wollen, die vor allem darin besteht, dass durch die chemischen Reaktionen zwischen den Wörtern, die neu und eigenwillig kombiniert sind, ein neuer, ungewohnter, unerhörter Gesamtsinn des Gedichts entsteht, oder – das wird für den Band *Trilce* behauptet – der Sinn des Texts in der Darstellung einer existentiellen Sinnsuche oder Verzweiflung an der Unmöglichkeit der Sinnfindung oder an der Unmöglichkeit des Ausdrucks des Lebens selbst durch Wörter liegt.[21]

---

19 Als Zeitzeugnis aus dem Jahr 1928 und als Beispiel für eine Stimme, die früh Vallejos Eigenheit in seinem Mestizentum und seinem „pesimismo de indio" zu sehen meinte, empfiehlt sich die Lektüre von José Carlos Mariátegui, *Siete ensayos de interpretación de la realidad peruana*, Caracas 1995, 203–209.

20 Zit. nach Jean Franco, *César Vallejo: The Dialectics of Poetry and Silence*, Cambridge 1976, 177.

21 Vgl. Franco 1976; Kritik an „lecturas referenciales" übt entsprechend Franco 1996, 575.

Rhythmus

Jede Poesie muss auf die eine oder andere Weise anzeigen, dass sie sich von Alltagssprache abhebt. Jede Poesie wirkt vor allem dadurch, und trifft sich hier mit der Musik, dass sie HörerIn oder LeserIn in eine andere Zeitdimension trägt. Daher kann es keine Poesie geben, die nicht die Qualitäten von Klang und Rhythmus einsetzt, sei es in gebundenen Formen oder in freien Versen. Es ist zu vermuten, dass Alliteration und Assonanz in allen Kulturen anzutreffen sind, dass der regelmäßige Schlag der Akzente Menschen zutiefst bewegen kann, wie auch nicht, der Herzschlag der Mutter ist die elementarste Erfahrung; dass eines der stärksten Mittel der Kunst der effektvolle Einsatz der Pause ist; kurz: dass wir auf der Ebene des Rhythmus die eigentliche Macht der Lyrik suchen müssen, oder genauer: im Zusammenspiel zwischen Semantik und Rhythmus. Ein faszinierendes Forschungsfeld könnte Metrik gerade im Bereich der transkulturellen Forschung werden. Wenn es stimmt, dass Rhythmus eine der stärksten Bindekräfte einer Kultur ist, dass Rhythmus, damit auch Rhythmus von Poesie, auf geteiltes Arbeiten und Feiern, auf geteilte Körpererfahrung und damit geteilte Emotion verweist, dann könnten gerade Studien zum Rhythmus Ergebnisse liefern, die präziser und weniger nebulos sind, als es Aussagen zu kultureller Differenz oft zu sein pflegen. Der Band *Poesía hispanoamericana: ritmo(s)/ métrica(s)/ ruptura(s)* von Gema Areta Marigó und anderen stellt einen solchen Versuch dar, Metrik völlig entstaubt mit neuen Ansätzen der Kulturanalyse zu verbinden. Ich würde gerne ein Projekt anzetteln, das versucht, das irrwitzige 17. Jahrhundert, das spanische Barock durch eine Analyse des Rhythmus des Lebens und der Kunst tiefer zu verstehen: Gitarren, Kirchenglocken, Feuerwerke, Achtsilber, Elfsilber, Moriskentänze, Sarabanden, Follias... Wie würde ein solches Projekt für Vallejo aussehen? Wäre es möglich, den Weg seines Lebens und seiner Kunst und den Wandel der Zeit, den er miterlebte, am Wechsel der Klänge und Rhythmen abzulesen? Von den Höhen der Anden nach Madrid, Russland, Paris.

Am Klang der Sprachen: Quechua und Spanisch; an der Alltagssprache der Gebirgler und den magischen Formeln des Gottesdienstes; den Kirchenglocken, die etwa am 2. November für die Toten läuten, dem Knarren und Knirschen eines Karrens, dem Wiehern von Pferden, dem Wind, wie er auf 3000 Metern über dem Meer pfeift, dem Wasser, dem Schreien von Nachtvögeln, die Unheil verkünden, Licht und Luft, Trommeln, das Gewirr der Stimmen von elf Kindern, dann aber die Klänge von Motorrädern, Autos, Maschinen ...; Vallejo arbeitet mit lautmalerischen Effekten und er setzt seine Stimme ausdrücklich mit der der *quena*, der Flöte der Andenbewohner, gleich, sei es nun, weil diese Tradition in seiner kindlichen Lebenswelt überlebt hatte, sei es, weil er sie neu erfinden wollte.

¡Lo entiendo todo en dos flautas
y me doy a entender en una quena!
¡Y lo demás, me las pelan!

I understand all, in two flutes,
And I come to understand, in a *quena*!
And the rest, oh they've got me going![22]

Diese Suche nach Klängen der Dichtung, die Hörerfahrungen unmittelbar nachahmen oder besser: mit Sprache neu schaffen, bliebe für sich wieder vordergründig. Die Suche müsste weiter führen nach Rhythmen, die weniger offenkundig sind, Rhythmen etwa der Körperfunktionen, Rhythmen, die soziale Zeit und Tätigkeit organisieren. In einem Brief zu seiner Sammlung *Trilce*, jener also, die am stärksten mit der Tradition bricht, schreibt César Vallejo, der Rhythmus bewahre seine Poesie davor, von der Freiheit („libertad") in Zügellosigkeit („libertinaje") abzugleiten.[23]

Glücklich die Zeit, in der Intellektuelle, ein und derselbe Intellektuelle, über Anarchismus *und* über Metrik schrieben. Manuel González Prada, Lehrer und Vorbild für Vallejo und sein Förderer, war ein solcher Denker. Wir verdanken ihm die Abhandlung *Ortometría*, die versuchte, Rhythmen und Formen zu finden, die einer neuen modernen Dichtung angemessen wären. González Prada kannte die Tradition spanischer Lyrik genau, bezog Ansätze der Romantik ein, war stark beeinflusst vom französischen Symbolismus und der Schule des Parnaß: *La musique avant tout chose*.[24] Auch César Vallejo wendet alle der Tradition bekannten Mittel auf, um Rhythmus in Gang und poetische Sprache in Bewegung zu setzen, seien es nun Rhythmen des spanischen Siglo de Oro oder der neuesten französischen Strömungen. Erwachsen soll daraus nicht das Chaos, sondern eine genaue Abstimmung von Verslänge, Akzenten und Pausen. Ganz im Sinne von González Prada ist es der „ritmo de intensidad"[25], also der, der durch die Anzahl und Regelmäßigkeit der Akzente entsteht, der die rhythmische Wirkung des Gedichtes herstellt und bestimmt. Träger des Ausdrucks sind die Vokale, vor allem der Vokal *a*:

Madre, me voy mañana a Santiago,
Mutter, ich fahre morgen nach Santiago,[26]

España, aparta de mí este cáliz
Spanien, lass diesen Kelch an mir vorübergehen[27]

---

22 Zit. nach Franco 1976, 177.

23 Vgl. Vallejo 1996, 721.

24 Vgl. Hervé Le Corre, *Innovaciones y reticencias en torno al verso libre (con un ejemplo del posmodernismo cubano*, Madrid 1999, 111–124.

25 José Luis Herrero Prado, *Métrica española. Teoría y práctica*, Madrid 1996, 55.

26 César Vallejo, *Trilce. Gedichte spanisch/deutsch*, Aachen 1998, 156–157.

In einem zweiten Schritt wird dieses Empfinden von Rhythmus, der an das anschließt, was als schön und harmonisch empfunden wurde, gestört, unterbrochen: durch Wörter aus der Sprache der Technik und Wissenschaft, durch abrupten Wechsel in Klang und Akzentuierung, durch Einschübe von Wendungen und Dialogfragmenten aus dem Alltag. Die Art, in der Vallejo den ersten und vierten Vers der ersten Strophe von „Los heraldos negros" („Die schwarzen Herolde") ausklingen lässt, zeigt diese Eigenart:

Hay golpes en la vida, tan fuertes... Yo no sé!
Golpes como del odio de Dios; como si ante ellos,
la resaca de todo lo sufrido
se empozara en el alma... Yo no sé!

Es gibt Schläge im Leben, so stark... Ich weiß nicht!
Schläge wie von Gottes Hass, als habe vor ihnen
der Schlick alles Erlittenen
Lachen in der Seele gebildet... Ich weiß nicht![28]

Die rhetorische Pose bricht, kaum aufgebaut, auch wieder zusammen, der Dichter ist kein *vate* mehr, kein Seher und Prophet, sondern gesteht seine eigene Ratlosigkeit angesichts des Rätsels der Existenz ein. Am radikalsten wendet Vallejo dieses Verfahren in seinem zweiten Poesie-Band *Trilce* an. Das dritte Stück verlebendigt das Haus und die Ängste der Kindheit, das lyrische Ich imitiert wohl die Stimme des Kindes César Vallejo, das die Geschwister beim Namen ruft:

III
Las personas mayores
¿a qué hora volverán?
Da las seis el ciego Santiago,
y ya está muy oscuro.

Madre dijo que no demoraría.

Aguedita, Nativa, Miguel,
cuidado con ir por ahí, por donde
acaban de pasar gangueando sus memorias
dobladoras penas [...]

III
Die Erwachsenen,
um wieviel Uhr kommen sie zurück?
Der blinde Santiago schlägt sechs Uhr,
und schon ist es stockfinster.
Mutter sagte, sie würde nicht lange ausbleiben.

---

27 Vallejo 1996, 481.

28 César Vallejo, *Die schwarzen Boten. Los heraldos negros*, Aachen 2000, 6–7.

Agathchen, Nativa, Miguel,
Vorsicht, wenn ihr dort hingeht,
in den stillen Hinterhof, wo, ihre Erinnerungen
näselnd, soeben
die zu Grabe läutenden Leiden vorbeigingen […][29]

Nicht fertiger Rhythmus wird hier geboten, sondern Rhythmus im Entstehen, nicht, das war ja das Ziel der Poesie Vallejos, Abbildung des Lebens, sondern unmittelbare Vermittlung *der Erfahrung*[30] des Lebens, ohne Rhetorik, ohne Ornament, ohne Symbole, ohne Narration, ohne fertige Formeln, ohne Wörter, die aus bloßer Routine, wegen ihrer eingespielten Verbindung in achtloser Alltagssprache in den Text aufgenommen würden.[31]

Vallejo war fasziniert von Zahlen und in einem Selbstzeugnis stellt er fest, der ganze Band *Trilce* basiere auf dem Verhältnis 1–2–0: Hier ließe sich weiter nachdenken über die Magie der Zahl, in alten Glaubensformen, nichtokzidentalen Kosmologien und in der antiken und modernen Physik und Mathematik, die über Newton hinausgeht, philosophische Strömungen, die versuchen, über das im Abendland vorherrschende Denken, welches das Dritte ausschließt, hinauszugehen.[32] Vallejos Ablehnung der Symmetrie und seine Vorliebe für die ungeraden Zahlen könnten Ausgangspunkt für Untersuchungen in diese Richtung sein.[33]

Wie alle große Kunst ist auch die von Vallejo einzigartig im Ausdruck. Gleichzeitig war der Dichter in seiner ganzen Existenz von den Erschütterungen und Kämpfen des 20. Jahrhunderts erfasst. In seiner Poesie strebte er danach, nicht Konzepte, sondern das ganze Leben zu vermitteln. Die Originalität seiner Bilder und seines Rhythmus lässt sich aus inneren ‚Brüchen' erklären, welche die Begegnung mit Europa hervorrief, aber auch aus einer ‚ererbten' Stellung zwischen den Kulturen.

---

29 Vallejo 1998, 10–11. Vgl. Julio Ortega, „La hermenéutica vallejiana y el hablar materno", in: Vallejo 1996, 606–620.

30 Der Begriff kann in diesem Rahmen nicht weiter hinterfragt werden.

31 Wie sehr sich Vallejo von mittelmäßiger Poesie abhebt, erweist etwa ein Vergleich mit José Santos Chocanos Sonett „Blasón" (1906). Chocano feiert ein Peru des *mestizaje* in Versen, die rhythmisch ganz ohne Originalität sind (vgl. James Higgins, „El racismo en la literatura peruana", in: Ders. (Hg.), *Heterogeneidad y Literatura en el Perú*, Lima 2003, 163).

32 *Trilce* übersetzt Enzensberger mit „drei Sonnen" oder „drei Sonnentaler" (vgl. Enzensberger 1963, 113); nach Meyer-Clason soll schlicht eine Assoziation zum spanischen Wort ‚tres' (drei) erzeugt werden (vgl. Curt Meyer-Clason, „Nachwort", in: Vallejo 1998, 200); vgl. auch Rudolf Taschner, *Zahl, Zeit, Zufall. Alles Erfindung?*, Salzburg 2007, passim.

33 Vgl. Daniel Vives, „Rítmicas hispanoamericanas. En torno a Rubén Darío y César Vallejo", in: Gema Areta Marigó / Hervé Le Corre / Modesta Suárez / Daniel Vives (Hg.), *Poesía hispanoamericana: ritmo(s) / métricas(s) / ruptura(s)*, Madrid 1999, 67.

Die Frage der Transkulturalität muss, wenn es um Vallejo geht, nicht nur Mobilität und Migration berücksichtigen, sondern Formen und Phasen der Kulturbegegnung und des Kulturkonflikts unterschiedlicher historischer Dauer und Tiefe. Sie muss sich der Vielfalt stellen, die sich hinter Oberbegriffen (christliche versus indigene Kultur) birgt und dem Entstehen einer poetischen Sprache, die einerseits aus dunklen Erinnerungen der Kindheit schöpfte, andererseits aus der Begegnung mit der europäischen Poesie und der Suche nach einer revolutionären Lyrik hervorging.

Bibliographie

Areta Marigó, Gema / Le Corre, Hervé / Suárez, Modesta / Vives, Daniel (Hg.): *Poesía hispanoamericana: ritmo(s) / métricas(s) / ruptura(s)*. Madrid: Verbum 1999.

Aub, Max: *Bittere Mandeln*. Übersetzt von Albrecht Buschmann / Stephanie Gerhold. Frankfurt a. M.: Eichborn 2003 (Original: *Campo de los almendros* 1968).

Bennassar, Bartolomé: *La América española y la América portuguesa (Siglos XVI–XVIII)*. Madrid: Akal 1986.

Clayton, Michelle: *Poetry in Pieces*. Berkeley: University of California Press 2011.

Enzensberger, Hans Magnus: „Nachwort". In: César Vallejo: *Gedichte*. Frankfurt a. M.: Suhrkamp 1963, 107–121.

Franco, Jean: *César Vallejo: The Dialectics of Poetry and Silence*. Cambridge u. a.: Cambridge University Press 1976.

Franco, Jean: „La temática". In: *César Vallejo. Obra poética*. Hg. v. Américo Ferrari. Madrid u. a.: ALLCA XX 1996, 575–605.

Herrero Prado, José Luis: *Métrica española. Teoría y práctica*. Madrid: Ediciones del Orto 1996.

Higgins, James: „El racismo en la literatura peruana". In: Ders. (Hg.): *Heterogeneidad y Literatura en el Perú*. Lima: Centro de estudios literarios Antonio Cornejo Polar 2003, 157–177.

Iwasaki, Fernando: *rePUBLICANOS: Cuando dejamos de ser realistas*. Madrid u. a.: Algaba 2008.

Le Corre, Hervé: „Innovaciones y reticencias en torno al verso libre (con un ejemplo del posmodernismo cubano". In: Gema Areta Marigó / Hervé Le Corre / Modesta Suárez / Daniel Vives (Hg.): *Poesía hispanoamericana: ritmo(s) / métricas(s) / ruptura(s)*. Madrid: Verbum 1999, 111–143.

Mariátegui, José Carlos: *Siete ensayos de interpretación de la realidad peruana*. Caracas: Biblioteca Ayacucho 1995.

Millones, Luis: „Texto sagrado y tradición oral: el culto a los santos en el Perú". In: James Higgins (Hg.): *Heterogeneidad y Literatura en el Pe-*

rú. Lima: Centro de estudios literarios Antonio Cornejo Polar 2003, 63–79.
Meyer-Clason, Curt: „Nachwort". In: César Vallejo: *Trilce. Gedichte spanisch/deutsch*. Übertragen von C. Meyer-Clason (= *Werke*. Hg. von Alberto Perez-Amador Adam, Bd. 3). Aachen: Rimbaud 1998, 200–209.
Oboler, Suzanne: „The Foreignness of Racism: Pride and Prejudice Among Peru's Limeños in the 1990s". In: Anani Dzidzienyo / Suzanne Oboler: *Neither Enemies Nor Friends: Latinos, Blacks, Afro-Latinos*. New York: Palgrave Macmillan 2007, 75–100.
Ortega, Julio: „La hermenéutica vallejiana y el hablar materno." In: César Vallejo: *Obra poética*. Hg. v. Américo Ferrari. Madrid u. a.: ALLCA XX 1996, 606–620.
Oviedo, José Miguel: „José María Arguedas". In: *Antología crítica del cuento hispanoamericano del siglo XX (1920-1980). 1. Fundadores e innovadores*. Hg. v. José Miguel Oviedo. Madrid: Aianza 2002, 72–77.
Oviedo, José Miguel: „Prólogo". In: Ders.: *César Vallejo: Antología poética*. Madrid: Alianza ^{2}2013, 11–53.
Reig, Rafael: *Manual de literatura para caníbales*. Barcelona: Debate 2006.
Rowe, William: „Sobre la heterogeneidad de la letra en *Los ríos profundos*: una crítica a la oposición polar escritura / oralidad". In: James Higgins (Hg.): *Heterogeneidad y Literatura en el Perú*. Lima: Centro de estudios literarios Antonio Cornejo Polar 2003, 223–251.
Taschner, Rudolf: *Zahl, Zeit, Zufall. Alles Erfindung?* Salzburg: Ecowin 2007.
Telge, Claus: *„Brüderliche Egoisten". Die Gedichtübersetzungen aus dem Spanischen von Erich Arendt und Hans Magnus Enzensberger*. Unveröffentlichte Dissertationsschrift. Universität Leipzig 2014.
Toro, Alfonso de: „Pasajes – Heterotopías – Transculturalidad: Estrategias de hibridización en las literaturas latino/americanas: un acercamiento teórico". In: Birgit Mertz-Baumgartner / Erna Pfeiffer (Hg.): *Aves de paso. Autores latinoamericanos entre exilio y transculturación (1970–2002)*. Madrid u. a.: Iberoamericana 2005, 19–28.
Vallejo, César: *Trilce. Gedichte spanisch/deutsch.* Übertragen von C. Meyer-Clason (= *Werke.* Hg. von Alberto Perez-Amador Adam, Bd. 3). Aachen: Rimbaud 1998.
Vallejo, César: *Die schwarzen Boten / Los heraldos negros. Gedichte spanisch/deutsch*. Übertragen von Curt Meyer-Clason. Aachen: Rimbaud 2000.
Vallejo, César: „Dossier". In: César Vallejo: *Obra poética*. Hg. v. Américo Ferrari. Madrid u. a.: ALLCA XX 1996, 673–731.
Vallejo, César: *Obra poética*. Hg. von Américo Ferrari. Madrid u. a.: ALLCA XX 1996.

Vargas, Llosa, Mario: *Gespräch in der „Kathedrale"*. Übersetzt von Wolfgang A. Luchting, Frankfurt a. M.: Suhrkamp 1984 (Original: *Conversación en la catedral* 1969).

Vives, Daniel: „Rítmicas hispanoamericanas. En torno a Rubén Darío y César Vallejo". In: Gema Areta Marigó / Hervé Le Corre / Modesta Suárez / Daniel Vives (Hg.): *Poesía hispanoamericana: ritmo(s) / métricas(s) / ruptura(s)*. Madrid: Verbum 1999, 52–70.

Eine lyrische Reise nach Marokko. Exil und Transkulturalität in William Navarretes *Lumbres veladas del sur*

Andrea Gremels

Im Jahr 2007 reist der in Paris lebende kubanische Autor William Navarrete nach Marokko. Aus dieser Reise ist die Lyrikanthologie *Lumbres Veladas del Sur* (2008, Die verhüllten Lichter des Südens) hervorgegangen.[1] Die 15 Gedichte dieses ‚poetischen Reiseberichts' widmen sich unterschiedlichen Schauplätzen in Marokko. Ein kubanischer Dichter im Pariser Exil schreibt über Marokko. Was bedeutet diese transkulturelle Ausgangssituation für das Verhältnis zwischen Fremderfahrung und Selbsterkenntnis im Prozess des *reisenden Schreibens*?[2] Und wie verschieben sich die Kategorien des Eigenen und Fremden dadurch, dass dieser lyrischen Reise eine doppelte Alteritätserfahrung zugrunde liegt, nämlich die eines in Frankreich ‚ansässigen' kubanischen Dichters, der in die ‚Fremde' Marokkos reist?

Im Folgenden möchte ich die Gedichte „Cabalgata de ausentes" (Der Ausritt der Abwesenden) und „El gran Halka" (Die große Halqa) aus der Anthologie untersuchen[3] und dabei zwei Aspekte in den Vordergrund rücken: Zunächst geht es mir um die Wechselwirkung von Fremdbegegnung und Selbsterkenntnis, die das Reisen stets mit sich bringt. In einem weiteren Rahmen wirft die lyrische Reise Navarretes auch die Frage nach der Zugehörigkeit und Beheimatung dieser „Lyrik ohne festen Wohnsitz" auf.[4]

---

1 William Navarrete, *Lumbres Veladas del Sur,* Valencia 2008.

2 Der Begriff stammt von Anne Kraume, „Raum und Literatur in den Reisetagebüchern von Gide und Michaux", in: Albrecht Buschmann / Gesine Müller (Hg.), *Dynamisierte Räume*, Potsdam 2008, http://www.uni-potsdam.de/romanistik/ette/buschmann/dynraum/kraume.html (21.06.2015).

3 In: Navarrete 2008, 16–17 und 20–21. Eine Analyse des Gedichtbandes, insbesondere unter Berücksichtigung von „El gran Halka", findet sich auch in Andrea Gremels, *Kubanische Gegenwartsliteratur in Paris zwischen Exil und Transkulturalität*, Tübingen 2014, 272–280.

4 In Anlehnung an Ottmar Ettes Begriff der „Literaturen ohne festen Wohnsitz". Ottmar Ette, *ZwischenWeltenSchreiben*, Berlin 2005, 15–17.

Der kubanische Essayist Iván de la Nuez behauptet, „Kuba sei heute auf der Landkarte überall"[5]. Dies macht deutlich, dass die Betrachtung der Literatur Kubas nur aus einer transkulturellen Perspektive heraus erfolgen kann. Die Metapher der Zugvögel, „aves de paso", die der Anthropologe Fernando Ortiz in *Contrapunteo cubano del tabaco y el azúcar* (1940) verwendet, um die kubanische Kultur als stets vorläufig, transitorisch und daher im ständigen Werden begriffen zu beschreiben, hat an Aktualität nicht verloren.[6] Eine Vielzahl kubanischer Autoren lebt und schreibt heute außerhalb der Insel, d. h. Kubas Nationalliteratur ist in der Welt verstreut und entsteht jenseits von territorial fest umrissenen Grenzen in unterschiedlichsten Situationen kultureller Kontakte.

Diesem Prozess der Entgrenzung muss jedoch hinzugefügt werden, dass Kuba bis ins 21. Jahrhundert eine Bastion geblieben ist, die Schriftsteller ausgrenzt und in ein politisch motiviertes Exil zwingt. Die kubanische Revolution feierte im Januar 2016 ihren 57. Geburtstag. Trotz des Wandels, der politisch und wirtschaftlich seit 2015 zu verzeichnen ist,[7] kann ein Teil der im Exil lebenden kubanischen AutorInnen weiterhin aus politischen Gründen nicht nach Kuba zurückkehren. Vor dem Hintergrund des Exils betrachtet bringen die Gedichte Navarretes vor allem Verlust- und Grenzerfahrungen zur Sprache und sind durch eine Rückbezogenheit auf die verlorene Heimat gekennzeichnet. Als transkulturelle Lyrik hingegen richten sie sich an den Welten aus, die durch die Situationen des Kulturkontakts hinzugewonnen werden.[8] Damit ist Navarretes lyrische Reise nach Marokko im Spannungsfeld zwischen Exil und Transkulturalität zu verorten. Im Folgenden möchte ich untersuchen, inwiefern die Gedichte „Cabalgata de ausentes" und „El gran Halka" sowohl Merkmale einer Exildichtung als auch Elemente einer transkulturellen Lyrik aufweisen. Von besonderem Interesse ist dabei die Süd-Süd-Verbindung, die durch die Perspektivierung des Autors entsteht. Die deterritorialisierte Lyrik Navarretes schreibt sich in die Topographie Marokkos ein.[9] Die lyrische Reise eröffnet so einen polyphonen Sprachraum, in dem karibische, arabische und europäische Welten aufeinandertreffen und ineinander-

---

5 Vgl. Iván de la Nuez, *La balsa perpetua*, Barcelona 1998, 29.

6 Fernando Ortiz, *Contrapunteo cubano del tabaco y el azúcar*, Madrid 2002, 258.

7 So wurde zu Beginn des Jahres 2015 das Handelsembargo gelockert, das 1960 von Seiten der USA gegen die Insel verhängt wurde, und die diplomatischen Beziehungen zwischen beiden Ländern wurden wieder aufgenommen. Seither erlebt die Insel wirtschaftliche und politische Öffnungen. Zur Frage des Wandels vgl. Andrea Gremels (Hg.): „Kuba: Wandel oder Transit" / „Cuba: ¿Cambio o tránsito?", in: *Romanische Studien* 3 (2016), http://www.romanischestudien.de/index.php/rst/article/view/131 (30.03.2016).

8 Vgl. Gremels 2014, 27–28.

9 Ottmar Ette bescheinigt dem „Geist der kubanischen Literatur" vom 19. Jahrhundert an „eine Sehnsucht nach Reterritorialisierung", die jedoch „nie auf gegenläufige, deterritorialisierte Bewegungen verzichtete" (Ette 2005, 171).

greifen, so dass sich Eigenes und Fremdes, Verlorenes und (Wieder-)Gewonnenes auf unterschiedlichen Achsen kreuzen.

Der Ausritt der Abwesenden

Willliam Navarrete, der seit 1990 im Pariser Exil lebt, ist neben seiner Tätigkeit als Schriftsteller,[10] Kunst- und Literaturkritiker sowie Herausgeber und Essayist vor allem ein „unermüdlich Reisender".[11] Als poetische Reiseliteratur bringt *Lumbres Veladas del Sur* den wechselseitigen Prozess eines *schreibenden Reisens* und eines *reisenden Schreibens* zum Ausdruck.[12]

Die einzelnen Gedichte in *Lumbres Veladas del Sur* sind den verschiedenen Stationen von Navarretes Marokko-Reise gewidmet. Darunter fallen das Atlas-Gebirge („Canto al Pie de los Atlas", „Oukaimeden"),[13] die Gärten Jardin Majorelle und La Menara („Encuentro galante en La Menara" „Conversión añil de Majorelle")[14] oder auch die Städte Essaouira („Magia de los hierros") und Marrakesch, wie in „El gran Halka".[15] In „Cabalgata de ausentes" vollzieht sich die Auseinandersetzung mit Marokko hingegen nicht primär über einen bestimmten, dort besuchten Ort, sondern über eine literarische Reminiszenz. Das Gedicht ist dem zeitgenössischen marokkanischen Schriftsteller Abdellatif Lâabi gewidmet, der heute in Paris lebt und zu den bekanntesten frankophonen Autoren des Maghreb zählt. Die Begegnung mit Lâabi inszeniert Navarrete als poetischen und damit zugleich interkulturellen Dialog, in dem das lyrische Ich des *schreibend Reisenden* dem Du des marokkanischen Dichters gegenübertritt.

Meiner Interpretation stelle ich das Zitat im Epigraph voran, das Lâabis Gedicht „La langue de ma mère" (Die Sprache meiner Mutter) aufgreift: „Je n'ai pas vu ma mère depuis vingt ans. Elle s'est laissée mourir de faim" (Ich habe meine Mutter seit zwanzig Jahren nicht gesehen. Sie ließ sich hungers sterben).[16] Diese Verse über die abwesende Mutter, die aus Verzweiflung in den Hungertod gegangen ist, webt Navarrete intertextuell auf pragmatischer, semantischer und syntagmatischer Ebene in sein

---

10 Überwiegend im Bereich der Lyrik tätig, macht sich Navarrete aktuell auch als Romancier einen Namen (William Navarrete, *Fugas*, Barcelona 2014). Der Roman ist 2015 bei Stock in Paris unter dem Titel *En Fugue* erschienen.

11 Vgl. Roland Spiller, „‚Nuestra isla se hunde': naufragio con espectadores o como d/escribir el fracaso del castrismo", in: Andrea Gremels / Roland Spiller (Hg.), *Cuba: la revolución revis(it)ada*, Tübingen 2010, 220.

12 Vgl. Kraume 2008.

13 Navarrete 2008, 11–12; 25.

14 Navarrete 2008, 14–15; 27–28.

15 Navarrete 2008, 23; 20–21.

16 Abdellatif Lâabi, *L'Étreinte du monde*, Paris 1993, 45; auf Deutsch erschienen unter dem Titel *Die Umarmung der Welt* bei Brandes & Apsel, Frankfurt a. M. 2002.

Gedicht ein. Strukturell schlägt sich dies in der Anapher „tampoco yo" nieder, die alle drei Strophen des Gedichts einleitet und eine direkte Antwort auf den Prätext von Lâabi darstellt: „Tampoco yo" – „Auch ich habe meine Mutter seit zwanzig Jahren nicht gesehen". Im Folgenden möchte ich aufzeigen, inwiefern Navarrete sich Lâabis Verse aneignet und sie zugleich resemantisiert, um damit die Abwesenheit der Mutter als Trennung von seiner Heimat exilliterarisch zu verdichten.[17]

Cabalgata de ausentes

„No he visto a mi madre desde hace veinte años
Se ha dejado morir de hambre"
La lengua de mi madre, Abdellatif Lâabi

Tampoco yo,
el hombre despojado que se pierde
en las callejas de la Casbah
donde el bullicio de los mercaderes
de estolas, serpentinas de colores y pócimas,
acalla el dolor de los ausentes
y los condena a errar, de duna en duna,
escondidos detrás de un reloj de arena
como a ti, poeta proscrito en los fosos de Kenitra,
desdichado idólatra enemigo del tiempo,
por quien suenan ahora,
–ahora que el rostro te ha vuelto surcos–
los bombos en los coros selectos de París...

Ausritt der Abwesenden

„Ich habe meine Mutter seit zwanzig Jahren nicht gesehen
Sie ist in den Hungertod gegangen"
Die Sprache meiner Mutter, Abdellatif Lâabi

Auch ich nicht,
der beraubte Mensch
der sich in den Gassen der Kasbah verliert,
dort, wo das Getöse der Händler
mit ihren Stolas, Papierschlangen und Arzneitränken
den Schmerz der Abwesenden zum Verstummen bringt
und sie zum Irren verdammt, von Düne zu Düne
hinter einer Sanduhr verborgen
wie Du, geächteter Dichter in den Gruben von Kenitra,
Du unglückseliger Götzendiener, Feind der Zeit,

---

[17] Zum Motiv der Mutter als Sinnbild für die Situation des Exils vgl. Elisabeth Bronfen, „Exil in der Literatur: Zwischen Metapher und Realität", in: *Arcadia* 28/2 (1993), 180.

für den sie jetzt klingen
jetzt erst, wo Dein Gesicht Furchen trägt –
die Pauken der erlesenen Chöre von Paris...[18]

Die Bildsprache der ersten Verse versetzt den Leser zunächst in das aufgeregte Treiben einer Kasbah, im Maghreb die Bezeichnung für den Altstadtkern mit seinen engen Gassen („callejas“, V. 3), bevölkert von lärmenden Händlern (V. 4), die eine Fülle an Waren feilbieten: Textilien („estolas“), bunte Luftschlangen („serpentinas de colores“) und hausgebraute Arzneimittel („pócimas“, V. 5). Die bunte Fülle wird vor allem als synästhetische Erfahrung vermittelt, als Verschmelzen von Geruchs-, Klang- und Farbwahrnehmungen, die das Erleben Marokkos prägen. Dieser orthaften Situierung steht die Ortlosigkeit des lyrischen Ichs kontrastiv gegenüber. Es verliert sich im Labyrinth der Kasbah, geht förmlich unter im lärmenden Geschehen der verzweigten Gassen. Doch nicht nur das: Auch sein Schmerz verliert sich, denn die Fülle der Sinneseindrücke „bringt den Schmerz der Abwesenden zum Verstummen“ („acalla el dolor de los ausentes“, V. 6). In diesem Schlüsselvers gibt sich das lyrische Ich als Abwesendes zu erkennen, als „hombre despojado“, wie es im zweiten Vers heißt, ein „beraubter“ und zugleich getriebener Mensch, der dazu verdammt ist, richtungslos umherzuirren. Diese Bewegungsmodi von ‚errar‘ und ‚perderse‘ verweisen im Sinne von Julia Kristevas Begriff der „abjection“[19] auf die Ausgrenzung im Exil, das Verworfensein der Heimatlosen, die sich auf einer ununterbrochenen, rastlosen Suche nach der eigenen Verortung befinden. In Navarretes Versen findet diese Rastlosigkeit überdies Ausdruck in dem Bild „de duna en duna“ (V. 7). Die städtische Topographie der Kasbah überkreuzt sich hier bildhaft mit einer Naturlandschaft der Wüste, die durch die Metapher der Dünen evoziert wird. Dies steht in Beziehung zum Titel des Gedichts, der mit „cabalgata“ auf die Nomadenstämme Marokkos anspielt, deren Karawanen quer durch die Sahara ziehen.

Der Titel nimmt zudem das Leitmotiv der Abwesenheit auf. Die Verwendung des Plural in „ausentes“ schließt wiederum an die dialogische Grundsituation des Gedichts an. Denn nicht nur das lyrische Ich ist ein Abwesender, sondern auch das Du, also der lyrische Dialogpartner Abdellatif Lâabi, der direkt in Vers 9 angesprochen wird. Mit der Charakterisierung Lâabis als Feind seiner Zeit (V. 10) erinnert Navarrete an die politische Haft des marokkanischen Dichters, der zwischen 1972 und 1980 in die Kellergemäuer des Gefängnisses Kenitra ‚verstoßen‘ wurde und 1985 ins Pariser Exil ging, wo er heute – im Alter – als großer Schriftsteller in literarischen Kreisen gefeiert wird (V. 11–13).[20] Das Thema der Gefangen-

18 Sofern nicht anders gekennzeichnet, stammen die Übersetzungen von mir – A. G.

19 Julia Kristeva, *Pouvoirs de l'horreur. Essai sur l'abjection*, Paris 1980, 15.

20 2009 erhielt Lâabi den Prix Goncourt de la Poésie.

schaft tritt auch in der zweiten Strophe auf, allerdings losgelöst von der außertextuellen Referenz auf Lâabis politische Haft[21]:

Tampoco yo,
aun si dejo tras mis pasos,
bajo los vistosos conos de azafrán y de canela,
la noche profundamente quieta de mi casa,
aunque haga añicos y sepulte bajo el lodo
de estas calles ajenas a la lluvia,
el negro imperturbable de esa noche
colgada en la ventana de mi infancia,
como sólo cuelga ante el cautivo
el espesor de su propia soledad
mordisqueando uno a uno sus recuerdos
–recuerdos que te arrebataron las leyes–
del tiempo contenido en tus manos de niño...

Auch ich nicht,
nicht einmal dann, wenn ich meine Schritte zurücklasse,
unter den prachtvollen Kegeln aus Safran und Zimt,
der tiefstillen Nacht meines Hauses,
auch wenn ich sie zerbreche und begrabe unter dem Schlamm
dieser Straßen, die den Regen nicht kennen,
die unerschütterliche Schwärze dieser Nacht,
die am Fenster meiner Kindheit hängt,
so wie sie nur vor dem Gefangenen hängen kann,
die dichte Schwere seiner innersten Einsamkeit,
die ihm nach und nach seine Erinnerungen zerbeißt
– Erinnerungen, die ihm die Gesetze entrissen haben –
Gesetze der Zeit in Deinen Kinderhänden festgehalten...

Die gesamte Strophe ist durchdrungen von einer Semantik der Nacht, der Stille und der Einsamkeit. Dabei führt die Bewegungsrichtung nach unten, was sich in der mehrfachen Verwendung von „bajo" niederschlägt (V. 16, 18). Wieder tut sich ein Kontrast auf. Denn das bunte Treiben und die intensiven Gerüche auf den Straßen und Basaren Marokkos sind gleichzeitig umgeben von der „tiefen Stille" (V. 17) und der „unerschütterlichen Schwärze

21 Die Erinnerung an seine Jahre der Inhaftierung wird in den Gedichten aus *Étreinte du Monde* auf unterschiedliche Weise zur Sprache gebracht bzw. verdichtet. In „La langue de ma mère" wird durch die Inversion des Begriffs der Muttersprache die spezifische Sprache der eigenen Mutter evoziert, ihrer Flüche, Verwünschungen und Kraftausdrücke, um damit die Wut auf *seine* Situation und die Politik *seines* Landes zu versprachlichen: „Ou plutôt c'est elle qui parle dans ma bouche / avec ses jurons, ses grossièretés et ses imprécations" („Vielmehr spricht sie durch meinem Mund / mit ihren Flüchen, Pöbeleien und ihren Verwünschungen"). Lâabi 1993, 45. In Romanform bringt der Autor seine Gefängniserfahrung in *Kerkermeere* (*Le chemin des ordalies*), Basel 1990.

der Nacht“ (V. 20). Diese Bildsprache verweist auf die innere Gefangenschaft und Einsamkeit im Exil, die ‚schwer' und ‚dicht' zwischen Ich und Welt hängt (vgl. V. 22–23). Darüber hinaus symbolisieren diese Motive die durch den Heimatverlust bedrohte Gedächtnisfähigkeit, die das Ich nicht nur von der es umgebenen Welt, sondern auch von dessen Erinnerungen trennt.[22] Die Bilder seiner Kindheit werden ihm durch das unerbittliche Gesetz der Zeit mehr und mehr entrissen, ja „weggebissen“ („mordisquear“, V. 24). Dass der Erinnerungsverlust auch das literarische Schaffen betrifft, macht die letzte Strophe deutlich:

Tampoco yo, poeta,
verso grabado desde siempre
en la madera cuarteada del argán,
puedo extender mis brazos
hasta el poniente de tu tierra,
detrás de los confines de tu mar,
ni cabalgar sobre las crestas
que sólo se alimentan de la lluvia,
para mojar los labios resecos de mi madre
de mi pobre madre,
de mi tierra,
que muere de sed.

Auch ich nicht, der Dichter
der Vers, immer schon im gevierteilten Holz
des Arganbaums eingeritzt,
ich kann weder meine Arme ausbreiten
ganz nach Westen Deines Landes hin
weit hinter die Grenzen Deines Meeres,
noch kann ich über die Gebirgskämme reiten,
die sich nur vom Regen ernähren,
um die trockenen Lippen meiner Mutter zu befeuchten
meiner armen Mutter
meiner Erde,
sie verdurstet.

Eingangs vollzieht sich in dieser Strophe eine metapoetische Aussage über den Akt und den Ort des Schreibens. Hierbei zeigt sich exemplarisch das Phänomen der Entgrenzung, durch die die Dichtung selbst zu einem

---

22 In diasporischen Kontexten wird die Erinnerung an die Heimat zum wichtigen „ground of identity“. Durch die räumliche und zeitliche Distanz läuft dieser „Identitätsboden“ jedoch Gefahr, immer wackliger und instabiler („unstable and shaky“) zu werden. Vgl. Marie-Aude Baronian / Stephan Besser / Yolande Jansen, „Introduction“, in: Dies. (Hg.), *Diaspora and Memory. Figures of Displacement in Contemporary Literature, Arts and Politics*, Amsterdam 2007, 12.

Raum transkultureller Kreuzungen wird. Denn der Dichter eignet sich ein Marokko-spezifisches Bild an. Seine Verse sind „schon immer" in den knorrigen und bedornten Stamm des Arganbaumes eingraviert, d. h. im Irgendwo des trockenen Hinterlandes im Südwesten Marokkos und gleichzeitig im Anderswo. Denn unfähig, die Arme westwärts – in Richtung des Sonnenuntergangs (V. 31) – auszubreiten, kann das lyrische Ich den Ozean nicht überwinden, um zur anderen Seite zu gelangen, dorthin, wo Kuba liegt, „mi pobre madre, [...] que muere de sed" (V. 36, 38).

Hier gelangt auch der Dialog mit dem marokkanischen Dichter zu einem Höhepunkt. Denn im Gegensatz zum Hungertod der Mutter in Lâabis Versen geht Navarretes verlorene „Mutter Erde" dem Tod durch Verdursten entgegen, ein Bild für die ‚Verwüstung' der Hoffnung auf Kuba. Hier wird eine Konfrontation von Symbolwelten ersichtlich, durch die der Dichter seiner karibischen Heimat die Trockenheit und Wüste Marokkos einschreibt. Durch das symbolhafte Ineinandergreifen der Topographien Kubas und Marokkos durchdringen sich darüber hinaus Eigenes und Fremdes. Mit der Verschmelzung dieser Bildwelten bringt Navarrete jedoch gleichzeitig seine Situation als Dichter im Exil zum Ausdruck. Denn in seinem eigenen, deterritorialisierten Anderswo ist es ihm unmöglich, den Tod ‚seiner' Erde aufzuhalten, „die ausgetrockneten Lippen seiner Mutter zu befeuchten" (V. 35), wie es im Gedicht heißt. Im verzweifelten Zustand seiner eigenen Abwesenheit bleibt dem Dichter nur, seine Verse vor dem Vertrocknen zu schützen, eben wie der Arganbaum, das kultisch verehrte Nationalsymbol Marokkos, der trotz aller Dürre Früchte trägt, aus denen das wertvolle Arganöl gewonnen wird.

El gran Halka

Auch in „El gran Halka" („Die große Zuhörerschaft") manifestiert sich die transkulturelle Dimension dieser Reise-Lyrik darin, dass verschiedene Räume und Zeiten sowie Texte und Kontexte ineinander greifen und zusammenwirken. Auch dieses Gedicht baut auf einem dialogischen Grundprinzip auf. In diesem Fall inszeniert Navarrete die Stadt Marrakesch als personalisiertes Gegenüber. Jedoch nimmt nicht die Stadt als Ganzes eine personifizierte Gestalt an, sondern ein spezifischer Ort in Marrakesch: der 2001 in die UNESCO-Liste der „Meisterwerke des mündlichen und immateriellen Erbes der Menschheit" aufgenommene, bunte Kulturraum des Jemaa el-Fna-Platzes. Als solcher ist er zu einem literarischen Topos avanciert. Bei einer Reihe von zeitgenössischen Schriftstellern wird er zum Schauplatz ihrer Romane, z. B. bei Elias Canetti, Bodo Kirchhoff,

Tahar Ben Jelloun und nicht zuletzt Juan Goytisolo,[23] dem Navarrete sein Gedicht widmet, da er sich maßgeblich dafür eingesetzt hat, dass der Platz in das UNESCO-Weltkulturerbe aufgenommen wurde. So heißt es im Prätext: „A Juan Goytisolo, salvador de la dulce albórbola de Jemaa el-Fná" („Für Juan Goytisolo, Retter des herrlichen Stimmengewirrs Jemaa el-Fnas").[24] Eine besondere Faszination übt der Marktplatz vor allem aufgrund seiner in der marokkanischen Kulturtradition verhafteten öffentlichen Erzähler, der *halaïqi*, aus, die ihr Auditorium, die *halqa*, interaktiv am erzählerischen Geschehen beteiligen.[25] Darauf verweist der Titel.

El gran Halka

Teñida de rosa, apenas lista para las abluciones,
eres la novia de todos los hombres solitarios
y repartes amor –o lo vendes–
a quien quedó abandonado
en una de tus tardes nebulosas
cuando la Kutubia, tu centinela ausente,
apenas puede amenazarte,
o cuando la voz del almocrí se apaga
ante el festín sagrado de los gnaouas,
ante el profano don de tus gitanas.

Die große Halqa

In Rosa gefärbt, fast fertig für die Waschungen,
bist Du die Geliebte aller einsamen Männer
und Du verteilst Liebe – oder bietest sie feil –
an den, der verlassen zurückbleibt
an einem Deiner nebligen Spätnachmittage
wenn die Kutubia, Deine abwesende Wache
Dich kaum bedrohen kann,
oder wenn die Stimme des Koransängers verlischt,
im Angesicht des heiligen Festgelages der Gnawa,
im Angesicht der profanen Begabung Deiner Zigeuner.

---

[23] Vgl. Elias Canettis Reisebericht *Die Stimmen von Marrakesch* (1968), Tahar Ben Jellouns Romane *L'enfant de sable* (1985) und *La nuit sacrée* (1987), Bodo Kirchhoffs *Parlando* (2001) und Juan Goytisolos *Makbara* (1980).

[24] Der „albórbola" ist ein Arabismus der spanischen Sprache und kennzeichnet damit kulturelle Hybridität auf sprachlicher Ebene, die Navarrete in seinen Marokko-Gedichten einsetzt, um die Durchdringung des Spanischen durch das Arabische hervorzuheben, die auf die bis in das 15. Jahrhundert hineinreichenden Einflüsse des osmanischen Reichs auf der iberischen Halbinsel zurückgehen.

[25] Vgl. Linda Mayer, *Positionen zur französischsprachigen Literatur des Maghreb*, Berlin 2001, 194.

Zunächst fällt hier die weibliche Personifizierung Jemaa el-Fnas als „Geliebte“ („la novia“, V. 2) auf. Durch die Liebessemantik verleiht Navarrete der Öffentlichkeit des Stadtraums einen intimen Charakter. Gleichzeitig erzeugt die Synästhesie aus Farben und Klängen eine mystische Atmosphäre. Zu der Stunde, in der sich die Kutubia-Moschee leert und der Ruf des Koransängers verklungen ist, beginnt auf dem Platz das Fest der Zigeuner und der Gnawa-Musiker, der in Marokko angesiedelten Nachfahren westafrikanischer Sklaven (V. 6–10). Jemaa el-Fna wird so zu einem Schauplatz entfesselter Energien. Gleichzeitig beherbergt der Platz verborgene Phantasien und versteckte Ängste, also die Geheimnisse der Menschen, was in der dritten Strophe zum Ausdruck gebracht wird:

Hay quien te ha visto azul hipnotizado
yo verde de ilusión que se desgrana
del relicario donde guardas los secretos
de la mujer descalza, del viejo enfermo,
del niño que encontró la monedilla
para llevar un frasco de hamamelis
como un hallazco de tu entraña
que alivia el rostro sombrío de la espera
como esperan por ti los que se ausentan
de tu ritual de olores y quimeras.

Manche haben Dich in hypnotisiertem Blau gesehen,
ich im Grün der sich herausschälenden Illusionen
des Reliquienschreins, in dem Du Deine Geheimnisse bewahrst
der barfüßigen Frau, des kranken Greises,
des Jungen, der eine kleine Münze gefunden hat,
um sich eine Flasche Hamamelis-Salbe mitzunehmen
gleich einem Fund aus Deinen Eingeweiden,
der das trübsinnige Gesicht des Wartens aufhellt
so wie all diejenigen auf Dich warten,
die Deinem Ritual aus Gerüchen und Schimären fernbleiben.

Indem Navarrete die dynamische Lebendigkeit an diesem Ort poetisch zu erfassen sucht, verdichtet er gleichzeitig den Platz Jemaa el-Fna selbst zu einem lebendigen Organismus, der – einer Pilgerstätte gleich – ein heilendes Potenzial in sich birgt. Dieser Platz verspricht allen die Linderung ihrer Schmerzen – der barfüßigen Frau, dem erkrankten Greis und dem mittellosen Kind, das sich mit einer gefundenen Münze eine Flasche erfrischende Hamamelis-Salbe kaufen kann (V. 24–25). Der Platz erweist sich damit als Hoffnungsträger. Er verwirklicht für den Dichter überdies die Utopie, dass die Menschen in all ihrer Diversität, mit ihren sozialen, religiösen, ethnischen und kulturellen Unterschieden auf einem Platz in der Welt zusammenleben können. Dass auch der Ortlose im Exil hier Heimat erfahren kann, verrät die letzte Strophe:

Mas nadie podrá verte nunca negra
porque tu alma es una recompensa
al que a tus pies se rinde sin reservas,
y hasta la viuda del mago de las letras
oyó de ti al juglar de lengua extraña
contar su nombre y el espectro de Averroes,
como encontré en tu seno, ¡oh dulce plaza!,
el ungüento oloroso de mi infancia,
el recuerdo apotecario de la China
en su última morada de La Habana.

Doch niemand wird Dich je in Schwarz sehen können,
denn Deine Seele ist eine Belohnung
für alle, die sich Dir zu Deinen Füßen rückhaltlos ergeben
und sogar die Witwe des Buchstabenmagiers
hörte Deine Gaukler in fremder Sprache
erzählen, von seinem Namen und dem Gespenst von Averroes,
so wie ich sie in Deinem Schoß wiederfand, ach herrlicher Platz!,
die duftende Salbe meiner Kindheit,
eine apothekische Erinnerung an China
und seinem letzten Aufenthalt in Havanna.

Zunächst möchte ich kurz auf eine intertextuelle Referenz auf Jorge Luis Borges, „el mago de las letras" (V. 34) eingehen, die Navarrete hier einflicht. Sie greift ein Reiseerlebnis von dessen Frau Maria Kodama in Marrakesch auf, die nach Borges Tod einen Geschichtenerzähler auf dem Jemaa el Fna-Platz dessen Kurzgeschichte „La busca de Averroes" („Averroes auf der Suche") in einer für sie fremden Sprache (Arabisch) rezitieren hörte.[26] Zum einen wird durch den Bezug auf das Leben des spanisch-arabischen Arztes und Philosophen Averroes, der zu Beginn des 12. Jahrhunderts im spanischen Córdoba geboren wurde und 1198 in Marrakesch verstarb, eine Verbindung zwischen der spanischen und arabischen Welt hergestellt. Zum anderen bringt Navarrete mit der Referenz auf Borges' Erzählung das Thema des Übersetzens mit ins Spiel. Denn die Suche von Averroes besteht darin, bei der Übersetzung der Poetik von Aristoteles ins Arabische die Bedeutungen der Worte ‚Tragödie' und ‚Komödie' zu verstehen. Diese sind ihm unbekannt, da in seinem Kulturkreis Theateraufführungen nicht existieren.[27] Außerdem verweist diese Allusion auf die Stimmen- und Sprachenvielfalt des Platzes, der trotz aller Grenzen der Übersetzung ein Sammelsurium an Geschichten zum Klingen bringt und so zu einem lebendigen und dialogischen Gedächtnisort wird, an dem die

26 Vgl. Olga Connor, „Marruecos es la tierra de las *Lumbres veladas del sur*", in: *El Nuevo Herald* (2. Juni 2009), o. S.

27 Jorge Luis Borges, „La busca de Averroes", in: *El Aleph*, Madrid 1995, 104–117.

Erzählungen aus aller Menschen Länder sich kreuzen. So wird das Gedicht selbst so zum Raum eines transkulturellen Sprach-Orts.

Und auch für das lyrische Ich wird der Platz zu einem Fundort, der es zu seiner eigenen Geschichte zurückführt: Bei einem Händler entdeckt es ein „ungüento oloroso" (V. 38), nämlich den aus China in alle Welt und bis nach Havanna ins Barrio Chino exportierten Tigerbalsam, der es an seine Kindheit auf Kuba erinnert: „el recuerdo apotecario de la China / en su última morada en La Habana" (V. 39–40). Im Prozess des Erinnerns vergegenwärtigt sich Kuba in Marokko. Das Reisen in die Fremde führt zur Wiederentdeckung der verlorenen Kindheit. So wird Marrakeschs Jemaa el-Fna für den Dichter zum Raum eines Havanna-Erlebnisses. Dies veranschaulichen im Sinne Fernando Ortiz' die Transkulturationsmomente der „aves de paso" (Zugvögel), die sich in einem konstanten Prozess von „desarraigo" (Entwurzelung) und „reajuste" (Neuentwurf) zwischen verschiedenen Kulturen bewegen.[28] Darüber hinaus lässt sich hier das ‚Wanderphänomen' transkulturellen Erinnerns herauskristallisieren, das „quer durch und über zeitliche und räumliche Kontexte hinaus" angestoßen wird.[29]

Deswegen wird Marrakeschs zentraler Marktplatz vom Dichter zu einem persönlichen Gegenüber stilisiert. Denn Jemaa el-Fna bringt nicht nur die Erinnerung an seine Kindheit in Havanna zum Vorschein, sondern verkörpert auch sein eigenes transkulturelles Selbstverständnis – spiegelbildlich im Anderen beobachtet. Denn nur an einem solchen Ort grenzenloser Diversität, der die Geschichten aus aller Welt in Dialog zueinander bringt, kann der Heimatlose im Exil vorübergehend ein Gefühl der Zugehörigkeit und Beheimatung erfahren.[30]

Fazit

Sowohl in „Cabalgata de ausentes" als auch in „El gran Halka" bringt William Navarrete als *schreibend Reisender* die Ortlosigkeit des Exilierten zur Sprache. In „Cabalgata de ausentes" geschieht dies über die intertextuelle Einbettung von und Identifikation mit Abdellatif Lâabis Gefangenschaft und Exil, mit der Navarrete seiner eigenen Ausgrenzung Ausdruck verleiht. Dabei stützt er sich auf das für die Exilliteratur typische Sinnbild

---

28 Ortiz 2002, 255.

29 Astrid Erll, „Travelling Memory", in: *Parallax* 17/4 (2011), 11.

30 Dass das Weltkulturerbe Jemaa el-Fnas mit seiner symbolträchtigen Existenz als Ort der Hoffnung und des Friedens stets auch der Bedrohung ausgesetzt ist, zeigt ein Bombenanschlag islamistischer Terroristen am 28. April 2011, bei dem 18 Menschen unterschiedlicher Herkunft ums Leben kamen. Am 9. Mai 2011 hinterlässt Navarrete von Paris aus einen zweisprachigen Kommentar wütender Enttäuschung über diesen Anschlag auf seinem Blog: http://cubalpairo.blogspot.de/2011/05/una-vieja-tecnica-marruecos.html (17.06.2015).

des Verlustes der Mutter als Verlust von Heimat. Die exilpoetische Verdichtung der Ortlosigkeit führt gleichzeitig aber auch zu einer transkulturellen Öffnung. Denn im Bezugsrahmen der Süd-Süd-Verbindung zwischen Marokko und Kuba kommt es zu einer transkulturellen Durchdringung verschiedener Bildwelten, die gleichzeitig an das Selbstverständnis des Dichters im Exil rückgebunden ist: Die symbolische Besetzung der Karibikinsel Kuba mit den Motiven Trockenheit, Wüste und Verdursten zeigt, dass in der Fremdbegegnung die Erkenntnis über das spezifisch Eigene überhaupt erst zur Sprache kommen kann, nämlich die Hoffnungslosigkeit und Handlungsunfähigkeit, die der Dichter im Exil angesichts der Situation auf Kuba empfindet.

Diese Öffnung geschieht in „El gran Halka" in Form des transkulturellen Erinnerns, das die verlorene Kindheit – ein weiteres exilliterarisches Motiv – wieder aufscheinen lässt. Momenthaft wird das Havanna des deterritorialisierten, kubanischen Dichters im Stadtkern Marrakeschs vergegenwärtigt. Darüber hinaus zeigt Jemaa el-Fna dem Heimatlosen aber, dass sich Beheimatung nur jenseits von einer ‚einfach' gedachten kulturellen Zugehörigkeit konstituieren kann, also gerade im „transkulturellen Durcheinander"[31] sich kreuzender und sich gegenseitig durchdringender Kulturen und ihrer Geschichten, die im Raum der Lyrik zum Klingen gebracht werden.

Mit den transversalen Bewegungen des *reisenden Schreibens* verdeutlicht Navarretes lyrische Reise nach Marokko schließlich, wie die Gedichte selbst zum polyphonen Sprachraum transkultureller Kreuzungen werden, in dem sich jedoch gleichzeitig die Grenzerfahrungen des Exils verdichten. Der Rückbezug auf Kuba, der die Gedichte Navarretes kennzeichnet, zeigt nicht zuletzt die Entgrenzung der kubanischen Literatur auf, die nicht an die territorialen Umrisse der Insel gebunden ist, sondern sich auf der Landkarte über die Stadt Marrakesch bis in das marokkanische Hinterland der Berberstämme hin erstreckt.

Bibliographie

Baronian, Marie-Aude / Besser, Stephan / Jansen, Yolande: „Introduction". In: Dies. (Hg.): *Diaspora and Memory. Figures of Displacement in Contemporary Literature, Arts and Politics*. Amsterdam: Rodopi 2007, 9–15.

Borges, Jorge Luis: „La busca de Averroes". In: *El Aleph*. Madrid: Alianza 1995, 104–117.

Bronfen, Elisabeth: „Exil in der Literatur: Zwischen Metapher und Realität". In: *Arcadia* 28/2 (1993), 167–183.

[31] Ette 2005, 20.

Connor, Olga: „Marruecos es la tierra de las *Lumbres veladas del sur*". In: *El Nuevo Herald*, 02.06.2009, o. S.

Erll, Astrid: „Travelling Memory". In: *Parallax* 17/4 (2011), 4–18.

Ette, Ottmar: *ZwischenWeltenSchreiben. Literaturen ohne festen Wohnsitz.* Berlin: Kulturverlag Kadmos 2005.

Gremels, Andrea (Hg.): „Kuba: Wandel oder Transit" / „Cuba: ¿Cambio o tránsito?". Sektion in: *Romanische Studien* 3 (2016) http://www.romanischestudien.de/index.php/rst/article/view/131 (30.03.2016).

Gremels, Andrea: *Kubanische Gegenwartsliteratur in Paris zwischen Exil und Transkulturalität*. Tübingen: Narr 2014.

Kraume, Anne: „Raum und Literatur in den Reisetagebüchern von Gide und Michaux". In: Albrecht Buschmann / Gesine Müller (Hg.): *Dynamisierte Räume*. Potsdam: Internetpublikation 2008, http://www.uni-potsdam.de/romanistik/ette/buschmann/dynraum/kraume.html (21.06.2015).

Kristeva, Julia: *Pouvoirs de l'horreur. Essai sur l'abjection*. Paris: Seuil 1980.

Lâabi, Abdellatif: *L'Étreinte du monde*. Paris: Éditions de la Différence 1993.

Lâabi, Abdellatif: *Kerkermeere. Bericht aus Marokko*. Aus dem Französischen übersetzt von Giò Waeckerlin Inundi. Basel: Lenos Verlag 1990.

Mayer, Linda: *Positionen zur französischsprachigen Literatur des Maghreb*. Berlin: dissertation 2001.

Navarrete, William: *Fugas*. Barcelona: Tusquets 2014.

Navarrete, William: *Lumbres Veladas del Sur*. Valencia: Aduana Vieja 2008.

Nuez, Iván de la: *La balsa perpetua*. Barcelona: Editorial Casiopea 1998.

Ortiz, Fernando *Contrapunteo cubano del tabaco y el azúcar*. Madrid: Cátedra 2002.

Spiller, Roland: „‚Nuestra isla se hunde': naufragio con espectadores o como d/escribir el fracaso del castrismo". In: Andrea Gremels / Roland Spiller (Hg.): *Cuba: la revolución revis(it)ada*. Tübingen: Narr 2010, 213–229.

http://cubalpairo.blogspot.de/2011/05/una-vieja-tecnica-marruecos.html (17.06.2015).

“Homecomings without home”. Discrepant Poetics of Exile and Return in the Poetry of Derek Walcott and Edward Kamau Brathwaite

Eleonora Ravizza

> I who am poisoned with the blood of both,
> Where shall I turn, divided to the vein?
> I who have cursed
> The drunken officer of British rule, how choose
> Between this Africa and the English tongue I love?
> Betray them both, or give back what they give?
> How can I face such slaughter and be cool?
> How can I turn from Africa and live?
> (Derek Walcott, “A Far Cry from Africa”)[1]

Written in the wake of the Mau Mau uprising in Kenya (1952–60), an episode remembered as one of the bloodiest moments in the history of the anti-colonial struggle, Derek Walcott’s “A Far Cry from Africa” (1962) articulates the inner conflicts shaping the poet’s mixed, Caribbean identity. As a witness of the flourishing of movements of colonial emancipation inspired by Pan-Africanist ideologies in the Caribbean and as a poet madly in love with the English language and its cultural heritage, Walcott finds himself in the uncomfortable position of feeling intellectually and emotionally involved in a war that is happening miles and miles away, and incapable of sympathizing with either one or the other of the parties involved. The poem juxtaposes the horror of the massacres committed by the Mau Mau terrorists (“Kikuyu, quick as flies, / batten upon the bloodstreams of the velt”[2]) to the violence intrinsic in the colonial apparatus (“Statistics justify and scholars seize / The salient of colonial policy”[3]). To Walcott, the savagery of the bloodshed inflicted by the Kenyan rebels mirrors the brutality of the more sophisticated forms of retaliation perpetrated by the so-called ‘civilized’ British ruler, who had imprisoned and

1 Derek Walcott, *Collected Poems 1948–1984*, New York 1994, 18.
2 Walcott 1994, 17.
3 Walcott 1994, 17.

tortured hundreds of thousands of people in concentration camps and enclosed villages ("The violence of beast on beast is read / As natural law, but upright man / Seeks his divinity by inflicting pain"[4]). A descendant of African slaves deported to the Caribbean and of European colonists, the poet finds himself caught in an unsolvable double bind: which side should he take, if both cultural roots to which he tries to pledge allegiance are, in fact, equally ethically unacceptable?

The last stanza of "A Far Cry from Africa", which I have chosen as an epigraph to this paper, exposes the problem of identity in the form of an either/or question ("where shall I turn, divided to the veins?", "how choose between this Africa and the English tongue I love?"). Walcott, who feels bound to both Africa and Europe for genetic, cultural and even emotional reasons, depicts the negotiation of his own position between the two cultures as both a matter of survival and an impossible task. How can a colonial subject like him condemn the form that the anti-colonial struggle has taken, without turning his back to Africa and to what he considers as his own race? Yet, if the "English tongue" to which he declares his love is complicit with hundreds of other massacres should he not agree with Theodor W. Adorno's famous dictum that "to write poetry after Auschwitz is barbaric"[5]? How can a language that has been instrumental to the perversion of technical progress, rationality and mass culture – which under the promise of offering an advancement to the whole human race, have also exacerbated radical inequalities, coercion and violence – also express beauty and love? In other words, how can poetry, which for Walcott is necessarily a form of engagement with sociopolitical realities, respond to this impassable situation?

The conflict that Walcott phrases in this early poem reminds us that, more often than not, encounters between cultures do not happen in peaceful, neutral ways. The poet expresses here a negative view of his hybrid identity, a condition which does not endow him with a feeling of belonging and acceptance, but rather with a sense of displacement and isolation. As the Indian critic Homi Bhabha would put it, the paradigm through which Caribbean poetry comes into being, is not that of diversity – in which cultures which are ideally on the same level can be compared – but rather that of difference, which is characterized by asymmetries, antagonistic forces and struggle.[6] While the word 'diversity' encompasses the liberal ideals of tolerance and respect, 'difference' calls our attention to inequality of cultures, to discrimination, to the impossibility of conforming and adhering to models imported from somewhere else.

---

4 Walcott 1994, 17.

5 Theodor Adorno, "Cultural Criticism and Society", in: *Prisms* (1984), 34.

6 Homi Bhabha, *The Location of Culture*, London 1994.

"A Far Cry from Africa" concludes with a question mark, an open question that suggests that the issue of identity must be tackled in a different way. As Homi Bhabha reminds us, "[t]he time of liberation is [...] a time of cultural uncertainty, and, most crucially, of significatory and representational undecidability"[7]. The word 'trans-cultural', as opposed to 'inter-cultural' or 'multi-cultural', implies that cultures cannot be understood as separate entities, whose interaction leaves them untouched and unaffected. On the contrary, the prefix 'trans' implies that it is possible to move across cultures, to transform them, to traverse the space of in-betweenness, and to find new ways of inhabiting it. By the same token, in order to be really 'trans-cultural', poetry must be able to exceed what in "A Far Cry from Africa" appeared like an estranging dual opposition in favor of a more sophisticated, post-colonial and post-modern, poetics of identity.

The object of this contribution to the study of trans-cultural poetry is to show how the ostensible impossibility to 'betray' both African and European roots and, at the same time, to "give back what they give" (as Walcott phrased it) can be turned into what I would call an 'inclusive disjunction'. Poetry has proved an invaluable site to renegotiate processes of production and articulation of hybrid subjectivities, of cultural and linguistic translation, as well as of cultural exchange. Indeed, Caribbean poets have articulated ways of simultaneously belonging and being alienated, of being at home in exile and in exile at home. We can understand how a history shaped through a multiplicity of colonial domination (British, Spanish, French, Portuguese, Dutch, and even Danish) and of diasporas (from Africa, India, China and the Middle East), as well as by genocide, slavery and oppression, has turned the Caribbean into a space of exile, whereas the concept of 'exile' does not only embrace the condition of being spatially removed from the land of one's origin, but also, and more significantly, the existential condition of being 'different', 'other', 'alienated'. The word 'poetry', from the Greek verb *poiein*, 'to make', highlights how literature may function as a weapon of intervention upon reality, as an instrument to re-semanticize difference, as well as to explore the paradoxes and aporias that characterize Caribbean experiences of exile. Thus, I will explore how exile emerges from Caribbean verses not as a paralyzing experience, but rather a most complex, composite, even disturbing concept, a concept which, nonetheless, is crucial to tackle in the process of fashioning new ways of inhabiting the trans-cultural space.

When dealing with the issue of trans-cultural poetry, it is also important to remark that, in the context of Caribbean literature, poetry is the genre characterized by polyphony and heteroglossia par excellence. By

[7] Bhabha 1994, 35.

this, I mean that poetry is able to absorb and transform a variety of voices and utterances without merging them in an accommodating way, but rather by letting the disturbing, unsettling presence of the 'other' emerge. Indeed, Caribbean poets cannot ignore the fact that literature has been deeply involved in the process of 'othering' that has transformed the Caribbean into a marginal place, a colonial paradise untouched by 'History' with a capital 'h'. Poetry is polyphonic not only because of its capacity to mix genres, registers and discourses – the written individualistic lyrical experience of European poetry is altered, for example, through contact with the African oral, communal practice of storytelling – and by engagement with a variety of other intertextual references. It is also able to act within the prosody and the language inherited by the European literary tradition, disrupting them on a much deeper level, and interweaving them with the rhythms, patterns and musicality of the African languages that the slaver tried to extirpate through prohibition and most inhumane punishments.

I have chosen to illustrate the trans-cultural, polyphonic quality of Caribbean poetry by analysing two poems written by two of the most significant contemporary Caribbean writers, the above mentioned, Nobel laureate Derek Walcott, and the Barbadian poet Edward Kamau Brathwaite. Both Brathwaite and Walcott deal with the uprootings, violent encounters and turbulent processes of hybridization which have given shape to the Caribbean. Also, in the works of both poets, 'home', 'exile' and 'return' figure prominently as most complex, composite, even disturbing concepts. While Edward Kamau Brathwaite advocates a rediscovery and acknowledgement of the African component of Caribbeanness, Walcott strives to find sophisticated ways of feeling at home in the English language, literature and culture which he loves but which he cannot help considering as alien. By highlighting the continuities and the differences between these two poets and their stylistic choices, I will show that for both of them writing poetry is a way of building trans-cultural spaces through a re-semanticization of difference.

"Limbo" is the title of a long composition by Edward Kamau Brathwaite – a poem composed of 6 sections, each divided into subsections, which was first published in the collection *Islands* (1969), and later included into *The Arrivants. A New World Trilogy* (1973). The poem is concerned precisely with the condition of being 'in between'. 'Limbo', a term coming from the Latin expression *in limbo* meaning 'in the border', 'outside', refers to a space of exclusion, the place of lost and forgotten things. In Catholic theology, it is the eternal abode of those who led a virtuous life but were never freed from Original Sin: unbaptised infants or pagans forever deprived of Heaven, but also undeserving of damnation in Hell. In Brathwaite's poem, 'limbo' is the condition of the Africans who were forcibly deported from their original homeland to the Americas, and who live in the margins from a geographical, political, economic, and cultural point of view:

> Ninety-five percent of my people poor
> Ninety-five percent of my people black
> Ninety-five percent of my people dead
> you have heard it all before O Leviticus O Jeremiah O Jean-Paul Sartre[8]

The marginalization that Edward Kamau Brathwaite denounces in these verses is later turned into resistance and self-awareness. Indeed, the poem is not about exile as a stagnating form of deprivation. On the contrary, the Barbadian poet explores the potential for transformation and change, as well as the history of the revolutions that shaped the archipelago over the centuries.

What is particularly striking in Brathwaite's work is the way in which he achieves the re-signification of exile also through an innovative use of the rhythmic structure of poetry. In his 1979 essay "History of the Voice", Brathwaite located the cause for the marginality of Caribbean people in their inequitable relationship to the English language, as well as in the cultural models imposed through the colonial educational system. In his view, the imposition of Eurocentric literary and linguistic models made Caribbean subjects alienated from their own perceptions, to the point that they were better able to express foreign experiences than their common, everyday ones: "we haven't got the syllables, the syllabic experience, to describe the hurricane, which is our own experience, whereas we can describe the imported alien experience of the snowfall."[9] The Caribbean poet should, in Brathwaite's view, push English to its limits as to enable it to express also the reality of those who live at the edge of the former Empire, and also to transform it into a real "Nation Language", capable to express also the silenced, obliterated relationship between Africa and the Caribbean. It is not a chance, then, that "Caliban" is the title of the section of "Limbo" in which Brathwaite shows how the "syllabic experience" that Caribbean people lack to describe their own specific condition can be fashioned through a careful poetic experimentation. Caliban, the antagonist in Shakespeare's play *The Tempest*, was the orphaned son of an African mother (Sychorax, the witch of Algiers), enslaved and subjected by the magician Prospero, who taught him English and established his power over him and over the island in which they both

8 "Limbo", III,I, 1–4, in: Edward Kamau Brathwaite, *The Arrivants. A New World Trilogy*, Oxford 1973, 191.

9 Edward Kamau Brathwaite, *History of the Voice. The Development of Nation Language in Anglophone Caribbean Poetry*, London / Port of Spain 1984, 8–9.

dwelled. Yet, Caliban learned to use his master's language to curse and to plot against him. A powerful symbol of colonial resistance,[10] the figure of Caliban is appropriated by Brathwaite and transformed into the protagonist of a Carnival parade:

And
Ban
Ban
Cal-
iban
like to play
pan
at the Car-
nival;
prancing up to the lim-
bo silence
down
down
down
so the gods won't drown
down
down
down
to the is-
land
town[11]

With this type of versification, the word 'Caliban' is deterritorialized and transformed into a sequence of syllables and sounds that mimic the rhythm of the steel-pan, the percussion instrument that accompanies every Caribbean Carnival parade. Caliban becomes "ban / ban / Cal- / iban"; these mono-syllabic verses highlight that Caliban emerged from *The Tempest* as an exile, destined by Prospero to be treated as a monster and banned from society. Yet, as soon as Caliban claims that he likes to be part of a Carnival, and his participation is marked by his perfect adherence to the beat of the steel pan, we become immediately aware that he is not an isolated character anymore, but that his voice joins with the voices of other speakers. Carnival is a ritual deeply rooted in the Caribbean tradition, a moment of suppression of the rules which demonstrates the transitional nature of the constituted order. Differently from what happens in Shakespeare's play, Caliban's subversion in Brathwaite's poem is successful for two main reasons. First, instead of seeking a doomed alliance with

10 Cf. Nadia Lie et al (ed.), *Constellation Caliban. Figurations of a Character*, Amsterdam 2007.

11 Brathwaite 1973, 192.

a jester and a drunkard, this Caliban is part of a collectivity and the power of his voice derives from his newly-found belonging. Secondarily, he manages to break what Brathwaite calls "the lim- / bo silence" – the silence imposed by the colonizer – and through his performance he saves the lost African goddess from oblivion.

The most powerful example of how poetry fashions trans-cultural spaces can be found in the third subsection of "Caliban", in which 'limbo' is transmogrified both into the image of a slave-ship directed towards the Caribbean as well as into the liberating dance performed by its passengers when allowed to exercise on the deck. Limbo is, in fact, the name of the West Indian dance in which people pass, while leaning backwards, under a bar which is believed to represent the journey of the slaves through the Ocean. The ship figures prominently as a mobile element joining together the shores of Africa, Europe, and the Americas, thus allowing Brathwaite to focus on the Middle Passage as a constitutive moment of Caribbean subjectivities. What the poem manages to achieve is the transformation of 'limbo' from a situation of disempowerment and subjugation into a moment of self-reconfiguration:

> And limbo stick is the silence in front of me
> *limbo*
>
> *limbo*
> *limbo like me*
> *limbo*
> *limbo like me*
>
> long dark night is the silence in front of me
> *limbo*
> *limbo like me*
>
> [...]
>
> stick is the whip
> and the dark deck in slavery
>
> stick is the whip
> and the dark deck in slavery
>
> *limbo*
> *limbo like me*[12]

The constant repetition of the refrain "*limbo / limbo like me*" suggests that the passengers of the ship are well aware that their situation is that of

[12] Brathwaite 1973, 194.

being permanently deprived of their homeland, of castaways about to face a completely unknown world. They cannot be what they used to be anymore, but they are not something else yet. Their limbo is indissolubly accompanied by the whip of the slaver, as well as by the stick which is an essential constituent of the limbo dance. Constriction, slavery, the horror of the dark night, the silence and the cramped conditions in the ship force the dancer to go "down / down / down"[13]. As the dancers manage to pass under the stick, nonetheless, they are also able to emerge from a condition of self-annihilation, and are ready to come into being as new subjects:

> knee spread wide
> and the dark ground is under me
>
> down
> down
> down
>
> and the drummer is calling me
>
> *limbo*
> *limbo like me*
>
> sun coming up
> and the drummers are praising me
>
> out of the dark
> and the dumb gods are raising me
>
> up
> up
> up
>
> and the music is saving me
>
> hot
> slow
> step
>
> on the burning ground.[14]

What Brathwaite suggests in these lines is that Caliban's task is to transform 'limbo' into a new condition of existence, a condition in which language also becomes a primary weapon of resistance. The Limbo-dancers are able to emerge from their misery, to go "up / up / up", because the

---

[13] Brathwaite 1973, 195.
[14] Brathwaite 1973, 195.

rhythm of the drums is able to reconnect them with their gods, with their history, as well as with their language. What is more, the possibility of emerging as a subject within a new system of signification is strictly linked to the possibility of appropriating the language of those who hold the whip. Brathwaite's poem, which is meant to be read aloud and publicly performed, replaces the classical meter of English poetry with a hybrid prosody which mingles the English language and the sounds of the drums and the percussions brought from Africa. In the last stanza, music proves to be the instrument of survival that accompanies the passengers of the ship as soon as they touch the ground of their new land.

As the poem progresses, the refrain "*limbo / limbo like me*" takes on new significances, showing that 'limbo' is not just a metaphor to describe the condition of the deported, but also the matrix of their metamorphosis. Brathwaite does not limit himself to bring one meaning (limbo) closer to another ("me"), but he shows how these two poles mutually change each other. By the end of the poem it is clear that 'limbo' is a condition of survival, of non-annihilation of the self, of resistance. Through their dance the Africans undergo a process of linguistic and bodily reconfiguration. They re-organize their semiotic reality, they get ready to face the unknown and they prove to themselves that the language of the oppressor can be manipulated and bent to their music.

The crucial importance of language as the instrument through which a trans-cultural conscience may take shape in poetry lies at the heart of Derek Walcott's work as well. In Walcott's view the poet of the New World is required to innovate and revivify the English language that the colonizer left as an inheritance, to use old words, but in a new way, in a way they have never been used before. As he wrote in the speech he delivered when he was awarded the Nobel Prize,

> Poetry, which is perfection's sweat but which must seem as fresh as the raindrops on a statue's brow, combines the natural and the marmoreal; it conjugates both tenses simultaneously: the past and the present, if the past is the sculpture and the present the beads of dew or rain on the forehead of the past. There is the buried language and there is the individual vocabulary, and the process of poetry is one of excavation and of self-discovery. Tonally the individual voice is a dialect; it shapes its own accent, its own vocabulary and melody in defiance of an imperial concept of language, the language of Ozymandias, libraries and dictionaries, law courts and critics, and churches, universities, political dogma, the diction of institutions. Poetry is an island that breaks away from the main. The dialects of my archipelago seem as fresh to me as those raindrops on the statue's forehead, not the sweat made from the classic exer-

> tion of frowning marble, but the condensations of a refreshing element, rain and salt.[15]

This quote highlights the central role that 'tradition' plays in Walcott's poetic quest. While Brathwaite denounced the complicity of literature with the alienation of Caribbean subjects, and spent many years in Ghana trying to reconnect with his African roots, so as to explore and incorporate them into his poetic language, Walcott looks at the European literary tradition as a something into which new life needs to be blown. For Walcott, his African inheritance is something he is not equipped to explore ("If one went in search of the African experience, carrying the luggage of a few phrases and a crude map, where would it end?", he wrote in his essay "What the Twilight Says")[16], therefore, his task is to make do with what his colonial education has provided him with, and with a mother language he loves although he considers it a foreign language as well. His poetry is certainly less daring than Brathwaite's from the point of view of its form, and his verses are much closer to the classical models which he considers "perfection's sweat". Walcott's main concern is not that of forging afresh the "syllabic experience" (as Brathwaite put it) of Caribbean people, but rather to recreate anew the language and the models imported from abroad, showing the torture of their articulation, and the inner contradictions that emerge while they are brought to a trans-cultural context. Walcott's poetry manages to merge a variety of genres, voices, registers in a way that creates an inner tension within the classical forms of his verses; it generates ruptures and new, unexpected connections, and also challenges the reader's intellect.

In the above quoted passage, it is possible to note how deeply influenced Derek Walcott was by T. S. Eliot's modernism, but also how, at the same time, he managed to read Eliot 'contrapuntally', exposing some of the contradictions which the old American poet was oblivious of. In his essay on "Tradition and the Individual Talent" (1919), Eliot considered tradition as the "ideal order" in which literature finds its meaning and its sense of historical belonging.[17] This order is certainly not stable, as it can be modified with the introduction of a new work of art. Yet every writer who wishes to enter the perfect order of tradition, in Eliot's view, "must inevitably be judged by the standards of the past"[18]. Writers must, to put it differently, pay their due to the greatest writers of the past whose works are always simultaneously present in each literary endeavour that follows them. As tradition is implicitly white, European and mostly male,

---

[15] Derek Walcott, *What the Twilight Says: Essays*, New York 1998, 69–70.

[16] Walcott 1998, 33.

[17] Thomas Stearns Eliot, *The Sacred Wood. Essays on Poetry and Criticism*, London 1960, 50.

[18] Eliot 1960, 50.

Walcott finds himself in the uncomfortable position of seeking his place in a space which has served as an instrument of exclusion. Tradition is depicted as marmoreal, static, and institutionalized. In order to make it his home, Walcott exposed precisely what Eliot's conception of literature hides; that is, the issue of the silenced, unaccommodating, presence of the other. The colonial 'other' is able to make creative use of his inner conflicts, of his simultaneous belonging and alienation. It is able to penetrate the language of "Ozymandias, libraries and dictionaries, law courts and critics, and churches, universities, political dogma, the diction of institutions"[19] and to show how demanding and yet refreshing it is to re-articulate it from the hem of the former British Empire: the dialect of the archipelago which colonizes the language of the colonizer in reverse is like the rain which refreshes the statue's forehead, and reminds the observer that the idealized figure is actually part of a reality which is constantly changing and constantly on the move.

Walcott's claim that "the process of poetry is one of excavation and self-discovery" also reflects his contrapuntal engagement with the work of T. S. Eliot. In "Little Gidding", the fourth of *The Four Quartets*, T. S. Eliot wrote:

> We shall not cease from exploration
> And the end of all our exploring
> Will be to arrive where we started
> And know the place for the first time.[20]

Eliot's poetic figuration of a lifelong exile and a never-ceasing exploration of the terrains of language, literature and history constantly recurs throughout the whole of Walcott's poetry. The works of the Saint Lucian poet and essayist explore the same motif of the returning exile's differing, dissonant vision of home, although in a different way. Both Eliot and Walcott attribute a specific cognitive value to the motif of return. For both poets, the journey home is a journey that forces an alienated, travelling self to go along a circular path of repatriation through expatriation, a path in which this self acquires, in its estrangement, a new capacity of seeing. For both poets, the journey home thus takes self-knowledge as its ultimate goal, without implying conceptions of identity and belonging as stable. Yet, while for Eliot the truth of a return resides in the very possibility of ending the journey – "Little Gidding" is the last of the *Four Quartets*, the final poem of a cycle, and its main concerns are precisely how to end, the possibility of redemption, and the idea that the writer may eventually find his place within history and tradition – for Walcott

19 Walcott 1998, 70.
20 Thomas Stearns Eliot, The *Four Quartets*, New York, 1971, 59.

the truth of a return resides in the discrepancy between home and homecoming. Walcott's poetry is charged with the historical experience of a people whose idea of home is haunted by the memory of the deprivation of an original homeland. The uprootings, dispossessions, and forced migrations together with the violent encounters and the turbulent processes of hybridization which gave shape to the Caribbean make 'home' a most complex, composite, even disturbing concept, a concept which, nevertheless, emerges as crucial in the process of articulating collective and individual identities with which Caribbean literature engages.

For Walcott, any return involves a different form of exile, another form of alienation from the self, the eerie experience of "know[ing] the place for the first time" which is given not by the acquisition of experience, but by the fragmentation of experience and vision. It is in the poem "Homecoming. Anse la Raye" in which Walcott articulated the paradoxical idea of a homecoming marked by the very absence of home:

> for once, like them,
> you wanted no career
> but this sheer light, this clear,
> infinite, boring, paradisal sea,
> but hoped it would mean something to declare
> today, I am your poet, yours,
> all this you knew,
> but never guessed you'd come
> to know there are homecomings without home.[21]

The occasion for this poem is Walcott's return to a little village on his native island of Saint Lucia, and his realization of the incongruity of his desire to give a voice to the poorest of his people and the indifference of the inhabitants of the island to all his efforts. These words are certainly marked by the bitter awareness that the fishermen and sailors to whom he committed his work are indifferent to his poetry, and that his desire to speak for them is not granted the due recognition. Nonetheless, by acknowledging that the life he wants to capture is outside of poetry, Walcott endows his lines with a tension towards reality, a disjunction which is also the sign of the yearning that animates his poetry.

"All betrayals are quarrels with the self, their pardonable desertions the inevitable problem of all island artists: the choice of home or exile, self-realization or spiritual betrayal of one's country",[22] Walcott wrote, adding that, "Travelling widens this breach. Choice grows more melodramatic with every twilight."[23] Perhaps Walcott's character who best reflects

---

21 Walcott 1994, 128.
22 Walcott 1998, 35.
23 Walcott 1998, 35.

these inner contradictions is Shabine, the protagonist of the poem "The Schooner *Flight*". The name Shabine, as the poem reports, is "the patois for / any red nigger"[24] – "red nigger" being, in the Caribbean, someone of clearly European and African descent, just like the poet Walcott himself, a creole who cannot easily identify with either one or the other of his cultural roots ("After the white man, the nigger didn't want me"[25]). Shabine says: "I have Dutch, nigger, and English in me, / and either I am nobody, or I am a nation"[26], thus phrasing the paradox of the coexistence of both home and exile in his Caribbean identity. Shabine is a sort of Caribbean Ulysses, a sailor and a poet who has left his home, his family and his lover in a "vain search for one island that heals with its harbour / and a guiltless horizon"[27] – and in order to embrace the experience of poetry itself. His two-folded refusal of and escape from History ("I met History once, but he ain't recognize me"[28]) – signals the beginning of a journey in search of what was excluded and marginalized by discourse. Shabine's journey is both outward and inward, as it is aimed at going along the patterns of transformation that have brought Shabine, "the red nigger", into being. In this view, the field of Shabine's exploration is not just the Caribbean Sea, but poetry *per se*, and language. The only instrument which both Shabine and the poet have at their disposal for articulating their own imagination and for deploying it against the space of exile that they are about to explore is what their forgetful grandparents have left them with:

> I met History once, but he ain't recognize me,
> a parchment Creole, with warts
> like an old sea-bottle, crawling like a crab
> through the holes of shadow cast by the net
> of a grille balcony; cream linen, cream hat.
> I confront him and shout, 'Sir, is Shabine!
> They say I'se your grandson. You remember Grandma,
> your black cook, at all?' The bitch hawk and spat.
> A spit like that worth any number of words.
> But that's all them bastards have left us: words.[29]

Words, therefore, have to be the starting point of Walcott's and Shabine's journey and also the point of their arrival. They will be the site of their ceaseless explorations, as well as of their return. Just like Shabine, who decides to leave his home and becomes an exile looking for a home that

24 Walcott 1994, 346.
25 Walcott 1994, 350.
26 Walcott 1994, 346.
27 Walcott 1994, 361.
28 Walcott 1994, 350.
29 Walcott 1994, 350.

could give him some sort of redemption from history, Walcott decides to depart from his linguistic inheritance yearning for a way to inhabit language anew.

More than the arrival *per se,* Walcott emphasizes the lifelong exile which forces Shabine the traveller to conduct never-ending explorations and which also protracts itself beyond the very possibility of a return. "I had no nation now but the imagination", the line which opens the third section of "The Schooner *Flight*", highlights the condition in which Shabine's homecoming journey unfolds itself. Exile becomes both a necessity and a choice which puts the artist in the condition of utilizing his own imagination to give shape to possible narratives of home and return, of collective and individual identities. Those identities are projected into the future, they have to be articulated, but they also refuse to be fixed or petrified. The challenge that a trans-cultural poetry should face is that of the incompleteness and partiality of its quest. For this reason the end of Shabine's journey is left open. As he sails through the Caribbean Sea, he wonders at the multitude of islands which constitute the Archipelago ("[...] There are so many islands! / As many islands as the stars at night / on that branched tree from which meteors are shaken / like falling fruit on the Schooner Flight."[30]). His journey cannot end in this world, and the poet implies that only death may put a stop to Shabine's exploration:

> My first friend was the sea. Now, is my last.
> I stop talking now. I work, then I read,
> cotching under a lantern hooked to the mast.
> I try to forget what happiness was,
> and when that don't work, I study the stars.
> Sometimes is just me, and the soft-scissored foam
> as the deck turn white and the moon open
> a cloud like a door, and the light over me
> is a road in white moonlight taking me home.
> Shabine sang to you from the depth of the sea.

At the beginning of this essay, I defined Caribbean trans-cultural poetry as an "inclusive disjunction". What I hope to have shown is that this oxymoric expression may well apply to both Brathwaite and Walcott's poetry. Although their work is very different in style and scope, they both strive to find ways to articulate their homeland through the relations that connect it to somewhere else, while at the same time, they try to betray this connection, to use 'difference' not as a mark of inferiority, but rather as a cognitive tool, a space open to resignification and individual contributions. Indeed, the peculiarity of the Caribbean experience is to be found in its capacity to show how post-colonial, post-modern identities are

---

30 Walcott 1994, 361.

marked by a variety of unresolved paradoxes and by the coexistence of a variety of contradictory instances. In *Poetics of Relation*, the Martinican writer Edouard Glissant wrote that "thinking thought usually amounts to withdrawing into a dimensionless place in which the idea of thought alone persists. But thought in reality spaces itself out into the world. It informs the imaginary of people, their varied poetics, which it then transforms, meaning (*sic*), in them its risk becomes realized".[31] In this view, poetry emerges indeed as a privileged tool to give voice to the unvoiced, but also as an active part of a process of trans-culturalization.

Works Cited

Adorno, Theodor: "Cultural Criticism and Society". In: *Prisms* (1984), 17–34.

Bhabha, Homi: *The Location of Culture*. London: Routledge 1994.

Brathwaite, Edward Kamau: *The Arrivants. A New World Trilogy.* Oxford: Oxford University Press 1973.

Brathwaite, Edward Kamau: *History of the Voice. The Development of Nation Language in Anglophone Caribbean Poetry*. London / Port of Spain: Beacon Press 1984.

Eliot, Thomas Stearn: *The Four Quartets*. New York: Harvest Harcourt 1971.

Eliot, Thomas Stearn: *The Sacred Wood. Essays on Poetry and Criticism*. London: Methuen 1960.

Glissant, Edouard: *Poetics of Relation*. Chigago: The University of Michigan Press 1997.

Lie, Nadia et al. (ed.): *Constellation Caliban. Figurations of a Character*. Amsterdam: Rodopi 2007.

Walcott, Derek: *Collected Poems*. 1948–1984. New York: Noonday Press 1994.

Walcott, Derek: *What the Twilight Says: Essays.* London: Farrar, Straus and Giroux 1998.

31 Edouard Glissant, *Poetics of Relation*, Chicago 1997, 1.

Translingualität

Heraus-Treten. Zur Konzeption eines exophonen lyrischen Ich bei Yoko Tawada

Julia Prager

Wenn die japanisch-deutschsprachige Autorin Yoko Tawada die zwei Verse „wenn ich spreche / bin ich nicht da" als konsequente Feststellung auf die nicht weniger beklemmend anmutenden Zeilen „ein wort / ein mord" in ihrem „Ein Gedicht für ein Buch"[1] folgen lässt, dann ruft sie damit eine Reihe von spannungsgeladenen Beziehungen auf: beispielsweise ein konfliktuelles Verhältnis zwischen divergierenden Sprachsystemen und Kulturen, zwischen ‚fremd' und ‚eigen'.[2] Vernachlässigt man die subjektive Verortung des lyrischen Ich bzw. dessen Engführung mit seiner Autorin, kann der Eindruck einer so zu Wort kommenden Sprachkritik entstehen, wonach die abstrakte Sprache das Individuelle wie modrige Pilze im Mund zerfallen lässt.[3] Dabei ist schwerlich davon abzusehen, dass gerade das in dieser Auslegung Verworfene deren Legitimation zu bedrängen scheint, werden doch sprachkritische Verhandlungen unter ein europäisches Primat gezwungen und keine weiteren Fragen darüber angestellt, welche Spielformen in den jeweiligen Diskursordnungen inszeniert werden. Eine postkolonial und identitätskritisch informierte Lesweise verschiebt dagegen die Perspektive und lenkt den Blick auf die wissenspolitischen Implikationen der gängigen Praxis, die Kategorie des lyrischen Ich als bedeutsamen Verhandlungsort von Subjektivität zu negieren. Insofern die Position des lyrischen Ich auch in der literaturwissenschaftlichen Suspension des

---

1 Yoko Tawada, *Aber die Mandarinen müssen heute abend noch geraubt werden*, Tübingen 1997, 93–94.

2 Es scheint angebracht, bereits an dieser Stelle darauf zu verweisen, dass Kategorien wie ‚eigen' und ‚fremd' als Konstruktionen verstanden werden. Indem die identitätsstiftenden Marker ‚eigen' und ‚fremd' in- und gegeneinander geführt werden, kommt die Gleichzeitigkeit von Be- und Entgrenzung in Identitätsbildungsprozessen zum Vorschein. Das dabei entstehende Spannungsverhältnis, das Grundthema des Beitrags ist, lässt sich mit Wolfgang Welschs Konzept von Transkulturalität und der damit verbundenen Bewegung des Hybrid-Werdens relationieren.

3 Zur Sprachkritik bei Tawada vgl. u. a. Florian Gelzer, „Sprachkritik bei Yoko Tawada", in: *Waseda-Blätter* 6 (2000), 73–101.

Begriffs besetzt wird,[4] liegt die Vermutung nahe, dass sich diese Praxis erneut in die spannungsreiche Begriffsgeschichte der deutschsprachigen Lyriktheorie einreiht und diese mitnichten hinter sich lässt.

Nach gängiger Meinung wurde das lyrische Ich im Jahre 1910 von Margarete Susman eingeführt, um den Autor[5] (das „Ich im real empirischen Sinne“) von der literarischen „Form [...], die der Dichter aus seinem gegebenen Ich erschafft“, zu unterscheiden, folglich, um biographistische Gedichtinterpretationen abzuwehren.[6] Seit seiner Einführung wechselten sich geradezu paradoxe Begriffsbestimmungen des lyrischen Ich ab, weshalb es durchaus als transformative Kategorie bezeichnet werden kann. Im Zuge seines Transformationsprozesses durchlief der Begriff zahlreiche kanonische Positionen: Dabei wurde er mit dem Autor (Käte Hamburger), einer Textinstanz – entweder dem Referenzsubjekt der Personalpronomen (Jürgen Link) oder dem Träger der Sprecher-Deixis (Kaspar Spinner) – wie auch mit dem Leser respektive „Nachsprecher“ (Heinz Schlaffer) identifiziert. Hinzu kamen dialektisch angelegte Positionen, die das lyrische Ich *sowohl* durch den Autor *als auch* durch den Leser bestimmt sahen (etwa bei Herbert Lehnert). Dennoch blieb unklar, inwiefern sich seine Funktion auf eine fiktive oder reale Sprechinstanz festlegen lässt.

Nicht weniger heterogen gestalteten sich die Meinungen darüber, ob das lyrische Ich als gattungskonstitutives Merkmal der Lyrik ausgewiesen werden könne: Während Käthe Hamburger diese Frage bejahte, verwehrte sich Wolfgang G. Müller hingegen einer solchen Deutung. Letztlich muss auch offen bleiben, ob das lyrische Ich als inhaltliches Motiv (Karl Pestalozzi), als Synonym für die Werkstruktur (Jürgen Peper) oder als Ausdruck der Kreativität des Autors (Gottfried Benn) bestimmt werden kann.[7]

Das in dieser Zusammenschau eindrücklich zur Schau gestellte irreführende Potenzial des lyrischen Ich führte mehr und mehr dazu, dass sich die Literaturwissenschaft von ihm abwandte. In dieser ablehnenden Geste lässt sich ein hartnäckiges Unbehagen im wissenschaftlichen Diskurs ausmachen, mit Diskontinuitäten, Brüchen und Uneindeutigem umzugehen. Zum einen wird auf diese Weise die Möglichkeit verworfen, die eingangs skizzierten Spannungsverhältnisse produktiv zu machen. Zum anderen wird ein differenzierter Blick auf textuelle Produktionen verstellt,

---

4 Zur Suspension des lyrischen Ich vgl. Matías Martínez, „Das lyrische Ich“, in: Heinrich Detering (Hg.), *Autorschaft. Positionen und Revisionen,* Stuttgart 2002, 376.

5 Autor, Sprecher und Leser werden hier als leere Positionen verstanden, die von den jeweiligen Subjekten besetzt werden. Eine gendersensible Formulierung wird immer dann gewählt, wenn diese konkret angesprochen sind bzw. die Begegnungssituation hervorgehoben wird.

6 Martínez 2002, 376.

7 Vgl. zu diesem Absatz und für eine detaillierte Darstellung der einzelnen Positionen Martínez 2002, 377–378.

die sich an den Grenzen von ‚Nationalliteraturen' ansiedeln bzw. diese bewusst besetzen.

Von Bedeutung sind daher jene einzelnen Stimmen, die für ein Fortleben des Begriffs ein- und aus dem Chor der Rede von seiner Verwerfung heraustreten. Eine solche Bewegung vollzieht Alexander Brehm, indem er das lyrische Ich als Ort spannungsgeladener Begegnungen von Leser_in, Text und Autor_in entwirft und damit als Austragungsort einer lyrischen Praxis auffasst. Das theatrale Moment dieser Konzeption bietet die Gelegenheit, eine Verbindungslinie von Brehms Entwurf zu Yoko Tawadas Poetik der Exophonie zu ziehen. Denn Tawada begreift das Lesen von Texten als körperlichen Prozess, in dem die Vulnerabilität des Subjekts als Sprachkörper[8] erfahren wird. Anders als Brehm fokussiert Tawada das schmerzvolle Moment des Begegnens und ermöglicht dadurch eine tiefgreifendere Diskussion der ethisch-politischen Dimension des lyrischen Ich.

Dementsprechend verfolgt der Beitrag das Anliegen, im Zusammenlesen von Brehms Entwurf eines lyrischen Ich mit Tawadas Poetik der Exophonie zu einem Modell performativer Lektüre zu gelangen, das als Konzeption eines exophonen lyrischen Ich veranschlagt wird.

Der Beitrag gliedert sich im Verfolgen dieses Anliegens in drei Abschnitte: Zunächst erfolgen einleitende Bemerkungen zu Tawadas Poetik der Exophonie, die das körperliche und somit verletzliche Moment der darin etablierten Sprachauffassung fokussieren wie auch Überlegungen zur spezifischen Medialität des Sprachkörpers anstellen. Darauf aufbauend wird besagte Konzeption eines exophonen lyrischen Ich vorgenommen, die in der abschließenden Analyse zweier Gedichte Tawadas Anwendung findet.

Die exophone Haltung des In-between

Mit der Rede von produktiv werdenden Spannungsverhältnissen kommt jene oszillierende Bewegung ins Spiel, die Tawada ihrer Konzeption von Exophonie unterlegt. Dies wird auch im Hinblick auf den Begriff deutlich: Indem Tawada in ihren poetischen und poetologischen Arbeiten Exophonie immer wieder neu inszeniert, hält sie deren Bedeutungsspektrum offen. Auf diese Weise wird Exophonie als Bezeichnung für ein Betätigungsfeld lesbar, in dem sich wissenschaftliche Erörterung, literarische Praxis und ethisch-politische Positionierung überschneiden, überlagern und verdichten.

---

8 Der Begriff Sprachkörper bezieht sich in diesem Beitrag zumeist auf ein in und durch Sprache konstituiertes Subjekt, obwohl Tawada in ihren Bezugnahmen auf den Sprachkörper ebenso den lebendig werdenden Körper der Schrift bzw. Sprache thematisch macht.

Soll Exophonie als derart vielfältige Konzeption gefasst werden, reicht es nicht aus, diesen Terminus, der vor seiner Popularisierung durch Tawadas Bearbeitung[9] (außer in der Ortsnamenkunde) lediglich gelegentlich benutzt wurde, um afrikanische Literaturen in europäischen Sprachen zu charakterisieren,[10] als Synonym für das Schreiben in einer anderen Sprache bzw. Mehrsprachigkeit zu setzen. Auch seine allgemeine Definition als ‚Anderssprachigkeit' der Literatur scheint unzureichend. Zwar spricht sich Tawada dafür aus, die Distanz zur ‚eigenen' Sprache als Anliegen exophoner Praxis zu betrachten, jedoch verstellt ein ubiquitärer Einsatz deren kritisches Potenzial: Wenn Differenzen in der Literatur von Autor_innen mit Migrationshintergrund[11] eingeebnet werden, lassen sie sich nicht mehr als produktive Spannungen einbringen, die die Homogenität einer Nationalsprache in Frage stellen. Vielmehr entfaltet die Exophonie ihre poetologische Kraft, indem sie mit einer spezifischen Haltung relationiert wird. Diese Haltung zeichnet sich dadurch aus, sowohl den Text als auch das Autor_innensubjekt als sich in Übersetzung befindend anzuerkennen. Damit wird die Anwendbarkeit von Exophonie zur Beschreibung literarischer Sprachverwendungen in einer einzelnen Sprache nicht ausgeschlossen. Entscheidend ist aber das Verhältnis zwischen den Autor_innen und den Texten: Exophone Schreibweisen ergeben sich aus einer eigentümlichen Beziehung gleichzeitiger Distanz und Nähe zur verwendeten Sprache. Die daraus entstehenden Texte lesen sich wie Übersetzungen, auch wenn sie von ‚Muttersprachler_innen' geschrieben wurden. Nach Tawada lassen sich insbesondere die Texte von Kleist und Kafka mit einer solchen Haltung in Verbindung bringen.[12]

Vorrangig meint exophones Schreiben dennoch ein Schreiben in einer ‚adoptierten Sprache' und ermöglicht dadurch ein differenziertes Erfassen von mehrsprachigen Texten und ihren Autor_innen. Auf diese Weise

---

9 Ausschlaggebend war dabei Tawadas 2003 auf Japanisch erschienener Essayband *Ekusofoni: bogo no soto e deru tabi* (*Exophonie: Reisen aus der Muttersprache heraus*).

10 Vgl. Robert Stockhammer / Susan Arndt / Dirk Naguschewski, „Die Unselbstverständlichkeit der Sprache", in: Dies. (Hg.), *Exophonie. Anders-Sprachigkeit (in) der Literatur*, Berlin 2007, 8.

11 Christine Ivanovic weist darauf hin, dass Exophonie gerade für ein Abtragen der Kategorie Migrant_innenliteratur einsteht, wenn mit derartigen Zuweisungen Ausschlussprozesse einhergehen und Autor_innen, die die deutsche Sprache nicht als erste Sprache sprechen, auf den Platz des Anderen verwiesen werden. Für Ivanovic bedeutet Exophonie daher eine neue Kategorie der „Weltliteratur". Vgl. Christine Ivanovic, „Exophonie, Echophonie: Resonanzkörper und polyphone Räume bei Yoko Tawada", in: Paul Michael Lützeler / Stephan K. Schindler (Hg.), *Gegenwartsliteratur 7*, Tübingen 2008, 224. Auch wenn dieser Strategie durchaus beizupflichten ist, darf das Verhältnis von (fiktiven, aber real wirkmächtigen) Grenzbildungen und der individuellen Bewegung darin nicht aus dem Blickfeld geraten.

12 Yoko Tawada, *Verwandlungen*. Tübinger Poetik-Vorlesungen, Tübingen 1998, 36.

wird nicht nur die einfache Tatsache der ‚anderen' Sprachverwendung registriert, sondern deren Strategien nachvollzogen, die Bewegungen des Übersetzungsprozesses – das *metapherein* – in thematischer und struktureller Hinsicht zur Basis der Schrift zu machen. Das im lateinischen Begriff *translatio* wie im griechischen Begriff *metaphorá* angezeigte körperliche Bewegen spielt auf die prekäre Lage des Sich-in-Übersetzung-Befindenden an: Ausgehend von ihren vielfältigen Bezugnahmen ist bei Tawada ein diskursives Subjektverständnis auszumachen, in dem Körper, Sprache und Subjektivierungsweisen als Relation gedacht werden. Durch performative Prozesse aktualisiert sich das Subjekt in Bezug auf die sich wandelnden Normierungen, formt seinen Körper in und durch Sprache. Insofern dem Körper die Spuren vormaliger Sprachverwendungen eingeschrieben sind, kommen – insbesondere in Situationen des Übergangs von einer Sprach- und Wahrnehmungsordnung zu einer anderen – die bewahrten Erinnerungsspuren an die Oberfläche. Mit einem derartigen Verständnis von Subjekt, Sprache und Körper wird die Notwendigkeit hervorgehoben, produktiv mit Reibungen, Brüchen und Diskontinuitäten umzugehen. Treffend bemerkt Christine Ivanovic, dass exophone Schreibstrategien gerade nicht solche sind, die in eine „Sprachermächtigungsthese" münden.[13] Und auch Sigrid Weigel betont den ethisch-politischen Gehalt so in Anschlag gebrachter Antagonismen: „Wohl nur dort, wo die *Brüche* und *Widersprüche*, die aus dem Schreiben zwischen verschiedenen Kulturen und Sprachen entstehen, zum Ausdruck gebracht und nicht durch proklamierte Eindeutigkeiten unsichtbar gemacht und geglättet werden, eröffnen sich literarische Perspektiven aus der Position der Minorität oder der Migration [...]."[14]

Was bereits mit dem Hinweis auf den prekären Status des Subjekts in Übersetzung deutlich wurde, ist die Verletzlichkeit des einer Sprachordnung verpflichteten Selbst. Vulnerabilität und Prekarisierung sind die Grundthemen, die Tawadas exophone Poetik durchziehen. Mit dieser Betonung des Körperlichen kommt die bedeutende Lesweise von Exophonie als „Heraustreten der Stimme aus der Schrift"[15] oder sogar als Heraustreten aus der Sprache in den Blick. Das Präfix „exo" zeigt eine Bewegung hinaus aus einem vorhergegangenen Zustand an, die vielfach mit einer gewaltvollen Erfahrung einhergeht. Betroffen sind nicht nur Personen, die mit extremen Formen der Ausgrenzung konfrontiert sind (etwa im Zusammenhang mit Flucht und Exil), sondern auch jene, die freiwillig (wie eben auch Yoko Tawada) in einer ‚anderen' Sprachgemeinschaft leben.

---

13 Christine Ivanovic, „Verstehen, Übersetzen, Vermitteln", in: Barbara Agnese / Christine Ivanovic / Sandra Vlasta (Hg.), *Die Lücke im Sinn. Vergleichende Studien zu Yoko Tawada*, Tübingen 2014, 26–27.

14 Sigrid Weigel, „Literatur der Fremde – Literatur in der Fremde", in: Klaus Briegleb / Dies. (Hg.), *Gegenwartsliteratur seit 1968*, München 1992, 228.

15 Ivanovic 2014, 25.

Das körperliche Aus-Setzen, das Verlassen des Chors imaginierter Einstimmigkeit, ist – so auch der Gründungsmythos des Theaters – immer verwiesen auf eine Gefährdung des so exponierten Einzelnen, der um seine eigene Sprache ringt.[16]

Eine exophone Haltung in Übersetzung meint bei Tawada gleichzeitig die Möglichkeit der Reflexion, des Abstand-Nehmens, wie sie auch eine gesteigerte Prekarisierung des Selbst bedeutet. In diesem Sinn ist sie mit Verwandlung verbunden – ein Topos, der Tawadas Aushandlungen des Übersetzt-Seins prägt –, wobei jeder Verwandlungsprozess ebenso befreiend wie tödlich sein kann.[17] Folglich lassen sich exophone Schreibweisen nicht als solche der reinen und produktiven Distanznahme zu sprach- und kulturell bedingten Wahrnehmungsordnungen beschreiben, wie in zahlreichen Bezugnahmen auf Tawada behauptet wird. Vielmehr exponieren Tawadas Texte einen paradoxen Zustand des Selbst in Bezug zur Sprache, eine oszillierende Bewegung zwischen Nähe und Distanz. Dieses paradoxe Verhältnis klingt emphatisch in den vielzitierten abschließenden Zeilen aus Tawadas erster Tübinger Poetik-Vorlesung an: „Wer mit einer fremden Zunge spricht, ist ein Ornithologe und ein Vogel in einer Person."[18]

In diesem Zusammenhang beschreibt Doug Slaymaker Tawadas Poetik als Verhandlungen des In-between.[19] Und auch Tawada wird nicht müde zu betonen, dass ihr primäres Interesse der Kluft gilt, „wo man auch hineinfallen kann"[20], nicht deren Überschreitung. Slaymaker pointiert dies, wenn er davon spricht, dass die Lücke bei Tawada durch den Körper überbrückt wird.[21] Mit der Rede vom Körper als Mittler bzw. Medium kommt eine weitere Perspektive auf die Konzeption der Exophonie und ihre wissenschaftliche Aufnahme ins Spiel: In Bezug auf die spezifische Medialität des exophonen Sprachkörpers der Autorin bezeichnet etwa Ivanovic Tawada als Vermittlerin zwischen Kulturen, wobei sie nicht von einer einfachen Vermittlung im Sinne von Transport ausgeht, sondern eher den Transfer „durch den oder das Andere selbst, de[n] Durchgang oder die Passage"[22] in den Blick nimmt. Obwohl Ivanovic die Produktivität des Mediums betont, scheint sie an der Funktion der Autorin als Mediatorin festzuhalten,[23] eine Bezeichnung, die mehr auf konsensuale Aussöhnung als auf mediale Korruption und Störung abhebt. Keijirō Suga da-

---

16 Vgl. hierzu Hans-Thies Lehmann, *Postdramatisches Theater*, Frankfurt a. M. 1999, 361.

17 Vgl. Tawada 1998, 60.

18 Tawada 1998, 22.

19 Doug Slaymaker, „Introduction", in: Ders. (Hg.), *Yōko Tawada: Voices from Everywhere*, Lanham 2007, 3.

20 Tawada zitiert nach Christina Kraenzle, „Traveling Without Moving: Physical and Linguistic Mobility in Yōko Tawada's *Überseezungen*", in: Slaymaker 2007, 104.

21 Vgl. Slaymaker 2007, 6.

22 Ivanovic 2014, 27.

23 Ivanovic 2014, 27.

gegen beschreibt Tawadas exophone Sprache „as a medium of both daily interaction and artistic creation“[24]. Die evozierte Grundspannung von selbstermächtigendem Schreibexperiment und aussetzender Sprachpraxis in der alltäglichen Kommunikation weist stärker in die Richtung, die in diesem Beitrag vorgeschlagen wird, um Tawadas exophone Einsätze zu verhandeln. Insofern sich darin eine Gleichzeitigkeit von Ent- und Begrenzung behauptet und das chiastische Verhältnis von Sprache und Körper exponiert wird, erscheint eine Verknüpfung von Tawadas Verfahren mit einer Medienkonzeption fruchtbar, die das Spiel von Opazität und Transparenz im medialen Prozessieren thematisch macht. Eine solche Konzeption hebt darauf ab, dass die Funktion des Mediums, im medialen Vollzug zu verschwinden, um den Eindruck von Unmittelbarkeit zu erzeugen, in dem Moment in Frage steht, in dem die Materialität des Mediums hervortritt.[25]

Für einen solchen Medienbegriff spricht auch, dass Tawada gerade nicht eine Verflüssigung von Identitäten privilegiert. Deutlich wird dies im Hinblick auf ihre eigentümliche Wassermetaphorik. Während die Theoriebildung vielfach dazu neigt, allzu schnell Begriffe wie Verflüssigung von (identitären) Grenzen zu instrumentalisieren,[26] setzt Tawada hingegen auf die spannungsreiche Beschaffenheit des Wassers. Was Tawada interessiert, ist nicht die simple Verflüssigung von Identitäten, denn die kann es aufgrund des Sprachkörpers nicht geben. Vielmehr bringt sie die Verwandlungsfähigkeit des Wassers, den Wechsel seiner Aggregatszustände und damit auch jenen von Opazität und Transparenz kreativ ins Spiel.[27] Tawadas metaphorische Einsätze des Wassers exponieren sein Arbeiten an den Objekten, die mit ihm in Berührung kommen, wie auch seine paradoxe Eigenschaft der Ent- und Begrenzung: „Ich bin in einem Land geboren und aufgewachsen, in dem die Züge keine Ländergrenzen überschreiten können. Auf einer Insel glaubt man irrtümlicherweise, das Ende der eigenen Welt sei durch das Salzwasser bestimmt. In Wirklichkeit hat das Wasser mehrere Eigenschaften. Es trennt und verbindet.“[28]

Mit diesen Überlegungen zur in Exophonie hervortretenden Vulnerabilität des Sprachkörpers sowie zum disruptiven Verhältnis von Sprache und Körper ist nun das Feld eröffnet, auf dem sich das Modell eines exophonen lyrischen Ich errichten lässt.

---

24 Keijirō Suga, „Translation, Exophony, Omniphony“, in: Slaymaker 2007, 26.

25 Vgl. Markus Rautzenberg / Andreas Wolfsteiner, „Einführung“, in: Dies. (Hg.), *Hide and Seek. Das Spiel von Transparenz und Opazität*, München 2010, 9–21.

26 Vgl. u. a. Encarnación Gutiérrez Rodríguez, „Transversales Übersetzen als dekonstruktive Verstehenspraxis in den Gender Studies“, in: Urte Helduser u. a. (Hg.), *under construction? Konstruktivistische Perspektiven in feministischer Theorie und Forschungspraxis*, Frankfurt a. M. 2004, 195–207.

27 Vgl. hierzu auch den Roman *Etüden im Schnee* von 2014.

28 Yoko Tawada, „Der Zug und die Zunge“, in: Johann Georg Lughofer (Hg.), *Exophonie, Schreiben in anderen* Sprachen, Ljubljana 2011, 7.

Zur Konzeption eines exophonen lyrischen Ich

Zu Beginn dieser Ausführungen wurde die Notwendigkeit herausgestellt, Subjektivität und Körperlichkeit erneut zum Thema literaturwissenschaftlicher Betrachtungen des lyrischen Ich zu machen. Dabei wurde bereits auf Alexander Brehms Entwurf verwiesen, dessen besondere Qualität darin besteht, das lyrische Ich als Begegnungsort von Autor_in, Text und Leser_in zu konzipieren. Auf diese Weise wird das lyrische Ich mit einer spezifischen Form von lyrischer Praxis verknüpft.

Gegen die verengte Frage nach dem Status des Sprechers im Gedicht, die vielfach an die Stelle der Auseinandersetzung mit lyrischer Subjektivität getreten ist, wendet Brehm ein, dass das lyrische Ich in seiner (im umfassenden Bedeutungsspektrum des Wortes) „ästhetischen Dimension" betrachtet werden müsse. Mit dieser Umperspektivierung werden „die bewussten und unbewussten Prozesse menschlicher Wahrnehmung zwischen singulärer Welterfahrung und subjektiver Weltdeutung" hervorgehoben, „deren Potenziale sich im Wortkunstwerk als Ausdruck menschlicher Kreativität offenbaren"[29].

Hierfür veranschlagt Brehm das lyrische Ich als Perspektivzentrum im Gedicht, das selbst Ausdruck eines Reflexionsprozesses ist, insofern sich in ihm Subjektivität ereignet, ein Denken des Subjekts über sich selbst. In anderen Worten: Eine besondere Perspektivierung – in und durch Kunst – löst Subjektivität aus, ein Wissen von sich selbst, das die Bedingtheit dieses Wissens mit einschließt.[30]

Um das lyrische Ich als ein solches Perspektivzentrum zu explizieren, nimmt Brehm den Produktionsprozess eines Gedichts in den Blick, wobei sich sein Interesse auf die Spannung zwischen dem Gedichtentwurf und dessen Verschriftlichung richtet. Mit einem an Foucault orientierten Äußerung-Aussage-Modell versucht er die Gleichzeitigkeit des lyrischen Ich als Teil der Einmaligkeit einer Äußerung sowie als Teil der Wiederholbarkeit einer Aussage zu fassen. Dabei geht er davon aus, dass das lyrische Ich sowohl dem Autor als auch dem Leser eine ästhetische Erfahrung bietet, die sich aus der Spannung der unterschiedlichen Distanzverhältnisse von Subjekt und Welt bildet und sich in unterschiedlichen Phasen einstellt: Nach Brehm bringt der Autor im Gedichtentwurf der Äußerungsphase ein ‚Ich' hervor. „Es trägt die Züge einer latenten Subjektverortung im Gedicht und kommt als Ausgangspunkt der ‚Äußerung' zur Geltung. […] Der Autor reflektiert sein Subjektsein anhand des ‚lyrischen Ich', das ihm als Bruchstelle und somit als Moment der Distanz zum eigenen Subjektentwurf dient"[31].

---

29 Alexander Brehm, *‚Lyrisches Ich' – Begriff und Praxis*, Bielefeld 2013, 9.

30 Hier bezieht sich Brehm auf Adorno.

31 Brehm 2013, 144.

Darauf folgt die Aussagephase: In dem Moment, in dem der Autor sein Gedicht verschriftlicht, wird die ‚Äußerung' wiederholbar, folglich zur Aussage. Das lyrische Ich erhält die Funktion des Subjekts der Aussage und wirkt als Perspektivzentrum nun auch auf den Autor. Der Leser ist bei Brehm nie Urheber eines Textes, dennoch entwirft auch er das Gedicht und somit das lyrische Ich. Er macht sich zum Aussagesubjekt, indem er die Perspektive des lyrischen Ich einnimmt und in Verbindung zu seinem eigenen gerade aktuellen Subjektentwurf setzt: Die Welterfahrung des Lesers trifft auf Weltdeutung im Gedicht.[32]

Während Brehm das Zusammenkommen der heterogenen Stimmen im lyrischen Ich in einem Vervollständigungsprozess aussöhnt,[33] soll mit einer exophonen Pointierung dieses Entwurfs die darin gestaltete Spannung produktiv gemacht werden. In Brehms Modell sind bereits zahlreiche Parallelen zu Tawadas Poetik der Exophonie angelegt; seine Wendung zu einem solchen des exophonen lyrischen Ich beruht aber auf einer Verschiebung der für Brehm so maßgeblichen Begriffe Freiheit und Anerkennung.

Auch wenn Brehm zu Recht anführt, dass grundsätzlich jedem lyrischen Text ein lyrisches Ich zugesprochen werden kann, ohne dieses auf ein Pronomen, ein fiktives oder grammatikalisches Subjekt im Text zu reduzieren, richtet der Beitrag die Aufmerksamkeit auf das Spiel mit der pronominalen Verwendung. Tawada zeichnet mit ihren Betrachtungen zum Ich einen Weg vor, das lyrische Ich als Verhandlungsort von Weltdeutung und Welterfahrung im Sprachwechsel zu etablieren. Damit lässt sich konkreter auf die körperlichen Bindungen an das ‚Ich-Sprechen' und die damit verbundenen Konsequenzen für den sprechenden Körper Bezug nehmen.

Von besonderem Interesse ist dabei die Verbindung, die sich zwischen Tawadas Poetik-Vorlesung „Gesicht eines Fisches" und der Levinas'schen Konzeption des Gesichts ziehen lässt.[34] Entlang der Frage, wo das Gesicht des Fisches sei, und der darauffolgenden Feststellung, dass die deutsche Sprache dem Fisch kein solches zugestehe, entwickelt Tawada den Gedanken, dass das Gesicht keinen spezifischen Körperteil dar- bzw. vorstellt.[35] Indem Tawada in ihrem Gedankenexperiment die Wut eines gefangenen Fisches thematisch macht, folglich den Fisch als verletzliches Wesen wahrnimmt, kommt sie der Levinas'schen Forderung der Verantwortlichkeit gegenüber dem ‚Anderen' nach. Sie erkennt in „Gesicht" das Wort „ich" und fragt, ob das Gesicht die Perfektform des „Verbs ich" sein könnte. Darüber hinaus sei dem Gesicht das Nomen „Sicht" eingeschrieben, womit sie auf eine affektive Wahrnehmung des Gesehenen anspielt, die sich gegen ein rationales, entkörperlichtes Sehen auflehnt. Mit der

32 Vgl. zu diesem Absatz Brehm 2013, 144–145.
33 Vgl. u. a. Brehm 2013, 10.
34 Vgl. u. a. Emmanuel Levinas, *Totalität und Unendlichkeit*, Freiburg 1987.
35 Vgl. Tawada 1998, 45. Hier soll angemerkt werden, dass Tawada in ihrem Roman *Das Bad* von 1989 die Verwandlung einer Japanerin in einen Fisch inszeniert.

Frage, was der Satz „Ich habe es gesicht"[36] bedeuten könne, stellt Tawada nicht nur ein weiteres Mal die Grenzen des Verstehens bloß, sondern relationiert die Möglichkeit des Subjekt-Seins ganz konkret mit einer körperlichen Dimension der An-Erkennung.

Brehm verhandelt den Begriff der Anerkennung im Zusammenhang mit dem lyrischen Ich insofern, als er damit den Prozess bezeichnet, in dem der Leser das lyrische Ich als Perspektivzentrum annimmt. In Bezugnahme auf die vorangegangenen Überlegungen Tawadas zum Gesicht des Fisches lässt sich dieser Prozess aus einer exophonen Perspektive so verstehen, dass der Text den Leser dazu auffordert, sich dem Anderen auszusetzen. Der Leser muss sich zu dieser Aufforderung verhalten: Im performativen (nicht zur Deckung kommenden) Einnehmen der Perspektive des lyrischen Ich – und hier kommt die exophone Wendung von Brehms Modell zum Tragen – tritt die im Perspektivzentrum als Spur bewahrte Stimme der Autorin bzw. des Autors in ein Spannungsverhältnis mit der Stimme der/des Lesenden. Die Stimme wird dabei durchaus körperlich gedacht. Sie ist an einen (in einem spezifischen Sprachkontext hervorgebrachten) Körper gebunden. Insbesondere in der Diskussion um migrantische Sprachbewegungen scheint es unabdingbar, die konkret körperliche Dimension der Textstimme miteinzubeziehen.

Tawada inszeniert die Spur der ‚fremden Zunge' in ihren Gedichten, indem sie sich die deutsche Sprache aneignet und ihre grammatikalischen Normierungen neu interpretiert. Damit generiert sie eine Sprache, die sich den ‚Muttersprachler_innen' zu einem gewissen Grad entzieht, die Möglichkeit ihrer Beherrschung in Frage stellt und die Verletzlichkeit des Sprachkörpers spürbar macht. Diese Form der *agency* wird vielfach von der inhaltlichen Thematisierung jener verletzenden Ab-Erkennung von Zugehörigkeit kontrastiert, der Sprachlernende im Alltag ausgesetzt sind.

Dabei unterscheidet sich die von Tawada in Anspruch genommene Handlungsfähigkeit von jener Konzeption der Freiheit, die Brehm mit dem Anerkennungsprozess verbindet: In Anlehnung an Adorno geht Brehm davon aus, dass sich in der Anerkennung der Grenzen der Selbstkenntnis eine neuerliche Freiheit begründe. Diese ermögliche es sowohl dem Autor als auch dem Leser, sich mit dem eigenen Subjekt-Sein zu konfrontieren. Tawada hingegen inszeniert Handlungsfähigkeit verstärkt in einem Foucault'schen Sinn: Über die Selbstreflexion hinaus performieren ihre Texte eine Form von Freiheit, die sich mit Foucault als Praxis der Ent-Unterwerfung verstehen lässt. Gemeint ist ein strategisches Vorgehen, das nicht an ein souveränes, sondern an ein diskursives Subjektverständnis geknüpft ist. Indem das Subjekt Kritik an den es normierenden

---

[36] Tawada 1998, 50.

Grenzen übt oder diese sogar verschiebt, setzt es sich selbst aufs Spiel.[37] Erneut kommen Potenzialität und Gefährdung zusammen.

Die hier vollzogene Transformation des Brehm'schen Modells in ein solches des exophonen lyrischen Ich wird in den anschließenden Begegnungen mit zwei Gedichten Tawadas exemplarisch.

Begegnungen mit dem exophonen lyrischen Ich

In exophonen Schreibweisen treten das Spannungsverhältnis von Körper und Sprache und das damit relationierte Wechselspiel von Opazität und Transparenz hervor. Suga weist darauf hin, dass die lyrische Sprache diese Besonderheit noch verstärkt: Denn das Gedicht nimmt innerhalb des Mediums Schrift jene Form an, die sich ausdrücklich durch Opazität auszeichnet, da der Sinn hinter die Materialität des Sprachkörpers zurücktritt.[38] Insofern Rhythmus, Klang und Stimme die lyrische Sprache bestimmen, macht das Gedicht auf die Körperlichkeit von Stimme und Schrift aufmerksam.

Aus einer exophonen Perspektive werden die konfliktuellen und immer neu gestalteten Begegnungen von Leser_in und Autor_in im lyrischen Ich betont körperlich gedacht: Lyrische Praxis erscheint noch deutlicher als Praxis eines spezifischen Körpers. Dies hat auch Konsequenzen für das Spiel mit Subjektivität im Sinne einer Reflexion des eigenen Subjekt-Seins in und durch Sprache, wie sich anhand der beiden Gedichte „Die zweite Person" und „Vor einem hellen Vokal" aus dem Band *Abenteuer der deutschen Grammatik* zeigen lässt:

Die zweite Person

Du hast ein Geschlecht.
„Du" hat kein Genus.
Du da!
Meinst du mich?
Ja!
Dann ist dein „Du" heute weiblich.
„Ich" hat kein Genus.
Und das ist ein Genuss für mich.
„Ich!" sagt mein Freund, der einen Freund hat.
Er ist ein Ich, wenn sein Mund sich bewegt.
Er ist ein Du, wenn seine Ohren mir zuhören.

---

37 Zum Vergleich von Foucaults und Adornos Freiheitsbegriff vgl. Judith Butler, „What is Critique?", in: *transversal* (2001), http://eipcp.net/transversal/0806/butler/en (15.05.2015).

38 Vgl. Suga 2007, 23.

Egal ob dich eine Sie oder ein Er lieben,
immer bist du eine zweite Person und geschlechtslos.[39]

Das Gedicht thematisiert und performiert eine Freiheit, die verhängnisvolle (dichotome) Vergeschlechtlichung in und durch Sprache zu unterlaufen. Dies geschieht durch jene Perspektive, die das lyrische Ich zur Verfügung stellt, dessen ‚Muttersprache' eine andere ist. Auf diese Weise wird die Aporie zwischen linguistischer Zweidimensionalität und gelebter Sprache im dreidimensionalen (Geschlechts-)Raum ostentativ. Auch die ausgestellte Substantivierung der Pronomen kommt diesem Widerspruch nach. Dieser Eindruck lässt sich noch durch einen Verweis auf die (Selbst-)Bezeichnungspraktiken im Japanischen verstärken, insofern diese streng geschlechtlich und hierarisch organisiert sind und die Abbildbarkeit des Sozialen durch Sprache illusionieren: Im Gespräch aktualisiert das Subjekt seine soziale Positionierung im Verhältnis zu seinem Gegenüber und wählt daraufhin eine bestimmte Form der Selbstbezeichnung. Dagegen empfindet Tawada die Abstraktion des Selbst im deutschen Wort „ich" als Befreiung: „‚Ich' wurde zu meinem Lieblingswort. So leicht und leer wie dieses Wort wollte ich mich fühlen."[40] Doch auch hier begnügt sie sich nicht mit einer naiven Form der Verflüssigung von Differenzen. Vielmehr setzt sie ihre Perspektive auf die deutsche Sprache in Kontrast zu der Tatsache, dass auch das „Ich" ein per se vergeschlechtlichtes ist.

Tawada inszeniert zwischen dem Widerspruchspaar Vers 1 und 2 („Du hast ein Geschlecht / ‚Du' hat kein Genus") und der spiegelnden Aufnahme in Vers 7 („‚Ich' hat kein Genus") eine Anrufungsszene. Der Versuch, das angesprochene Du einer heteronormativen Ordnung bzw. einer eindeutigen Geschlechtlichkeit unterzuordnen, missglückt allerdings nach der zentralen (in der Struktur des Gedichts auch mittig platzierten) Feststellung, dass das ‚Ich' eben kein Genus hat. Mit dem körperbezogenen Wortspiel „Und das ist ein Genuss für mich" entsteht der Eindruck, dass sich das „Ich" zum Austragungsort einer Praxis der Ent-Unterwerfung transformiert. Die Transformation zeigt sich auch formal, indem das zu Beginn der Verse 1–3 wiederholte „Du" von der in den Versen 10–12 gesetzten Folge „Er", „Er", „Egal" konterkariert wird. Dass die Möglichkeit der Verwandlung als Hauptthema des Gedichtes betrachtet werden kann, lässt sich mit Blick auf die Schlussverse 11–13 bekräftigen: Zum einen wird die Beziehung von Ich und Du (ob es sich nun um ein Selbstgespräch des lyrischen Ich mit seiner Spiegelung oder um einen tatsächlichen Dialog handelt) als eine der prinzipiellen Verbindung ausgewiesen. Damit widersetzt sich das Gedicht ein weiteres Mal einer dichotom organisierten Ordnung. Zum anderen verkehrt die abschließende Zeile „immer

---

[39] Yoko Tawada, *Abenteuer der deutschen Grammatik*, Tübingen 2010, 23.
[40] Yoko Tawada, *Überseezungen*, Tübingen 2002, 57.

bist du eine zweite Person und geschlechtslos“ das eingangs formulierte Urteil „Du hast ein Geschlecht“ und hebt es auf diese Weise auf.

Indem sich der Leser der Perspektive des lyrischen Ich aussetzt, wird ihm eine neue Perspektive auf die ‚eigene‘ Sprache ermöglicht, und zwar nicht aus einer imaginären Außenposition, sondern im Verhältnis zu seiner eigenen körperlichen Verortung. Das Ausstellen und Aufbrechen der Konstruktion von Zweigeschlechtlichkeit mag für manche bedrohlich wirken; aus der Perspektive des lyrischen Ich, das darin einen körperlichen Genuss der Freiheit entdeckt, geht damit eine positive Erfahrung einher.

Während in diesem Gedicht Sprachkritik vornehmlich als Spiel mit Bedeutungsaneignung inszeniert wird, kommt im folgenden vermehrt das körperliche Moment von Verstehensprozessen zum Tragen. Hervorgehoben wird das Schwanken der Stimme zwischen *semiosis* und *aisthesis*:

Vor einem hellen Vokal

Gleich werde ich meinen
Bauch zeigen und tanzen an einem
Teich wo eine deutsche
Eiche steht. Ein gottloses
Buch werde ich
euch schreiben und steige
hoch auf den Galgen. Ich bin ein fliegender
Teppich mit einem
Kopftuch. So ein
Pech! Kann ich fliehen? Kennst du das Land
CH?
Die Lesart der heiligen S-
chriftzeichen c und h bleibt weiter offen[41]

Auf semantischer Ebene scheint das lyrische Ich auf den ersten Blick entfernter von der biographischen Zugehörigkeit der Autorin, verweist seine Darstellung doch auf eine (in stereotypen Bildern beschriebene) muslimische Person weiblichen Geschlechts. Die ästhetische Vermittlung zwischen dem Text-Ich und dem spezifischen In-der-Welt-Sein Tawadas exponiert jedoch ‚Fremd-Sein‘ an sich als Überschneidungspunkt und sogar mehr noch, als transkulturelles Element. Kulturen lassen sich vom Fremd-Sein, ihrem eigenen in sich getragenen Fremd-Sein nicht abtrennen. Dieses Fremde im Eigenen inszeniert Tawada erneut aus der Ich-Perspektive einer Sprachlernenden auf die deutsche Sprache: Die Textstimme empfindet die Aussprache von „ch“ (trotz genauer Regelanweisung) nicht nur als schwierig. Vielmehr wird sie durch das Sprechen und entgegen ihrer körperlichen Präsenz an einen anderen Ort verwiesen, den der Nicht-Zuge-

[41] Tawada 2010, 12.

hörigkeit. Das auffällige Fehlen der Konsonantenverbindung im Titel verstärkt diese Wahrnehmung.

Zudem fällt auf, dass das jeweils erste Wort der Verse 1–10 (mit Ausnahme des 4. Verses) auf „ch" endet. Die Wiederholungen spielen die Regel der deutschen Sprache durch, dass NACH hellen bzw. dunklen Vokalen eine unterschiedliche Aussprache der Konsonantenverbindung „ch" erfolgt. Dabei erfüllt lediglich die Verbindung in „Eiche" in Vers 4 sowie das korrumpierte Wort „Schriftzeichen" im Schlussvers das im Titel angekündigte „Vor einem hellen Vokal". Doch auch das scheinbar unversehrte Wort „Eiche" wird gebrochen bzw. unterbricht es den rhythmischen Lesefluss. Seine Pointierung durch das attributive Adjektiv „deutsche" lässt vermuten, dass Tawada hier ihrem Zweifel an einem wesenhaften Deutsch-Sein Ausdruck verleiht. Hierfür spricht auch das inszenierte In- und Gegeneinanderführen von Sprachkonventionen: Die (ebenfalls unterbrochene) Frage „Kennst du das Land CH?" ruft in Erinnerung, dass die Konsonantenverbindung auch in der Schweiz als Indikator für Zugehörigkeit gilt. Dabei kann das im Schwyzerdütsch prägnant betonte „ch" nicht für das gesamte Land einstehen, ist dieses doch sprachlich uneins. Gleichzeitig schwingt im Kontext die im Jahre 2009 abgehaltene Volksabstimmung zum Verbot von Minaretten in der Schweiz mit: Das im CH verunsicherte Land stellt für das lyrische Ich keine Fluchtoption dar.[42]

Schließlich verunmöglicht der in Vers 12 gesetzte Zeilenumbruch inmitten der (‚falschen') Worttrennung auch deutschen ‚Muttersprachler_innen' eine korrekte Aussprache der Verbindung „ch". Indem das Gedicht die körperliche Bedingtheit des Sprechens exponiert, verwehrt es sich gegen eine Vereinnahmung der Textstimme. Damit entfernt sich die Konzeption eines exophonen lyrischen Ich von Brehms Modell, das auf die Aneignung der Textstimme im Lesen abzielt.

In der lyrischen Praxis Tawadas wird das *Wie* der Stimme thematisch, insofern die Konsonantenverbindung „ch" – wie Benvenuti erhellend herausstellt – als Atemlaut charakterisiert werden kann.[43] Der Atem ist der Stimme nicht nur vorgelagert, sondern jeder Lebenshauch belebt die Sprache in einer spezifischen Weise. Erneut stellt das Spiel von Opazität und Transparenz die körperliche Dimension des Sprechens bzw. das Sein in Sprache aus, wenn sich die diskursive Einbindung des Körpers im Klang

---

[42] Vgl. hierzu auch Bernard Banoun, „Abenteuerliche Übersetzungen, Überbabelisierung des Originals. Zum Gedicht ‚Vor einem hellen Vokal' aus Yoko Tawadas *Abenteuer der deutschen Grammatik*", in: Barbara Agnese / Christine Ivanovic / Sandra Vlasta (Hg.), *Die Lücke im Sinn. Vergleichende Studien zu Yoko Tawada*, Tübingen 2014, 95–105.

[43] Vgl. Magali Benvenuti, „Körpersprache und Sprachkörper in Yoko Tawadas Welt am Beispiel einiger ausgewählter Werke: Eine Schriftstellerin am Schnittpunkt verschiedener Künste?", in: *HAL* (2013), http://dumas.ccsd.cnrs.fr/dumas-00949840/document (15.05.2015).

bewahrt. Tawadas Insistieren auf das Gefesselt-Sein in Sprache lässt sich in keinem Fall mit einem Plädoyer für ursprüngliche Zugehörigkeit gleichsetzen. Ebenso fehl geht eine Interpretation, die sich für eine Verflüssigung von Grenzen ausspricht und damit das schmerzvolle Moment des Übertretens von Grenzen verstellt. Vielmehr rufen Tawadas Texte dazu auf, die prinzipielle Verbundenheit des Selbst mit (allen) anderen aufgrund einer geteilten Verletzlichkeit wahrzunehmen und gegen normativ beschränkte Identitätsentwürfe anzugehen.

Im Durchspielen dieser Überlegungen in den beiden Gedichten sollte deutlich werden, inwiefern eine Wiederbelebung des lyrischen Ich als Ausdruck von Subjektivität dazu beitragen kann, die Stimme des Anderen zu vernehmen und im Zusammenkommen der heterogenen Stimmen dessen Alterität anzuerkennen. Diese Erfahrung macht Yoko Tawadas Lyrik ihren Leser_innen auf beeindruckende Weise zugänglich.

Bibliographie

Banoun, Bernard: „Abenteuerliche Übersetzungen, Überbabelisierung des Originals. Zum Gedicht ‚Vor einem hellen Vokal' aus Yoko Tawadas *Abenteuer der deutschen Grammatik*". In: Barbara Agnese / Christine Ivanovic / Sandra Vlasta (Hg.): *Die Lücke im Sinn. Vergleichende Studien zu Yoko Tawada*. Tübingen: Stauffenburg 2014, 95–105.

Benvenuti, Magali: „Körpersprache und Sprachkörper in Yoko Tawadas Welt am Beispiel einiger ausgewählter Werke: Eine Schriftstellerin am Schnittpunkt verschiedener Künste?". In: *HAL* (2013), http://du mas. ccsd.cnrs.fr/dumas-00949840/document (15.05.2015).

Brehm, Alexander: *‚Lyrisches Ich'– Begriff und Praxis*. Bielefeld: Aisthesis 2013.

Butler, Judith: „What is Critique? An Essay on Foucault's Virtue". In: *transversal* (2001), http://eipcp.net/transversal/0806/butler/en (15.05.2015).

Gelzer, Florian: „Sprachkritik bei Yoko Tawada". In: *Waseda-Blätter* 6 (2000), 73–101.

Gutiérrez Rodríguez, Encarnación: „Transversales Übersetzen als dekonstruktive Verstehenspraxis in den Gender Studies". In: Urte Helduser u. a. (Hg.): *under construction? Konstruktivistische Perspektiven in feministischer Theorie und Forschungspraxis*. Frankfurt a. M.: Campus 2004, 195–207.

Ivanovic, Christine: „Exophonie, Echophonie: Resonanzkörper und polyphone Räume bei Yoko Tawada". In: Paul Michael Lützeler / Stephan K. Schindler (Hg.): *Gegenwartsliteratur 7*. Tübingen: Stauffenburg 2008, 223–247.

Ivanovic, Christine: „Verstehen, Übersetzen, Vermitteln. Überlegungen zu Yoko Tawadas Poetik der Exophonie ausgehend von Gedichten aus *Abenteuer der deutschen Grammatik*". In: Barbara Agnese / Christine Ivanovic / Sandra Vlasta (Hg.): *Die Lücke im Sinn. Vergleichende Studien zu Yoko Tawada*. Tübingen: Stauffenburg 2014, 15–28.

Kraenzle, Christina: „Traveling Without Moving: Physical and Linguistic Mobility in Yoko Tawada's *Überseezungen*". In: Doug Slaymaker (Hg.): *Yōko Tawada: Voices from Everywhere*. Lanham: Lexington Books 2007, 91–110.

Lehmann, Hans-Thies: *Postdramatisches Theater*. Frankfurt a. M.: Verlag der Autoren 1999.

Levinas, Emmanuel: *Totalität und Unendlichkeit*. Freiburg: Karl Alber 1987.

Martínez, Matías: „Das lyrische Ich. Verteidigung eines umstrittenen Begriffs". In: Heinrich Detering (Hg.): *Autorschaft. Positionen und Revisionen*. Stuttgart: Metzler 2002, 376–389.

Rautzenberg, Markus / Wolfsteiner, Andreas: „Einführung". In: Dies. (Hg.): *Hide and Seek. Das Spiel von Transparenz und Opazität*. München: Fink 2010, 9–21.

Slaymaker, Doug: „Introduction". In: Ders. (Hg.): *Yōko Tawada: Voices from Everywhere*. Lanham: Lexington Books 2007, 1–11.

Stockhammer, Robert / Arndt, Susan / Naguschewski, Dirk: „Die Unselbstverständlichkeit der Sprache (Einleitung)". In: Dies. (Hg.): *Exophonie. Anders-Sprachigkeit (in) der Literatur*. Berlin: Kadmos 2007, 7–27.

Suga, Keijirō: „Translation, Exophony, Omniphony". In: Doug Slaymaker (Hg.): *Yōko Tawada: Voices from Everywhere*. Lanham: Lexington Books 2007, 21–33.

Tawada, Yoko: *Das Bad*. Tübingen: Konkursbuch 1989.

Tawada, Yoko: Aber die Mandarinen müssen heute abend noch geraubt werden. Tübingen: Konkursbuch 1997.

Tawada, Yoko: *Verwandlungen. Tübinger Poetik-Vorlesungen*. Tübingen: Konkursbuch 1998.

Tawada, Yoko: *Überseezungen*. Tübingen: Konkursbuch 2002.

Tawada, Yoko: *Abenteuer der deutschen Grammatik*. Tübingen: Konkursbuch 2010.

Tawada, Yoko: „Der Zug und die Zunge". In: Johann Georg Lughofer (Hg.): *Exophonie. Schreiben in anderen Sprachen*. Ljubljana: Goethe-Institut 2011, 7–9.

Weigel, Sigrid: „Literatur der Fremde – Literatur in der Fremde". In: Klaus Briegleb / Sigrid Weigel (Hg.): *Gegenwartsliteratur seit 1968*. München: Hanser 1992, 182–229.

Poetik des ‚falschen Freundes'. Sprachmischung in Uljana Wolfs Gedicht-Zyklus „DICHTionary"

Andreas Degen

Sich gegen die Vorstellung einer durch Homogenität und Separiertheit gekennzeichneten Nationalkultur wendend geht der Anfang der 1990er Jahre von Wolfgang Welsch eingeführte Begriff der Transkulturalität von einer zunehmenden Durchdringung und Verflechtung spezifischer „Gehalte" verschiedener Kulturen aus, zu denen nicht zuletzt Sprachliches gehört: „Für jedes Land sind die kulturellen Gehalte anderer Länder tendenziell zu Binnengehalten geworden."[1] Dies ist nicht im Sinne eines Akkulturationsprozesses, sondern im Sinne einer wachsenden „Hybridisierung"[2] von Kulturen zu verstehen. Dem entsprechen die Erkenntnisse der Soziolinguistik über die Globalisierung.[3] Für ein solches „transkulturelles Kulturkonzept"[4] ist die Wahrnehmbarkeit kultureller Differenz konstitutiv. Eine Möglichkeit, Transkulturalität ästhetisch wahrnehmbar zu machen, ist die Mischung verschiedener Sprachen innerhalb eines Textes.[5] Dies trifft insbesondere für poetische Effekte des Codeswitchings zu, die im Mittelpunkt dieses Beitrags stehen.[6] Unter Codeswitching wird der Wechsel zwischen

---

1 Wolfgang Welsch, „Was ist eigentlich Transkulturalität?", in: Lucyna Darowska / Thomas Lüttenberg / Claudia Machold (Hg.), *Hochschule als transkultureller Raum? Beiträge zu Kultur, Bildung und Differenz*, Berlin 2010, 43.

2 Welsch 2010, 43, im Original hervorgehoben.

3 Volker Hinnenkamp, „Polylinguale Alltagserzählungen. Soziolinguistische Aspekte gemischtsprachiger Narrationen", in: *sociolinguistica. Internationales Jahrbuch für Europäische Soziolinguistik* 26 (2012), 73.

4 Wolfgang Welsch, „Transkulturalität. Zur veränderten Verfaßtheit heutiger Kulturen", in: *Zeitschrift für Kulturaustausch* 45 (1995), 43.

5 Im weiteren Sinn umfasst der sprachwissenschaftliche Begriff ‚Sprachmischung' so unterschiedliche Phänomene wie Codeswitching, Interferenz, Pidginisierung (vgl. Volker Hinnenkamp, „Sprachmischung", in: Hans Barkowski / Hans-Jürgen Krumm (Hg.), *Fachlexikon Deutsch als Fremd- und Zweisprache*, Tübingen/Basel 2010, 305).

6 Jochen Dubiel diskutiert hinsichtlich einer „Poetologie kultureller Hybridität" zwar Michail Bachtins Theorie der Vielstimmigkeit des Wortes, spricht die Möglichkeit von Codeswitching aber nicht explizit an (vgl. Jochen Dubiel, „Manifestationen des ‚postkolonialen Blicks' in kultureller Hybridität", in: Axel Dunker

verschiedenen Sprachen verstanden; im Fall eines äußerst komplexen Einsatzes von Codeswitching-Effekten, wie er im zweiten Teil dieses Beitrags an Gedichten Uljana Wolfs aufgezeigt wird, kann auch von einem Code-Mixing gesprochen werden.[7]

Literarische Sprachmischung und doppelte Code-Aktivierung (falscher Freund)

Literarische Sprachmischung, auch Polyglossie, inter- bzw. multilinguale Literatur oder textueller Bilingualismus genannt, ist ein altes, in Europa aber äußerst marginales Phänomen, das häufiger erst seit dem frühen 20. Jahrhundert auftritt.[8] Als Gründe für den Bedeutungsgewinn von Sprachmischung in den Literaturen der Gegenwart nennt Schmitz-Emans die Globalisierung kultureller Prozesse, eine Fremdheitserfahrung von Sprachnutzern ihrer eigenen Sprache gegenüber sowie das Bestreben, die intertextuelle Verflochtenheit jeder Aussage ästhetisch zu exponieren.[9] Im Zusammenhang des seit ca. zwei Jahrzehnten deutlich zunehmenden Interesses an verschiedenen Formen literarischer Mehrsprachigkeit werden auch Phänomene textueller Sprachmischung häufiger zum Gegenstand literaturwissenschaftlicher Untersuchungen.[10] Der hier zur Diskussion stehende

---

(Hg.), *(Post-)Kolonialismus und Deutsche Literatur. Impulse der angloamerikanischen Literatur- und Kulturtheorie*, Bielefeld 2005, 60–62).

7 Vgl. Volker Hinnenkamp, „Codeswitching“, in: Hans Barkowski / Hans-Jürgen Krumm (Hg.), *Fachlexikon Deutsch als Fremd- und Zweisprache*, Tübingen/Basel 2010, 35.

8 K. Alfons Knauth, „Multilinguale Literatur“, in: Monika Schmitz-Emans (Hg.), *Literatur und Vielsprachigkeit*, Heidelberg 2004, 265–266.

9 Monika Schmitz-Emans, „Nach-Klänge und Ent-Faltungen: Hölderlins ‚Am Quell der Donau‘ und seine Schallgeschwister“, in: Manfred Schmeling / Monika Schmitz-Emans (Hg.), *Multilinguale Literatur im 20. Jahrhundert*, Würzburg 2002, 70.

10 Neben frühen Würdigungen der literarischen Mischung verschiedener Sprachcodes 1923 bei Leo Spitzer („Sprachmischung als Stilmittel und als Ausdruck der Klangphantasie“, in: *Germanisch-Romanische Monatsschrift* 11 (1923), 193–216), 1940 bei Michail Bachtin („Die Vorgeschichte des Romanwortes“, in: Ders., *Die Ästhetik des Wortes*, Frankfurt a. M. 1979, 301–337; ich danke Miriam Finkelstein für den Hinweis auf Bachtin) und 1959 bei Theodor W. Adorno („Wörter aus der Fremde“, in: Ders., *Noten zur Literatur*, Frankfurt a. M. 1974, 216–232) sind vor allem folgende einschlägige literaturwissenschaftliche Arbeiten zu nennen: Leonard Forster, *The Poet's Tongues. Multilingualism in Literature*, Cambridge 1970 (= *Dichten in fremden Sprachen. Vielsprachigkeit in der Literatur*, München 1974); András Horn, „Ästhetische Funktionen der Sprachmischung in der Literatur“, in: *Arcadia* 16 (1981), 225–241; Hans-Peter Bayerdörfer, „‚Sprachen Rag-time?‘ Überlegungen zur Entwicklung des polyglotten Gedichts nach 1945“, in: Dieter Breuer (Hg.), *Deutsche Lyrik nach 1945*, Frankfurt a. M. 1988, 43–64. Einen systematischen Überblick zu gemischtsprachiger Literatur bietet Knauth 2004, 265–289.

Spezialfall von Sprachmischung, die ästhetische Verwendung von semantischen Interferenzen[11], insbesondere der sogenannte ‚falsche Freund', spielt bislang in der Forschung zu gemischtsprachiger Literatur keine Rolle. Unter einem ‚falschen Freund' (Fauxamis) versteht die Sprachwissenschaft Paare von Wörtern verschiedener Sprachen, die trotz großer formaler Ähnlichkeit verschiedene Bedeutungen tragen und deshalb leicht zu Missverständnissen führen.[12] Mit Klaus-Dieter Barnickel lassen sich insgesamt vier Möglichkeiten von semantischer Interferenz formal gleicher oder ähnlicher Wörter zweier Sprachen unterscheiden:[13]

1. beide Wörter sind semantisch und stilistisch gleich (Wahrer Freund): z. B. ‚Planet' (dt.) – ‚planet' (engl.)
2. beide Wörter sind semantisch gleich, stilistisch aber verschieden: z. B. ‚forcieren' (dt.) – ‚to force' (engl.)
3. beide Wörter sind semantisch partiell gleich: z. B. ‚Aktion' (dt.) – ‚action' (engl.)
4. beide Wörter sind semantisch verschieden (Falscher Freund): z. B. ‚Gift' (dt.) – ‚gift' (engl.)

Im Folgenden wird zunächst ein Überblick über verschiedene ästhetische Effekte von literarischer Sprachmischung gegeben. Anschließend werden, ausgehend von der Wirkungstheorie der Metapher, poetische Wirkungsfunktionen der doppelten Code-Zugehörigkeit des ‚falschen Freundes' beschrieben. Die Metapher wird vergleichsweise herangezogen, weil sie als

Seit 25 Jahren nimmt die literaturwissenschaftliche Forschung zu Sprachmischung wie zu Mehrsprachigkeit von Autoren stark zu; vgl. etwa Manfred Schmeling / Monika Schmitz-Emans (Hg.), *Multilinguale Literatur im 20. Jahrhundert*, Würzburg 2002; Monika Schmitz-Emans (Hg.), *Literatur und Vielsprachigkeit*, Heidelberg 2004; Elke Sturm-Trigonakis: *Global playing in der Literatur. Ein Versuch über die Neue Weltliteratur*, Würzburg 2007. Einen historischen Überblick über Diskurse zur Mehrsprachigkeit von Autoren bietet Dirk Weissmann, „Die Erneuerung der deutschen Literatur von ihren sprachlichen Rändern her. Translinguales Schreiben um 1900", in: *Germanistik in der Schweiz. Zeitschrift der Schweizerischen Akademischen Gesellschaft für Germanistik* 10 (2013), 91–100 (ich danke Dirk Weissmann für diesen Hinweis). Neben den Arbeiten von Volker Hinnenkamp sei für die Sprachwissenschaft stellvertretend auf den Band *Codeswitching* der Zeitschrift *sociolinguistica. Internationales Jahrbuch für Europäische Soziolinguistik* 18 (2004) verwiesen.

[11] ‚Interferenz' meint die Beeinflussung eines Sprachsystems durch ein anderes (Hadumod Bußmann (Hg.), *Lexikon der Sprachwissenschaft*, Stuttgart 2008, 301).

[12] Bußmann 2008, 189. Zur sprachwissenschaftlichen Kritik am engen Verständnis von ‚falschen Freunden' vgl. die umfangreiche Untersuchung von Annette Kroschewski, *‚False friends' und ‚true friends'. Ein Beitrag zur Klassifizierung des Phänomens der intersprachlich-heterogenen Referenz und zu deren fremdsprachendidaktischen Implikationen*, Frankfurt a. M./Berlin/Bern u. a. 2000, 25.

[13] Klaus-Dieter Barnickel, *Falsche Freunde. Ein vergleichendes Wörterbuch Deutsch-Englisch*, Heidelberg 1992, 60.

eine klassische – allerdings regelhafte – „semantische Anomalie"[14] hinsichtlich ihres wirkungsästhetischen Potenzials vielfach konzeptualisiert worden ist. Im zweiten Teil wird das poetische Wirkungspotenzial einer gleichzeitigen Aktivierung zweier Sprachcodes, die insbesondere im Fall des ‚falschen Freundes' mit einer hohen semantischen Intensität einhergehen kann, anhand des 2009 publizierten Gedicht-Zyklus „DICHTionary" der deutschen Lyrikerin Uljana Wolf beschrieben.

Die Verwendung fremdsprachiger Wörter gilt in der antiken Rhetorik meist als Fehler (Barbarismus), da sie dem Verständlichkeitsgebot widerspricht.[15] In den europäischen Literaturen kommen gemischtsprachige Texte bis zum Ende des 19. Jahrhunderts nur sehr selten vor, prominentes Beispiel ist die makkaronische Dichtung der Frühen Neuzeit. Mit Beginn des 20. Jahrhunderts nimmt textuelle Mehrsprachigkeit in der Lyrik, aber auch in narrativen Texten deutlich zu, etwa bei den französischen Modernisten, den italienischen Futuristen, bei T. S. Eliot, Ezra Pound, James Joyce, Velimir Chlebnikov oder Walter Mehring.[16] Als erste dezidiert auf Sprachmischung setzende literarische Programmschrift gilt das 1913 entstandene Manifest *L'antitradition futuriste* von Guillaume Apollinaire. Die folgende, an Systematisierungsversuche von András Horn und Monika Schmitz-Emans anschließende Typologie verzeichnet verschiedene ästhetische Funktionen von Sprachmischung in der Literatur, insbesondere in lyrischen Texten.[17]

---

14 Vgl. Karlheinz Stierle, „Aspekte der Metapher", in: Ders., *Text als Handlung. Perspektiven einer systematischen Literaturwissenschaft*, München 1975, 152: „Semantische Anomalie entsteht, wo ein Lexem gegen die akzeptierten Normen seines Gebrauchs verwendet wird. Der Gebrauch eines Lexems bestimmt sich aus dem Gebrauch anderer Lexeme, die einander so zugeordnet sind, daß sie einen Kontext erzeugen, in dessen Leerstelle das fragliche Lexem eintritt und sie spezifisch erfüllt. Nur wo ein referentieller Kontext als Konfiguration einer ‚Sachlage' entfaltet ist, läßt sich über das Hineinpassen oder Aus-dem-Rahmen-fallen einer Einheit dieses Kontextes befinden."

15 Vgl. Heinrich Lausberg, *Handbuch der literarischen Rhetorik. Eine Grundlegung der Literaturwissenschaft,* Bd. 1, München 1973, 258.

16 Knauth 2004, 273–274.

17 Seine stärker auf narrative Texte ausgerichtete Typologie literarischer Sprachmischung zusammenfassend sieht Horn die „relevanten ästhetischen Funktionen" von Sprachmischung vor allem in der sprachlichen Charakterisierung und im physiognomischen Ausdruck; weiterhin in der spezifischen (z. B. musikalischen) Qualität des Materials, in der Verstärkung der ästhetischen Illusion, im Komischen und in der Unterstützung der (z. B. metrischen) Form (vgl. Horn 1981, 239–240). Manfred Schmeling und Monika Schmitz-Emans nennen folgende Funktionen von Sprachmischung: Charakterisierung von Figuren, Konnotation durch bestimmte mit den Sprechern einer Sprache assoziierte Eigenschaften, Evokation einer exotischen oder mysteriösen Atmosphäre, Komik (vgl. Schmeling / Schmitz-Emans 2002, 16).

1. Punktuelles Codeswitching kann im Modus der Metonymie Fremdheit sinnlich erfahrbar machen. Diese Fremdheitserfahrung kann, wie im Exil-Gedicht „Der kleine Unterschied“[18] von Mascha Kaléko, als exkludierend (Unvertrautheit, Isolation, kommunikative Inadäquatheit) konnotiert sein:

> Es sprach zum Mister Goodwill
> ein deutscher Emigrant:
> „Gewiß, es bleibt dasselbe,
> sag ich nun *land* statt Land,
> sag ich für Heimat *homeland*
> und *poem* für Gedicht.
> Gewiß, ich bin sehr happy:
> Doch glücklich bin ich nicht.“

Die Fremdheitserfahrung kann aber auch als potenziell inkludierend (Geheimnis, Faszination, Schwellensituation) konnotiert sein, so wie im Fall der altpreußischen Vokabeln in Johannes Bobrowskis Gedicht „Gestorbene Sprache“[19]:

> Der mit den Flügeln schlägt
> draußen, der an die Tür streift,
> das ist dein Bruder, du hörst ihn.
> *Laurio* sagt er, Wasser,
> ein Bogen, farbenlos, tief.
> [...]

2. Sprachmischung kann der klanglich motivierten (z. B. ‚melodiöser‘ oder ‚harter‘ Sprachklang) oder der kulturell-imagologisch motivierten (z. B. Französisch als Ausdruck stilisierter Eleganz oder Latein als Ausdruck von Gelehrsamkeit) Semantisierung einer Aussage dienen. Diese Funktion kommt dem Französischen von „Madame“ in der zweiten Strophe von Heines Gedicht „Die Jahre kommen und gehen“[20] zu:

> Nur einmal noch möcht ich dich sehen,
> Und sinken vor dir auf's Knie,
> Und sterbend zu dir sprechen:
> Madame, ich liebe Sie!

3. Der Codewechsel kann, etwa bei Figurenrede, bei idiomatischen Wendungen oder Zitaten, einem mimetischen Effekt dienen. Wie die Parole der republikanischen Spanienkämpfer gegen das Franco-Regime in Paul

---

[18] Mascha Kaléko, *In meinen Träumen läutet es Sturm. Gedichte und Epigramme aus dem Nachlaß*, München 1998, 52.

[19] Johannes Bobrowski, *Die Gedichte*, Berlin 1987, 26.

[20] Heinrich Heine, *Gedichte 1812–1827*, Berlin u. a. 1979, 104.

Celans Gedicht „Schibboleth“[21] konnotiert er dann eine Aussage als authentisch:

> [...]
> Herz:
> gib dich auch hier zu erkennen,
> hier, in der Mitte des Marktes.
> Ruf's, das Schibboleth, hinaus
> in die Fremde der Heimat:
> Februar. No pasaran.
> [...]

4. Die Mischung verschiedener Sprachen kann formalästhetisch eine Einheit im Mannigfaltigen konnotieren.[22] So lässt sich der metrisch und klanglich stimmige Wechsel zwischen deutschen und lateinischen Wörtern in dem spätmittelalterlichen Weihnachtslied „In dulci jubilo“[23] als Ausdruck jener Wiederherstellung göttlicher Ordnung interpretieren, an der durch die Geburt Christi die Sprecher der Hochsprache und der Volkssprache gleichermaßen Anteil haben:

> In dulci jubilo,
> Nun singet und seid froh!
> Unseres Herzens Wonne
> Leit in praesepio,
> Und leuchtet vor der Sonne
> Matris in gremio.
> Alpha es et O.

5. Umgekehrt kann Sprachmischung aber auch die Fragilität von Kohärenz und Norm oder die Vermitteltheit und Inszeniertheit alles Sprachlichen konnotieren. Der Gebrauch von Fremdwörtern lässt, so Theodor W. Adorno, den bloß repräsentativen Wirklichkeitsmodus von Sprache bewusst werden, da „die Sprache die Sprechenden nochmals einsperrt“[24]: „In jedem Fremdwort steckt der Sprengstoff von Aufklärung, in seinem kontrollierten Gebrauch das Wissen, daß Unmittelbares nicht unmittelbar zu sagen, sondern nur durch alle Reflexion und Vermittlung hindurch noch auszudrücken sei.“ In dieser Hinsicht kann Sprachmischung eine Funktion des Komischen und Grotesken sein, so wie in dem Schwäbisch

---

[21] Paul Celan, *Gedichte 1*, Frankfurt a. M. 2000, 131.

[22] Vgl. Horn 1981, 233 sowie Monika Schmitz-Emans, „Literatur und Vielsprachigkeit: Aspekte, Themen, Voraussetzungen“, in: Schmitz-Emans 2004, 19; Schmitz-Emans deutet das Weihnachtslied theologisch als „Aufhebung von Babel“.

[23] Zit. nach Forster 1974, 10.

[24] Adorno 1974, 221.

und Rumänisch mischenden Gedicht „Soll des net der Kuckuck hola?“[25] von Emanuel Schlechter:

> [...]
> Russisch knacks i so wie Kerna,
> Schwäbisch kann i denn on dick;
> Aber beim Rumänischlerna
> Brech i mer gewiß noch s'Gnick!
>
> [...]
> Anfangs geht's so mai puţine,
> Holprich über Stoi on Stock,
> Aber z'letscht mai foarte bine,
> Domnilor, proftiţi, noroc!

Dadurch, dass der Wechsel des Sprachcodes gegen literarische Konventionen verstößt, demonstriert Sprachmischung per se metaphorisch eine Infragestellung geltender Normen, oft im Modus des Verlachens.[26] Sprachreflexive Sprachmischung kann aber auch eine Funktion des Experimentellen und Innovativen sein, so wie das Code-Mixing in Ernst Jandls Gedicht „calypso“[27]:

> [...]
> ich was not yet
> in brasilien
> nach brasilien
> wuld ich laik du go
>
> als ich anderschdehn
> mange lanquidsch
> will ich anderschdehn
> auch lanquidsch in rioo
> [...]

6. Ästhetische Basiseffekte von Sprachmischung sind Erwartungsirritation und Aufmerksamkeitsaktivierung. So wie andere sprachliche Abwiechun-

---

25 In: Friedrich Fiechtner (Hg.), *Heimat in der Steppe. Aus dem Schrifttum der Bessarabiendeutschen*, Stuttgart 1964, 386–387. Das Gedicht erschien 1918, als Bessarabien von Russland abgetrennt wurde und unter rumänische Hoheit fiel. Die zweite der hier zitierten Strophen lautet auf Hochdeutsch: Anfangs geht es nur ein wenig, / Holprig über Stein und Stock, / Aber zuletzt geht es sehr gut, / Meine Herren, Prosit, viel Glück!

26 Schmeling / Schmitz-Emans 2002, 17. Schon Bachtin (1979, 334) betont für mittelalterliche (volkstümliche) Texte den parodistisch-travestierenden Effekt von Sprachmischung.

27 Ernst Jandl, *Gedichte 1*, Frankfurt a. M. 1990, 96.

gen bzw. Normverstöße auch stellt der Wechsel des Sprachcodes für den Rezipienten eine kognitive Herausforderung dar, da der Verstehensprozess grundlegend, nämlich auf lexikalischer Ebene, gestört wird und nach einem anderen verfügbaren Code gesucht werden muss. So betont Leo Spitzer 1923, dass eine gelegentliche „Mischung der Sprachsysteme“[28] sich „belebend“ auf den Stil auswirkt, da das fremdsprachige (oder dialektale) Wort eine Aussage „verbesondert“[29]: Dies rufe eine „unsanfte Aufrüttelung der Aufmerksamkeit“ hervor. Grundsätzlich behandelt bereits 1916 Viktor Šklovskij mit seinem Begriff der Verfremdung den poetischen Effekt der entautomatisierten sprachlichen Form:

> [...] das Verfahren der Kunst ist das Verfahren der ‚Verfremdung‘ der Dinge und das Verfahren der erschwerten Form, ein Verfahren, das die Schwierigkeit und Länge der Wahrnehmung steigert, denn der Wahrnehmungsprozeß ist in der Kunst Selbstzweck und muß verlängert werden [...].[30]

Grundlegend für eine wirkungsästhetische Konzeptualisierung sprachlicher Abweichungs- und Irritationsphänomene ist Aristoteles' Beschreibung der psychologischen Wirkung der Metapher im dritten Buch seiner *Rhetorik*. Aristoteles behandelt den positiven Effekt der Verwendung von Metaphern für den Erfolg der Rede, d. h. in einem außerästhetischen Kommunikationszusammenhang. Kern seines Theorems ist die lustgenerierende Erfahrung des eigenen, durch die Metapher herausgeforderten Assoziations- und Kombinationsvermögens. Zu einem solchen Lusteffekt kommt es nur, wenn der übertragene Wortgebrauch nicht allzu kühn ist und rasch verstanden werden kann. Aristoteles vergleicht die Wirkung einer moderat gewählten Metapher mit der Erfahrung kultureller Alterität:

> Was nämlich den Menschen gegenüber den Fremden und den Mitbürgern widerfährt, dasselbe erfahren sie auch hinsichtlich der sprachlichen Form. Deswegen muss man die gebräuchliche Sprache fremdartig machen. Man ist nämlich Bewunderer der entlegenen Dinge, das Bewundernswerte aber ist angenehm.[31]

Um Bewunderung und Aufmerksamkeit hervorzurufen, muss der Sprachgebrauch verfremdet werden. Dass die sprachliche Abweichung trotz der kognitiven Herausforderung mit einer Lusterfahrung einhergeht, wird aus dem Fühlbarwerden des eigenen Denkvermögens im schnellen Auflösen des Tropus abgeleitet. Moderne, stärker ästhetische Zusammenhänge und kühne Metaphern berücksichtigende Konzeptionen der Metapher im An-

---

28 Spitzer 1923, 208.

29 Spitzer 1923, 196.

30 Viktor Šklovskij, „Die Kunst als Verfahren“, in: Jurij Striedter (Hg.), *Texte zur allgemeinen Literaturtheorie und zur Theorie der Prosa*, München 1969, 15.

31 Aristoteles, *Rhetorik*, Buch 3, Kap. 2, 1404b8–14, in: Aristoteles, *Rhetorik,* Berlin 2002, 131.

schluss an die Interaktionstheorie von I. A. Richards und Max Black verlegen den Lusteffekt in den gedehnten Assoziationsprozess des Interagierens zweier gleichzeitig präsenter Vorstellungen.[32] Vergleicht man diese beiden metaphertheoretischen Ansätze mit dem Wirkungspotenzial von Sprachmischung, so lässt sich deren ästhetischer Basiseffekt der Verfremdung (Verstehen durch Codewechsel) eher mit dem schnellen und primär kognitiven Kipp-Effekt der Aristotelischen Theorie als mit dem anhaltenden Assoziationsprozess der Interaktionstheorie vergleichen.[33] Es gibt jedoch, anders als bei der Metapher (Achill ist – in bestimmter Hinsicht – ein Löwe), keine aus einer Ähnlichkeitsbehauptung resultierende semantische Verbindung verschiedener Bildbereiche: Wird der Code des fremden Wortes identifiziert und kann er adäquat nachvollzogen werden, kann sofort und eindeutig auf die lexikalische Bedeutung des fremdsprachigen Wortes zurückgegriffen werden. Diese Eindeutigkeit besteht im Spezialfall des ‚falschen Freundes' nicht, da sich – sind beide Sprachcodes aktiviert – hier zwei formgleiche Wörter mit unterschiedlicher Semantik überlagern: Anders als bei der Metapher wird keine semantische Schnittmenge zwischen z. B. der englischen und der deutschen Bedeutung von ‚also' (engl. ‚auch', dt. ‚folglich, somit') behauptet.

Semantische Interferenzen können leicht zu Missverständnissen führen. In ästhetischer Rahmung hingegen lässt sich, wie die Gedichte Uljana Wolfs zeigen, bei einer kalkulierten Verwendung der doppelten Code-Zugehörigkeit eine semantische Mehrstelligkeit der Aussage erzielen, die aufgrund des Zugleichs diskrepanter Semantiken kognitiv stimulierend wirkt. Da vom pragmatischen Zwang kommunikativer Eindeutigkeit freigestellt, kann diese Mehrstelligkeit im Fühlbarwerden des eigenen Kombinations- und Assoziationsvermögens als lustvoll erfahren werden.

Durch die latente Zuordnung einer Graphem- bzw. Phonemfolge zu zwei Sprachcodes kommt es ‚auf einen Schlag' zu einer Verdoppelung des semantischen Potenzials der Signifikanten. Beispielsweise lässt sich, aktiviert man neben dem deutschen auch den englischen Sprachcode, die Graphemfolge ‚war' in der Wortgruppe „am anfang war, oder zu beginn"[34] im Eingangsgedicht von Wolfs Zyklus „DICHTionary" auch als engl. ‚Krieg' verstehen: Zieht man außerdem den naheliegenden intertextuellen Verweis der deutschen Wortgruppe „am anfang war" auf den Beginn des Johannesevangeliums hinzu („Am Anfang war das Wort, und das Wort war

32 Eckard Rolf, *Metapherntheorien. Typologie, Darstellung, Bibliographie*, Berlin/New York 2005, 35.

33 Vgl. Stierle 1975, 157: „Die semantische Anomalie setzt hier beim Empfänger einen metaphorischen Dekodierungsprozeß in Gang, der nicht mehr zu einem Abschluß zu gelangen vermag, sondern sich erschöpft im Durchspielen unübersehbarer Relationsmöglichkeiten."

34 Uljana Wolf, *falsche freunde. gedichte*, Idstein 2009, 10.

bei Gott“[35]), ergibt sich assoziativ eine semantisch äußerst spannungs- und bedeutungsreiche Mehrstelligkeit. Diese ließe sich paraphrasieren als ‚Am Anfang *war* (das Wort)‘ und zugleich als ‚Am Anfang (war) *Krieg*‘, wobei die zweite, der englischen Bedeutung von ‚war‘ folgende Lesart auf Heraklits Diktum „Krieg ist aller Dinge Vater“[36] anspielt. Das Beispiel zeigt, wie durch die Aktivierung zweier Sprachcodes beim Lesen einer Graphemfolge zwei (lexikalisch, grammatisch und semantisch unähnliche) Wörter überlagert werden und – in Interaktion mit dem manifesten textuellen wie latenten intertextuellen Kontext – es dadurch zu einer semantischen Komplexitätserhöhung kommen kann. Kalkuliert eingesetzte ‚falsche Freunde‘ führen somit zu einer Intensivierung des ästhetischen Erlebens, da sich bei korrekter sprachspezifischer Decodierung das semantische Potenzial ein und derselben Graphemfolge verdoppelt. Poetologisch kann der ‚falsche Freund‘ als interlingualer Reim bezeichnet werden. Wie andere Reimformen auch bindet er zwei Wörter aufgrund einer hohen Klangähnlichkeit formal aneinander, wobei in diesem Fall die beiden Wörter nicht demselben Lexikon (Sprachcode) angehören und sich textuell in ein und derselben Graphemfolge manifestieren.[37] Das semiotische Zugleich von formaler Äquivalenz und semantischer (lexikalischer) Diskrepanz macht das besondere ästhetische Intensitätspotenzial des ‚falschen Freundes‘ aus.

Zu einer doppelten Codeaktivierung einer Graphem- bzw. Phonemfolge kommt es nur unter zwei Bedingungen: Der Rezipient muss beide Sprachen hinreichend beherrschen und er muss dazu veranlasst werden, einen Text in Erwartung mehrsprachiger Codierung zu verstehen. Das, was ihn dazu veranlasst, kann als sekundäre Markierung bezeichnet werden. Nur unter diesen beiden Bedingungen können im Verstehensprozess mehr oder weniger automatisch Wortbedeutungen beider Sprachcodes aktualisiert werden. Im Unterschied zur Metapher und zum fremdsprachigen Wort, die beide per se als semantische oder lexikalische Abweichung markiert sind, bedarf es, um (beispielsweise in einem Gedicht) ein Wort als (stilistisch kalkulierten) ‚falschen Freund‘ zu erkennen und in der jeweils korrekten Bedeutung zu aktivieren, einer sekundären Markierung. Was mit ‚sekundärer Markierung‘ gemeint ist, soll an einem Beispiel erläu-

---

35 Joh 1,1, zitiert nach *Die Bibel oder die ganze Heilige Schrift des Alten und Neuen Testamentes nach der Übersetzung Martin Luthers. Neues Testament*, Berlin 1969, 114.

36 Heraklit, *Fragment 53*; das hier ausschnittweise wiedergegebene Fragment ist vermutlich so zu verstehen, dass der Widerstreit von Kräften die Grundlage des Universums ist (Gunnar Skirbekk / Nils Gilje, *Geschichte der Philosophie. Eine Einführung in die europäische Philosophiegeschichte*, Bd. 1, Frankfurt a. M. 1993, 26).

37 ‚Reim‘ im heutigen Verständnis meint einen Gleichklang – von Versenden, von Wortschlüssen oder von anderen analogen Stellen in Wörtern (Bernhard Asmuth, „Reim“, in: Gert Ueding (Hg.): *Historisches Wörterbuch der Rhetorik*, Bd. 7, Tübingen 2005, 1115).

tert werden: Der deutsche Satz ‚Sie öffnete das Gift' ist in Hinblick auf ein Interferenzpotenzial unmarkiert; es ist unwahrscheinlich, dass beim Lesen die englische Bedeutung der Graphemfolge ‚gift' koaktiviert wird. Die Wahrscheinlichkeit nimmt bei Sätzen wie ‚Sie öffnete ein Gift', ‚Sie öffnete the Gift' oder ‚Sie öffnete das gift' vermutlich zu. Durch die sekundäre Markierung (seltene bzw. normwidrige Verwendung des unbestimmten dt. Artikels, des engl. Artikels bzw. der Kleinschreibung) kommt es zu einer mehr oder weniger deutlich auf das System des Englischen verweisenden Irritation des üblichen deutschen Sprachgebrauchs. Diese Irritation kann dazu veranlassen, ‚gift' außer als ein – kontextbedingt – deutsches Wort auch als ein englisches Wort (‚Geschenk') zu verstehen. Eine leserseitige Koaktivierung eines zweiten Sprachcodes kann beispielsweise durch syntaktisch-grammatikalische Irritationen, abweichende Klein- bzw. Großschreibung, veränderte Graphem- bzw. Phonemfolgen, explizite Hinweise im Titel oder vorausgehende fremdsprachige Wörter motiviert werden. Im Fall der Gedichte Uljana Wolfs fungiert bereits der gemischtsprachige Titel des Gedicht-Zyklus „DICHTionary" als sekundäre Markierung.

Sprachmischung in Uljana Wolfs Zyklus „DICHTionary"

Die 1979 im Osten Berlins geborene, seit 2007 in Berlin und Brooklyn bzw. New York lebende Lyrikerin und Übersetzerin Uljana Wolf veröffentlichte nach ihrem preisgekrönten Debütband *kochanie ich habe brot gekauft* (2005) ihren zweiten Lyrik-Band *falsche freunde* im Jahr 2009. Die beiden von der Literaturkritik stark beachteten Bände erschienen im mittlerweile renommierten deutschen Independent-Verlag *kookbooks*. In beiden Bänden schreibt Wolf „linguale Poesie"[38], wobei der zweite Band weitaus programmatischer und radikaler als der erste auf die ästhetischen Möglichkeiten von inter- und intralingualer Sprachmischung – hier des Englischen und Deutschen – setzt. Dies lässt sich biographisch erklären, etwa durch Wolfs Zweitwohnsitz in den USA und ihre Heirat mit dem US-amerikanischen Lyriker Christian Hawkey, zum anderen aber auch aus ihrer Tätigkeit als Nachdichterin, beispielsweise von Ilse Aichinger. In einem Gespräch mit Roland Berbig verweist Uljana Wolf 2010 auf die „de-

38 Roland Berbig, „Nur reden, wenn es wie eine Übersetzung klingt. Uljana Wolf – Poetische Welten zwischen Berlin, Krakau und New York", in: Zoltán Szendi (Hg.), *Wechselwirkungen II. Deutschsprachige Literatur und Kultur im regionalen und internationalen Kontext. Beiträge der internationalen Konferenz des Germanistischen Instituts der Universität Pécs vom 9. bis 11. September 2010*, Wien 2012, 198; in den biographischen Angaben folge ich Berbig.

stabilizing experience", die mit der Aneignung einer neuen Sprache verbunden ist.[39]

Wolfs Band *falsche freunde* wird durch den 26 Prosagedichte umfassenden Zyklus „DICHTionary" eröffnet. Wie der gemischtsprachige Titel verweist auch die Gattungszuordnung samt Widmung auf das Experimentieren mit Interferenzphänomenen und Codeswitching: „ein deutsch-englisches / wörterbuch / für falsche freunde / verstreute cognates / und andere verwandte"[40]. Jedem Gedicht stehen in grafisch variantenreicher Anordnung mehrere Graphemfolgen mit gleichem Anfangsbuchstaben voran.[41] Diese können fast durchgehend sowohl dem deutschen als auch dem englischen Sprachsystem zugeordnet werden.[42] So steht über dem ersten Gedicht „apart – art", über dem 23. Gedicht steht – hier grafisch vereinfacht wiedergegeben „well~~~ [bzw.] well – e, wink – wink~el – wink", über dem 26. Gedicht „(z)et – (z)oo – (z)u". Wie bei den letzten beiden Beispielen wird bei manchen Graphemfolgen im Titel eine Zuordnung zu beiden Sprachcodes erst durch eine Tilde oder eine Klammer ermöglicht. Diese vorangestellten Graphemfolgen bilden, in ihrer semantisch zweifach zufälligen und damit provokant disparaten alphabetischen Konstellation qua Anfangsbuchstabe und qua Zugehörigkeit zu zwei Sprachsystemen, das thematisch-semantische und lexikalische Feld jedes Gedichtes. Entsprechend des Anfangsbuchstabens dieser Titel-Grapheme durchlaufen die 26 Gedichte des Zyklus das deutsche bzw. englische Alphabet von A bis Z. Die Gedichte sind weder metrisiert noch versifiziert. Durch konsequente Kleinschreibung und Blocksatz wirken sie, trotz permanenter Code- und Stil-Mischung, optisch homogen. Der Stil der Gedichte ist stark elliptisch und parataktisch, Satzzeichen werden relativ regelgemäß gesetzt. Bei einer ersten Lektüre erscheinen die Gedichte allenfalls partiell verständlich, englische Wörter fallen auf, ein thematischer Zusammenhang ist kaum erkennbar. Beim lauten Lesen der Gedichte treten allerdings eine dezente Rhythmisierung der Prosasprache sowie häufige Lautäquivalenzen (Reime, Alliterationen) hervor, so dass klanglich der Eindruck einer gewissen Stimmigkeit entsteht. Bei genauerer Lektüre lässt sich ein dreifacher thematischer Rahmen des Zyklus erkennen: Lebenslauf, Sprache bzw. Sprachfähigkeit sowie zwischenmenschliche Beziehungen.

---

[39] Uljana Wolf im Gespräch mit Roland Berbig, 24. Juni 2010, zitiert nach Berbig 2012, 201.

[40] Wolf 2009, 9.

[41] Die grafische Anordnung der Titel-Wörter und ihre Verknüpfungen waren durch die Autorin nicht vorgegeben, sondern entstanden in Zusammenarbeit mit dem Grafiker des Verlages Andreas Töpfer (Uljana Wolf im Gespräch mit Andreas Degen, 22.01.2015).

[42] Im gesamten Aufsatz wird nicht zwischen Englisch und Amerikanisch unterschieden.

Wolfs poetisches Verfahren des Code-Mixing und der Koaktivierung ‚falscher Freunde' wird im Folgenden für das zweite Gedicht des Zyklus abschnittweise beschrieben und interpretiert. Dem aus vier teilweise stark elliptischen Sätzen bestehenden B-Gedicht steht die Graphemkonstellation „bad – bald – bet ~t – brief" voran:

> am anfang bald, und bald am ende wieder: unsere haare, und dazwischen sind sie nicht zu fassen, nicht in sich und nicht in griff zu kriegen, weder im guten noch im bad. stattdessen morgens zu berg (take a bet?) und nachts out of bed (siehe ad). am besten hältst du sie als igel, der hat noch jeden hare besiegt. liegt aber eine strähne im brief, gar eine lange, halte sie unverfänglich an die wange.[43]

– „am anfang bald, und bald am ende wieder: unsere haare":

Das zweite „bald" wirkt, wenn es kontextgemäß deutsch im Sinne von ‚in kurzer Zeit' verstanden wird, semantisch irritierend; ebenso die dem Doppelpunkt folgende, das Voranstehende zusammenfassende Wortgruppe „unsere haare". Diese Irritation kann als eine – durch Titel und Widmung des Zyklus ohnehin gegebene – sekundäre Markierung angesehen werden. Liest man „bald" nämlich engl. als ‚kahl', schließt dies semantisch an die Haar-Thematik an: ‚am anfang kahl, und kahl am ende wieder: unsere haare'. Wolfs Poetik zielt aber weniger auf einen Sprachwechsel als auf ein assoziationsreiches koaktivierendes Changieren zwischen den Sprachen, hier zwischen „bald" in der Bedeutung ‚kahl' und in der Bedeutung ‚in kurzer Zeit'. Dies ließe sich beispielsweise so paraphrasieren: Am Lebensanfang sind wir kahl / bekommen wir schnell Haare, und nach gar nicht langer Zeit, am Lebensende, sind wir wieder kahl: So ist das mit unseren Haaren.

– „und / dazwischen sind sie nicht zu fassen, nicht in sich und nicht in griff / zu kriegen":

Das Gedicht beginnt, wie gezeigt, mit der Angabe der Zeitspanne zwischen Lebensanfang und Lebensende. Auf diese bezieht sich temporal das Adverb „dazwischen". Das Pronomen „sie" bezieht sich auf „Haare"; diese entziehen sich in der Zeit zwischen frühkindlicher Kahlheit und Alterskahlheit jeder Bändigung: Sie sind „nicht zu fassen", sie bleiben „nicht in sich" und sind „nicht in griff zu kriegen".

– „weder im guten noch im bad":

Das Motiv der widerspenstigen Haare wird mit der Redewendung ‚weder im Guten noch im Schlechten' weitergeführt und generalisiert: Die Haare sind nie zu bändigen. Die Redewendung wird jedoch in ihrem zweiten

[43] Wolf 2009, 11.

Glied (‚im Schlechten') in das englische Äquivalent überführt: „bad" (engl. ‚schlecht', phonetisch: ‚bæd'). Allerdings ist zumindest syntaktisch auch eine deutsche, nicht idiomatisch gesteuerte Lesart von „bad" (phonetisch: ‚ba:t') im Sinne von ‚Badezimmer' möglich. Die gemischte Lesart ließe sich paraphrasieren als: Die Haare sind weder im Guten noch im Schlechten / und auch nicht im Badezimmer zu bändigen.

– „stattdessen morgens / zu berg (take a bet?) und nachts out of bed (siehe ad)":

Der elliptische Satz schließt an das Thema der unter keinen Umständen zu bändigenden Haare an und nimmt die Zweigliedrigkeit der voranstehenden idiomatischen Wendung in der Gegenüberstellung von morgendlichem und nächtlichem Zustand der Haare auf. Ohne die Klammereinschübe lässt sich die Satzaussage unter Verwendung der Redewendung ‚die Haare stehen zu Berg' und in der Übersetzung von „bed" (engl. ‚Bett') paraphrasieren als: Stattdessen stehen die Haare morgens zu Berg und hängen nachts aus dem Bett. Im ersten Klammereinschub überlagern sich in der englischen Wendung „take a bet" (‚nimm die Wette an') das englische Wort „bet" (‚Wette', phonetisch: ‚bet') und das (nahezu) homophone deutsche Wort ‚Bett' (phonetisch: ‚bɛt'). Diese lexikalische Überlagerung kann paraphrasiert werden als: Die angebotene Wette, dass die Haare am Morgen zu Berg stehen werden, wird zu einer Einladung, es zu testen und eine Nacht gemeinsam zu verbringen. Der zweite Klammereinschub, der sich mit „ad" (Kurzform für ‚advertisement', engl. ‚Anzeige', ‚Werbespot') auf den ersten Klammereinschub reimt, könnte analog zur visuellen Vorstellung des Zu-Berge-Stehens als Verweis auf den aus Werbespots bekannten (erotischen) Anblick aus dem Bett hängender Haare („out of bed") interpretiert werden.

– „am besten / hältst du sie als igel, der hat noch jeden hare besiegt":

Als Lösung für das Problem der widerspenstigen Haare („sie") wird, in direkter Anrede an ein Du und unter Ausnutzung der Mehrdeutigkeit von „Igel" im Deutschen (‚Stacheltier', ‚Kurzhaarfrisur'), die Zähmung der Haare (wie ein Tier – einen Igel – ‚halten') durch das Tragen einer Igel-Frisur empfohlen. In intertextueller Anspielung auf das bekannte Märchen vom Wettlauf zwischen Hase und Igel kann das englische Wort „hare" in der Bedeutung ‚Hase' (phonetisch: ‚heə') aufgrund seiner Homophonie zu engl. ‚hair' (phonetisch: ‚heə') auch für ‚Haare' stehen. Hier bewirkt eine Homophonie im Englischen in ihrem Zusammenspiel mit Intertextualität eine semantische Mehrstelligkeit. Die Satzaussage ließe sich paraphrasieren als: Am besten zähmst und trägst du die Haare in einer Igelfrisur; diese konnte – so wie der Igel im Märchen den Hasen besiegt hat – bislang alle Haare bändigen.

– „liegt aber / eine strähne im brief, gar eine lange, halte sie unverfänglich an / die wange“:

Anschließend an die Wette bzw. an die Einladung zu einer gemeinsamen Nacht („take a bet“) wird im letzten Satz das Thema der Haare noch einmal neu, nämlich hinsichtlich der Zeichenfunktion, angesprochen. Unter Ausnutzung der doppelten Codezugehörigkeit der Graphemfolge ‚brief‘, die im Deutschen ‚Brief‘, im Englischen neben ‚Kurzanweisung‘ auch ‚Slip‘[44] bedeuten kann, wird hinsichtlich der Zeichenfunktion der Haarsträhne eine semantische Spannung zwischen „strähne“ als Symbol von Fernliebe (im Brief) und „strähne“ als Index körperlicher Liebe (im Slip) konstruiert. Im Gegenzug zu dieser semantischen Spannung weist der letzte Satz des Gedichtes formal aufgrund des Reimes „lange“ – „wange“ und zahlreicher Assonanzen eine vergleichsweise hohe klangliche Stimmigkeit auf. Mit dem Adverb „unverfänglich“ nimmt er noch einmal das dominante Motiv der widerspenstigen Haare und ihrer möglichen oder unmöglichen Zähmung („fassen“, „in griff kriegen“, „halten“, „besiegen“) auf.

Der kommentierende und interpretierende Durchgang durch das B-Gedicht des Zyklus „DICHTionary“ hat exemplarisch gezeigt, dass Wolfs poetisches Verfahren der Sprachmischung und lexikalischen Koaktivierung sich nicht auf den Sprachcode beschränkt, sondern weitere Formen des Changierens zwischen Stilen, Intertexten und idiomatischen Wendungen verwendet. Ermöglicht wird dies durch einen elliptisch-asyndetischen Stil, bei der die offenen Beziehungen zwischen Satzgliedern Raum für eine Überlagerung verschiedener lexikalisch-semantischer Relationen geben. Die dadurch wie durch die doppelte Codezugehörigkeit einzelner Graphemfolgen verursachten erheblichen Verständnishürden bereits auf der Ebene der Satzaussage werden ansatzweise durch eine forcierte Äquivalenzstruktur auf der rhythmischen und klanglichen Ebene balanciert. Ohne dominant oder regelhaft zu werden, suggeriert diese beim lauten Lesen Stimmigkeit.

Welche semantische Komplexität durch Verknappung und doppelte Codierung Wolfs Poetik des ‚falschen Freundes‘ zu erzielen vermag, soll anhand des Anfangs des H-Gedichtes gezeigt werden. Diesem Gedicht sind die – in ihrer grafischen Anordnung hier vereinfacht wiedergegeben – Wörter „hat – hell – hut“[45] vorangestellt.

– „wer hat, der was? ich frage dich. breite krempe, dach überm kopf, eckig, fleckig, meistens aus felt – fühlt sich behütet bis zur nächsten bö“:

---

44 Standardsprachlich ist für die Bedeutung ‚Slip‘ die engl. Pluralform ‚briefs‘ üblich, doch wird als Modebezeichnung auch die Singularform benutzt (vgl. Otto Springer (Hg.), *Langenscheidts Enzyklopädisches Wörterbuch der englischen und deutschen Sprache, Teil 1, Bd. 1*, Berlin/München/Wien 2000, sowie *https://www.dict.cc*).

45 Wolf 2009, 17.

Wiederum fungiert eine abweichend, nämlich hinterfragend zu Ende geführte deutsche Redewendung (wer hat, der hat) als Irritationsimpuls. Dieser wird, in Verbindung mit der folgenden, einen Hut in Aussehen und Funktion beschreibenden Wortgruppe „breite krempe, dach überm kopf, eckig, fleckig" als sekundäre Markierung für die Identifizierung des ‚falschen Freundes' „hat" (dt. 3. Person Sing. von ‚haben', phonetisch: ‚hat' bzw. engl. ‚Hut', phonetisch: ‚hæt') gebraucht. Der Anfang des Gedichtes ließe sich mit dieser lexikalischen Koaktivierung der Graphemfolge so paraphrasieren: Wer einen Hut hat, der hat was? In der Beschreibung des Hutes wird auf die idiomatische Wendung „dach überm kopf", Minimalbedingung für Schutz und Geborgenheit, zurückgegriffen. Dadurch wird eine räumlich-funktionale Ähnlichkeitsrelation zwischen dem Dach im Verhältnis zum Gebäude und dem Hut im Verhältnis zum Kopf bzw. Menschen eingeführt. Diese ist freilich bereits am Anfang des Gedichtes latent vorhanden, nämlich aufgrund der (weitgehenden) Homophonie der deutsch gelesenen Graphemfolge „hat" (phonetisch: ‚hat') und dem englischen Wort ‚hut' (‚Hütte', phonetisch: ‚hʌt'). In der Koaktivierung sowohl der Graphemfolge ‚hat' als auch der Phonemfolge ‚hat' bzw. , hʌt' überlagern sich also in der Eingangsfrage „wer hat, der was?" drei Bedeutungen: ‚haben', ‚Hut' und ‚Hütte'. Das Gedicht thematisiert Geborgenheit und Zuhausesein in der motivischen Engführung von Hut und (überdachter) Hütte. Wie das Dach der Hütte gibt der Hut dem Menschen zumindest grundlegenden Schutz: man „fühlt sich behütet". Die sich reimenden Adjektive „eckig" und „fleckig" sind an die Ähnlichkeitsrelation von Hut und Hüttendach anschließbar; sie lassen sich konnotativ als Hinweis auf Schlichtheit und Verschleiß jenes ‚dachs überm kopf' interpretieren: Dies wird temporal mit der Fristangabe „bis zur nächsten bö" verstärkt.

Zu einer komplizierten Interferenzrelation kommt es bei der gemischtsprachigen Wortgruppe „meistens aus felt": Mit ‚felt' (engl. ‚Filz') ist das charakteristische Material für Hüte genannt. Zugleich ist engl. ‚felt' homophon mit dem deutschen Verb ‚fällt', so dass „aus felt" phonetisch auch als ‚ausfällt' aufgefasst werden kann. Bei doppelter Code-Aktivierung ließe sich die Wortgruppe „meistens aus felt" im Sinne des Verschleiß- bzw. Fristmotivs paraphrasieren als: Der Zustand des Behütetseins, des ‚Dachs überm Kopf', fällt meistens aus. Durch den (phonetischen) ‚falschen Freund' ‚felt' – ‚fällt' wird somit, in Kombination mit dem als Präposition oder als Vorsilbe zu lesenden „aus", in die ein Behütetsein (der schützende Hut aus Filz mit breiter Krempe) semantisierende Graphemfolge – durch Codewechsel – das Spannungsmoment seiner Negation eingeführt: Der Ausfall des Behütetseins. Die folgende Wortgruppe sagt dies explizit: „behütet bis zur nächsten bö".

An den Anfangssätzen des H-Gedichtes fällt wiederum auf, wie Wolf den durch elliptischen Stil und elaboriertes Code-Mixing in ihrer Kohärenzdisposition äußerst fragilen Sätzen auf ihrer formalen Ebene durch Kleinschreibung und durch Rhythmisierung bzw. Reime und andere Klangäquivalenzen einen hohen Grad an Stimmigkeit verleiht, der motivierend auf die dem Leser aufgegebene Kohärenzbildung wirkt. Entsprechend der eingangs erstellten Typologie ästhetischer Funktionen von Sprachmischung ließe sich Wolfs Darstellungsverfahren als in hohem Maße verfremdend (6. Funktion), experimentell und normverletzend (5. Funktion), jedoch nicht komisch, sondern im Sinne der 4. Funktion eine – nicht manifeste, sondern potenzielle – Einheit im heterogenen Sprachcode konnotierend beschreiben.

Bibliographie

Adorno, Theodor Wiesengrund: „Wörter aus der Fremde". In: Ders.: *Noten zur Literatur* (= *Gesammelte Schriften*, Bd. 11). Frankfurt a. M.: Suhrkamp 1974, 216–232.

Aristoteles: *Rhetorik*. Übersetzt und erläutert von Christof Rapp (= *Werke in deutscher Übersetzung*. Hg. von Hellmut Flashar, Bd. 4,1). Berlin: Akademie-Verlag 2002.

Asmuth, Bernhard: „Reim". In: Gert Ueding (Hg.): *Historisches Wörterbuch der Rhetorik*, Bd. 7. Tübingen: Niemeyer 2005, 1115–1144.

Bachtin, Michail Michajlovic: „Die Vorgeschichte des Romanwortes". In: Michail Michajlovic Bachtin: *Die Ästhetik des Wortes*. Hg. von Rainer Grübel. Aus dem Russischen von Rainer Grübel und Sabine Reese. Frankfurt a. M.: Suhrkamp 1979, 301–337.

Barnickel, Klaus-Dieter: *Falsche Freunde. Ein vergleichendes Wörterbuch Deutsch-Englisch*. Heidelberg: Julius Groos 1992.

Bayerdörfer, Hans-Peter: „‚Sprachen Rag-time?' Überlegungen zur Entwicklung des polyglotten Gedichts nach 1945". In: Dieter Breuer (Hg.): *Deutsche Lyrik nach 1945*. Frankfurt a. M.: Suhrkamp 1988, 43–64.

Berbig, Roland: „Nur reden, wenn es wie eine Übersetzung klingt. Uljana Wolf – Poetische Welten zwischen Berlin, Krakau und New York". In: Zoltán Szendi (Hg.): *Wechselwirkungen II. Deutschsprachige Literatur und Kultur im regionalen und internationalen Kontext. Beiträge der internationalen Konferenz des Germanistischen Instituts der Universität Pécs vom 9. bis 11. September 2010*. Wien: Praesens 2012, 189–202.

Die Bibel oder die ganze Heilige Schrift des Alten und Neuen Testamentes nach der Übersetzung Martin Luthers. Neues Testament. Berlin: Ev. Haupt-Bibelgesellschaft 1969.

Bobrowski, Johannes: *Die Gedichte* (= *Gesammelte Werke*. Hg. von Eberhard Haufe, Bd. 1). Berlin: Union 1987.

Bußmann, Hadumod (Hg.): *Lexikon der Sprachwissenschaft. 4. Durchgesehene und bibliographisch ergänzte Aufl.* Stuttgart: Kröner 2008.

Celan, Paul: *Gedichte 1* (= *Gesammelte Werke in sieben Bänden*, Bd. 1). Frankfurt a. M.: Suhrkamp 2000.
Dubiel, Jochen: „Manifestationen des ‚postkolonialen Blicks' in kultureller Hybridität". In: Axel Dunker (Hg.): *(Post-)Kolonialismus und Deutsche Literatur. Impulse der angloamerikanischen Literatur- und Kulturtheorie*. Bielefeld: Aisthesis 2005, 45–68.
Fiechtner, Friedrich (Hg.): *Heimat in der Steppe. Aus dem Schrifttum der Bessarabiendeutschen ausgewählt und bearbeitet*. Stuttgart: Verein zur Förderung des Schrifttums der Deutschen aus Bessarabien 1964.
Forster, Leonard: *The Poet's Tongues. Multilingualism in Literature*. Cambridge: University Press 1970 (= *Dichten in fremden Sprachen. Vielsprachigkeit in der Literatur*. München: Francke 1974).
Heine, Heinrich: *Gedichte 1812–1827* (= *Säkularausgabe. Werke, Briefe, Lebenszeugnisse*. Hg. von der Stiftung Weimarer Klassik und dem Centre National de la Recherche Scientifique in Paris, Bd. 1). Berlin u. a.: Akademie-Verlag 1979.
Hinnenkamp, Volker: „Codeswitching". In: Hans Barkowski / Hans-Jürgen Krumm (Hg.): *Fachlexikon Deutsch als Fremd- und Zweisprache*. Tübingen/Basel: Francke 2010, 35.
Hinnenkamp, Volker: „Sprachmischung". In: Hans Barkowski / Hans-Jürgen Krumm (Hg.): *Fachlexikon Deutsch als Fremd- und Zweisprache*. Tübingen/Basel: Francke 2010, 305.
Hinnenkamp, Volker: „Polylinguale Alltagserzählungen. Soziolinguistische Aspekte gemischtsprachiger Narrationen". In: *sociolinguistica. Internationales Jahrbuch für Europäische Soziolinguistik* 26 (2012), 72–86.
Horn, András: „Ästhetische Funktionen der Sprachmischung in der Literatur". In: *Arcadia* 16 (1981), 225–241.
Jandl, Ernst: *Gedichte 1* (= *Gesammelte Werke*. Hg. von Klaus Siblewski, Bd. 1). Frankfurt a. M.: Luchterhand 1990.
Kaléko, Mascha: *In meinen Träumen läutet es Sturm. Gedichte und Epigramme aus dem Nachlaß*. Hg. u. eingeleitet von Gisela Zoch-Westphal. München: dtv 1998.
Knauth, K. Alfons: *Multilinguale Literatur*. In: Monika Schmitz-Emans (Hg.): *Literatur und Vielsprachigkeit*. Heidelberg: Synchron 2004, 265–289.
Kroschewski, Annette: *‚False friends' und ‚true friends'. Ein Beitrag zur Klassifizierung des Phänomens der intersprachlich-heterogenen Referenz und zu deren fremdsprachendidaktischen Implikationen*. Frankfurt a. M./Berlin/Bern u. a.: Lang 2000.
Lausberg, Heinrich: *Handbuch der literarischen Rhetorik. Eine Grundlegung der Literaturwissenschaft*. Bd. 1. München: Hueber ²1973.
Rolf, Eckard: *Metapherntheorien. Typologie, Darstellung, Bibliographie*. Berlin /New York: de Gruyter 2005.

Šklovskij, Viktor: „Die Kunst als Verfahren“. In: Jurij Striedter (Hg.): *Texte zur allgemeinen Literaturtheorie und zur Theorie der Prosa, mit einer einleitenden Abhandlung* (= *Texte der russischen Formalisten*, Bd. 1). München: Fink 1969, 1–35.

Schmeling, Manfred / Schmitz-Emans, Monika (Hg.): *Multilinguale Literatur im 20. Jahrhundert*. Würzburg: Königshausen & Neumann 2002.

Schmeling, Manfred / Schmitz-Emans, Monika: „Einleitung“. In: Dies. (Hg.): *Multilinguale Literatur im 20. Jahrhundert*. Würzburg: Königshausen & Neumann 2002, 7–35.

Schmitz-Emans, Monika: „Nach-Klänge und Ent-Faltungen: Hölderlins ‚Am Quell der Donau‘ und seine Schallgeschwister“. In: Manfred Schmeling / Monika Schmitz-Emans (Hg.): *Multilinguale Literatur im 20. Jahrhundert*. Würzburg: Königshausen & Neumann 2002, 69–95.

Schmitz-Emans, Monika (Hg.): *Literatur und Vielsprachigkeit*. Heidelberg: Synchron 2004.

Schmitz-Emans, Monika: „Literatur und Vielsprachigkeit: Aspekte, Themen, Voraussetzungen“. In: Dies. (Hg.): *Literatur und Vielsprachigkeit*. Heidelberg: Synchron 2004, 11–26.

Skirbekk, Gunnar / Gilje, Nils: *Geschichte der Philosophie. Eine Einführung in die europäische Philosophiegeschichte*. Bd. 1. Frankfurt a. M.: Suhrkamp 1993.

Spitzer, Leo: „Sprachmischung als Stilmittel und als Ausdruck der Klangphantasie“. In: *Germanisch-Romanische Monatsschrift* 11 (1923), 193–216.

Springer, Otto (Hg.): *Langenscheidts Enzyklopädisches Wörterbuch der englischen und deutschen Sprache, Teil 1, Bd. 1*. Berlin/München/Wien: Langenscheidt 2000.

Stierle, Karlheinz: „Aspekte der Metapher“. In: Ders.: *Text als Handlung. Perspektiven einer systematischen Literaturwissenschaft*. München: Fink 1975, 152–185.

Sturm-Trigonakis, Elke: *Global playing in der Literatur. Ein Versuch über die Neue Weltliteratur*. Würzburg: Königshausen & Neumann 2007.

Weissmann, Dirk: „Die Erneuerung der deutschen Literatur von ihren sprachlichen Rändern her. Translinguales Schreiben um 1900“. In: *Germanistik in der Schweiz. Zeitschrift der Schweizerischen Akademischen Gesellschaft für Germanistik* 10 (2013), 91–100.

Welsch, Wolfgang: „Transkulturalität. Zur veränderten Verfaßtheit heutiger Kulturen“. In: *Zeitschrift für Kulturaustausch. Schwerpunktthema: Migration und Kultureller Wandel* 45 (1995), 39–44.

Welsch, Wolfgang: „Was ist eigentlich Transkulturalität?“. In: Lucyna Darowska / Thomas Lüttenberg / Claudia Machold (Hg.): *Hochschule als transkultureller Raum? Beiträge zu Kultur, Bildung und Differenz*. Berlin: de Gruyter 2010, 39–66.

Wolf, Uljana: *falsche freunde. gedichte*. Idstein: kookbooks 2009.

Poesia in due lingue – ricezione monolinguale? Poesie in zwei Sprachen – monolinguale Rezeption?

Selbstübersetzung als literarische Handlungsform am Beispiel Gerhard Kofler

Barbara Siller

[...] und ich zweifelte daran nie
jede wirklich neue entdeckung
die erkennst du an der peripherie[1]
(„Auf einem neuen Satelliten")

Die wissenschaftliche Übersetzungsforschung hat sich lange Zeit unzureichend mit der Thematik der Selbstübersetzung beschäftigt und, falls doch, diese stets als Randphänomen wahrgenommen. So wählt Paul Laveau 1979 für seinen Artikel zu Heinrich Heines selbstübersetztem Werk den Titel *Un cas limite de traduction: l'autotraduction (exemple: les traductiones autorisées des œuvres de Henri Heine)*[2]. Dieter Lamping bezeichnet 1992 die Selbstübersetzung als „Sonderfall der literarischen Übersetzung"[3]. Rainier Grutman beschreibt seine Erfahrungen bei der Recherche für seinen Eintrag in die erste Ausgabe der *Routledge Encyclopedia of Translation Studies* (1998) folgendermaßen:

> When asked fifteen years ago to write the entry "Autotranslation" (Grutman 1998) to the original *Encyclopedia of Translation Studies* Mona Baker was preparing for Routledge, I realized how little interest had been shown in the topic. Given the (not so) hidden mo-

[1] Gerhard Kofler, *Die Uhrwerkslogik der Verse. L'orologica dei versi.* Innsbruck 1999, 97–98. Die entsprechenden Verse im italienischen Gedicht „Su un nuovo satellite" von Kofler lauten: „[...] e per me non fu mai diceria / che la vera nuova conquista / vien fatta alla periferia".

[2] Dt. Ein Grenzfall der Übersetzung: Selbstübersetzung (Beispiel: die autorisierten Übersetzungen von Heinrich Heines Werk); sofern nicht anders vermerkt, stammen die Übersetzungen von der Verfasserin – B. S.

[3] Dieter Lamping, „Die literarische Übersetzung als de-zentrale Struktur: Das Paradigma der Selbstübersetzung" in: Harald Kittel (Hg.), *Geschichte, System, Literarische Übersetzung. Histories, Systems, Literary Translations*, Berlin 1992, 213.

> nolingual agenda of much critical writing about so-called "national literatures", it came as no surprise that self-translation had remained under the radar in traditional literature departments; that it had also gone largely undetected by scholars working in such potentially polyglot areas as comparative literature, seemed a bit more disturbing.[4]

In seinem Eintrag zu „Self-translation" in der zweiten Ausgabe der Routledge *Encyclopedia of Translation Studies* (2009) stellt Grutman allerdings bereits eine Veränderung in der Wahrnehmung der Selbstübersetzung fest: „Once thought to be a marginal phenomenon [...], it has of late received considerable attention in the more culturally inclined provinces of translation studies."[5] Er nennt in diesem Zusammenhang mehrere Zeitschriften, die sich mit der Thematik auseinandergesetzt haben, beispielsweise *Quimera*, Nr. 210 (2002), *In Other Words*, Nr. 25 (2005) und *Atelier de traduction*, Nr. 7 (2007). Als den ambitioniertesten Versuch bezeichnet er das einschlägige Buch *The Bilingual Text. History and Theory of Literary Self-Translation* (2007) von Jan Walsh Hokenson und Marcella Munson, auf das im folgenden Abschnitt kurz eingegangen wird, weil es einige zentrale Prämissen für die Wahrnehmung und Verortung der Selbstübersetzung festlegt. Hokenson und Munson stellen eine Vernachlässigung der Selbstübersetzung von Seiten der Literaturgeschichte und der Übersetzungstheorie fest, obwohl, wie sie darstellen, das Phänomen der Selbstübersetzung bei Weitem kein neues wäre, sondern bereits in der Antike aufkam und im Europa des Mittelalters und der Renaissance eine sehr gewichtige Rolle gespielt hat:

> [S]elf-translators have long been neglected in literary history and translation theory, and it is still often assumed that they are just rather idiosyncratic anomalies, mostly preening polyglots or maladaptive immigrants. Yet the tradition of the bilingual writer creating a single text in two languages, smoothly spanning different audiences, is a rich and venerable one, arising in Greco-Roman antiquity and thriving in the European Middle Ages and Renaissance. Self-translation was a common practice in the ambient translingual world of early modern Europe, when bilingualism was the norm, and writers increasingly translated between Latin and vernaculars.[6]

Die zuweilen abwertende Haltung gegenüber AutorInnen, die als SelbstübersetzerInnen arbeiten, hat den VerfasserInnen zufolge Gründe, die vor allem politischer Natur sind: Durch das zunehmende Nationalbewusst-

---

[4] Rainier Grutman, „Beckett and Beyond. Putting Self-Translation in Perspective", in: *Orbis Litterarum* 68/3 (2013), 188.

[5] Rainier Grutman, „Self-Translation", in: Mona Baker und Gabriela Saldanha (Hg.), *Routledge Encyclopedia of Translation Studies*, London/New York 2009, 257.

[6] Jan Walsh Hokenson / Marcella Munson, *The Bilingual Text. History and Theory of Literary Self-Translation*, Manchester/Kinderhook 2007, 1.

sein im 19. Jahrhundert wurde die Selbstübersetzung zu einem unwillkommenen Phänomen, stellte sie doch das Konzept der Nationalsprache und der Nationalliteratur vehement in Frage. Selbst in den Literatur- und Translationswissenschaften wurde die Selbstübersetzung zu einem „Problem“, das man gerne in den Hintergrund drängte: Das Festhalten an der Idee eines national verankerten Literaturkanons in Verbindung mit dem Konzept der linguistischen Reinheit hatte laut Hokenson und Munson zur Folge, dass Transkulturalität in der Literatur keine Beachtung fand. Bislang verwendete Kategorien der Übersetzungswissenschaften und der „critical history“ wurden durch die Kunstform der Selbstübersetzung hinterfragt:

> Since the bilingual text exists in two language systems simultaneously, how do the monolingual categories of author and original apply? Self-translation, the specific ways in which bilinguals rewrite a text in the second language and adapt it to a different sign system laden with its own literary and philosophical traditions, escapes the categories of text theory, for the text is twinned.[7]

Nehmen sich Literaturkritiker des Themas an, werden sie mit schwierigen Fragen konfrontiert, wie „Are the two texts both original creations? Is either text complete? Is self-translation a separate genre? Can either version belong within a single language or literary tradition? How can two linguistic versions of a text be commensurable?“[8]. In Anlehnung an Raymond Federman (1987) argumentieren die VerfasserInnen deshalb für die Notwendigkeit einer Poetik der Selbstübersetzung. In den letzten Jahren scheint sich ein solches Verständnis für eine bilinguale Poetik herauszukristallieren, zunehmend entwickelt sich ein Interesse und eine Sensibilität für die Selbstübersetzung als Kunstform, wie Eva Gentes 2013 feststellt:

> Although self-translation has increasingly been gaining attention in the field of translation studies [...], most readers of self-translated books are not aware that they are reading a literary work which has been written in two or even three different languages by the author him-/herself. Self-translators, editors and literary critics too often act in ways that reduce the chances of making the translation process visible.[9]

---

7 Hokenson/Munson 2007, 2.

8 Hokenson/Munson 2007, 2.

9 Eva Gentes, „Potentials and Pitfalls of Publishing Self-Translations as Bilingual Editions“, in: *Orbis Litterarum* 68/3 (2013), 266. Gentes' Hauptforschungsgebiet ist die Selbstübersetzung, sie hat dazu eine einschlägige Diplomarbeit (*Toujours infidele – Writing from the midzone: Die literarische Selbstübersetzung im 20. Jahrhundert.* München 2009) vorgelegt. Derzeit arbeitet sie an ihrer Dissertation unter dem Ar-

Ihre gemeinsam mit Julio-César Santoyo online herausgegebene Bibliographie zum Thema Selbstübersetzung, die Literaturzeitschriften, Artikel, Bücher, Dissertationen, Magisterarbeiten sowie nicht publizierte Tagungsbeiträge in den verschiedensten Sprachen miteinbezieht und 107 Seiten umfasst, zeigt deutlich, wie viel sich gerade in den letzten 15 Jahren auf diesem Forschungsgebiet getan hat.[10]

Übersetzung/Selbstübersetzung als Fortschreibung

Vielfältig sind die Entstehungsgründe und Entstehungsprozesse der Selbstübersetzung: Ein Grund, warum ein Autor sich dafür entscheidet, seine Texte/Gedichte selbst in eine andere Sprache zu übersetzen, kann die Asymmetrie der Sprachen sein: Die Sprache, in der der Autor schreibt, ist weniger stark verbreitet und deshalb überträgt er seine Arbeiten in eine weiter verbreitete Sprache, um ein größeres Leserpublikum zu erreichen. Lamping spricht an dieser Stelle von der „publikumsbezogene[n]" Funktion[11] der Selbstübersetzung, die in erster Linie der Vermittlung dient. Als zweite Funktion nennt er die „autorbezogene":[12] Der Dichter übersetzt in eine andere Sprache, weil diese Sprache für ihn eine besondere Bedeutung hat, beispielsweise, weil er sie als Literatursprache besonders schätzt oder weil es die Sprache seiner Dichtervorbilder ist. Eine dritte Funktion ist die „werkbezogene",[13] die der „*Fortschreibung* eines Werks"[14] dient. Ästhetische Gründe, beispielsweise die „‚expressive Bereicherung'"[15] des Originals auf der semantischen und/oder phonetischen Ebene durch den Text in Übersetzung, zählen zu dieser Funktion. Hier ist auch der Gedanke Walter Benjamins anzusiedeln, der in seinem Aufsatz „Die Aufgabe des Übersetzers" (1921) von der „Nachreife" des Wortes spricht, die es durch den Prozess der Übersetzung erfährt und die sich rückwirkend positiv auf das Original auswirkt:

> [...] so ist hier erweisbar, daß keine Übersetzung möglich wäre, wenn sie Ähnlichkeit mit dem Original ihrem letzten Wesen nach anstreben würde. Denn in seinem Fortleben, das so nicht heißen dürfte, wenn es nicht Wandlung und Erneuerung des Lebendigen

---

beitstitel *Theorie und Praxis der literarischen Selbstübersetzung in der Gegenwartsliteratur. Eine (literatur-)soziologische Annäherung aus romanistischer Perspektive.*

10 Julio-César Santoyo / Eva Gentes (Hg.), „Bibliography. Autotraduzione/autotraducción/self-translation", in: https://www.academia.edu/3835752/Bibliography_on_Self-translation_14_July_2013 (14.12.2015).

11 Lamping 1992, 214.

12 Lamping 1992, 214.

13 Lamping 1992, 214.

14 Lamping 1992, 216.

15 Lamping 1992, 217.

> wäre, ändert sich das Original. Es gibt eine Nachreife auch der festgelegten Worte. Was zur Zeit eines Autors Tendenz seiner dichterischen Sprache gewesen sein mag, kann später erledigt sein, immanente Tendenzen vermögen neu aus dem Geformten sich zu erheben.[16]

Mit Blick auf die Entstehungsart trifft man die Unterscheidung zwischen der gleichzeitigen und der aufeinanderfolgenden Übersetzung, die nach Abschluss des Originals oder erst nach dessen Veröffentlichung erfolgt.[17] Ein weiterer Aspekt betrifft das Layout der Texte/Gedichte und der entsprechenden selbstübersetzten Versionen: Gentes unterscheidet zwischen einer „en face edition", bei der sich zwei Texte/Gedichte auf zwei Seiten gegenüberstehen (entweder in exakter Entsprechung oder in ungefährer Entsprechung), einer „split-page edition", bei der beide Texte/Gedichte auf einer Seite abgedruckt sind (entweder horizontal oder vertikal), einer „successive edition", bei der zunächst der vollständige Teil in einer Sprache abgedruckt wird, gefolgt vom gesamten Text/Gedichtzyklus in der zweiten Sprache. Eine weitere Möglichkeit bietet die „reversible edition", bei der im vorderen Teil des Buches ein Text/Gedichtzyklus abgedruckt ist und beim Wenden des Buches um 180 Grad der zweite Text/Gedichtzyklus erscheint.[18] Ebenso vielfältig ist das Zielpublikum zweisprachiger Ausgaben: Es reicht von monolingualen LeserInnen über SprachlernerInnen, LiteraturwissenschaftlerInnen und bilingualen LeserInnen. Letztere verfügen über die meisten Lesarten und die bilingualen LeserInnen sind es auch, die ein sogenanntes „double reading"[19] durchführen können, wodurch die ‚Mehrbedeutungen' erst entstehen.

Die Kunst der Selbstübersetzung wird also mehr und mehr wissenschaftlich wahrgenommen: Im Zuge der Postmoderne treffen Randphänome prinzipiell auf stärkeres Interesse innerhalb der Wissenschaften. Nicht zuletzt nehmen häufig neue Entwicklungen vom Rand her ihren Anfang. Doch heißt das noch lange nicht, dass Selbstübersetzer mittlerweile nicht mehr mit gewissen Vorurteilen zu kämpfen hätten. Am Beispiel des Dichters, Übersetzers und Selbstübersetzers Gerhard Kofler (1949–2005) beleuchtet der folgende Beitrag mehrere Facetten der Selbstübersetzung, insbesondere die Aspekte der Dialogizität und der Vielstimmigkeit sowie die Herausforderungen, die eine Poetik der Selbstübersetzung an die Rezeption stellt. Der Beitrag setzt sich außerdem mit der Selbstübersetzung Koflers als einer Form des politischen Engagements auseinander.

---

16 Walter Benjamin, „Die Aufgabe des Übersetzers", in: Ders., *Illuminationen. Ausgewählte Schriften 1*, Frankfurt a. M. 1977, 53.

17 Vgl. Grutman 2013, 191–192.

18 Gentes 2013, 275.

19 Gentes 2013, 276.

Der biographische Hintergrund des vielstimmigen Dichters Gerhard Kofler

[...] il napoletano dei nostri vicini
lasciò battere sulla mia
lingua montanara
quel 'core ingrato'[20]
(„Canzoni II")

Gerhard Kofler wurde 1949 in Bozen geboren. Seine Eltern übersiedelten 1952 nach Brixen, wo er seine Kindheit und Jugendzeit verbrachte. Kofler studierte Germanistik und Romanistik (Italienisch) an den Universitäten Innsbruck und Salzburg und lebte ab 1978 als Schriftsteller, Literaturkritiker und Generalsekretär der Grazer Autorinnen Autorenversammlung in Wien. Zahlreiche seiner Gedichte nehmen Bezug auf diverse biographische Aspekte, was einen Vergleich zwischen dem lyrischen Ich und dem Autor erlaubt. In seinem Gedicht „Tre momenti di Bolzano. Drei Bozner Momente"[21] wird das soziokulturelle Umfeld des lyrischen Ichs in seiner Kindheit dargestellt, das geprägt war von den Einflüssen der Tante aus Wien, dem Onkel aus dem Trentino und den „vicini gentili; freundlichen nachbarn" aus Neapel, die die italienische Sprache in ihm zum Leben erweckten.[22] Koflers Freude an der italienischen Sprache sowie am Neapoletanischen, wie überhaupt die Sensibilität und Neugierde für Sprachvarietäten und für „die Spannung zwischen Sprachebenen [...] und Sprachen"[23] zeichneten ihn als Dichter im Besonderen aus. Im Gedicht „Vivere a Bressanone (per esempio). in Brixen leben (zum Beispiel)"[24] reflektiert das lyrische Ich seine Schul- und Jugendzeit, die geprägt war von den südtirolspezifischen Erfahrungen mit sprachlichen und ethnischen Abgrenzungen. Das Ich nimmt diese als beengend wahr, das Gedicht schildert eine Jugend „tra le arrugginite sbarre etniche; zwischen den verrosteten ethnischen gitterstäben", die erst durch die Lektüre großer Dichter wie Pablo Neruda, García Lorca und Raffael Alberti belebt wurde.[25] Ein ebenso bereits zweisprachiges Gedicht Koflers aus den 1980er Jahren trägt den Titel

---

20 Gerhard Kofler, *Neue Südtiroler Extravaganzen. Gedichte 1982–1984,* Wien/Bozen 1984, 40–41; die entsprechenden Verse im deutschen Gedicht „Lieder II" lauten: „[...] das neapoletanisch unserer nachbarn / ließ auf meiner / bergbewohnerzunge / jenes ‚core ingrato' schlagen".

21 Kofler 1999, 62–63.

22 Kofler 1999, 62–63: „coi vicini gentili nacque in me l'Italiano; durch die freundlichen nachbarn wurde das Italienisch in mir geboren".

23 Sigurd Paul Scheichl, „Der Schluss bleibt offen. Eine Annäherung an den ‚mythischen Augenblick' in Gerhard Koflers Lyrik", in: *Kulturelemente* 10 (2006), 5.

24 Gerhard Kofler, *Die Rückseite der Geographie,* Wien/Bozen 1988, 58–59.

25 Kofler 1988, 58–59: „respiravo Neruda, scoprivo Lorca; ich atmete Neruda, entdeckte Lorca".

„Annamaria Sieff" und bezieht sich auf die Italienischprofessorin am Gymnasium, die für die sprachliche und kulturelle Sozialisation des lyrischen Ichs entscheidend war. Das Gedicht beginnt mit „era lei, l'insegnante / d'italiano al liceo, / ad aprirmi la / grande poesia del Saba; sie war es, die italienisch- / professorin am gymnasium, / die mir eröffnete / die große poesie des Saba".[26] Der Triestiner Dichter Umberto Saba (1883–1957) war für Gerhard Kofler neben Giuseppe Ungaretti (1888–1970) ein großes Vorbild und gemeinsam mit Christa Pock und Peter Rosei übertrug er eine Auswahl an Gedichten des *Canzoniere* von Saba ins Deutsche.[27] Kofler war neben Selbstübersetzer auch Übersetzer. Aus dem Italienischen übertrug er u. a. die Romane *Befragung der Contessa Maria* von Aldo Palazzeschi (Fischer Verlag 1991) sowie *Via Gemito* von Domenico Starnone (Haymon Verlag 2005). Ins Italienische übersetzte Kofler u. a. Gedichte von H. C. Artmann, Gerald Bisinger, Ernst Jandl, Friederike Mayröcker und Gerhard Rühm. Neben dem italienischen Kulturraum spielte auch Griechenland für die poetische Entfaltung des Dichters eine bedeutende Rolle: Viele Gedichte sind dort entstanden und/oder nehmen Bezug auf das Land. So verbindet das lyrische Ich Griechenland mit einer poetischen Renaissance: „Grecia dove / sono rinato / poeta; Griechenland / wo ich / wiedergeboren bin / als dichter".[28] Gerhard Kofler ist 2005 in Wien verstorben.

Testo a fronte. Text gegenüber: Das Entstehen des literarischen Verfahrens von Gerhard Kofler

[…] noch immer im ohr:
italienisch und deutsch
in fließenden übergängen[29]
(„Rundgang und Sprachbrocken")

Bereits in den frühen Gedichtbänden Gerhard Koflers, *Südtiroler Extravaganzen* (1981) und *Neue Südtiroler Extravaganzen* (1984) sowie *Die Rückseite der Geographie* (1988), zeigt sich das feine Gespür des Dichters für Sprachvarietäten. Semantische, phonetische und syntaktische Unterschiede zwischen den Sprachen und Dialekten macht der Dichter für sein Werk fruchtbar. Wortspiele bilden häufig den Anlass für ein Gedicht, das manch-

---

26 Kofler 1984, 58–59.

27 Umberto Saba, *Canzoniere. Gedichte italienisch/deutsch.* Aus dem Italienischen von Gerhard Kofler, Christa Pock und Peter Rosei, Stuttgart 1997.

28 Gerhard Kofler, *Das Universum der kostbaren Minuten. L'universo dei minuti preziosi*, Innsbruck 2013, 70–71.

29 Kofler 1988, 8; dieses Gedicht liegt ausschließlich auf Deutsch vor.

mal trotz weniger Verszeilen eine hohe Komplexität aufweist, wie die folgenden Beispiele zeigen:

> Eindeitschung
>
> murn, mamma, gell, murn!
> net brummbärn,
> so a bledsinn, brummbärn.[30]

In drei Verszeilen wird dem Leser ein Sprachspiel im Dialekt mit dem Wort *Brombeeren* vorgeführt, Beeren, die im Südtiroler Dialekt, angelehnt an das italienische Wort *more*, als „murn" bezeichnet werden. Gegenüber stehen sich ein Kind und seine Mutter: Das Kind will sich bei der Mutter versichern (das Wort „gell" in der Funktion von *nicht wahr*?), dass das dialektale Wort „murn" das ‚richtige' ist. Hinzu kommt die Polysemie beider Wörter auf der Ebene der Standardsprache, *murren* und *brummen*, sowie die Orthographie des aus der Standardsprache stammenden, aber dialektalisierten *Brombeeren*. Dadurch entsteht die Anspielung auf das umgangssprachlich und scherzhaft verwendete Wort „brummbär" und das Gedicht erhält eine zusätzlich ironische Note. Verstärkt wird diese Ironie außerdem durch die abschließende Behauptung des Kindes, in der es den standardsprachlichen Ausdruck für unsinnig erklärt: „brummbär" ergibt für das Kind keinen Sinn, da es nur die dialektale Variante versteht. Auch auf der Ebene der Phonetik ist dieses kurze Gedicht interessant: Es enthält Alliterationen (m, b), Doppellaute (mm, ll, nn) sowie Assonanzen (m, b).

Im Gedicht „Versuch über die Kälte" bildet ein vergleichbares Spiel mit semantischen Differenzen den Ausgangspunkt, diesmal ist die Sprache des Gedichtes die Standardsprache. Es greift ähnlich wie das vorhergehende Gedicht die Spannung zwischen Standardsprache und Dialekt auf.

> Versuch über die Kälte
>
> ich komme
> aus einer gegend
> wo man eiskasten sagt
> und kühlschrank schreibt[31]

Der südd./österr. Ausdruck „eiskasten" wird dem standardsprachlichen „kühlschrank" gegenübergestellt und humorvoll nimmt der Dichter die beiden Ausdrücke und die damit verbundenen unterschiedlichen Kältegrade, worauf der Titel verweist, in den Blick.

---

30 Kofler 1988, 17; auch dieses Gedicht liegt nur auf Deutsch vor.

31 Kofler 1984,16, auch dieses Gedicht ist nicht übersetzt.

Aus diesen frühen Gedichten heraus entwickelt sich Gerhard Koflers mehrspachige poetische Herangehensweise, die auszeichnet, dass jedes Gedicht gemeinsam mit seinem „Zwillingsgedicht“[32] auftritt und die Gedichte sich durch die Übertragung in eine andere Sprache gegenseitig beeinflussen und bereichern. Diese komplementäre Poesie, die Gedichte und ihre Übersetzungen bzw. die beiden miteinander in Beziehung tretenden Gedichte, wird auch im Layout offenkundig: Das italienische Gedicht ist links im Buch abgebildet und das deutsche Gedicht rechts, spiegelbildlich daneben. Die Möglichkeiten der verwendeten Sprachen werden in der Poesie ausgelotet, eine Herangehensweise, die der Dichter auch in den späten Gedichten noch wählt. Ein Beispiel dafür ist das Gedicht „Ballata della casetta crollata. Ballade des eingestürzten Häuschens“[33] aus dem 2013 posthum von Furio Brugnolo und Hans Drumbl herausgegebenen ersten Band der Trilogie *Das Gedächtnis der Wellen. La memoria delle onde* mit dem Titel *Das Universum der kostbaren Minuten. L'universo dei minuti preziosi.* Das Gedicht schildert den Einsturz des Kindheitshauses, den das lyrische Ich erlebt hat, ein Erlebnis, das es niemandem wünschen möchte:

ma io ho visto	aber ich habe
crollare	einstürzen gesehen
la casetta	das häuschen
della mia infanzia	meiner kindheit
quella	jenes
dove	in dem
la luna	der mond
cambiava	das geschlecht
sesso	wechselte
assieme al sole	mit der Sonne

Die Beschreibung der Kindheit erfolgt anhand von Wörtern (aus der Kindheit) und ihrem Genus im Deutschen und Italienischen:

[...]	
sono diventato	ich bin
allergico	allergisch geworden
alla polvere	gegen staub
anch'essa lì era	auch dieser war
bisessuale	dort bisexuell

32 Im Zusammenhang mit Koflers zweisprachigen Gedichten wird auch die Bezeichnung „Tandemlyrik“ bzw. „Tandempoesie“ verwendet. Vgl. Petra Nachbauer, „Die zwei Gesichter der Poesie. Autorenlesungen beim internationalen Poesie-Festival am Spielboden in Dornbirn“, in: *Vorarlberger Nachrichten*, 26./27.06.1999, sowie den Artikel „Die Welt zu Füßen“, gezeichnet mit dem Kürzel gc, in: *Das Südtiroler Wochenmagazin*, 28.10.1999.

33 Gerhard Kofler, 2013, 76–79.

In das Gedicht hereingenommen werden dann auch das Französische und zuletzt noch das Spanische, in dem innerhalb einer Sprache für das Wort „Meer“ gleichzeitig zwei Genera nebeneinander möglich sind: „el“ und „la“, also „uomo e donna; mann und frau“:

[…]	
quel mare	dieses meer
donna in francese	weiblich in Frankreich
uomo e donna	mann und frau
in Andalusia	in Andalusien

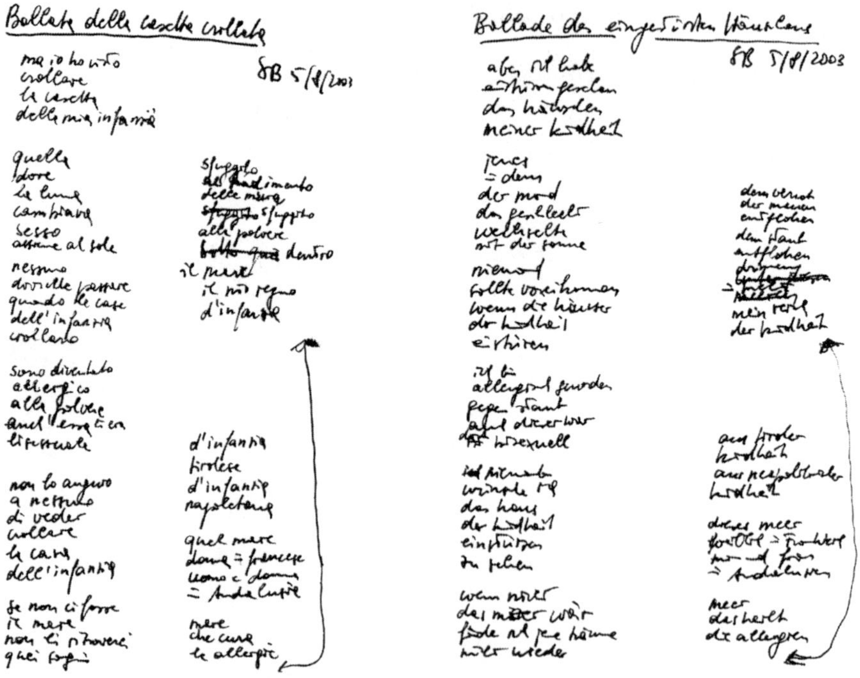

„Ballata della casetta crollata. Ballade des eingestürzten Häuschens“ (aus dem Nachlass des Forschungsinstituts Brenner-Archiv)

Dieser kreative und ironische Kunstgriff mag zunächst zwar in der Nähe zur l’art pour l’art Dichtung zu stehen scheinen, eine derartige Interpretation wäre aber doch einseitig, da die Gedichte aus einem spezifischen soziokulturellen und politischen Hintergrund heraus entstanden sind, den sie reflektieren, kritisieren und subvertieren. Kofler selbst stellt dies so dar:

> Ich knüpfe vorwiegend an die italienische Tradition eines Ungaretti und Saba an. Das ist eine Lyrik, die natürlich auch formales Be-

> wußtsein hat, aber den Kontakt zu dem, was man Aussage nennt, nicht verliert. Auch wenn die Aussagen heute nicht mehr kategorisch oder schulmeisterlich sein können, sondern eine gewisse Sicht auf die Welt vermitteln. Also ich bin kein rein auf die Sprache konzentrierter Dichter. Für mich ist die Sprache ein Teil der Welt.[34]

Gerhard Kofler hat 1966, noch als Student, mit dem Schreiben der ersten Gedichte begonnen. Gemeinsam mit der damaligen aufkommenden neuen Südtiroler AutorInnengeneration versuchte er schreibend die Grenzen zwischen der italienischen und deutschen Sprachgruppe zu öffnen, Grenzen, die in diesen Jahren und auch noch Jahrzehnte danach als festgeschrieben galten.[35] So waren die damaligen italienischen oder zweisprachigen Gedichte, verfasst von deutschsprachigen AutorInnen aus Südtirol, wie z. B. auch jene von Norbert C. Kaser, unmissverständliche politische Statements, die Widerstand auslösten.[36] Auf literarischem Wege entwickelte Kofler Strategien, die Grenzüberschreitungen vorlebten und darin den gesellschaftlichen und literarischen Mehrwert erkannten. Er entdeckte früh sein ganz persönliches literarisches Verfahren, das seinen Ausgangspunkt aus dieser spezifischen Situation Südtirols nahm und die Polarisierung der Kategorien vertraut/fremd aufzulösen vermochte:[37] „Das Vertraute fremd wirken zu lassen, ist ohnehin eines der anregendsten literarischen Verfah-

---

34 Gerhard Kofler, „‚Ich bin ein fraktionsloser Dichter'. Gerhard Kofler über das Ehrendoktorat für Literatur der ‚World Academy of Arts and Culture' und was er sich für seine Gedichte wünscht", in: *Tageszeitung* Nr. 216 (1999), 15. Auf das politische Statement, das Kofler durch sein zweisprachiges Schreiben abgab, verweist auch 2005 ein Rezensent (sim, „Wohnhaft in Wien, beheimatet in zwei Sprachen", in: *Die Presse*, 04.11.2005) in einem Nachruf auf Kofler: „Die Zweisprachigkeit war Kofler Programm, auch politisch." Ebenso hebt Hans Drumbl („Eine leise Stimme", in: *Die Neue Südtiroler Tageszeitung*, 30.07.2010) Koflers politische Haltung hervor, wenn er das Gedicht „Georgia on my mind" als eine Antwort auf die Toponomastik-Frage liest: „Es gibt eine Lösung für die Toponomastik-Frage: Der Dichter Gerhard Kofler hat sie in einem Gedicht vorweggenommen. Die Lösung liegt darin, dass jeder dem anderen ein Zugeständnis macht, freiwillig, aus Überzeugung."

35 Vgl. Sieglinde Klettenhammer, „Die mehrsprachige Poetik Gerhard Koflers. Ein Rundblick", in: *filadrëssa* 5 (2009), 58–59.

36 Gerhard Kofler (*Notizbuch der Wasserrosen. Taccuino delle ninfee*, Klagenfurt 2005a, 22) hat im Zusammenhang mit seiner mehrsprachigen Poetik und dem Literaturraum Südtirol von Risiko gesprochen: „Südtirol ist Peripherie der Peripherie. Wenn also jemand, der von dort gekommen ist, auf Italienisch und auf Deutsch veröffentlicht, riskiert er einiges." (Die Prosatexte in diesem Band liegen durchgängig zweisprachig vor.)

37 Vgl. Koflers Bemerkung zum inhaltlichen Kontext seiner Gedichte in den 1980er Jahren (Gerhard Kofler, „Prolog" zu *Neue Südtiroler Extravaganzen*, 1984, 6): „Diese Texte in Hochdeutsch, im Dialekt und in Italienisch entstanden in Wien, haben jedoch alle mit Südtirol zu tun: Ich gehe dort damit herum, schweife ab, trenne mich von meiner Kindheit, komme immer wieder zurück und erschreibe mir lebensnotwendige Extravaganzen."

ren. Die Umkehrung jedoch gehört mit zu den Voraussetzungen: Erst durch die Anregung des Anderen ist eine Bewegung im vorgegebenen historischen, gesellschaftlichen und sprachlichen Bezirk möglich.“[38]

Mögen die späteren Gedichte sich nicht mehr vorwiegend aus diesem Bedürfnis der Grenzüberschreitung heraus entwickelt haben, sondern andere Motive für die Selbstübersetzung im Vordergrund gestanden sein, ist es doch wichtig zu sehen, dass die Situtation der sprachlich-ethnischen Trennung im Südtirol der 1960er und 1970er Jahre den Ursprung für das Entstehen von Gerhard Koflers Poetik bildete.

„Muttersprache“ und „Original“?

die väter sitzen
noch immer
auf der mutter
sprache[39]
(„Rückkehr“)

‚Muttersprache‘ war für Gerhard Kofler ein Begriff, den es zu problematisieren galt.

Kofler war geprägt von einer Familie und Nachbarschaft, in der mehrere Sprachen und Sprachvarietäten koexistierten. In einem Interview mit Rosanna Brusegan schildert er, dass seine Mutter mit ihm Standarddeutsch gesprochen habe und sowohl den Südtiroler Dialekt als auch den Wiener Dialekt der Oma zu vermeiden versucht habe. Sein Vater, der in Südtirol während des Faschismus aufgewachsen war, hatte eine italienische Sprachsozialisation. Mit den Nachbarskindern und mit der Schule kamen zwei weitere Sprachen dazu: das Neapoletanische und der Südtiroler Dialekt.[40]

Der Standpunkt, dass Sprachen und Sprachgruppen klar zu trennen wären, hat Kofler schon früh irritiert. In einem Vortrag im Jahr 1987 hat er sich dazu – durchaus im ironischen Ton – geäußert:

> Italienisch als das naheliegende Fremde nicht aufzugreifen und zum Vertrauten werden zu lassen, das hätte ich wohl auch dann nicht zuwege gebracht, wenn man mich in eine Lederhose gesteckt hätte, die mir bis über beide Ohren gegangen wäre. // So habe ich

---

38 Kofler in einem Vortrag mit dem Titel „Vertrautheit mit Fremdem. Literarische Anregungen und Vorbilder“, gehalten in der Cusanus-Akademie 1987 in Brixen, zit. in: Gerhard Kofler, „gleich zu kochen auf zwei herden / Gedichte, Prosa, Äußerungen, in: *filadrëssa* 5 (2009a), 77.

39 Gerhard Kofler 1988, 29; dieses Gedicht liegt nur auf Deutsch vor.

40 Vgl. Gerhard Kofler in einem Interview auf Italienisch mit Rosanna Brusegan in der Zeitschrift *Paragone* (August–Dezember 2001), zit. in: *filadrëssa* 5 (2009a), 76.

> von meinen ersten literarischen Versuchen, also von 1966 an, immer wieder auch in Italienisch geschrieben, zumal das Argument der Muttersprache nicht nur meinem sprachkritischen Verständnis widerspricht: Es ist schlechterdings überhaupt kein Argument, da zu viele eben eine Muttersprache sprechen und zu wenige Literatur machen.[41]

Eine ausschließende Haltung gegenüber dem Italienischen und die Beschränkung auf eine Sprache und eine Identität waren dem Dichter zeit seines Lebens suspekt. Zahlreiche Gedichte nehmen Bezug darauf und ironisieren diese reduktionistische Haltung. Hat Kofler mit seiner Poetik so manche KritikerInnen irritiert, hat umgekehrt deren Irritation auf den Dichter merkwürdig gewirkt. Kofler konnte die Frage nach Identitätszuordnungen in mehrfacher Hinsicht (Südtirol, Wien, italienischer Dichter, deutschsprachiger Dichter) bejahen und war sich dessen bewusst, dass er dabei keine Ausnahme bildete.[42] Wörter wie Original und Übersetzung stellten für ihn Begriffe dar, die es zu reflektieren galt. Das folgende Gedicht „Testo a fronte. Text gegenüber" zeigt, wie der Dichter gemeinsam mit dem Leser literarische Grenzwanderungen unternimmt, um Begriffe und damit die Sichtweisen auf Dinge zu erweitern und zu öffnen:

Testo a fronte	Text gegenüber
l'io e il tu si traducono a vicenda	das ich und das du übersetzen sich dauernd
due posizioni in una stessa lingua	zwei posten in derselben sprache
la copia è l'origine dell'originale	aus der kopie entspringt ursprünglich das original[43]

Gleich zu Beginn des Gedichtes werden zwei Perspektiven eingeführt, ein Ich und ein Du, durchaus im dialogischen Sinn von Michail Bachtin, aber auch im ethischen Sinn von Emmanuel Levinas. Durch die fortwährende Übersetzung, die im Gedicht angesprochen wird, kommt es zu keiner Stabilisierung einer Position und das Bemühen um einen Dialog und ein gegenseitiges Verständnis bleibt bestehen. Dialogizität entsteht auch durch

---

41 Kofler 2009a, 77.

42 Vgl. Gerhard Kofler in einem Interview mit Martin Haidinger für den WDR 2001, zit. in: *filadrëssa* 5 (2009a), 76.

43 Kofler 1999, 164–165.

die Form des Gedichtes als ‚Zwillingsgedicht': Das italienische Gedicht steht dem deutschen im Dialog gegenüber, als gleichwertiger „posten in derselben sprache". Am Ende führt das Gedicht hin zur Frage nach der Wertigkeit des Originals und der Übersetzung: Im italienischen Gedicht wird sie durch das Zustandsverb „essere" mit einer Gleichsetzungsbeziehung beantwortet, wobei diese auch keine einfache Gleichsetzung darstellt, sondern durch das Genitivattribut komplexer wird. Mit dem Vorgangsverb „entspringen" ist der Fokus im deutschen Gedicht auf den Prozess gerichtet und es erfolgt die Umkehrung der beiden Ebenen: Nicht aus dem Original entspringt die Kopie, sondern aus der Kopie entspringt das Original. Doch mit dem Adverb „ursprünglich" wird auch dem Original das Ursprüngliche zugeschrieben, so dass also beide eine Gleichwertigkeit erhalten, wenngleich zeitlich betrachtet, im deutschen Gedicht betont wird, dass das Original nach der Kopie entsteht.[44] So entfaltet sich durch den Dialog der beiden Gedichte ein jeweils anderer Fokus, der mehrere Möglichkeiten vorschlägt, allen Eindeutigkeiten klug ausweicht und keinen Abschluss anstrebt.[45] Strategien der Destabilisierung von Original und Übersetzung, von einem eindeutigen Du und Ich, von einer klaren Grenze zwischen Vertrautem und Fremdem ziehen sich inhaltlich und formal konsequent durch die Poesie Gerhard Koflers und machen seine Poetik überzeugend. Sie stellt Polarisierungen wie Original/Kopie in den Hintergrund, während Austauschprozesse und kulturelle Übersetzungen in den Vordergrund rücken.

Die Multiperspektivität, die Koflers Gedichte auszeichnet, erlaubt viele Originale (oder Kopien) nebeneinander und vor allem im Austausch miteinander, so wie das lyrische Ich viele „du" besitzen kann, wie es im Gedicht „Soliloqui dei miei ‚tu'. Selbstgespräche meiner ‚du'" heißt. [46]

---

44 Vgl. Barbara Siller, „Übersetzung, Dialog, (Sub)version. Aushandlungsprozesse kultureller Bedeutungen in Gerhard Koflers zweisprachiger Lyrik", in: *Germanistische Mitteilungen* 72 (2010), 99.

45 Vgl. das Gedicht „Aforismo e Poesia. Aphorismus und Poesie", in: Gerhard Kofler, *Am Rand der Tage. Poesia da calendario,* Innsbruck 1996, 92–93: „l'aforismo / alla fine / si chiude // la mia poesia / invece / si apre; der aphorismus / schließt sich / am ende // meine poesie / hingegen / wird offen".

46 „non so / quanti tu / possiedo; ich weiß nicht / wie viele du / ich besitze". Gerhard Kofler, *Selbstgespräch im Herbst. Soliloquio d'autunno. Gedichte*, Innsbruck/Wien 2005, 38–39.

Dialogische Poetik

[...]
immer das meer
neben mir
habe ich mir gewählt
für einen dialog
hinaus über jeden
transit[47]
(„Wenn ich wieder auf dem Baum sein werde“)

Dialogizität bildet das Zentrum von Gerhard Koflers Poesie. Übersetzung und Selbstübersetzung beruhen in mehrfacher Hinsicht auf einem dialogischen Prinzip: Auf der textuellen Ebene befinden sich zwei Texte im dialogischen Austausch miteinander, wodurch intertextuelle Prozesse stattfinden. Auf der Produktionsebene tauschen sich ein Autor und ein Übersetzer/Selbstübersetzer miteinander aus, auf der Rezeptionsebene dagegen vollzieht sich im Lesen der Gedichte ein imaginärer Austausch zwischen einem italienisch-, einem deutschsprachigen und einem bilingualen Zielpublikum.[48] Diese Dialogizität wird in Koflers Lyrikbänden zusätzlich durch das Layout, insbesondere durch die Entscheidung für die en-face-Edition sichtbar gemacht. Dialogische Momente entstehen aber auch auf der semantischen Ebene, wie bereits dargestellt wurde. Außerdem beinhalten zahlreiche Gedichte Dialoge, vielfach Dialoge zwischen dem lyrischen Ich und nichtmenschlichen Lebewesen, wie den Tieren und den Pflanzen, die mit den menschlichen Lebewesen auf gleiche Ebene gestellt werden. So handelt das Gedicht „Gatti VII. Katzen VII“ aus dem Zyklus „Gatti e uccelli. Katzen und Vögel“ von einem Gespräch zwischen einem Poeten und einer Katze, wobei der Poet nur als Zuhörer anwesend ist:

Gatti VII	Katzen VII
parla al poeta un gatto	zum poeten spricht die katze
“vedi son come i critici	„schau es sind wie kritiker

[47] Gerhard Kofler, *Trilogie neu antik. Trilogia nuova antica,* Klagenfurt 2006, 69; das italienische Gedicht „Quando sarò di nuovo sull'albero“ lautet: „[...] sempre il mare / accanto / mi son scelto / per un dialogo / oltre ogni / transito“ (2006, 68).

[48] Zur Interpretation eines Gedichtes mit Berücksichtigung des Zielpublikums vgl. Hans Drumbls Besprechung von „Georgia on my mind“, in: *Die Neue Südtiroler Tageszeitung*, 30.07.2010. Drumbl sieht im Wechsel der Perspektiven ein Entgegenkommen von Seiten des jeweiligen Sprechers und in beiden „Stimmen Ausdruck von Toleranz und verständnisvollem Eingehen auf die Bedürfnisse des anderen“.

i cani uno abbaia e gli altri tutti dietro ad abbaiare"	die hunde einer bellt und die anderen ihm nach"
bella battuta da luna piena e prosegue la sua caccia	schöne pointe unterm vollmond und sie setzt dann fort ihr jagen[49]

Das Gedicht stellt einen Vergleich zwischen Kritikern und Hunden an, die eine Verhaltensweise teilen würden, nämlich das Nachäffen. Indem diese Aussage der Katze in den Mund gelegt wird und es somit ihre Sicht ist, wirkt das Gedicht humorvoll und ironisch. Ebenso erhält das Gedicht durch die Katzenperspektive eine gewisse Leichtigkeit, auch wenn es grundsätzlich um ein ernstes Thema geht. Die Katze vermag die Kritik, die Poeten oft verärgert, auf die leichte Schulter zu nehmen, ohne sich weiter darum zu kümmern. Ernsten Themen mit einem feinen Humor und mit einer gewissen Leichtigkeit zu begegnen, ist eine Stärke des Dichters Gerhard Kofler. So einfach dieses Gedicht formal scheint, ist es stilistisch doch genau durchdacht: Neben dem Vergleich enthält es das Stilmittel der Personifikation sowie im italienischen Gedicht auf der phonetischen Ebene mehrere Alliterationen (p, c, a, b), Assonanzen (a, o, i) und wiederkehrende Doppellaute (bb, tt). Durch die besondere Wortstellung in der ersten Strophe wird in beiden Gedichten die Betonung auf das Subjekt, „die Katze", gelegt.[50]

Ein weiteres Gedicht, das einen Dialog mit nichtmenschlichen Lebewesen zum Inhalt hat, ist das Gedicht „Le radici sul mare / Die Wurzeln auf dem Meer": Hier spricht das lyrische Ich mit einem Olivenbaum. Auch in diesem Gedicht steht der personifizierte Olivenbaum im Zentrum:

Le radici sul mare	Die Wurzeln auf dem Meer
"cosa pensi della nostalgia" ora chiedo all'olivo	„was denkst du über die sehnsucht" frage ich nun den olivenbaum
lui con le radici della lunga memoria	er mit den wurzeln des langen erinnerns

49 Gerhard Kofler, *Poesie von Meer und Erde. Poesie di mare e terra*, Klagenfurt 2000, 878–879.

50 Zur Stil- und Metrikanalyse mehrerer italienischer Gedichte vgl. Furio Brugnolo, „Dal verso al libro. Appunti su metrica e stile di Gerhard Kofler", in: *filadrëssa* 5 (2009), 80–87.

mi risponde	antwortet mir
“riprova	„versuche wieder
a farla	sie auf den wellen
camminare	gehen zu lassen
sulle onde	
lì solo	nur dort
capisci	verstehst du
che tutto va	daß alles geht
e tutto torna”	und alles zurückkommt“ [51]

Das lyrische Ich tritt als fragendes Ich auf. Der Olivenbaum, als verortete, fest verwurzelte und weise Figur, gibt eine überraschende, ja geradezu einfache Antwort auf die metaphysisch komplexe Frage. Der Baum, der mit seiner festen Verortung ein gegensätzliches Motiv zum Meer bildet, wird hier bereits im Titel mit dem Meer in Verbindung gesetzt, wodurch sich die Polarisierung auflöst. Das Gespräch zwischen dem lyrischen Ich und dem Olivenbaum erfolgt auf Augenhöhe, der Baum ist dem Ich sogar um einiges an Weisheit voraus und das Ich, sich dessen bewusst, dass seine „wurzeln des […] erinnerns“ kürzer sind, hält sich im Gespräch zurück.

Dialogische Poetik – monologische Rezeption?

[…]
denn dieses „folge deinem weg
und lass die leute reden“
wer wird das, hier in Wien
schon verstehen wollen?[52]
(„Antwort“)

Grenz- und Überlappungszonen, Zonen, die sich einer eindeutigen Zuordnung entziehen, Aspekte, die sich mehrfach verorten und gleichzeitig nirgendwo eindeutig verorten lassen, zeichnen die Gedichte Gerhard Koflers in ihrer Form der Vielstimmigkeit aus. In mehrfacher Hinsicht war Kofler ein literarischer Grenzgänger: Zum einen durch seine konsequente Arbeitsweise, in seiner Wahl des Italienischen als Sprache des Gedichts und seiner Entscheidung zur Selbstübersetzung seiner Gedichte in die deutsche Sprache, zum anderen, weil er diese in einem deutschsprachigen Verlag publizierte. Hinzu kam die Entscheidung, weitere Sprachvarietäten, wie das Südtirolerische und das Neapolitanische sowie auch das Spa-

51 Kofler 2013, 182–183.

52 Kofler 1988, 65. Die Verszeilen aus dem italienischen Gedicht „Risposta“ (1988, 64): „[…] perché quel ‚segui il tuo corso / e lascia dir le genti‘ / qui a Vienna, / chi mai vorrà capirlo?“ Kofler greift hier einen Aphorismus von Dante Alighieri auf.

nische, als Sprachen des Gedichts einzusetzen, um dadurch einen anderen Blick auf die Welt einzunehmen, was ihm die Wertschätzung des Triestiner Literaturwissenschaftlers Claudio Magris eintrug. Außerdem bewegte sich Kofler hauptsächlich im Genre der Lyrik, einem Genre, dem innerhalb der Literatur eine Randposition zugewiesen wird.

Trieste, 29 novembre 1993

Caro amico,

grazie per il Suo libro, che ho avuto e sto leggendo con molto piacere. Quante cose, quanti echi, quanti sottofondi. Spero avremo occasione di parlarne personalmente, mi farebbe molto piacere incontrarci.

Tante cose care e spero a presto

Claudio Magris

Brief von Claudio Magris an Gerhard Kofler (Triest, 29.11.1993) aus dem Nachlass des Forschungsinstitutes Brenner-Archiv[53]

Mit der Problematisierung von Begriffen wie Muttersprache, Original, Übersetzung und mit der Unterwanderung der einfachen Zuordnung eines Dichters zu einer bestimmten Nation haben sich manche RezensentInnen immer wieder offensichtlich schwer getan und waren zum Teil sogar darüber verärgert. Stefan Nicolini umschreibt Koflers Verfahrensweise folgendermaßen:

> Er liebte die prägnante literarische Form der Lyrik, einer Randerscheinung des Literaturbetriebes, – hier fand er seinen adäquaten literarischen Ausdruck, der seinem Wesen und Fühlen am Nähesten

[53] „Lieber Freund, danke für Ihr Buch, das ich erhalten habe und das ich gerade mit viel Vergnügen lese. Wie viele Gedanken, wie viele Echos, wie viele Hintergründe. Ich hoffe, dass wir Gelegenheit haben werden, persönlich darüber zu sprechen. Es würde mich sehr freuen, wenn wir uns treffen könnten. Alles Liebe und hoffentlich bis bald, Claudio Magris."

> zu sein schien. Ab 1986 schrieb er seine Gedichte zunächst nur mehr auf Italienisch, um sie dann selbst ins Deutsche zu übersetzen. Dadurch war eine Kategorisierung, die nicht nur die Politik, auch der Literaturbetrieb verlangt, schwer möglich. Für die einen war er ein italienischer Dichter deutscher Zunge, für die anderen andersrum.[54]

Was die Selbstübersetzungen angeht, fällt auf, dass die RezensentInnen diese zuweilen sehr unreflektiert kommentieren, ohne mit der Thematik vertraut zu sein. Es kommt sogar vor, dass böswillige Äußerungen gegen die zweisprachige Poetik Koflers fallen, wie die folgende Textpassage aus einer Besprechung in *Das Südtiroler Wochenmagazin* im Jahr 2000 dokumentiert:

> Von diesem [zweisprachigen] Konzept, das vor 30 Jahren neu war, geht der Poet nicht ab. Stur schreibt er seine epigrammatisch kurzen, einfach gebauten Gedichte italienisch und überträgt sie ins Deutsche. Das ist schon bei zehn Gedichten eine Plage, auf 1066 Seiten ist es unerträglich. Die Feinheiten der Übersetzung, für die sich Fans begeistern, sind zumeist unauffällig, oft holpern die Wiederholungen – denn kaum etwas anderes ist es heute noch – in Wortwahl und Klang.[55]

Der Rezensent sieht das poetische Verfahren der Selbstübersetzung und des zweisprachigen Schreibens als inzwischen veraltet an, womit er sich offensichtlich nur auf den Raum Südtirol und auch hier ausschließlich auf die Funktion der Selbstübersetzung als Reaktion auf eine ethnisch getrennte Gesellschaft und/oder als Hilfe für monolinguale LeserInnen bezieht, unwissend, dass dieses Verfahren prinzipiell eine lange Geschichte hat und es auch von DichterInnen aus anderen Literaturräumen eingesetzt wird. Dabei geht er so weit, den Dichter sogar der Sturheit zu bezichtigen. Was die Einfachheit der Gedichtstruktur angeht, muss der Rezensent auch zu wenig genau hingeschaut haben: Koflers Gedichte mögen bei einer ersten Lektüre einfach wirken, tatsächlich sind sie, gerade was die Phonetik, aber auch die Wortstellung angeht, durchaus komplex. Sabine Gruber ist der Überzeugung, dass „[...] die sprachliche Raffinesse, der Assoziationsreichtum, die Analogien, Metaphern, die feine Ironie [...] sich meist erst nach wiederholtem Lesen [erschließen]“ [56]. Auf die Kunst der Ironie und den Reichtum seiner Poesie bezieht sich auch Erika Wim-

[54] Stefan Nicolini, „Odysseus Kofler. Er stand immer etwas beiseite, in der Literatur wie im Leben: Zum Wochenende fand in Bozen ein zweitägiges Symposion im Gedenken an Gerhard Kofler statt“, in: *Die Neue Südtiroler Tageszeitung*, 13.09.2006.

[55] gc: „Gedichte beten. 1066 Seiten Poesie: ein Grund, Gerhard Kofler unter Hausarrest zu stellen“, in: *Das Südtiroler Wochenmagazin*, 17.10.2000.

[56] Sabine Gruber, „Ich bin nichts anderes als ein Dichter. Soy nada mas que un poeta (Pablo Neruda) – Gerhard Kofler 1949–2005“, in: *Die Neue Südtiroler Tageszeitung*, 04.11.2005.

mer in ihrer inhaltlichen Einschätzung der Gedichte Koflers. Das, was ihr zufolge Koflers Dichtung ausmache, sei der „Sinn für das Einfache, Leise und Sanfte wie auch das Tiefgründige, Exotische und Magische, [der] Schalk, [der] Mut zum großen Gefühl, [der] Rückgriff auf dichterische Tradition und Mythologie" [57].

Wenn der Rezensent die Übersetzungen als „Plage" und als „unerträglich" bezeichnet, legt er damit sein Verständnis von Übersetzung offen: Er sieht sie als eine Wiederholung desselben Inhalts und derselben Form in einer anderen Sprache. Durch ein solch reduktionistisches Verständnis von Sprache übersieht er, dass Sprache sich innerhalb eines kulturellen Wissenssystems entwickelt, so dass ein übersetzter Text nie derselbe sein kann wie sein Ausgangstext. Übersehen oder zu kurz gefasst wird hier auch die Frage der Rezeption: Je nachdem, welche Sprachbiographie ein/e LeserIn hat, liest er/sie Koflers Gedichte auch anders.

Die Unterschiede zwischen den Sprachen und die Qualität der übersetzten Gedichte sind öfters Inhalt der Diskussionen. Burkhard Müller wirft die Frage auf „Was hat das Italienische, das dem Deutschen fehlt?", um dann anhand mehrerer Beispiele zum Schluss zu kommen: „Die deutschen Gedichte schneiden nicht gut ab, wenn sie von Gnaden der italienischen leben müssen."[58] Georg Mair behauptet:

> Der Autor macht Unterschiede. Feine Unterschiede. Zuerst schreibt er auf Italienisch. Und dann übersetzt er seine Gedichte ins Deutsch. Das macht er immer so, seit Jahren. Das ist seine Manier. Vielleicht kann er auf Deutsch gar nicht mehr dichten, denn was im Italienischen leicht ist, wird im Deutschen schwerer und manchmal gar umständlich. Das ist einfach so. [...] Das Problem wird schon im ersten Gedicht des neuen Bandes deutlich [...]. Was im Italienischen einfach ‚cosa' und ‚casa' ist, wird im Deutschen zu Sinn und Ort. Und damit sind wir nicht mehr am Meer, mitten in den Düften des Mittelmeers, sondern in der Philosophie, im Schwarzwald vielleicht. Das ist ein Problem der Methode, die Gerhard Kofler anwendet. Manchmal will er im Deutschen zu viel, manchmal wird er ein wenig keck und übersetzt ‚conti correnti' mit ‚laufende konten'. Nun gut. [...] So heißt es etwa im Italienischen ‚patria' und im Deutschen ‚Land'. Am Ende bleibt doch nur das Selbstgespräch [...].[59]

---

57 Erika Wimmer „Aus der Entfernung. Zwei posthume Veröffentlichungen Gerhard Koflers", in: *filadrëssa* 5 (2009), 65.

58 Burkhard Müller, „Klangtrauma. Gerhard Koflers Gedichte", in: *FAZ*, 03.07.1999.

59 Georg Mair, „Poetische Häuser. Neuerscheinung: Der Südtiroler Dichter Gerhard Kofler setzt seine Manier fort. Und schafft zarte poetische Gebilde. Auf Italienisch und in der deutschen Übertragung", in: *Das Südtiroler Wochenmagazin*, 09.01.2005.

Bemerkenswert ist an dieser Stelle, dass die Selbstübersetzung zu einem ‚Problem' gemacht wird. Veränderte, zusätzliche Wortbedeutungen in den Übersetzungen nimmt der Rezensent als unerwünscht wahr und ignoriert damit das Dialogische dieser Poesie. Mit Bezug auf die Phonetik lässt sich wiederholt die Anmerkung finden, dass das Italienische als Gedicht-Sprache geeigneter sei.

So meint Cornelius Hell in seiner Rezension von 2006, dass die „schönen italienischen Assonanzen"[60] im Deutschen nicht aufgingen. Dennoch hält er die „zweisprachige Lektüre [für] ein Vergnügen."[61] Was allerdings die politische Relevanz der zweisprachigen Poetik Gerhard Koflers angeht, beantworten dies die KritikerInnen mehrheitlich positiv: Gerhard Kofler war „einer der prominentesten und besten Lyriker, der konsequent lebte und poetisch verwirklichte, was für die Sprachen- und Schulpolitik dieses Landes bis heute keinen Wert darstellt: Mehrsprachigkeit".[62]

Sieglinde Klettenhammer bezeichnet Gerhard Koflers lyrische Vielstimmigkeit als eine „poetologische Position", also eine Schreibhaltung, die einen spezifischen Standpunkt vertritt, den sie folgendermaßen darstellt: „Ausgangspunkt von Koflers mehrsprachigem Schreiben ist vielmehr eine poetologische Position, die am kreativen Austausch zwischen den Kulturen, Literaturen und Sprachen interessiert ist."[63] Auch Gerhard Ruiss sieht in Koflers Dichtung einen besonderen literarischen und kulturellen Wert. Kofler sei „ein überzeugender Vermittler zwischen der deutschsprachigen und der italienischen bzw. auch spanischen bzw. jeder fremdsprachigen Literatur [... und] ein Geschenk [...] für die österreichische Literatur".[64] Damit wird eine neue Sichtweise auf die Übersetzung angeboten, nicht eine Form der Übersetzung, die „auf die Übertragung von Sprachen und Texten beschränkt ist"[65], sondern Übersetzung als eine „überlebensnotwendige kulturelle Handlungsform",[66] „als eine unverzichtbare Praxis in einer Welt wechselseitiger Abhängigkeiten und Vernetzungen".[67] Die besondere Bedeutung der Übersetzung bei der transkulturellen Vermittlung und beim Auflösen essentialistischer Denkstrukturen, gerade auch im Hinblick der Wahrnehmung von Identitäten und Alteritäten, wird zunehmend erkannt. Die „Übersetzungsperspektive"[68] bzw. das „Überset-

60 Cornelius Hell, „Himmel im Meer. Der letzte Gedichtband von Gerhard Kofler: ein poetisches Selbstgespräch in zwei Sprachen", in: *Die Furche*, 26.01.2006.

61 Hell 2006.

62 Hell 2006.

63 Klettenhammer 2009, 59.

64 Gerhard Ruiss, „‚Ein Geschenk für die österreichische Literatur'", in: *Die Neue Südtiroler Tageszeitung*, 04.11.2005.

65 Doris Bachmann-Medick, *Cultural Turns. Neuorientierungen in den Kulturwissenschaften*, Hamburg 2010, 239.

66 Bachmann-Medick 2010, 250.

67 Bachmann-Medick 2010, 239.

68 Bachmann-Medick 2010, 249.

zungsdenken"[69] bewegt sich entlang der Grenze und hat somit die Möglichkeit, für mehrere Seiten offen zu bleiben, ohne sich auf eine Möglichkeit beschränken zu müssen: „border-thinking statt Identitätsdenken"[70] sieht Bachmann-Medick als das Prinzip eines dialogischen, sich fortwährend übersetzenden Denkens.

Die wiederkehrenden Fragen des Literaturbetriebs hinsichtlich der nationalen Zuordnung des Dichters Kofler[71] weisen darauf hin, wie schwierig es innerhalb gewisser Strukturen fällt, mit einem Autor umzugehen, der grenzziehende Kategorien elegant umwandert und transkulturelle Wege beschreitet. Enge Zuschreibungen im Hinblick auf seine Dichterperson und seine Arbeitsweise haben den Autor auch getroffen und er hat wiederholt, nicht nur in Gedichten, sondern auch in kurzen Prosatexten, darauf reagiert, so auch im folgenden Prosaausschnitt:

> So kann es vorkommen, daß sie [die Kritiker, B. S.] von „Übersetzungsfehlern" im italienischen Text reden (also im Original), nur weil sie das italienische Wort nicht kennen (und wenn sie's nicht kennen...).
>
> Doch das sind Versehen.
>
> Problematischer (für mich natürlich) ist jenes Vorurteil, ich sei ein deutschsprachiger Dichter, der sich als italienischer Dichter verkleidet. Für manche einfach weil das Italienische für die Poesie die leichtere, für andere weil es die schönere Sprache wäre.
>
> Doch letztlich zählt für sie kein Singen, es ist die deutsche Version (meine, ich gebe es zu), die sie unerbittlich der italienischen gegenüber stellen. Und wenn die italienische besser ist, dann gibt es keine Gratulation für den italienischen Dichter, sondern Tadel für den deutschen (österreichischen), dem es nicht gelingt, in „seiner" Sprache, die Gedichte so zu übersetzen, wie es sich gehört.
>
> Abgesehen davon, daß ich mich für meine Übersetzungen – im Vergleich mit anderen von italienischen Gedichten in deutscher

---

69 Bachmann-Medick 2010, 247.

70 Bachmann-Medick 2010, 247.

71 Scheichl wirft die Frage auf: „Gehört Gerhard Kofler, der die italienische Literatur sehr gut kennt und der in einem frühen Gedicht von seiner Bewunderung für den später von ihm übersetzten Umberto Saba gesprochen, der Calvino und Ungaretti Gedichte gewidmet hat, überhaupt zur deutschen Literatur? Ist er nicht eigentlich ein italienischer oder kryptoitalienischer Autor?" (Sigurd Paul Scheichl, „Der Schluss bleibt offen. Eine Annäherung an den ‚mythischen Augenblick' in Gerhard Koflers Lyrik", in: *Kulturelemente* 10 (2006), 5). Arturo Zilli beschreibt Kofler als den Südtiroler Dichter, der zwischen zwei Sprachen lebte (Arturo Zilli, „Storia di Gerhard Kofler. Il poeta sudtirolese che viveva fra due lingue", in: *Corriere dell' Alto Adige*, 08.09.2006). Gerhard Ruiss dagegen versucht eine Kategorisierung mithilfe hybrider Begriffe: Kofler sei „ein ebenso austrophiler italienischer wie ein italophiler österreichischer Schriftsteller" (Ruiss 2005).

> Sprache – nicht zu schämen brauche, scheint es mir doch lästig zu werden, mich so hartnäckig auf den Kopf gestellt zu sehen.[72]

Auch die Zuschreibung der „Sturheit“ nimmt der Autor auf und nennt an dieser Stelle einen Grund für seine Arbeit, nämlich sein Leserpublikum in Wien, nicht ohne Kritik an der geringen Rezeption seiner Arbeit innerhalb Südtirols zu üben:

> Ich bin der, der starrköpfig in zwei Sprachen schreibt. Und schon da sind sie [die Kritiker] ungenau, denn ich schreibe auf Italienisch und übersetze mich dann ins Deutsche (offensichtlich nicht, um von jenen Südtirolern verstanden zu werden, die nicht Italienisch können, sondern von den Wienern, da ich in Wien lebe und dann von allen Deutschsprachigen). […] Tirol nimmt mich an als Italiener und Tiroler, während Südtirol es oft vorzieht, über mich „in zwei Sprachen zu schweigen“ (um den alten Brecht zu zitieren, da ja die dritte, das Ladinische, noch immer kaum zur Kenntnis genommen wird).[73]

An dieser Stelle beschreibt Kofler die Selbstübersetzung im Zusammenhang mit einer ihrer Funktionen. Doch dass sich im „ […] cucinare con due forni / e di veder con sguardo aperto / qui e lì anche i contorni; gleich zu kochen auf zwei herden / und zu sehen mit offenen augen / was an beilagen noch möglich“[74] viele weitere Aspekte für den Autor eröffneten, legen zahlreiche Gedichte offen, in denen das lyrische Ich das dialogische Schreiben als Möglichkeit, ja geradezu als ein „regalo per la vita; ein geschenk fürs leben“[75] sieht.

Eine direkte Konsequenz der Unmöglichkeit der eindeutigen Zuordnung betrifft auch den Verkauf der Bücher. Kofler schreibt in seinem Text von den „vergesslichen lokalen Buchhandlungen“ in Südtirol: „Es bleibt jedoch das Faktum, daß in den Buchhandlungen meine Bücher nicht vorhanden sind oder versteckt bleiben. […] ‚Der müsste dort sein‘, sagen die einen und die anderen, und daher bin ich nicht dort und nicht hier.“[76] Die mangelhafte Rezeption hat Gerhard Kofler zuweilen an seiner Art der Veröffentlichung seiner Gedichte zweifeln lassen.[77] Seine letzten Gedichte

---

72 Kofler 2005a, 23–25.

73 Kofler 2005a, 17–19.

74 Gerhard Kofler, *Poesie von Meer, Erde und Himmel. Poesie di mare, terra e cielo*, Klagenfurt 2003, 182–183: „Sonetto IV. Sonett IV“.

75 Kofler 1996, 95: „I tre desideri. Die drei Wünsche“.

76 Kofler 2005a, 87.

77 Kofler 2005a, 21: „Vielleicht war es ein Fehler, meine Gedichte gleichzeitig auf Italienisch und auf Deutsch zu veröffentlichen. Und noch dazu mit diesem meinen Namen... Vielleicht hätte ich sie in Italien mit einem italienischen Namen veröffentlichen sollen, um sie dann von jemandem mit einem deutschen Namen übersetzen zu lassen (oder ich hätte so tun sollen, als wären sie von einem ande-

hat er ausschließlich auf Italienisch geschrieben[78] und in dem Gedicht „Solo e italiano" nimmt dies das lyrische Ich als Befreiung von einer inzwischen unnütz gewordenen Last wahr:

ho le spalle
finalmente
libere

mi sono
tolto
un ormai
inutile
peso

[...] chi mi
traduce
su un altro
tavolo
siederà

su un'altra
barca
partirà[79]

„Avevo il cuor leggero senza quel collega traduttore in me; Das Herz war mir leicht ohne jenen Übersetzerkollegen in mir",[80] heißt es an einer Stelle in einem Prosatext, die sich auf eine Lesung Koflers beim Poesiefestival in Genua 2001 bezieht. Dass Kofler gegen Ende seines Lebens diese Poetik aufgeben wollte, wird auch von Kurt Neumann, dem Leiter des Literaturprogramms der Alten Schmiede in Wien, bestätigt.[81] Hier stellt sich die Frage, ob sich für den Autor das Potential, das sich für ihn in seiner Übersetzungsmethode immer wieder eröffnete, zu diesem Zeitpunkt erschöpft hatte oder ob dieses Aufgeben seines poetischen Weges auch biographisch begründet war. Aufgrund der schweren Erkrankung mag Gerhard Kofler den nahestehenden Tod erahnt haben und sich dafür entschieden haben,

---

ren übersetzt worden). So gäbe es jetzt einen italienischen Dichter und einen österreichischen (deutschen, Schweizer) Übersetzer."

78 Am 17. September 2004 hat Kofler sein letztes Doppelgedicht geschrieben, von da an alle Gedichte nur mehr auf Italienisch; vgl. Gerhard Kofler: „Aus dem Nachlass", in: *filadrëssa* 5 (2009), 50.

79 Gerhard Kofler, *Meeressammlungen. Collezioni marine*, Innsbruck 2015, 46.

80 Kofler 2005a, 113.

81 Kurt Neumann, „Von den Extravaganzen zum ‚kompletten Dichter' – Gerhard Kofler. Er wollte ein einzelner Dichter sein", in: *Dolomiten*, 04.01.2006: „In den letzten Wochen vor seinem Tod hatte Kofler eigentlich im Kopf gehabt, das Übersetzen ins Deutsche ganz zu lassen."

die Zeit nicht mehr in die Selbstübersetzung zu investieren:[82] War auch Gerhard Kofler gegen Ende seines Lebens der Selbstübersetzung müde, wie so manche andere Selbstübersetzer? Samuel Beckett beispielsweise schreibt in einem Brief an Thomas MacGreevy: „How sick and tired I am of translation, and what a losing battle it is always. Wish I had the courage to wash my hands of it all, I mean leave it to others and try and get on with some work." [83] Beckett äußert sich zur Aufgabe der Selbstübersetzung sehr negativ: Selbstübersetzung als eine ermüdende Aufgabe und sogar als ein verlorener Kampf sowie der Wunsch, sein Werk nicht selbst übersetzen zu müssen.

Wertvoll ist es, dass Gerhard Kofler diesen mehrstimmigen Weg in seinem dichterischen Schaffen so konsequent begangen hat. Sein Werk vermittelt den LeserInnen eine Sensibilität für den Reichtum einer Poesie, die sich an Sprachgrenzen entlang bewegt.

Bibliographie

Bachmann-Medick, Doris: *Cultural Turns. Neuorientierungen in den Kulturwissenschaften*. Hamburg: Rowohlt 2010.

Benjamin, Walter: „Die Aufgabe des Übersetzers", in: Ders., *Illuminationen. Ausgewählte Schriften 1*. Frankfurt a. M.: Suhrkamp 1977, 50–62 .

Brugnolo, Furio: „Dal verso al libro. Appunti su metrica e stile di Gerhard Kofler". In: *filadrëssa. Kontexte der Südtiroler Literatur* 5 (2009), 80–87.

Drumbl, Hans: „Eine leise Stimme". In: *Die Neue Südtiroler Tageszeitung* 30.07.2010.

gc: „Die Welt zu Füßen. Die ‚World Academy of Arts and Culture' verleiht dem Dichter Gerhard Kofler die Ehrendoktorwürde". In: *Das Südtiroler Wochenmagazin*, 28.10.1999.

gc: „Gedichte beten. 1066 Seiten Poesie: ein Grund, Gerhard Kofler unter Hausarrest zu stellen". In: *Das Südtiroler Wochenmagazin*, 17.10.2000.

Gentes, Eva: „Potentials and Pitfalls of Publishing Self-Translations as Bilingual Editions". In: *Orbis Litterarum* 68/3 (2013), 266–281.

[82] Vgl. Monika Obrist, „Ein Abschied mit italienischen Gedichten. Ein Gespräch mit Hannelore Kofler und Furio Brugnolo", in: *filadrëssa* 5 (2009), 56–57: „Im Nachhinein, erzählt Hannelore Kofler, hat man fast den Eindruck, als hätte Gerhard etwas von seiner Krankheit geahnt. Die Abschiedsgedichte häufen sich. Er hatte das Gefühl, nicht mehr genügend Zeit zu haben, und wollte diese nicht mehr für das Übersetzen seiner Gedichte ins Deutsche verschwenden. An einem Tag schreiben, am nächsten Tag übersetzen, dieses über Jahre eingehaltene Prinzip hatte Gerhard Kofler in seinem letzten Jahr über Bord geworfen."

[83] Beckett zit. nach Grutman 2013, 191.

Gruber, Sabine: „Ich bin nichts anderes als ein Dichter. Soy nada mas que un poeta (Pablo Neruda) – Gerhard Kofler 1949–2005“. In: *Die Neue Südtiroler Tageszeitung*, 04.11.2005.

Grutman, Rainier: „Self-Translation“. In: Mona Baker / Gabriela Saldanha (Hg.): *Routledge Encyclopedia of Translation Studies*. London/New York: Routledge 2009, 257–260.

Grutman, Rainier: „Beckett and Beyond. Putting Self-Translation in Perspective”. In: *Orbis Litterarum* 68/3 (2013), 188–206.

Hell, Cornelius: „Himmel im Meer. Der letzte Gedichtband von Gerhard Kofler: ein poetisches Selbstgespräch in zwei Sprachen“. In: *Die Furche*, 26.01.2006.

Hokenson, Jan Walsh / Munson, Marcella: *The Bilingual Text. History and Theory of Literary Self-Translation*. Manchester/Kinderhook: St. Jerome Publishing 2007.

Klettenhammer, Sieglinde: „Die mehrsprachige Poetik Gerhard Koflers. Ein Rundblick“. In: *filadrëssa. Kontexte der Südtiroler Literatur* 5 (2009), 58–61.

Kofler, Gerhard: *Neue Südtiroler Extravaganzen. Gedichte 1982–1984*. Wien/Bozen: Frischfleisch&Löwenmaul und Südtiroler Autorenvereinigung 1984.

Kofler, Gerhard: *Die Rückseite der Geographie*. Wien/Bozen: Haymon 1988.

Kofler, Gerhard: *Am Rand der Tage. Poesia da calendario*. Innsbruck: Haymon 1996.

Kofler, Gerhard: *Die Uhrwerkslogik der Verse. L'orologica dei versi*. Innsbruck: Haymon 1999.

Kofler, Gerhard: „‚Ich bin ein fraktionsloser Dichter‘. Gerhard Kofler über das Ehrendoktorat für Literatur der ‚World Academy of Arts and Culture‘ und was er sich für seine Gedichte wünscht“. In: *Tageszeitung*, Nr. 216, 1999.

Kofler, Gerhard: *Poesie von Meer und Erde. Poesie di mare e terra*. Klagenfurt: Wieser 2000.

Kofler, Gerhard: *Poesie von Meer, Erde und Himmel. Poesie di mare, terra e cielo*. Klagenfurt: Wieser 2003.

Kofler, Gerhard: *Selbstgespräch im Herbst. Soliloquio d'autunno. Gedichte*. Innsbruck/Wien: Haymon 2005.

Kofler, Gerhard: *Notizbuch der Wasserrosen. Taccuino delle ninfee*. Klagenfurt: Wieser 2005a.

Kofler, Gerhard: *Trilogie neu antik. Trilogia nuova antica*. Klagenfurt: Wieser 2006.

Kofler, Gerhard: „Aus dem Nachlass“. In: *filadrëssa. Kontexte der Südtiroler Literatur* 5 (2009), 42–55.

Kofler, Gerhard: „gleich zu kochen auf zwei herden / Gedichte, Prosa, Äußerungen“. In: *filadrëssa. Kontexte der Südtiroler Literatur* 5 (2009a), 66–79.

Kofler, Gerhard: *Das Universum der kostbaren Minuten. L'universo dei minuti preziosi* (= Bd. 1 der Trilogie *Das Gedächtnis der Wellen. La memoria delle onde*. Hg. v. Furio Brugnolo und Hans Drumbl). Innsbruck: Haymon 2013.

Kofler, Gerhard: *Meeressammlungen. Collezioni marine* (= Bd. 3 der Trilogie *Das Gedächtnis der Wellen. La memoria delle onde*. Hg. v. Furio Brugnolo und Hans Drumbl). Innsbruck: Haymon 2015.

Lamping, Dieter: „Die literarische Übersetzung als de-zentrale Struktur: Das Paradigma der Selbstübersetzung". In: Harald Kittel (Hg.): *Geschichte, System, Literarische Übersetzung. Histories, Systems, Literary Translations*. Berlin: Erich Schmidt 1992, 212–227.

Mair, Georg: „Poetische Häuser. Neuerscheinung: Der Südtiroler Dichter Gerhard Kofler setzt seine Manier fort. Und schafft zarte poetische Gebilde. Auf Italienisch und in der deutschen Übertragung". In: *Das Südtiroler Wochenmagazin*, 09.01.2005.

Müller, Burkhard: „Klangtrauma. Gerhard Koflers Gedichte". In: *FAZ*, 03.07.1999.

Nachbauer, Petra: „Die zwei Gesichter der Poesie. Autorenlesungen beim internationalen Poesie-Festival am Spielboden in Dornbirn". In: *Vorarlberger Nachrichten*, 26./27.06.1999.

Neumann, Kurt: „Von den Extravaganzen zum ‚kompletten Dichter' – Gerhard Kofler. Er wollte ein einzelner Dichter sein". In: *Dolomiten*, 04.01.2006.

Nicolini, Stefan: „Odysseus Kofler. Er stand immer etwas beiseite, in der Literatur wie im Leben: Zum Wochenende fand in Bozen ein zweitägiges Symposion im Gedenken an Gerhard Kofler statt". In: *Die Neue Südtiroler Tageszeitung*, 13.09.2006.

Obrist, Monika: „Ein Abschied mit italienischen Gedichten. Ein Gespräch mit Hannelore Kofler und Furio Brugnolo". In: *filadrëssa. Kontexte der Südtiroler Literatur* 5 (2009), 56–57.

Ruiss, Gerhard: „‚Ein Geschenk für die österreichische Literatur'". In: *Die Neue Südtiroler Tageszeitung*, 04.11.2005.

Saba, Umberto: *Canzoniere. Gedichte italienisch/deutsch*. Aus dem Italienischen von Gerhard Kofler, Christa Pock und Peter Rosei. Stuttgart: Klett-Cotta 1997.

Santoyo, Julio-César / Gentes, Eva (Hg.): „Bibliography. Autotraduzione/autotraducción/self–translation", in: https://www.academia.edu/3835752/Bibliography_on_Self-translation_14_July_2013_ (14.12.2015).

Scheichl, Sigurd Paul: „Der Schluss bleibt offen. Eine Annäherung an den ‚mythischen Augenblick' in Gerhard Koflers Lyrik". In: *Kulturelemente* 10 (2006), 4–5.

Siller, Barbara: „Übersetzung, Dialog, (Sub)version. Aushandlungsprozesse kultureller Bedeutungen in Gerhard Koflers zweisprachiger Lyrik". In: *Germanistische Mitteilungen* 72 (2010), 91–106.

sim: „Wohnhaft in Wien, beheimatet in zwei Sprachen“. In: *Die Presse*, 04.11.2005.
Wimmer, Erika: „Aus der Entfernung. Zwei posthume Veröffentlichungen Gerhard Koflers“. In: *filadrëssa. Kontexte der Südtiroler Literatur* 5 (2009), 62–65.
Zilli, Arturo: „Storia di Gerhard Kofler. Il poeta sudtirolese che viveva fra due lingue“. In: *Corriere dell' Alto Adige*, 08.09.2006.

Die hässlichen Entlein. Russisch-amerikanische transkulturelle Gegenwartslyrik

Miriam Finkelstein

Im Mittelpunkt dieses Beitrags steht die transkulturelle, translinguale und mehrsprachige russisch-amerikanische Gegenwartslyrik von MigrantInnen, die seit den 1970er Jahren aus der Sowjetunion bzw. dem postsowjetischen Russland in die USA auswanderten. Um die Jahrtausendwende gesellte sich zu den zahlreichen amerikanischen ‚Bindestrich-Literaturen', also etwa der chinesisch-amerikanischen oder mexikanisch-amerikanischen, eine weitere hinzu, nämlich die russisch-amerikanische. Bereits seit mehreren Jahrzehnten hatten sich zahlreiche russische SchriftstellerInnen und DichterInnen in den USA niedergelassen.[1] Deren überwiegende Mehrheit setzte ihre literarische Tätigkeit dort jedoch auf Russisch fort.[2] Den Wechsel ins Englische wagten indessen nur wenige und dies mit unterschiedlichem Erfolg: Während Vladimir Nabokovs englischsprachiger Prosa überwiegend Anerkennung zuteil wurde, stießen Iosif Brodskijs bzw. Joseph Brodskys Selbstübersetzungen ins Englische und seine englische Lyrik vor allem auf Kritik und Ablehnung. Mit dem Erscheinen des Romans *The Russian Debutante's Handbook* von Gary Shteyngart im Jahr 2002 betrat nun eine neue Generation russisch-amerikanischer SchriftstellerInnen die amerikanische Literaturszene, eine Generation zwischen 1960 und 1970 in der Sowjetunion Geborener, die als Kinder, Jugendliche oder junge Erwachsene in die USA kamen, die bilingual sind und zum heutigen Tag ausnahmslos auf Englisch schreiben.[3] Die Romane und Erzählungen von Gary Shteyngart, Lara Vapnyar, David Bezmozgis (Kanada), Irina Reyn, Anya Ulinich u. v. a. feiern große Erfolge beim amerika-

1 Vladimir Nabokov lässt sich 1940 in den USA nieder, Nina Berberova 1950. Die meisten AutorInnen emigrieren in den späten 1970er Jahren in die USA.

2 Dazu gehören u. a. Sergej Dovlatov (1941–1990), Dmitrij Bobyšev (geb. 1936), Maria Temkina (geb. 1948), Polina Barskova (geb. 1976).

3 Für eine ausführliche Darstellung vgl. Adrian Wanner, *Out of Russia*, Illinois 2011.

nischen Lesepublikum,[4] werden wohlwollend von der Literaturkritik rezipiert und ziehen zunehmend auch akademische Aufmerksamkeit auf sich.

Im Vergleich zur großen öffentlichen Präsenz dieser ProsaautorInnen, deren Erfolge sich nicht zuletzt auch der gegenseitigen Förderung verdanken,[5] stellt sich die gegenwärtige Situation russisch-amerikanischer LyrikerInnen viel bescheidener dar. Mein Anliegen ist es, eine Momentaufnahme der gegenwärtigen Institutionen und Akteure dieses noch jungen Phänomens vorzustellen und die Spielarten und Funktionen von Mehrsprachigkeit und damit notwendigerweise auch von Transkulturalität am Beispiel der Texte eines der prominentesten Vertreter, Eugene Ostashevsky, zu diskutieren.

Der Begriff ‚Translingualität' wird hier in doppelter Bedeutung aufgefasst. Zum einen wird darunter mit Steven Kellmann der Sprachwechsel von AutorInnen verstanden,[6] die den Wechsel und seine Folgen selbst zum Gegenstand ihrer Lyrik machen. Zum anderen werden damit diverse Formen von Überschreitung, ja Sprengung der Grenzen von Einsprachigkeit bezeichnet, wie es etwa Alfrun Kliems formuliert:

> Die Begriffe transterritorial, translingual, translokal meinen nicht primär den Wechsel von einem Staatsgebiet, einer Sprache, von einem signifizierten Ort zum anderen – sondern vielmehr eine Poetik, die die Wechselwirkungen politischer Affinitäten, wechselnder Sprachen, erfahrener Kulturen in den Werken ästhetisch durchscheinen lässt.[7]

An den lyrischen Texten Eugene Ostashevskys werden im Folgenden diverse Spielarten eines solchen ‚Durchscheinens' des Russischen durch das Englische demonstriert. Obwohl sowohl Ostashevsky als auch viele andere LyrikerInnen das amerikanische Englisch auf muttersprachlichem Niveau beherrschen, ihren Lebensmittelpunkt in den USA haben und ihr berufliches Leben hauptsächlich auf Englisch gestalten, ist ihre Lyrik sowohl auf inhaltlicher als auch auf performativer Ebene stets – wenn auch auf sehr unterschiedliche Art und Weise – von massiver Präsenz der russi-

---

4 Der Erfolg dieser AutorInnen ist auch nicht auf die Vereinigten Staaten beschränkt; sie wurden und werden in viele andere Sprachen übersetzt, so etwa ins Deutsche, und auch von der deutschsprachigen Literaturkritik werden sie überaus positiv rezensiert.

5 Zu deren ausgeprägtem Zusammengehörigkeitsgefühl vgl. Yelena Furman, „Hybrid Selves, Hybrid Texts: Embracing the Hyphen in Russian-American Fiction", in: *Slavic and East European Journal* 55/1 (2011), 19–37.

6 Steven G. Kellman, *The Translingual Imagination*, Lincoln 2000.

7 Alfrun Kliems, „Transterritorial – Translingual – Translokal. Das ostmitteleuropäische Literaturexil zwischen nationaler Behauptung und transkultureller Poetik", in: Doerte Bischoff / Susanne Komfort-Hein (Hg.), *Literatur und Exil*, Berlin/Boston 2013, 175.

schen Sprache gekennzeichnet; sie ist von der russischen Literatur und Kultur bestimmt und durchdrungen.

Ugly Duckling Presse als Knotenpunkt transkultureller Lyrik in den USA

Möglicherweise war es, wie bereits erwähnt, das abschreckende Beispiel Joseph Brodskys, dessen englische Gedichte in Amerika auf nur wenig Gegenliebe stießen,[8] das die jüngeren DichterInnen davon abhielt, Lyrik auf Englisch zu schreiben. Innerhalb der jüngeren AutorInnen-Generation, die diesen Schritt dennoch wagte, kann, in einer ersten Annäherung, zwischen zwei Gruppen und zwei Formen unterschieden werden: zwischen Dichterinnen wie Yana Djin[9] (geb. 1969) und Katia Kapovich (geb. 1960),[10] die sowohl Russisch als auch Englisch schreiben und ihre russischen Gedichte mitunter selbst ins Englische übersetzen, und solchen wie Matvei Yankelevich und Eugene Ostashevsky, die von Anfang an ausschließlich auf Englisch schreiben. Neben Einzelfiguren wie Djin und Kapovich entwickelte sich erst in den letzten Jahren vor allem der in Brooklyn ansässige Verlag Ugly Duckling Presse zum amerikanischen Gravitationszentrum transkultureller Lyrik im Allgemeinen und russisch-amerikanischer im Besonderen.

Als 1993 einige literaturbegeisterte StudentInnen eine kleine selbstgemachte Literaturzeitschrift gründeten, die den Namen *The Ugly Duckling. Journal of the Russian and the Absurd* trug, deutete nichts darauf hin, wie sich dieses bescheidene Unterfangen nach der Jahrtausendwende entwickeln würde. So werden, durchaus kokett, die Anfänge auf der verlagseigenen Website wie folgt beschrieben:

> A couple of college kids decide to put together a zine, without really knowing what that is. The hand-pasted collages, cheap glue sticking out, ballpoint scrawl, ink blots.... it's a true beautiful mess. They call it The Ugly Duckling. No intention of becoming a swan.[11]

---

8 Dies gilt sowohl für literarische als auch akademische Kreise sowie für die breite amerikanische Leserschaft. Allerdings findet gerade in jüngster Zeit eine Reevaluierung von Brodskys englischsprachigem Œuvre statt, vgl. hierzu z. B. Alexandra Berlina, *Brodsky Translating Brodsky: Poetry in Self-Translation*, New York 2011.

9 Yana Djin, *Bits and Pieces of Conversations*, o. O. 1994. Diese und weitere Texte der Dichterin sind auch verfügbar unter http://yanadjin.narod.ru/ (26.04.2015).

10 Katia Kapovich, *Gogol in Rome*, Cromer 2004 und *Cossacks and Bandits*, Cromer 2008. In jüngster Zeit schreiben auch in Russland lebende LyrikerInnen auf Englisch, etwa die Dichterin, Prosaautorin und Publizistin Linor Goralik (http://linorgoralik.com/); vgl. Gernot Howanitz, „(Selbst-)Inszenierung im Netz: Neue Strategien russischer AutorInnen", in: In: Anja Tippner / Christopher Laferl (Hg.), *Künstlerinszenierungen*, Bielefeld 2014, 191–220.

11 http://www.uglyducklingpresse.org/about/history/ (26.04.2015).

Im Jahr 1995 wird aus der Zeitschrift ein Verlag, der die transkulturelle Ausrichtung bereits im Titel trägt: das Wort ‚Presse' ist tatsächlich dem Deutschen entlehnt.[12] Das erste veröffentlichte Buch stammt aus der Feder des eigentlichen Verlagsgründers, Matvei Yankelevich. Es handelt sich dabei um das erste Buch seiner Gedichte *Poems and Other Sounds* (1995). Yankelevich, ein in der Sowjetunion geborener russischer Jude, der als Kind in die USA kommt, ist bis heute die treibende Kraft hinter diesem Projekt. Seine Biographie kann als exemplarisch für die vieler GegenwartsdichterInnen gesehen werden, die neben der eigentlichen literarischen Tätigkeit viele weitere verfolgen: So ist Yankelevich Dichter, Performancekünstler, Verleger, Herausgeber und Übersetzer aus dem Russischen, der vor allem die Dichter der OBERIU-Gruppe übersetzte.[13] Auch ist er im akademischen Bereich tätig und lehrt russische Lyrik, Übersetzung und einiges mehr, u. a. an der Columbia University in New York, wo er seinerzeit selbst studierte.

Vom ersten Tag an ist es Ziel und Programm des Verlags, das englischsprachige Lesepublikum nicht nur mit russischer, französischer, deutscher, japanischer etc. (Gegenwarts-)Lyrik bekannt zu machen, die teilweise eigens für die Publikation in diesem Verlag übersetzt wird, sondern ganz dezidiert mit internationaler transkultureller Poesie. Nicht zufällig zeigt die der Verlagsgeschichte gewidmete Website die englische Übersetzung von Uljana Wolfs *Falsche Freunde*.[14] Gezielt arbeitet Ugly Duckling Presse an der Etablierung internationaler Netzwerke transkultureller Lyrik und bildet selbst einen wichtigen Knotenpunkt in diesem Netzwerk.

Der Philosoph als DJ. Eugene Ostashevskys trans- und multilinguale Lyrik

Zu den prominentesten lebenden AutorInnen des Verlags gehört Eugene Ostashevsky. Geboren in Leningrad, kam dieser, wie auch Yankelevich, in jungen Jahren in die USA, wo er später an der Stanford University Komparatistik studierte und darin promovierte. Wie Yankelevich lehrt auch er

---

[12] „The ‚e' comes from Kafka- or K-Presse, a small German publishing house." Zitiert nach http://www.uglyducklingpresse.org/about/history/ (26.04.2015).

[13] OBERIU (Ob"edinenie real'nogo iskusstva) – Vereinigung der realen Kunst, gegründet 1927 von Daniil Charms, Aleksandr Vvedenskij und Nikolaj Zabolockij; eine russische Avantgardegruppierung der 1920–1930er Jahre, die bisweilen als russische Absurdisten bezeichnet werden. Zu Yankelevichs Übersetzungen gehören u. a. *OBERIU: An Anthology of Russian Absurdism. Poetry, fiction, and drama by Alexander Vvedensky, Daniil Kharms, Nikolai Zabolotsky, Nikolai Oleinikov, Yakov Druskin and Leonid Lipavsky* (zusammen mit Eugene Ostashevsky), *An Invitation for Me to Think: Selected Poems of Alexander Vvedensky* (NYRB Poets), *Daniil Kharms: Today I Wrote Nothing* (2009).

[14] http://www.uglyducklingpresse.org/about/mission/ (26.04.2015).

heute Literatur (russische und andere), u. a. an der New York University (NYU).[15] Auch er übersetzt russische Gegenwartslyrik und, zusammen mit Yankelevich, Texte der Oberiuten.[16]

Ostashevskys Lyrik, die eher im Sinne der russischen Formalisten als *Sprachkunst* bezeichnet werden kann,[17] ist von Anfang an von vielfältigen Formen der Translingualität und/oder der Mehrsprachigkeit bestimmt, die sich im Laufe der Zeit erheblich wandelten. Grob kann zwischen drei Phasen innerhalb Ostashevskys Werk unterschieden werden: In früheren Gedichten, die vor allem im Band *Iterature* (2005) versammelt sind, ist das Russische vor allem als sprachlicher und kultureller Subtext präsent, z. B. in Form von (meist ironischen und subversiven) Wortspielen, Neologismen u. Ä., die ins Englische übertragen werden. Eine Verwendung des Russischen unmittelbar auf performativer Ebene findet jedoch kaum statt.[18] Im umgekehrten Verhältnis dazu stehen dort die omnipräsenten Bezüge auf die russische Literatur, genauer gesagt, auf den *Petersburger Text*, auf den später näher eingegangen wird. Auch sind in den früheren Texten die Migrationserfahrung und deren Auswirkungen auf die Sprache, die damit verbundenen Sprachwechsel, Sprachverlust etc. prominent gesetzt. In der zweiten Phase, v. a. in dem Band *The Life and Opinions of DJ Spinoza* aus dem Jahr 2008 verlieren sowohl die russische Literatur als auch die Migrationserfahrung zunehmend an Bedeutung, stattdessen tritt hier das Russische (zusammen mit anderen europäischen Sprachen) auf performativer Ebene immer stärker in den Vordergrund. Zugleich zeigt sich Ostashevsky in diesem Gedichtband stark von der europäischen Philosophie beeinflusst, insbesondere von der Philosophie Baruch Spinozas. In einem der jüngsten Texte, dem Poem *The Pirate Who Does Not Know The Value Of Pi* (2013), das die dritte Phase einläutet, fungiert die russische Sprache als ein ‚Cryptosubtext': Einzelne, größer als der Rest des Textes gesetzte und somit optisch deutlich hervorgehobene Buchstaben addieren sich zu einem parallelen russischen Text. Aus diesen unterschiedlichen Strategien erklärt sich so auch das scheinbare Paradox in Ostashevskys Texten, nämlich die Spannung zwischen ihren auf Performance, auf mündliche Darbietung ausgelegten Charakter einerseits und auf optische Wahrnehmung andererseits. So kann z. B. der russische ‚Subtext' in *Pirate* nur gesehen, aber nicht gehört werden.[19]

---

15 Seine akademischen Interessensschwerpunkte beschreibt er wie folgt: „My main interests lie at the intersection of poetry, philosophy of language, philosophy of math, epistemology, and translation. Unfortunately, such an intersection might not exist." http://liberalstudies.nyu.edu/object/EugeneOstashevsky (26.04.2015).

16 Dmitry Golynko, *As It Turned Out*, Brooklyn, New York 2008.

17 Aage Hansen-Löve, *Der russische Formalismus*, Wien 1978.

18 Mit der Ausnahme von *The Ambassadors*, eines Librettos.

19 Auf die überaus große Bedeutung der graphischen Gestaltung von Ostashevskys Gedichtbänden kann hier nur hingewiesen werden. Seine Bücher sind stets ‚Gesamt-

Ostashevskys translinguale Verfahren werden bereits im ersten, weitestgehend auf Englisch verfassten Gedichtband *Iterature* (2005) sichtbar. Auf zweifache Art und Weise ist der Titel programmatisch – zum einen führt er das dominierende Verfahren vor und verweist zum anderen auf die Positionierung des Autors in der russischen literarischen Tradition. Der Neologismus ‚iterature' entsteht durch die Anwendung von Aphäresis, einer Reduktion auf phonologischer Ebene, bei der der Anfangsbuchstabe/Laut weggelassen wird. So wird das Wort ‚literature' ‚geköpft', wodurch ein neues englisches Substantiv für ‚Wiederholung' entsteht.[20] Auch die Titel des ersten und des letzten Zyklus in diesem Band operieren mit diesem Verfahren: Das erste heißt „The Gangster who has lost his G", das letzte „Erorrism". Dem mit diesem Verfahren indizierten Verlust – Verlust des Anfangs, im übertragenen Sinne aber auch des Ursprungs und der Heimat – steht die schöpferische Sinnverschiebung bzw. Neuschöpfung gegenüber. Das den *Epistulae ex ponto* (*Briefe vom Schwarzen Meer*) Ovids entlehnte Motto zum ersten Zyklus hält die Hauptaufgabe des Dichters sowie sein zentrales Verfahren fest, nämlich das Übertragen des Eigenen auf oder in das Fremde: „structaque sunt nostris barbara verba modis" („hab' mit barbarischem Wort unsere Maße erfüllt").[21] Bezeichnend ist hier Ostashevskys Auslassung des unmittelbaren Kontexts dieses Verses. In zwei elegischen Distichen bringt Ovid an dieser Stelle einerseits seine Scham über den poetischen Gebrauch einer fremden, ‚barbarischen' Sprache zum Ausdruck und andererseits seinen Stolz darüber, ein anerkannter Dichter geworden zu sein, wenn auch ‚nur' beim Volk der Gethen:

> A! pudet, et Getico scripsi sermone libellum,
> structaque sunt nostris barbara verba modis:
> et placui--gratare mihi!--coepique poetae
> inter inhumanos nomen habere Getas.
>
> O welche Schmach! Ich hab' auch in gethischer Sprache gedichtet,
> hab' mit barbarischem Wort unsere Maße erfüllt,
> und ich gefiel – beglückwünsche mich – und begann, eines Dichters
> Namen zu haben im Mund fühllosen gethischen Volkes.[22]

Mit dem Weglassen der entsprechenden Zeilen signalisiert Ostashevsky sowohl seine Ablehnung von Ovids (echter oder gespielter) Scham über die Verwendung einer anderen, fremden Sprache, als auch seinen Stolz auf

kunstwerke', deren optische Gestaltung akribisch bis ins letzte Detail durchdacht ist. Oft transportieren auch die Ornamente und die Schrift selbst bestimmte Semantiken, wie dies im Kolophon auf der letzten Seite in *Iterature* erläutert wird.

20 Die englische Standardsprache kennt nur das Substantiv ‚iteration', abgeleitet von ‚to iterate' (‚wiederholen').

21 P. Ovidius Naso, *Gedichte aus der Verbannung*, Stuttgart 2001, 145.

22 P. Ovidius Naso 2001, 145.

die Anerkennung als ein Dichter, der nicht in der eigenen Muttersprache schreibt. Die Herabsetzung des Gastvolkes, seiner Sprache und Kultur, wie sie bei Ovid stets präsent ist, ist für den Gegenwartsdichter erst recht indiskutabel.

Fast durchgehend wird in *Iterature* das elegische Distichon verwendet, eine Jahrtausende alte Strophenform, die selbst über eine dezidiert transkulturelle Geschichte verfügt. Es ist eine Geschichte, die im antiken Griechenland ihren Ausgang nimmt, um dann in der Literatur der römischen Antike die Blütezeit schlechthin zu erfahren[23] und später zum festen Bestandteil europäischer Dichtung zu werden. Gleich im ersten Gedicht des Bandes, „Autobiography", identifiziert sich das lyrische Ich mit Ovid, doch anders als man z. B. aufgrund von Ovids Rezeption in Russland zunächst vermuten könnte,[24] ist es gerade nicht die Exilsituation des Dichters und sein Wunsch nach Rückkehr in die Heimat, auf die hier rekurriert wird.[25] Denn Heimat und Zugehörigkeit, so stellt der hier sprechende (E)Migrant fest, gibt es per se nicht, das Leben in jedem Land gleicht einem Exil:

> I used to think of myself as just another Ovid
> somewhere in Romania sporting a Mogen-David,
>
> racking the local parlance to make it sigh on
> *Jah! How well I remember Zion.*
>
> My image changed when I got a visa
> only to declare that there really is no
>
> Zion – that whether rhinos course by or reindeer,
> it's just varying degrees of Romania.[26]

Ovid gilt dem lyrischen Ich vielmehr als Vorbild, weil er hier als der erste Dichter schlechthin aufgefasst wird, der die Sprache wechselte (vom Latein ins Gethische) und weil er zwischen den beiden Sprachen und Kulturen zu vermitteln suchte. Allerdings werden dieser Wechsel und die (durch die Migration entstandene) Zweisprachigkeit als schmerzhaft beschrieben, sie hat die soziale Ausgrenzung, Diffamierung und Einsamkeit zur Folge:

---

23 Vgl. z. B. Niklas Holzberg, *Die römische Liebeselegie*, Darmstadt 1990.

24 Eine Rezeption, die vor allem von Aleksandr Puškin im 19. und Osip Mandel'štam im 20. Jahrhundert geprägt war. Für diese, aber auch viele andere DichterInnen stand die Exilerfahrung Ovids bzw. eines jeden Dichters im Mittelpunkt des Interesses. Für einen Überblick über die russische Rezeption römischer elegischer Dichtung vgl. Leonid Frizman, *Russkaja ėlegija XVIII – načala XX veka*, Leningrad 1991.

25 Hier geht es konkret um die Ausreise sowjetischer Juden nach Israel oder in die USA.

26 Eugene Ostashevsky, *Iterature*, New York 2005, 9.

I turned bilingual. Romanians claimed
I had two characters, two lives, two brains.

Although they say two is more than one cranium,
it's half as great if both be in Romania.[27]

Vor allem wird der Verlust der Muttersprache beklagt – diese und die neue Sprache werden beide als Prothesen bezeichnet: „Then I found myself with no native tongue, / only two prosthetics to flap among."[28] Im letzten Gedicht des Zyklus, „Autobiography. Hardcore Remix.", werden diese Themen wiederaufgenommen und zugespitzt, das lyrische Ich lehnt sowohl seine Heimat Russland als auch Amerika brüsk ab.[29] Sein Leben und seine Arbeit bezeichnet es als einen Lernprozess und Dialog mit früheren Dichtern:

Learning is a dialogue
where you think dead men talk,

but the tragedy in their words
made me cry on toilets.[30]

Aus den Gedichten dieses und anderer Zyklen wird deutlich, dass es sich bei seinen Lehrern und Mentoren vor allem um russische Dichter handelt, deren Texte das lyrische Ich, dem Titel des Gedichtbandes gemäß, wiederholt. In *Iterature* sucht sich Ostashevsky dezidiert in die russische literarische Tradition – in englischer Sprache – einzuschreiben; vor allem aber in den sogenannten *Petersburger Text*, den er – auf Englisch – fortzusetzen sucht. So ist auf dem Buchcover der Eherne Reiter abgebildet, die berühmte Statue Peters des Großen in Sankt Petersburg also, eine Illustration zu Puškins gleichnamigem Poem „Mednyj vsadnik" aus dem Jahr 1833, mit dem laut Vladimir Toporov der *Petersburger Text* seinen Ausgang nahm.[31] Viel wichtiger jedoch als Puškins Poem und sein Protagonist Evgenij, auf den Ostashevsky, auch Evgenij mit Vornamen, bisweilen rekurriert, sind für ihn die erwähnten Oberiuten, Daniil Charms, Aleksandr Vve-

27 Ostashevsky 2005, 9.

28 Ostashevsky 2005, 9.

29 „I don't want to be an American, / Marching for various Campbell's cans; / the country I was born to makes nauseous, / its spasmatic Igors, strung-out Natashas. [...] In my head I heard melodies, / I deformed rhymes, misscanned syllables, / But I have no native language, / I can't judge, I suspect I write garbage." Ostashevsky 2005, 24.

30 Ostashevsky 2005, 24.

31 Vladimir Toporov, „Peterburg i ‚Peterburgskij Tekst' russkoj literatury", in: Ders., *Mif. Ritual. Simvol. Obraz*, Moskva 1995, 259–367.

denskij u. a. Er beklagt ihren tragischen, gewaltsamen Tod,[32] vor allem aber nimmt er ihr poetisches und (sprach)philosophisches Erbe an und führt dieses fort; das Um- und Fortschreiben früherer Texte dominiert. In „The Sick Man" wird so eine Verszeile Vvedenskijs zum Ausgangspunkt für ein ganzes Gedicht genommen, Charms' Gedicht „Das weiße Schaf" („Belaja ovca" 1929) wird zu „White ewe" umgeschrieben und handelt von seinem Hungertod während der Belagerung Leningrads im Zweiten Weltkrieg. Puškins Gedichte „Smert' Olega" (Olegs Tod) und „Pesni zapadnych slavjan" (Lieder der Westslaven) werden zu „Death of Oleg" und „Song of the Western Slavs". Die dominanten Themen sind Tod und Gewalt, häufig sind Bilder von Leichen, abgetrennten Gliedmaßen und rollenden Köpfen, die auf bildlicher Ebene mit dem Verfahren der Aphäresis korrelieren:

> We opened fire like Miller cans
> It was that kind of time
> Before us miscellaneous people fell
> All over the ground
> [...]
>
> I went down to the corporal
> Said, Gimme my head
> He was smoking a Marlboro
> Red
>
> He said he had left it
> Outside city gates
> A pike up the esophagus
> Eyeballs moving with ants
>
> Oh my tongue it was lolling
> and my nose was gone
> If you find it dear reader
> Please sew it back on
> Oh please sew it back on[33]

Die meisten dieser Gedichte sind im Zyklus „Smotherland" zusammengefasst, Ostashevskys ‚Abrechnung' mit seinem Geburtsland. Der Titel illustriert das am zweithäufigsten verwendete phonologische Verfahren, die Prosthesis, die Hinzufügung eines Lauts am Wortanfang. Der so entstandene Neologismus ‚Smotherland', ein Land also, das unterdrückt, erstickt

---

32 Bis auf einen, Jakov Druskin, fielen alle OBERIU-Mitglieder dem stalinistischen Terrorregime zum Opfer.

33 Ostashevsky 2005, 53.

und alles unter sich begräbt,[34] ist für sich genommen eine Übersetzung bzw. Übertragung des ironischen und kritischen russischen Wortspiels: Fügt man dem russischen Wort für Heimat ‚rodina' vorneweg ein ‚u' an, kommt dabei ‚urodina' heraus, nämlich Scheusal, Missgestalt.

Im nächsten Gedichtband, dem 2008 erschienenen *The Life and Opinions of DJ Spinoza*, vollzieht Ostashevksy einen in mancherlei Hinsicht radikalen Paradigmenwechsel: Die zentrale Figur hier ist nicht länger ein namenloser russischer Emigrant, die dezidiert russische literarische und philosophische Tradition gerät zunehmend in den Hintergrund, die Dominanz der englischen Sprache wird vielfach durchbrochen. Zusammengehalten werden die meisten Zyklen des Bandes durch den Protagonisten DJ Spinoza. In Anlehnung an sein reales Vorbild, den Philosophen Baruch Spinoza, dessen Positionen eine Amalgamierung von Philosophie, Logik, Mathematik und Religion darstellen, mischt der Philosoph als DJ – auf eine überaus geistreiche und gewitzte Art und Weise – Sprachen, literarische wie musikalische Genres und reichert diese bunte Mixtur darüber hinaus mit philosophischen, logischen und mathematischen Axiomen und Sentenzen an. Das Herzstück von *The Life and Opinions of DJ Spinoza* bildet das Versdrama „Infinite Recursor or the Bride of DJ Spinoza", ein in acht Sprachen verfasstes Stück über die tragikomische Liebesgeschichte des DJ und seiner Braut und den Kampf zwischen dem DJ und seinem Widersacher, MC^2, der die Braut für sich reklamiert. Gleichberechtigt treten nebeneinander reale und fiktive Figuren auf: Auf der Seite des MC^2 kämpft der englische metaphysische Dichter Andrew Marvell (1621–1678), weiters treten ein russischer Altgläubiger sowie eine französische Amme auf.

Hier ist es nicht länger das Ziel, russische Wortspiele, literarische Traditionen oder Verfahren ins Englische zu transferieren, in den Mittelpunkt rückt vielmehr die Koexistenz verschiedener Sprachen.[35] Die durchgehende Präsenz des Deutschen, Französischen, Lateinischen, Spanischen, Italienischen, Russischen und Altkirchenslawischen stellt die Dominanz des Englischen prinzipiell in Frage. Innerhalb des englischen Textes selbst vermischen sich verschiedene Sprachebenen und sprachliche Kontexte, etwa das Englisch des 17. Jahrhunderts mit dem heutigen amerikanischen Slang:

> AM: My lord, I must to England. I got a friend there who's writing a long poem. He thinks he can justify the ways of God to man. I'm like, Milton, it won't work, you're better off in the Catskills.[36]

---

[34] Gebildet vom englischen Verb ‚to smother': unter sich begraben, unterdrücken, ersticken, erdrücken.

[35] Und sogar verschiedener Schriften, denn die russischen Zeilen sind in der kyrillischen Schrift gedruckt.

[36] Eugene Ostashevsky, *The Life and Opinions of DJ Spinoza*, New York 2008, 75.

Auf dem Gleichlaut von Wörtern basierende Missverständnisse, und zwar innerhalb des Englischen, Französischen[37], Russischen etc. sowie zwischen diesen, verhindern allerdings nicht die Kommunikation, sondern werden produktiv gemacht und motivieren sogar bisweilen die Handlung:

> MC²: You lost my army! Walrus, give me back my legions!
>
> AM: Your allusion is to Varrus, not walrus. There's no *l* and the first letter is a *v* not a *w*.
>
> MC²: W?! I'll quadruple you, I'll octuple you, I'll topple you, stomp on you, crumple you!
>
> AM: All of that? Why, you… No more of this you-business with you! Thou art a nincompoop and a chump! A rear admiral, thou art admirable from the rear but thy front is a spitting image, thou purple-assed baboon![38]

Auf die gleiche Art und Weise wird auch die Dominanz von Hochkultur unterminiert: Ausführlich zitiert und nebeneinander gestellt werden unterschiedlichste – russische, amerikanische und andere – kulturelle Kontexte, literarische und musikalische Genres, darunter Kinderreime und Lieder, Zungenbrecher, amerikanischer Rap, Poetryslam-typische Verse etc. Auffällig oft handelt es sich dabei um Bearbeitungen und ‚Zweitverwertungen' von Originaltexten oder von Texten, die selbst Nachahmungen sind. Auf ein Zitat aus dem bekannten Filmsong „Nam vsem nužna odna pobeda" (Wir brauchen alle einen Sieg) aus dem sowjetischen Kriegsfilm *Belorusskij vokzal* (*Der weißrussische Bahnhof*, 1970) folgt ein Zitat aus dem (von Ostashevsky umformulierten) Lied „The future belongs to me" aus dem Musical (1966) bzw. Film (1972) *Cabaret*, das dort von Nazis gesungen wird:

> Nurse: (*In headphones.*) На нас на всех нужна одна победа!
Мы за ценой не постоим!
(Wir brauchen alle einen Sieg!
Kein Preis wird uns zu hoch sein!)
>
> […]
>
> Bride: We shall have our day yet, my poor DJ. (*Sings.*)
>
> We were once making plans to get married,
Now you lie all alone and unburied.

[37] „Enter Nurse.
Nurse: Oui, madame.
Bride: Don't you oui-madame me! Nourrice, j'ai mal!
Nurse: Mâle, madame? Au contraire, vous êtes très féminine.
Bride: Sacrebleu! Mal à l'estomac!" Ostashevsky 2008, 62.

[38] Ostashevsky 2008, 73.

We were one, now I'm none, and a nun I shall always be,

But vengeance belongs,
vengeance belongs,
vengeance belongs
to Me![39]

Entscheidend ist nicht nur, dass hier an den Krieg zwischen der Sowjetunion und Nazideutschland erinnert wird, sondern dass es sich bei beiden Liedern um Imitationen handelt: Der russische Filmsong wurde als Nachahmung sowjetischer Kriegslieder komponiert, der englische wurde ebenfalls extra für die Bühnenversion geschaffen, weder existierte tatsächlich ein solches Lied, noch kommt es in dem Buch Christopher Isherwoods *Goodbye to Berlin* (1939/1960), auf dem Musical und Film basieren, vor.

Während die literarischen und musikalischen Genres meistens der Sphäre der (russisch/sowjetischen und amerikanischen) Populär- und Unterhaltungskultur entstammen und meist hohen Wiedererkennungswert haben,[40] gehören die realen Figuren des Stücks, Spinoza selbst, Andrew Marvell sowie der russische Altgläubige, der Sphäre der Hochkultur an: In der abendländischen Philosophie vertritt Spinoza mit die kompliziertesten und abstraktesten Positionen, Marvell gilt heute als einer der wichtigsten (wenn auch über lange Zeit vergessenen und unterschätzten) englischen metaphysischen Dichter, der Altgläubige steht für eine komplexe theologische Auseinandersetzung im Russland des 17. Jahrhunderts.[41] Auf den ersten Blick vielleicht etwas ungewöhnlich, weisen die drei Figuren für Ostashevsky viele Gemeinsamkeiten auf: Alle drei sind Figuren der Transgression und der Dissidenz, sie stehen für das Überschreiten von (nationalstaatlichen) Grenzen, für das Hinwegsetzen über Konventionen und Gebote, über Regeln und Gesetze.[42] Ihre philosophischen, theologi-

---

39 Ostashevsky 2008, 74–75.

40 So wird u. a. etwa ein Jedi Knight (Ritter) genannt, eine Figur aus der weltweit äußerst populären *Star Wars*-Filmreihe (Ostashevsky 2008, 68).

41 Altgläubige weigerten sich unwiderruflich, die von der offiziellen Kirche durchgeführten Reformen und vor allem eine Neuredaktion der Heiligen Schriften zu akzeptieren, was zu einer Spaltung der russischen Orthodoxie führte. Nicht selten bezahlten Altgläubige ihre Weigerung mit dem Tod oder mussten fliehen.

42 Baruch Spinoza (1632–1677) ist für Ostashevsky gleich aus mehreren Gründen von Interesse: Der in Amsterdam geborene Philosoph war Kind einer jüdischen Familie, die im frühen 17. Jahrhundert aufgrund der Judenverfolgung aus Portugal nach Holland geflohen war. Wie kaum ein anderer Philosoph seiner Epoche zog er Groll und Hass seiner Zeitgenossen auf sich, blieb aber nichtsdestotrotz in seinen Positionen und Überzeugungen unbeugsam. Nach der Restauration der englischen Monarchie griff der eigentlich republikanisch gesinnte Andrew Marvell die am königlichen Hof herrschende Korruption und Unfähigkeit in (anonymen) satirischen Gedichten an. Mit dem niederländischen Kontext Spinozas und dem russischen des Alt-

schen, politischen und poetischen Positionen stehen im (teils krassen) Widerspruch zu den jeweils akzeptierten und akzeptablen, weshalb sie von der Mehrheitsgesellschaft, von den jeweiligen Machtzentren abgelehnt, angefeindet, ja sogar verfolgt und verbannt wurden; sie wurden diffamiert, geringgeschätzt und anschließend vergessen. Stets stehen sie abseits des Mainstreams, der jeweiligen politischen, kulturellen und religiösen Konjunktur. Spinoza und Marvell bilden keine Gruppen oder Schulen um sich, sie sind Solitäre, die keine Adepten oder Nachfolger haben. Diese aus unterschiedlichen Kontexten destillierte und amalgamierte Position des Außenseiters macht sich der Gegenwartsdichter Ostashevsky zu eigen, um sie wiederum zu transformieren und, wie in der abschließenden Zusammenfassung gezeigt wird, in eine – dezidiert politische – Position des Migranten-Außenseiters zu überführen.

Auch in einer weiteren Hinsicht bietet die (westeuropäische) intellektuelle Kultur des 17. Jahrhunderts Ostashevsky eine geradezu ideale Identifikationsfläche. Anders als man aufgrund der oben skizzierten literarischen und sprachlichen Verfahren zunächst vermuten könnte, ist es nicht die Poetik der Postmoderne (im weitesten Sinne), in die er sich einzuschreiben sucht. Vielmehr knüpfen sowohl sein (literarisches, akademisches etc.) Selbstverständnis als auch seine Lyrik an zwei in der Kultur und Literatur des Barock fest verankerten Vorstellungen und Prinzipien an, nämlich zum einen an die Figur des Universalgelehrten und zum anderen an das Prinzip der Kombinatorik, der *ars combinatoria*. Wie u. a. seine zuvor zitierten Interessensschwerpunkte demonstrieren, sieht er sich in der Tradition solcher Universalwissenschaftler wie Giordano Bruno, Athanasius Kircher u. v. a., vor allem aber eben Spinozas mit seiner Amalgamierung von Philosophie, Logik, Mathematik und Religion. Die schier unendliche Lust Ostashevskys an überraschenden, effektvollen und oft explosiven Kombinationen scheint ebenfalls sowohl von der barocken Kombinatorik beeinflusst als auch von der zentralen literarischen und (para-)rhetorischen Figur, dem *concetto*, bestimmt zu sein.[43]

Zusammenfassung

Trotz aller Unterschiede ist das Ziel der trans- und multilingualen Verfahren Ostashevskys stets, die monolithische Dominanz der einen Nationalsprache zu durchbrechen. Dies wird durch die subtextuelle Präsenz des sprachlich Anderen, anderer Sprachen und der darin codierten eigenen

gläubigen verbinden Marvell darüber hinaus die Reisen mit englischen Gesandtschaften in diese beiden Länder.

43 Entscheidend ist hier, dass die Prinzipien der Kombinatorik in der Dichtung, aber auch (und zwar schon zuvor) in der Mathematik, Logik und Philosophie angewandt wurden. Vgl. dazu Erika Greber, *Textile Texte*, Köln 2002, 13–17.

Logiken, kulturellen und literarischen Traditionen erfahrbar, sichtbar und hörbar gemacht oder aber durch die unmittelbare Einspeisung anderer Sprachen in den Text erreicht. Eine solche Infragestellung des Englischen – durch einen amerikanischen Autor – hat indessen weitreichende literarische, aber auch außerliterarische Implikationen. An die Leserschaft, ob eine amerikanische oder andere, wird damit die Forderung herangetragen, die Gegenwartsliteratur der ‚nation of nations' nicht länger als eine rein englische, sondern eben als eine mehrsprachige zu begreifen, in der verschiedene Sprachen (vorzugsweise gleichberechtigt) koexistieren oder dies tun können und sollen.[44] Ungeachtet dessen, ob die Migration und der damit einhergehende Sprachverlust bzw. Sprachwechsel in den Texten explizit thematisiert werden, ist ihnen stets eine Außenperspektive bzw. die Perspektive eines Außenseiters, eines Migranten, auf die majoritäre Sprache inhärent. Die politische Sprengkraft dieser auf den ersten Blick wenig politischen Gedichte besteht in der prinzipiellen Weigerung des Migranten, in der neuen Heimat vollständig auf seine Muttersprache zu verzichten, das Englische als die einzig gültige Sprache zu akzeptieren und für die eigene literarische Produktion zu übernehmen.[45] Somit wird auch, auf ganz grundlegender Ebene, der uramerikanische Mythos von den Vereinigten Staaten als einem *melting-pot* in Frage gestellt bzw. negiert, jenem Schmelztiegel, der aus Einwanderern Amerikaner machen sollte, deren gemeinsame (und vielleicht sogar die einzige) Sprache das Englische ist. Nicht zuletzt tragen Ostashevskys Texte der mehrsprachigen Alltagsrealität der Vereinigten Staaten Rechnung, wo neben Englisch etwa auch Spanisch und diverse andere Sprachen selbstverständlich von Millionen von Menschen gesprochen werden, ohne dass diesem Umstand unbedingt eine entsprechende staatlich-institutionelle, (sprach-)politische und/oder kulturelle Würdigung zuteilwerden würde.[46]

Der sprachreformatorische Impetus selbst, welcher aus der beschriebenen Mehrsprachigkeit/Translingualität und Transkulturalität resultiert, kann indessen als ein dezidiert russischer verstanden werden.[47] Mit ihm stellt sich Ostashevsky in die Tradition der russischen Dichtung um die Jahrhundertwende zum 19. Jahrhundert, vor allem in die jener russischen

---

44 Zur mehrsprachigen Gegenwartsliteratur in den USA vgl. Joshua L. Miller, *Accented America*, Oxford 2011 und Lawrence Rosenwald, *Multilingual America*, Cambridge 2008. Russisch-amerikanische Literatur wird in den beiden Untersuchungen allerdings nicht berücksichtigt.

45 Zur Multilingualität als Regelverstoß und Grenzüberschreitung vgl. z. B. Manfred Schmeling / Monika Schmitz-Emans (Hg.), *Multilinguale Literatur im 20. Jahrhundert*, Würzburg 2002, 19.

46 Vgl. Werner Sollors, *Multilingual America*, New York 1998, 1–13.

47 Dies bedeutet freilich nicht, dass es im amerikanischen Kontext keine ähnlichen oder vergleichbaren Tendenzen gäbe, die für Ostashevsky ebenfalls von Bedeutung wären. Eine systematische und vollständige Analyse unter der Berücksichtigung beider kultureller Kontexte kann in diesem Rahmen jedoch nicht geleistet werden.

Romantiker, die als *novatory*, i. e. Erneuerer, bekannt sind. Ziel der Erneuerer, zu deren bekanntesten Vertretern Aleksandr Puškin gehörte, war u. a. die Erneuerung der russischen poetischen Sprache, die nicht zuletzt die Einführung fremder, vorwiegend französischer Lexik verlangte.[48] Obwohl die Erneuerer für diese Position heftig angefeindet wurden,[49] avancierte diese Sprache (und der damit entwickelte poetische Stil) später zum allgemein anerkannten, ja geradezu einzig akzeptablen in Russland.

Zum Schluss soll die Frage nach dem oder der von der Rezeptionsästhetik gedachten idealen Leser oder Leserin solcher Texte gestellt werden. Sind sie einem so winzigen wie elitären Personenkreis vorbehalten, der die notwendigen vielfältigen Sprachkenntnisse sowie die der Philosophie, Logik, Mathematik etc. mitbringt? In Bezug auf die verschiedenen Neologismen, auf wörtlich aus dem Russischen übersetzte Begriffe, Wendungen und Sprichwörter, wie sie in russisch-amerikanischen Prosatexten häufig vorkommen, vertritt Adrian Wanner die These, dass die oder der von der Rezeptionsästhetik gedachte ideale LeserIn in diesem Fall ein „bilingual and bicultural individual" sein sollte.[50] Sicherlich erschließen sich auch die russischen (Sub)Texte der Lyrik Ostashevskys vor allem denjenigen LeserInnen, die über eine entsprechende Kenntnis dieser Sprache, Literatur und Kultur verfügen, denn nur sie verstehen die Anspielungen und Allusionen, sie erkennen und goutieren die sprachlichen Interferenzen zwischen dem Russischen und dem Englischen. Nichtsdestotrotz möchte ich hier die Position vertreten, dass Ostashevskys Texte allen LeserInnen, je nach Kenntnis von Sprachen und Kulturen zwar unterschiedliche, aber gleichberechtigte Lektüreerfahrungen und Interpretationen offerieren,[51]

---

48 Vor allem sollten solche Begriffe eingeführt werden, deren Äquivalent laut den ‚Erneuerern' in der russischen Sprache entweder nicht vorhanden war oder wenn der entsprechende Begriff, meist aus der älteren Sprachschicht stammend, als unzulänglich empfunden wurde. Von ihren Widersachern, den sogenannten ‚Archaisten', die eine Erneuerung des Russischen auf der Grundlage des Altkirchenslawischen anstrebten und Entlehnungen aus fremden Sprachen strikt ablehnten, wurde eine solche poetische Sprache strikt abgelehnt und bekämpft (vgl. Jurij Tynjanov, *Archaisty i Novatory*, Leningrad 1929). In der Kömodie Aleksandr Griboedovs *Gore ot uma* (*Verstand schafft Leiden*, 1825) verunglimpft der Protagonist Čackij sie deshalb als eine absurde und lächerliche Vermischung „des Französischen mit der Sprache der Nižgorod-Region" („smes' francuzskogo s nižegorodskim").

49 Jurij Lotman, „Autsajder Puškinskoj Ėpochi", in: *Novoe Literaturnoe Obozrenie* 7 (1994) 104–108. Dieser Text sei hier stellvertretend für Lotmans zahlreiche Arbeiten zu den beiden Gruppierungen und deren Auseinandersetzungen sowie zu den einzelnen Dichtern genannt, da hier (am Beispiel Pëtr Vjazemskijs) sowohl die Außenseiterposition als auch die Sprachvermischung besonders hervorgehoben werden.

50 Wanner 2011, 14.

51 Vgl. dazu auch Miriam Finkelstein und Diana Hitzke, „Mehrsprachigkeit in der translingualen postjugoslawischen und russischen Gegenwartsliteratur", in: *Variations* 22 (2014), 53–65.

dass seine späteren Texte wie *Life and Opinions of DJ Spinoza* oder *The Pirate Who Knew the Value of Pi* auch und vor allem ohne Russischkenntnisse und all der anderen Sprachen funktionieren. Gerade die Unkenntnis versetzt LeserInnen in die Lage, die migrantische Erfahrung sprachlicher Hilflosigkeit und Desorientierung, von der viele Texte handeln, im Sinne eines re-enactment (zumindest im Ansatz) nachzuempfinden. Die Konfrontation mit der bei Ostashevsky oft ironisch übersteigerten Sprachenvielfalt führt – idealerweise – auch zu einer Auseinandersetzung mit der Mehrsprachigkeit in der eigenen Gesellschaft. Die dezidiert ethische Dimension seiner Lyrik besteht darin, dass die Klärung oder Übersetzung der jeweils unverständlich bleibenden Textteile – ebenfalls idealerweise – eine Verständigung zwischen TrägerInnen verschiedener Sprachen erforderlich macht,[52] was wiederum zur Sichtbarkeit und Akzeptanz der verschiedenen Sprachen und Kulturen beiträgt. Somit ist in diesem Kontext jede(r) LeserIn der oder die ideale, und alle LeserInnen werden zu translingualen und transkulturellen gemacht.

Bibliographie

Berlina, Alexandra: *Brodsky Translating Brodsky: Poetry in Self-Translation*. New York: Bloomsbury Academic 2011.

Djin, Yana: *Bits and Pieces of Conversations*. o. O. 1994.

Finkelstein, Miriam / Hitzke, Diana: „Mehrsprachigkeit in der translingualen postjugoslawischen und russischen Gegenwartsliteratur". In: *Variations* 22 (2014), Themenheft *Mehrsprachigkeit / Polylinguisme / Polylingualism*, 53–65.

Frizman, Leonid: *Russkaja ėlegija XVIII – načala XX veka*. Leningrad: Sovetskij Pisatel' 1991.

Furman, Yelena: „Hybrid Selves, Hybrid Texts: Embracing the Hyphen in Russian-American Fiction". In: *Slavic and East European Journal* 55/1 (2011), 19–37.

Greber, Erika: *Textile Texte. Poetologische Metaphorik und Literaturtheorie. Studien zur Tradition des Wortflechtens und der Kombinatorik*. Köln: Böhlau 2002.

Hansen-Löve, Aage A.: *Der russische Formalismus. Methodologische Rekonstruktion seiner Entwicklung aus dem Prinzip der Verfremdung*. Wien: Verlag der Österreichischen Akademie der Wissenschaften 1978.

[52] Die Nutzung von Wörterbüchern ist natürlich ebenfalls eine Option. Da es sich allerdings nicht um einzelne Wörter, sondern oft um längere Passagen handelt, scheint mir diese Lösung weniger zielführend zu sein als der direkte Kontakt zwischen TrägerInnen diverser Kulturen, d. h. als direkter zwischenmenschlicher Kontakt. Darüber hinaus erfüllen Nachschlagewerke die gleiche Funktion, denn auch sie sind Orte der Begegnung mit anderen Sprachen und Kulturen.

Holzberg, Niklas: *Die römische Liebeselegie. Eine Einführung*. Darmstadt: Wissenschaftliche Buchgesellschaft 1990.

Howanitz, Gernot: „(Selbst-)Inszenierung im Netz: Neue Strategien russischer AutorInnen". In: Anja Tippner / Christopher Laferl (Hg.): *Künstlerinszenierungen: Performatives Selbst und biographische Narration im 20. und 21. Jahrhundert*. Bielefeld: transcript 2014, 191–220.

Kapovich, Katia: *Gogol in Rome*. Cromer: Salt Publishing 2004.

Kapovich, Katia: *Cossacks and* Bandits. Cromer: Salt Publishing 2008.

Kellman, Steven G.: *The Translingual Imagination*. Lincoln (NE): University of Nebraska Press 2000.

Kliems, Alfrun: „Transterritorial – Translingual – Translokal. Das ostmitteleuropäische Literaturexil zwischen nationaler Behauptung und transkultureller Poetik". In: Doerte Bischoff / Susanne Komfort-Hein (Hg.): *Literatur und Exil. Neue Perspektiven*. Berlin/Boston: De Gruyter 2013, 169–182.

Lotman, Jurij: „Autsajder Puškinskoj Ėpochi". In: *Novoe Literaturnoe Obozrenie* 7 (1994), 104–108.

Miller, Joshua L.: *Accented America: The Cultural Politics of Multilingual Modernism*. Oxford: Oxford University Press 2011.

Ostashevsky, Eugene: *Iterature*. New York: Ugly Duckling Presse 2005.

Ostashevsky, Eugene: *The Life and Opinions of DJ Spinoza*. New York: Ugly Duckling Presse 2008.

P. Ovidius Naso: *Gedichte aus der Verbannung*. Stuttgart: Reclam 2001.

Rosenwald, Lawrence A.: *Multilingual America. Language and the Making of American Literature*. Cambridge: Cambridge University Press 2008.

Schmeling, Manfred / Schmitz-Emans, Monika (Hg.): *Multilinguale Literatur im 20. Jahrhundert*. Würzburg: Könighaus und Neumann 2002.

Sollors, Werner (Hg.): *Multilingual America. Transnationalism, Ethnicity, and the Languages of American Literature*. New York: New York University Press 1998.

Toporov, Vladimir: *Mif. Ritual. Simvol. Obraz: Issledovania v oblasti mifopoėtičeskogo*. Moskva: Progress-Kul'tura 1995.

Wanner, Adrian: *Out of Russia: Fictions of a New Translingual Diaspora*. Evanston, Ill.: Northwestern University Press 2011.

Metaphern des Transkulturellen

„Windwurzeln, Luftwurzeln, Mutterwurzeln“. Herkunftsmetaphorik in der Lyrik von Fahrenden (Albert Minder, Papusza, Mariella Mehr)

Christa Baumberger

Das Bild der Zigeuner wurde seit dem Mittelalter in einer Vielzahl literarischer, bildnerischer und künstlerischer Werke festgeschrieben. Selbstzeugnisse von Fahrenden dagegen sind ein sehr viel jüngeres Phänomen. Vertreter der Romvölker treten, abgesehen von vereinzelten Vorläufern, erst seit der zweiten Hälfte des 20. Jahrhunderts als literarische Akteure auf. Ihre Literatur, sei dies Lyrik, Drama oder Prosa, entsteht nicht voraussetzungslos. Sie legt vielmehr Zeugnis ab von der Auseinandersetzung mit der eigenen Herkunft und ist getragen vom Bemühen nach Aufarbeitung der häufig traumatischen individuellen und kollektiven Geschichte. Die Texte erhalten ihre Tragweite vor dem Hintergrund des über mehrere Jahrhunderte konsolidierten politischen, sozial- und kulturhistorischen ‚Zigeunerdiskurses‘. Dieser wird im Folgenden zuerst in seinen Grundzügen dargestellt. Dann wird die Lyrik von Albert Minder (1879–1965), Papusza (1909–1987) und Mariella Mehr (*1947) auf die Frage hin analysiert, wie sich in ihnen – zu unterschiedlichen Zeiten und unter anderen historischen Vorzeichen – die Frage nach der eigenen Herkunft formuliert. Alle drei Autoren stammen von Fahrenden ab, sind selber aber (zwangs-)assimiliert und sesshaft geworden. Ihre Lyrik gilt der Evokation eines kulturellen Erbes, das in der ursprünglichen Form unwiederbringlich verloren ist und nur noch in der Erinnerung weiterlebt. Während sich in Albert Minders Gedichten aus den 1920er-Jahren noch nationale Assimilations- und Integrationsbemühungen abzeichnen, zeugt insbesondere Mehrs Lyrik von der individuell erfahrenen traumatischen Geschichte der Trennung von der Mutter. Gerade ihr Beispiel zeigt aber auch, dass die Lyrik einen Freiraum bietet, um sich von der eigenen Geschichte zu lösen und literarischen Raum für allgemeinere Reflexionen zu schaffen.

Europa erfindet die Zigeuner

Territoriales Denken entwickelt sich an der Schwelle zur Moderne zu einer ‚Normalitätsvorstellung'. Seit diesem Moment suchen die sich formierenden europäischen Nationalstaaten Fremde auf ihrem Gebiet zum Verschwinden zu bringen: durch Assimilation und Integration oder durch Flucht und Vertreibung.[1] Keine Gruppe in Europa widerspricht solchen territorialen Praktiken und kulturellen Leitvorstellungen jedoch mehr als die Fahrenden mit ihrer nomadischen Lebensweise. Als Ethnie ohne fest umgrenztes Territorium sind sie der Prototyp des ‚Anderen'. Fahrende lösten seit der Frühen Neuzeit Ausgrenzungs- und im Extremfall gar Vernichtungsphantasien bei Sesshaften aus. Denn das ständige Unterwegssein, der Unwille oder die Unfähigkeit zur Assimilation erscheinen in einem Paradigma, das auf enges Territorialdenken setzt, geradewegs als ein Skandalon.[2] Kommt hinzu, dass sie in das Paradigma nationaler Kulturen, das im Zuge der Herausbildung von Nationalstaaten zur Leitvorstellung wurde, nicht hineinpassen. Fahrende sprechen eine andere Sprache und ihre Lebensweise weicht fundamental von derjenigen der Mehrheit ab. Mit dem Aufkommen nationaler Staaten und Kulturen beginnt deshalb die ‚Erfindung' der Romvölker als das Andere der europäischen Gesellschaften. Die bloße Existenz von Romvölkern wird fortan als ständige Bedrohung empfunden. Die Reaktion darauf sind unablässige Feinderklärungen an ein imaginäres Kollektiv, das im Deutschen Zigeuner genannt wird. *Europa erfindet die Zigeuner* – bereits im Titel von Klaus-Michael Bogdals Standardwerk wird der Begriff „Zigeuner" als eine Konstruktion entlarvt, ein von anderen begründeter Diskurs, der von grundlegenden Ambivalenzen, von Faszination und Verachtung geprägt ist. In seiner umfassenden kulturgeschichtlichen Studie zeichnet Bogdal die Geschichte der Darstellung der ‚Zigeuner' in der europäischen Literatur und Kunst vom Spätmittelalter bis heute nach. Dabei stützt er sich auf reiches Quellenmaterial: Es umfasst frühe Chroniken und Rechtsdokumente ebenso wie ethnographische und anthropologische Studien, Zigeunerdarstellungen in literarischen Werken wie autobiographische Erinnerungsschriften sowie Lyrik und Prosa von Sinti und Roma selbst.

---

1 Die hier referierten Konstituenten des Diskurses über Zigeuner und Fahrende stammen aus dem Standardwerk von Klaus-Michael Bogdal, *Europa erfindet die Zigeuner. Eine Geschichte von Faszination und Verachtung*, Frankfurt a. M. 2011, 47.

2 Ein weiteres Referenzwerk stammt von Hans Richard Brittnacher, *„Leben auf der Grenze". Klischee und Faszination des Zigeunerbildes in Literatur und Kunst*, Göttingen 2012, vgl. insbesondere 72–75. Des Weiteren Susan Tebbutt, *Sinti und Roma in der deutschsprachigen Gesellschaft und Literatur*, Frankfurt a. M. 2001; Claudia Breger, *Ortlosigkeit des Fremden. „Zigeunerinnen" und „Zigeuner" in der deutschsprachigen Literatur um 1800*, Köln/Weimar/Wien 1998; sowie Rajko Djurić, *Roma und Sinti im Spiegel der deutschen Literatur*, Frankfurt a. M. u. a. 1995.

Bogdal gemäß sind folgende vier Dynamiken charakteristisch:[3] Erstens der distanzierende Ausschluss. Mit ihm vergrößert sich allerdings nur der Abstand, denn mit der Ausgrenzung wird die von den Romvölkern ausgehende Bedrohung nicht gebannt. Um ihr Herr zu werden, zeichnet sich als einziger Ausweg die räumliche Vertreibung, die erzwungene Assimilierung und Sesshaftmachung oder die biologische Vernichtung der Romvölker ab.

Zweitens die Überzeugung, dass ein Zusammenleben mit den Romvölkern für die Mehrheitsbevölkerung stets mit unkalkulierbaren Risiken verbunden und deshalb auf Dauer unmöglich sei. Diese ablehnende Haltung wird mit scheinbar rationalen rassentheoretisch fundierten Überlegungen begründet: Ihr lügenhafter Charakter, ja ihre grundsätzliche Falschheit verunmögliche ein Vertrauensverhältnis. Ihr parasitäres Verhalten zerstöre das soziale Gleichgewicht und untergrabe das Arbeitsethos und die Disziplin der sesshaften Mehrheitsgesellschaft. Ihr Nomadentum verhindere die erforderliche Kontrolle und Gesetzesloyalität. Jeder Integrationsversuch scheitere schlussendlich an ihrem Wandertrieb, der fehlenden Ausdauer und zivilisatorischen Rückständigkeit.

Drittens der voranschreitende Zivilisationsprozess. Die zivilisatorische Entwicklung Europas geht mit der sukzessiven Distanzierung von den Romvölkern einher. Ihr Wert sinkt mit zunehmendem Zivilisierungsgrad der Mehrheitsgesellschaft. Ihre ethnische Desintegration und die von anthropologischen Theorien gestützte ‚Enteuropäisierung' der Romvölker ist eng verknüpft mit der Entstehung der modernen Nationalstaaten und ihrer nationalen Sprachen und Kulturen: „Nicht Ähnlichkeiten oder der kleinste gemeinsame Nenner interessieren, sondern die größtmöglichen Unterschiede."[4] Im Zuge dieses Abspaltungsprozesses werden sie aber nicht als eigenständiges Volk akzeptiert. Im Gegenteil: Bis heute werden Romvölker nicht als Teil der vielgestaltigen europäischen Völkergemeinschaft wahrgenommen.

Viertens die symbolischen Repräsentationen der Romvölker. Die herrschenden Bilder und Stereotypen werden bereits in mittelalterlichen Stadtchroniken festgeschrieben und bis in die Gegenwart weitertradiert. Sie sind in historischen Dokumenten ebenso präsent wie in literarischen Texten oder künstlerischen Werken. Diese Stereotype sind für die soziale Verortung der Romvölker entscheidender als die Ethnie an sich. Sie gelten als ‚Fremde, die bleiben'. Aus diesem Wahrnehmungsmuster entwickeln sich immer dann Bedrohungsszenarien, wenn die eigene Ordnung gefährdet scheint.

---

[3] Bogdal 2011, 480–483.

[4] Bogdal 2011, 482.

Jenische in der Schweiz: Das Pro Juventute-Projekt „Kinder der Landstraße“

Die Schweizer Fahrenden gehören zum überwiegenden Teil zum Nomadenstamm der Jenischen. Diese sind im deutschsprachigen Raum, in Frankreich, Holland und Italien vertreten. Im Unterschied zu Sinti und Roma handelt es sich bei den Jenischen um Nomaden europäischer Herkunft, doch werden sie ebenfalls zu den Romvölkern gezählt.

Die Geschichte der Schweizer Jenischen ist geprägt durch die systematische Zersprengung von fahrenden Familien im 20. Jahrhundert. Federführend war dabei das zwischen 1926 und 1973 vom Bund subventionierte und von der Pro Juventute durchgeführte Projekt „Kinder der Landstraße“.[5] Rund 600 jenische Kinder wurden ihren Eltern systematisch weggenommen und in Pflegefamilien und Kinderheimen, in psychiatrischen Kliniken oder Strafanstalten untergebracht. Die Kinder wurden unter Vormundschaft gestellt, und viele waren sexuellem Missbrauch oder Zwangssterilisationen unterworfen. Ihre Entwicklung und das Verhalten wurden in Protokollen und Akten in allen Details festgehalten. Die Kindswegnahmen wurden während der fünfzig Jahre dauernden Aktion auch bei bereits zwangsassimilierten Jenischen der zweiten und dritten Generation fortgesetzt. Nach einer Medienkampagne, in der die Praktiken aufgedeckt und angeprangert worden waren, wurde das Projekt „Kinder der Landstraße“ Mitte der 1970er-Jahre eingestellt und es setzte ein zäher Kampf um die Rehabilitierung ein. Nach erneutem Druck durch die Medien und langwierigen politischen Debatten erhielten die Opfer zwar Wiedergutmachungszahlungen und es erfolgte eine öffentliche Entschuldigung seitens des Bundesrats, doch erst in den 1990er-Jahren wurde begonnen, die Geschichte der Jenischen, die ideologische Fundierung und die Praktiken der Aktion „Kinder der Landstraße“ in breit angelegten Forschungsprojekten aufzuarbeiten.[6] In diesem Zuge wurde die ideologische Verankerung in der Eugenik und Rassenideologie des Dritten Reiches offen gelegt. Im Unterschied zur Vernichtung von Juden und Zigeunern während der Shoa versuchte die Aktion „Kinder der Landstraße“ die Jenischen durch systematische Kindswegnahmen zu dezimieren und durch

---

5 Vgl. den knappen historischen Abriss in Corina Caduff, *Die verlorene Herkunft in den Texten von Jenischen*, in: Dies. (Hg.), *Figuren des Fremden in der Schweizer Literatur*, Zürich 1997, 175–191, v. a. 176–177.

6 Vgl. das Nationale Forschungsprogramm NFP 51 „Integration und Ausschluss“. In diversen Studien wurden Mechanismen des Ausschlusses und der Integration sowie die politische und insbesondere administrative Praxis im Umgang mit den Jenischen in der Schweiz von 1800 bis heute untersucht. Stellvertretend für weitere sei hier auf folgende Publikationen verwiesen: Guadench Dazzi / Sara Galle / Andréa Kaufmann / Thomas Meier, *Puur und Kessler. Sesshafte und Fahrende in Graubünden*, hg. v. Institut für Kulturforschung Graubünden ikg, Aarau 2008; Helena Kanyar Becker (Hg.), *Jenische, Sinti und Roma in der Schweiz*, Basel 2003.

Sterilisation sukzessive auszulöschen.[7] Die Anprangerung der Praktiken des Pro Juventute-Hilfswerks „Kinder der Landstraße" ging einher mit einer in den 1980er-Jahren allmählich anwachsenden Bürgerrechtsbewegung der Sinti und Roma im gesamten europäischen Raum.[8] Sie setzte auf die Aufarbeitung der vergangenen Geschehnisse und die Sicherung individueller und kollektiver Erinnerungen anhand mündlicher und schriftlicher Zeugnisse. Einstige Ereignisse sollten nicht einfach gesichert, sondern es sollte eine weiterführende Auseinandersetzung um individuelle und kollektive Identitätsfindung angeregt werden.[9] Die Suche nach identitären Spuren und die Rekonstruktion der angenommenen Herkunft bedingten die oftmals demütigende Auseinandersetzung mit Repräsentanten der Mehrheitskultur. Mariella Mehr, die in den 1980er-Jahren durch ihre engagierte Aufarbeitung der schweizerischen Pro-Juventute-Initiative „Kinder der Landstraße" große Bekanntheit erlangte, greift bei der Beschreibung dieses schmerzhaften Prozesses zu anklagender Polemik:

> Laut meiner Muttersprache, dem Jenischen, bin ich eine Jenische, in der Sprache der Rassenhygiene, beziehungsweise der anthropologischen Wissenschaft – eine Nichtseßhafte, eine Asoziale oder zumindest belastete Erbträgerin einer nicht seßhaften, asozialen Sippe, eine Vagantin also, eine von der Sorte der Untermenschen, eine das Volksganze Schädigende, eine moralisch Schwachsinnige, eine Gemeinschaftsunfähige, eine Tagediebin, notorische Bummlerin, Erbkranke, Minderwertige, Arbeitsscheue, sexuell Verwahrloste, eine Gemeingefährliche, eine Psychopathin, dem Pack zugehörig, das

---

7 Der Leiter des Pro Juventute Projekts, Alfred Siegfried, trug mit seinen Schriften maßgeblich dazu bei, das Projekt im eugenischen Diskurs der Zeit zu verankern. Vgl. Siegfried Alfred, *Zehn Jahre Fürsorgearbeit unter dem fahrenden Volk*. Zentralsekretariat Pro Juventute, Zürich 1936; Siegfried Alfred, *Zwanzig Jahre Fürsorgearbeit für die Kinder des fahrenden Volkes*, Zentralsekretariat Pro Juventute, Zürich 1947; Siegfried Alfred, *Kinder der Landstraße. Ein Versuch zur Sesshaftmachung von Kindern des fahrenden Volkes*, Zürich 1964. Zu Siegfried vgl. Caduff 1997, 182. Nazistisches und eugenisches Gedankengut findet sich auch bei Ernst Rüdin, von 1925 bis 1928 Direktor der Psychiatrischen Universitätsklinik Basel, und Benedikt Fontana, der wie Josef Jörger langjähriger Direktor der Psychiatrischen Klinik Waldhaus Chur war: Benedikt Fontana, *Nomadentum und Sesshaftigkeit als psychologische und psychopathologische Verhaltensradikale: Psychisches Erbgut oder Umweltprägung*, Diss. med. Universität Bern, in: Psychiatrica Clinica, 1/6 (1968), 340–366. Thomas Huonker hat im Zuge seiner historischen Studien über die Jenischen darauf hingewisen, dass der schweizerisch-deutsche Doppelbürger Rüdin Mitautor des Nazi-Gesetzes „Zur Verhütung erbkranken Nachwuchses" vom 14. Juli 1933 war, welches einige Jahre später die rechtliche Grundlage für die Vernichtung der deutschen Romvölker u. a. bildete. Vgl. Thomas Huonker, *Fahrendes Volk – verfolgt und verfemt. Jenische Lebensläufe*, hg. v. der Radgenossenschaft der Landstraße, Zürich 1987.

8 Bogdal 2011, 455.

9 Bogdal 2011, 443.

ein Hitler zu Recht eingesperrt und unschädlich gemacht hätte. Man ließ mir und meinen Schwestern und Brüdern nicht einmal unseren Namen, den Namen unseres Volkes, Jenische.[10]

Die Stigmatisierung und Diskriminierung der Jenischen aus rassenideologischen Gründen, die Bogdal als charakteristisch im Umgang mit Romvölkern ansieht, kommt hier in großer Drastik zum Ausdruck. Jenische haben, wie alle Romvölker, keinen Rückzugs- und Schutzort, kein eigenes Territorium – außer der Sprache. Sie allein bietet Raum zum Selbstausdruck, in ihr kann etwas Eigenes entstehen. Dies betont auch die Jazzsängerin Dotschy Reinhardt: „Wir haben kein eigenes Land auf dieser Erde, keinen eigenen Staat, keine eigene Regierung. Wir haben nichts als unsere Kultur und unsere Sprache, die uns zusammenhält, auf die wir uns berufen und mit der wir uns auch abgrenzen können."[11]

Lieder und Lyrik von Sinti, Roma und Jenischen

Die Frage ist, wie sich der Prozess der Identitätsfindung, die Rekonstruktion der erlittenen individuellen und kollektiven Leidensgeschichte, die Suche nach der verlorenen Herkunft und die Divergenz zwischen Assimilation und Abgrenzung in den schriftlichen Zeugnissen, in der Literatur und Lyrik der Romvölker äußern. Mit welchen Sprachbildern und Metaphern, ja, in welchen Sprachen drücken sie sich aus?

Die Kultur der Romvölker ist oral geprägt, sie lebt von der mündlichen Überlieferung von Erinnerungen und Traditionen, die von einer Generation zur nächsten weitergegeben werden. Typische literarische Formen sind Lieder und Märchen.[12] Die Romvölker befinden sich seit der

---

10 So geäußert in Zusammenhang mit ihrem autobiographischen Roman *Steinzeit* (1982), in dem Mariella Mehr ihre schwere Kindheit aufarbeitet (Wegnahme von der Mutter, Aufwachsen in diversen Kinderheimen, eine von Gewalt geprägte Jugend etc.). Das Zitat stammt aus Rajko Djurić, *Die Literatur der Roma und Sinti*, Berlin 2002, 124. Aspekte der geraubten Herkunft und Kultur kommen auch in einem literarischen Brief an die Mutter zum Ausdruck: Mariella Mehr, „Phralalen, Pejalen Mama quante Mamera", in: Urs Walder (Hg.), *Nomaden in der Schweiz*, Zürich 1999, 14–17.

11 Dotschy Reinhardt, *Gypsy. Die Geschichte einer großen Sinti-Familie,* Frankfurt a. M. 2008, 47, zit. in Bogdal 2011, 466.

12 Vgl. stellvertretend für viele weitere Rajko Djurić, *Märchen und Lieder europäischer Sinti und Roma,* Frankfurt a. M. 1997, sowie die drei Sammlungen jenischer Geschichten und Märchen von Graziella Wenger (Basel 1990, 1991 und 1995). Die Autorin, selbst Opfer der Aktion „Kinder der Landstraße", sieht ihre Rolle als Kulturvermittlerin, ihr Ziel ist es, „den Leser mit der Lebensweise des jenischen Volkes bekannt [zu] machen" (Vorwort in Wenger 1995, o. S.). Zum Verhältnis von Schriftlichkeit und Mündlichkeit bei den Romvölkern vgl. Bogdal 2011, 469.

Nachkriegszeit an der Schwelle zwischen Mündlichkeit und Schriftlichkeit: Erstmals in der Geschichte bedienen sie sich der Schrift, um die Erinnerung wachzuhalten. Doch während seit mehreren Jahrzehnten Texte in Romanes verfasst werden, ist das Jenische bis heute eine reine Sprechsprache geblieben; jenische Autoren bedienen sich für ihre Texte der Sprache der Umgebungskultur. Die Mehrzahl der von Roma, Sinti und Jenischen geschriebenen literarischen Werke tragen stark autobiographische Züge: Es sind Lebenserzählungen. Hier wird die These vertreten, dass Lieder und Lyrik als Genre prädestiniert dazu sind, dieses Erinnerungsnarrativ zu erweitern. Denn im Unterschied zur Prosa steht bei der Lyrik nicht das Erzählen einer Geschichte im Vordergrund, sondern Gedichte können subjektive Wahrnehmungen, Stimmungen, ein momenthaftes Gefühl zum Ausdruck bringen. Metaphern, Symbole und weitere Tropen und rhetorische Figuren bieten dabei ein weites Repertoire sprachlicher Ausdrucksmittel.

Erinnerung als Assimilationsgeschichte: Albert Minder

Ein früher Versuch einer Erinnerungsschrift in Gedichtform stammt aus der ersten Hälfte des 20. Jahrhunderts: Unter dem Titel *Der Sohn der Heimatlosen* publizierte der Schweizer Jenische Albert Minder 1925 seine „Lebensgeschichte in Gedanken und Gedichten".[13] Unter dem Motto „Wahrheit und Klarheit" fasst Minder im dreißig Seiten umfassenden Einleitungstext und den rund hundert chronologisch und thematisch geordneten Gedichten seine Familiengeschichte zusammen. Es ist die Geschichte einer langwierigen Assimilation und erzwungenen Sesshaftmachung, die im frühen 19. Jahrhundert beim Großvater beginnt und sich zäh über mehrere Generationen hinzieht bis in die 1920er-Jahre. Sein Großvater, 1811 in Ursenbach geboren, war gleich zweifach ausgeschlossen: Als Sohn einer Korberfamilie war er heimatlos und zum Vagantentum gezwungen, und zusätzlich trug er das Stigma eines unehelichen Kindes, weshalb er gesellschaftlich geächtet wurde. Erst nachdem 1859 das neue Bernische Heimatlosengesetz eingeführt worden war, konnte er 1861 mit seiner Familie eingebürgert werden. Auch der Vater verdiente sein Geld zuerst als Korber, fand dann jedoch eine Anstellung in einer Zigarrenfabrik in Burgdorf. Minder selbst trug als Kind durch Arbeit im Abfallwesen zum Familieneinkommen bei. Ihm war als erstem ein bescheidener gesellschaftlicher Aufstieg beschieden, doch die Integration blieb prekär: Das Gymnasium musste er aus Kostengründen abbrechen, er besuchte 1901–1902 die Kunstgewerbeschule Basel. Er war bekennender Sozialist und schaffte es als Vertreter der Sozialistischen Partei von 1926–

---

[13] Albert Minder, *Der Sohn der Heimatlosen. Eine Lebensgeschichte in Gedanken und Gedichten*, Burgdorf 1925.

1928 sogar in den Stadrat von Burgdorf. Die Auseinandersetzung mit der eigenen Herkunft und dem Schicksal der Fahrenden beschäftigte ihn ein Leben lang. 1948 gab er unter dem Titel *Die Korberchronik – aus dem Wanderbuch eines Heimatlosen* eine Neufassung seiner Lebensgeschichte heraus. Doch dann zog er sich zunehmend von allem zurück und nahm sich 1965 vereinsamt und verarmt das Leben.

Der Sohn des Heimatlosen ist ein autobiographisches Panorama in Versen. Es dokumentiert einerseits das Bemühen, die eigene Herkunft zu klären, andererseits äußert sich darin das Bestreben nach möglichst nahtloser Assimilation an die Mehrheitsgesellschaft. In einer ganzen Reihe von Gedichten evoziert Minder am Beispiel seiner Familienangehörigen das Schicksal der Fahrenden. Er beklagt die zahlreichen Repressionen und Zwänge, denen sie ausgesetzt waren, und er prangert die rigiden Gesetze an, die auf Ausschluss zielen – darunter das Heiratsverbot aufgrund des fehlenden Heimatortes.

Das Gedicht „Die Korbhausiererin" ist inspiriert vom Schicksal einer Tante, die noch als Hausiererin umherzieht, während die Familie des Vaters bereits sesshaft geworden ist:

Man sah ein Weib mit wirrem Haar
In unser Häuschen huschen…
Gewiß, wir suchten dann sogar,
Ihr Hiersein zu vertuschen.

Sie kam mit Roß und Wagen an!
Ach nein, mit einem Hunde…
„Ein Korberweib und ihr Gespann"
so tönt es in der Runde.

Es wundert nicht – bei diesem Troß –
Daß alle Leute gaffen…
Drum will den Karren und das „Roß"
Man schnell beseite schaffen.

„Bewirtet wird das Bettelweib
Anscheinend fast mit Liebe –"
„Vergnügt man sich zum Zeitvertreib
Mit diesem Weidendiebe?"

Und überall begegnet man
Den gleichen stummen Blicken –:
„Man wird sie hoffentlich zur Nacht
Dann wieder weiterschicken."

Gar seltsam wird's mir, denk ich dran,
Daß wirklich wir beschieden,
Daß sie unmöglich bleiben kann –

Sie humpelt mit dem Karren fort,
Der Hund gibt ihr's Geleite –
Ihr buntes Kopftuch seh' ich dort

Sie ging im lieben Frieden...
Doch wie gepreßtes Weinen fast
Ertönet dann ihr Lachen –
So sahen wir den selt'nen Gast
Sich aus dem Staube machen.

Noch flattern in der Weite...
Doch schnürt mir 'was die Kehle zu
O diese harten Sitten!
Fast raubt's mir meine Seelenruh
Als sie dann fortgeschritten.

So floh sie eilig in die Nacht
Mit ihrem großen Fuder...
„Was hat sie nur bei euch gemacht,
Das unbekannte Luder?"[14]

Das Gedicht bringt zum Ausdruck, wie spannungsreich der Assimilierungsprozess der Familie verläuft und wie prekär die eigene gesellschaftliche Integration auch nach der Sesshaftwerdung bleibt. Geschildert wird in den ersten fünf Strophen der Besuch einer Korbhausiererin, wobei in kurzen Zitaten die abfälligen Reaktionen der Nachbarn eingestreut werden. In den folgenden fünf Strophen blickt das lyrische Ich auf die Episode zurück.

Die Korbhauserierin – eine Tante, wie aus einer kurzen Notiz zum Gedicht hervorgeht – repräsentiert die verleugnete Herkunft der Familie, ihr Besuch evoziert deshalb Schamgefühle. Im Gedicht wird sie als namenloses „Weib" (V. 1) eingeführt und die familiären Bande werden vertuscht. Ihr Auftauchen macht den vollzogenen Bruch mit der eigenen Kultur der Fahrenden offensichtlich, gleichzeitig bedeutet der Besuch eine Destabilisierung des noch nicht abgeschlossenen Assimilationsprozesses. Dies wird aus der Reaktion der Nachbarn deutlich. Ihr Besuch wird argwöhnisch beäugt und es wird darüber gewacht, dass sie nicht über Nacht bleibt. Um die Ordnung wiederherzustellen, muss sie das Haus verlassen: „So floh sie eilig in die Nacht / mit ihrem großen Fuder ... / „‚Was hat sie nur bei euch gemacht, / Das unbekannte Luder?'" (10. Str.). Im Gedicht erklingt das Gerede der Nachbarn: vom „Bettelweib" oder von „Weidendieben" ist die Rede. Solche abwertenden Heterostereotypien werden unkommentiert wiedergegeben. Negative Stereotype der Zigeuner als Bettler und Diebe, die vertrieben gehören, werden kontrastiert durch idyllisierende Zigeunerromantik. Doch sind diese positiven Stereotype nur Trugbilder: Denn die Korbhausiererin fährt nicht in einem Zigeunerwagen vor, statt hoch zu Roß wird sie von einem Hund begleitet, und ihr freies Zigeunerlachen klingt eher wie ein unterdrücktes Weinen.

Die Familie beugt sich dem Druck der Gesellschaft und lässt sie weiterziehen, die geltenden Regeln werden nicht gebrochen, auch wenn die „harten Sitten" (9. Str., V. 2) moniert werden.

---

[14] „Die Korbhausiererin" (1901) in: Minder 1925, 41. Dem Gedicht ist folgende Erklärung beigefügt: „Meines Vater Schwester, die wir damals – zu Geschäftsleuten geworden – glaubten verleugnen zu müssen". Die Darstellung des Gedichts folgt dem Druckbild.

Dieses Gedicht ist symptomatisch für den gesamten Gedichtband von Albert Minder: Die ganze Lebensgeschichte läuft auf die möglichst nahtlose Anpassung an die Mehrheitsgesellschaft hinaus und hat die Überwindung der eigenen Vergangenheit zum Ziel. Fast triumphierend hält Minder zum Schluss seine Rückkehr ins Ursprungsdorf fest. Einst verachtet, kehrt er als ‚gemachter' Mann zurück, als ehrbares Mitglied der Gesellschaft. Dabei ist er allerdings auch ein anderer geworden, von der Dorfbevölkerung wird er nicht mehr wiedererkannt. Die von Bogdal herausgearbeiteten Charakteristika des Zigeunerdiskurses finden sich bei Minder unkritisch reproduziert: Seine Lebensgeschichte hält den distanzierenden Ausschluss von der Mehrheitskultur und als Ausweg die Assimilation unter Preisgabe der eigenen Identität fest. Minders Gedichte sind weder inter- noch transkulturell, denn seine Herkunftskultur, das Jenische, hat überhaupt nicht den Status einer Kultur, es erscheint als bloßer Schatten der dominanten ‚Sesshaften-Kultur'.

Evokation vergangener Zeiten: Papuszas Lieder

Einen anderen Weg wählt Bronislawa Wajs, genannt Papusza („Püppchen"), die zu den polnischen Tieflandzigeunern gehört. Erst nachdem sie 1950 sesshaft geworden war, begann sie ihre Lieder aufzuschreiben. Es sind nicht mehr als dreißig Lieder überliefert, doch mit ihnen hat sie Eingang in die Literaturgeschichte Polens gefunden. Ihre Gedichte unterscheiden sich deutlich vom Großteil der typischerweise stark autobiographischen Literatur von Roma, Sinti und Jenischen: „Anders als in den Autobiographien, in denen die Ereignisse eines Lebens den Erzählverlauf bestimmen, verdichtet Wajs in ihren Liedern Wahrnehmungen, Erleben und Gefühle zu überraschenden Sprachbildern."[15] Sind Minders Gedichte Zeugnisse der Marginalisierung, so gelingt es Papusza in ihren Gedichten, ohne idyllisierende Romantisierung das einstige freie Zigeunerleben zu evozieren.

Das Wasser, das wandert

Längst entschwunden sind die Zeiten
der Zigeuner, die gewandert.
Ich aber seh sie, hurtig wie Wasser,
stark und durchscheinend.
Man kann es hören,
wie's wandert,
wie's Lust hat zu reden.
Aber das Arme – es kennt keine Sprache
außer dem Rauschen und Silbergeplätscher.

---

[15] Zu Papusza vgl. Bogdal 2011, 472–474, hier 473.

Nur das Pferd auf der Weide
hört und versteht sein Geraune.
Doch schaut's nach ihm sich nicht um,
flieht eilends, läuft weiter,
wo niemand es ausspäht,
das Wasser, das wandert.[16]

Während sich die Fahrenden bei Minder als Marginalisierte, Verstoßene und nur zeitweilig Geduldete an den Rändern der Gesellschaft bewegen, so behalten die Zigeuner in Papuszas Gedicht ihre Würde, auch wenn sie ihre einstige Lebensform längst aufgegeben haben und sesshaft geworden sind. Es gibt sie nicht mehr, doch ihr Bild taucht aus dem Wasser wieder auf, durchscheinend, unfassbar und doch sehr klar. Das Wasser erscheint als Symbol der Fahrenden: Es lässt sich nicht fassen, sondern sprudelt in einem fort und wandert, wie einst die Zigeuner. Das Wasser birgt ihre Geschichte, und es verbirgt sie. Um diese Geschichte zu erzählen, braucht es eine kundige Übersetzerin. Diese Rolle übernimmt das lyrische Ich: Es leiht dem sprudelnden, klaren, hellen, leuchtenden Wasser seine Stimme, übersetzt das ewige Fließen in Worte und hält so die Erinnerung an die Kultur der Zigeuner wach. Die gewählte Symbolik in diesem Gedicht verweist die Zigeuner nicht auf einen marginalisierten Platz innerhalb der Mehrheitskultur. Im Gegenteil, Wasser ist Symbol des Lebens schlechthin. Papusza platziert sie damit im Zentrum des Lebens und lässt sie zugleich in ihren angestammten Lebensraum eingehen: die freie Natur. Ihre Geschichte ist auch nach der Sesshaftwerdung nicht verloren, sie lässt sich nicht unterdrücken, sondern lebt in den Elementen der Natur weiter.

Während Minder die Rede anderer wiedergibt und so zum Sprachrohr der Mehrheit über die Minderheit wird, das Schicksal der Marginalisierten wohl beklagt, sich dagegen jedoch nicht auflehnt, übernimmt Papusza die Rolle einer Übersetzerin, die stolz vom Überleben erzählt trotz Aufgabe der traditionellen Lebensform.

Ein weiterer Unterschied zeigt sich in der formalen Gestaltung. Minder schreibt sich mit seinen Gedichten in die Volksliedtradition ein, sein Gedicht mit den alternierenden drei- und vierfüßigen Jamben, den Kreuzreimen und der Gliederung in zehn Strophen ist in dieser Tradition verankert. Papusza dagegen erzählt ‚mit eigener Stimme', was sich auch im freien Metrum widerspiegelt. Ihr Gedicht ist ungereimt und die freien Verse werden nicht in Strophen gegliedert. Ihre Lieder lassen gerade in ihrer

---

[16] Übersetzung aus dem Polnischen von Karin Wolff, in: Dies. (Hg.), *Papuszas gesprochene Lieder*, Frankfurt a. d. Oder 2011, hier zit. aus dem Artikel von Waclaw Stawny, „Die Mutter der Roma-Dichtung in Polen", Deutschlandradio Kultur, 13.05.2014, in: http://www.deutschlandradiokultur.de/lyrik-papusza.974.de html?dram:article_id=279886 (15.05.2015). Die minutiös recherchierte Biografie von Angelika Kuźniak mit dem Titel *Papusza* ist 2013 auf Polnisch erschienen, bislang jedoch unübersetzt geblieben.

sprachlichen Schlichtheit ein poetologisches Konzept erkennen, in das individuelle Erinnerung und kollektive Überlieferungen wie Märchen, Legenden und Lieder eingegangen sind. Man erkennt die individuelle Handschrift einer Autorin, die sich nicht auf den Horizont von Lebenserinnerungen beschränkt.[17]

Windwurzeln, Luftwurzeln, Mutterwurzeln: Mariella Mehr

In der Literatur von Sinti, Roma und Jenischen steht zuerst häufig die Bearbeitung des Traumas vergangener Geschehnisse wie die Shoa, Kindswegnahme oder Zwangsassimilierung in Form autobiographischer Schriften: Der Übergang von diesem oftmals äußerst schmerzhaften Erinnerungsnarrativ zur Evokation subjektiver Gefühle und Wahrnehmungen zeichnet sich häufig als Wechsel von der Prosa zur Lyrik ab. Bei keiner anderen jenischen Autorin ist der Übergang so deutlich sichtbar wie bei Mariella Mehr. Fast dreißig Jahre lang beschäftigte sie sich mit den Aktenbergen über sich, ihre Familie, Freunde und Bekannte, sie alle Opfer der Aktion „Kinder der Landstraße". In Erzählungen, journalistischen Arbeiten, Essays, Romanen und in Theaterstücken hat sie das Trauma der verlorenen Herkunft und der geraubten Identität bearbeitet.[18] Gewalt zieht sich als Leitmotiv durch ihr gesamtes Werk, aus dem die Trilogie der Gewalt – *Daskind* (1995), *Brandzauber* (1998), *Angeklagt* (2002) – hervorsticht. Doch daneben ist ein reiches lyrisches Werk entstanden, in dem sie eine ganz eigene Sprache entwickelt für existenzielle Erfahrungen wie Fremdheit und Zugehörigkeit, Ausschluss und Migration. Bislang sind drei Gedichtbände erschienen: *Nachrichten aus dem Exil* (1998), *Widerwelten* (2001) und *Im Sternbild des Wolfes* (2003), zwei davon in einer zweisprachigen Ausgabe auf Deutsch und Romanes.

Kurt Marti hebt in seinem Vorwort zu *Widerwelten* Mehrs obsessive Erinnerungsarbeit hervor, hinter der sich für ihn eine mögliche Versöhnung mit dem Geschehenen und die Utopie einer besseren Zukunft abzeichnet:

> [Es wird] beschworen, insistierend obsessiv, Vergangenes, Vergessenes, Verdrängtes. Beschworen werden verstummte Ahnen, die Verfolgten, Gejagten, Getöteten. Ohne sie, ohne dass sie wieder gegenwärtig werden und uns heimsuchen, kann diese Erde, entstellt von Gewalttaten, getränkt mit Blut, niemals zu jener Heimat werden, von der wir trotz allem noch immer zu träumen wagen, für die einige sogar beharrlich arbeiten.[19]

---

[17] Vgl. dazu auch Bogdal 2011, 478.

[18] Gesammelt in: Mariella Mehr, *Kinder der Landstraße. Ein Hilfswerk, ein Theater und die Folgen*, Bern 1987.

[19] Kurt Marti, „Zum Geleit", in: Mariella Mehr, *Widerwelten. Ušalinake ljumi*. Gedichte / Gila, Klagenfurt 2001, 5.

Im Unterschied zu Minder, der für die Evokation der eigenen Herkunft keine andere Sprache zur Verfügung hat als die herrschenden Heterostereotypien, leistet Mariella Mehr Spracharbeit. Ihre Gedichte sind betont sprachschöpferisch, getragen vom Anliegen, das Geschehene und jahrzehntelang Verdrängte dem Vergessen zu entreißen. Damit dies in seiner ganzen Radikalität und in unverfälschter Form gelingen kann, muss sie allerdings eine eigene Sprache dafür schaffen. Aus dieser Sprache, dem permanenten „Widerwort"[20], entsteht ein widerständiges poetisches Universum: Emblematisch kommt dies bereits im Titel ihrer zweiten Gedichtsammlung zum Ausdruck: *Widerwelten*. Am Schluss eines Gedichtes greift sie diesen Begriff auf und lässt das lyrische Ich eine poetologische Aussage machen:

> Ich schreibe weiter, sage ich,
> trotz aller Enthäutung,
> Widerwelten, behaupte ich,
> bedürften meiner.[21]

Schreiben erscheint in diesem Konzept als Widerstand gegen das Festgefügte, Glatte. Es erfolgt aus einer oppositionellen Haltung heraus. Schreiben bedeutet permanentes ‚Anschreiben gegen', ein solches Schaffen ist schonungslos anderen aber auch sich selbst gegenüber, trotz Risiko der Selbst-„Enthäutung". Bereits in Mehrs Prosa findet sich ein deutliches Bestreben, die eigene Leidensgeschichte zu fiktionalisieren, sich von ihr loszuschreiben. In der Lyrik wird das individuelle Leiden zu einer allgemeinen Leiderfahrung transzendiert, die nicht mehr zuordenbar ist. Es werden weder Personen noch Gründe oder Ursachen für das Leiden genannt. Einzelne Wortschöpfungen enthalten aber weiterhin Hinweise auf die jenische Herkunft und die spezifische Leidensgeschichte der Jenischen in der Schweiz, ohne dass diese explizit erwähnt werden. Im Begriff „Niemandskinder"[22] schwingt im Hintergrund die einstige Pro Juventute-Aktion „Kinder der Landstraße" mit den praktizierten Kindswegnahmen und dem Verlust der Herkunft mit. Begriffe wie „Nomadenhaut"[23] oder „Vagabundenblut"[24] evozieren die jenische Zugehörigkeit, auch wenn Mehr niemals selbst auf der Landstraße unterwegs war. Auch für Mehr gilt, was Papusza in ihrem Gedicht aussagt: „Längst entschwunden sind die Zeiten / der Zigeuner, die gewandert". Wenn Papusza das Wasser von vergangenen Wanderzeiten erzählen lässt, so gibt Mehr einem lyrischen Ich das Wort. Die Erinnerung bleibt so wachgehalten, das Nomadentum bewahrt

---

20 Mehr 2001, 16.
21 Mehr 2001, 51.
22 Mehr 2001, 38.
23 Mehr 2001, 11.
24 Mehr 1998, 9.

seine Präsenz, ja, mehr noch, es hat sich in den Körper selbst eingeschrieben, wie die Komposita „Vagabundenblut“ und „Nomadenhaut“ belegen. Nomadentum und Vagabundentum sind in Haut und Blut eingegangen, sie pulsieren dort fort, unabhängig von den realen Zuständen.

Mehrs Gedichte lassen sich anhand solcher Wörter und Begriffe nicht autobiographisch entschlüsseln, die Stärke ihrer Spracharbeit liegt vielmehr darin, dass sie in den herrschenden Kulturdiskurs sprachliche Widerhaken einbringt. Das Ziel dabei ist nicht Abgrenzung, es wird kein alternatives Kulturkonzept entgegengehalten. Doch bringt Mehr kleine Verschiebungen an, wenn sie beispielsweise von „Windwurzeln“ oder „Luftwurzeln“ spricht,[25] in Abwandlung der traditionellen kulturtopographischen Wurzelmetaphorik. In Anlehnung an Homi Bhabha könnte man hierbei von „hybriden Konstruktionen“ sprechen. Es sind Begriffe oder Wörter, in denen keine (synkretistische) Mischung stattfindet, sondern die verschiedenen Teile wirken aufeinander ein, sie reflektieren und verfremden sich.[26] Ein weiterer solcher Begriff ist „Heimat“. Dieser ist bei Mehr nicht wie im nationalstaatlich geprägten Kulturkonzept des 19. Jahrhunderts an ein Territorium gebunden, sondern die Heimat ist mobil, sie kann mitgeführt werden:

Reisefertig, die Heimat im Arm,
vom roten Gewand
der Morgensonne umschlungen
bin ich vorwärtsstrebendes Licht.

Nichts hält mich zurück,
kein Ort, es sei denn der deinige,
mit Luftwurzeln der Liebe gesegnete.

[...]

Das Narrengelächter im Ohr,
wandere ich weiter und immer weiter,

die Heimat im Arm
löscht den Durst.[27]

Das lyrische Ich ist nicht an einen Ort gebunden, nur Beziehungen zu geliebten Personen schlingen „Luftwurzeln“ um sie. Diese Wurzeln halten sie jedoch nicht zurück, sondern sie geben Halt auf der Reise. Das ewige ziellose Unterwegssein ist Dauerzustand, und die mitgeführte mobile Heimat ist Lebenselixier.

---

25 Mehr 2001, 38.
26 Homi Bhabha, *The Location of Culture*, London 1994, 39.
27 Mehr 2001, 41.

In der Lyrik gelingt es Mehr, die fundamentalen biographischen Verletzungen ins Allgemeine zu transzendieren. Während ihre Prosatexte regelrechte Anklageschriften sind, so tragen ihre Gedichte nicht nur die Signatur der Versöhnung, sondern sie zeugen darüber hinaus von einer ganz neu gewonnenen Lust an der Sprache.

Fremde, die bleiben

Als ‚Fremde, die bleiben', besetzen Roma, Sinti und Jenische einen Platz sowohl inner- wie außerhalb der Mehrheitsgesellschaft. Ihr Blick bleibt fremd, die Integration ist über alle Zeiten brüchig und fragil. Damit sind sie prädestiniert, in ihrer Lyrik nicht nur das verlorene Eigene heraufzubeschwören, sondern die herrschenden Muster der Mehrheitskultur besonders klar zu sehen und deren symbolische Repräsentationen und Bilder so zu bearbeiten und ‚umzuzeichnen', dass sie zu etwas Eigenem werden. Albert Minder, Papusza (Bronislawa Wajs) und Mariella Mehr repräsentieren drei Etappen in diesem Prozess: Albert Minders Gedichte aus den 1920er-Jahren bemühen sich um Klärung der eigenen Herkunft. Sie bezeugen das Streben nach Assimilierung und sind gleichzeitig Klage über stigmatisierende Gesetze und Konventionen. Papusza (Bronislawa Wajs) dagegen evoziert in Liedern das längst verlorene freie Zigeunerleben mittels symbolisch aufgeladener Naturbilder. Frei von Klischees und überkommener Zigeunerromantik vermag sie den Fahrenden in der Sprache einen gültigen überzeitlichen Ort zu geben. Mariella Mehr schließlich gelingt im Wechsel von der Prosa zur Lyrik die Überwindung der eigenen individuellen Leidensgeschichte. Für die Darstellung existenzieller Fremdheit findet sie Sprachbilder von ganz eigener Intensität.

Bibliographie

Bhabha, Homi: *The Location of Culture*. London: Routledge 1994.

Bogdal, Klaus-Michael: *Europa erfindet die Zigeuner. Eine Geschichte von Faszination und Verachtung*. Frankfurt a. M.: Suhrkamp 2011.

Breger, Claudia: *Ortlosigkeit des Fremden. „Zigeunerinnen" und „Zigeuner" in der deutschsprachigen Literatur um 1800.* Köln/Weimar/Wien: Böhlau 1998 (= Literatur – Kultur – Geschlecht, Große Reihe Bd. 10).

Brittnacher, Hans Richard: *„Leben auf der Grenze". Klischee und Faszination des Zigeunerbildes in Literatur und Kunst.* Göttingen: Wallstein 2012.

Caduff, Corina: „Die verlorene Herkunft in den Texten von Jenischen". In: Dies. (Hg.), *Figuren des Fremden in der Schweizer Literatur.* Zürich: Limmat 1997, 175–191.

Dazzi, Guadench / Galle, Sara / Kaufmann, Andréa / Meier, Thomas: *Puur und Kessler. Sesshafte und Fahrende in Graubünden*. Hg. v. Institut für Kulturforschung Graubünden ikg. Aarau: hier und jetzt 2008.

Djurić, Rajko: *Die Literatur der Roma und Sinti*. Berlin: Edition Parabolis 2002.

Djurić Rajko, *Märchen und Lieder europäischer Sinti und Roma*. Frankfurt a. M.: Lang 1997 (= Studien zur Tsiganologie und Folkloristik, Bd. 19).

Djurić, Rajko: *Roma und Sinti im Spiegel der deutschen Literatur*. Mit einem Vorwort und Einleitungskapitel von Joachim S. Hohmann. Frankfurt a. M. u. a.: Lang 1995 (= Studien zur Tsiganologie und Folkloristik, Bd. 13).

Fontana, Benedikt: *Nomadentum und Sesshaftigkeit als psychologische und psychopathologische Verhaltensradikale: Psychisches Erbgut oder Umweltprägung*. Diss. med. Universität Bern. In: *Psychiatrica Clinica* 1/6 (1968), 340–366.

Huonker, Thomas: *Fahrendes Volk – verfolgt und verfemt. Jenische Lebensläufe*. Hg. v. der Radgenossenschaft der Landstraße. Zürich 1987.

Kanyar Becker, Helena (Hg.): *Jenische, Sinti und Roma in der Schweiz*. Basel: Schwabe 2003 (= Basler Beiträge zur Geschichtswissenschaft, Bd. 176).

Mehr, Mariella: *Das Sternbild des Wolfes*. Klagenfurt: Drava 2003 (= Edition Niemandsland).

Mehr, Mariella: *Widerwelten. Ušalinake ljumi*. Übersetzungen ins Romanes von Mišo Nikolić. Gedichte / Gila. Klagenfurt: Drava 2001 (= Edition Niemandsland).

Mehr, Mariella: „Phralalen, Pejalen Mama quante Mamera". In: Urs Walder (Hg.): *Nomaden in der Schweiz. Mit Texten von Mariella Mehr, Venanz Nobel und Willi Wottreng*. Zürich: Züst 1999, 14–17.

Mehr, Mariella: *Nachrichten aus dem Exil. Nevipe andar o exilo*. Übersetzungen ins Romanes von Rajko Djurić. Mit einem Nachwort von Marianne Pletscher. Gedichte / Gila. Klagenfurt: Drava 1998 (= Edition Niemandsland).

Mehr, Mariella: *Kinder der Landstraße. Ein Hilfswerk, ein Theater und die Folgen*. Bern: Zytglogge 1987.

Minder, Albert: *Die Korber-Chronik. Aus dem Wanderbuch eines Heimatlosen*. Zürich: Schweizer Druck- und Verlagshaus 1947 (= Neue Schweizer Bibliothek, Bd. 82).

Minder, Albert: *Der Sohn der Heimatlosen. Eine Lebensgeschichte in Gedanken und Gedichten*. Burgdorf: Volksverlag 1925.

Reinhardt, Dotschy: *Gypsy. Die Geschichte einer großen Sinti-Familie*. Frankfurt a. M.: Scherz 2008.

Siegfried, Alfred: *Kinder der Landstraße. Ein Versuch zur Sesshaftmachung von Kindern des fahrenden Volkes*. Zürich 1964.
Siegfried, Alfred: *Zwanzig Jahre Fürsorgearbeit für die Kinder des fahrenden Volkes*. Zentralsekretariat Pro Juventute. Zürich 1947.
Siegfried, Alfred: *Zehn Jahre Fürsorgearbeit unter dem fahrenden Volk*. Zentralsekretariat Pro Juventute. Zürich 1936.
Stawny, Waclaw: „Papusza. Die Mutter der Roma-Dichtung in Polen". In: *Deutschlandradio Kultur*, 13.05.2014. http://www.deutschlandradiokultur.de/lyrik-papusza.974.de.html?dram:article_id=279886 (15.05.2015).
Tebbutt, Susan: *Sinti und Roma in der deutschsprachigen Gesellschaft und Literatur*. Frankfurt a. M.: Lang 2001 (= Forschungen zur Literatur- und Kulturgeschichte, Bd. 72).
Wenger, Graziella: *Jenische Geschichten und Märchen*. 3 Bde. Basel 1990, 1991 und 1995 (Selbstverlag).
Wolff, Karin (Hrsg.): *Papuszas gesprochene Lieder*. Deutsch-polnischer Gedichtband. Frankfurt a. d. Oder: Kleist-Museum 2011 (= Poesievolle Nachbarschaft, Bd. 1).

Von Tschwirik und Tschwirka. Zum transkulturellen Potenzial von Olga Martynovas Vogelstimmen

Eva Hausbacher

Vögel haben seit jeher die Phantasie der Dichter beflügelt und gelten seit Jahrhunderten als Metapher und Symbol der Dichtkunst. Wir kennen die antike Vogelschau sowie die platonische Vorstellung vom Dichter als Vogel, der – nicht von Vernunft, sondern von Begeisterung und Ekstase geleitet – zur Wahrsagerei befähigt ist.[1] In der romantischen Dichtung ist der Vogelgesang an das Motiv des Fernwehs und der Sehnsucht geknüpft. Die historische Avantgarde vollzieht die intermediale Vereinigung von Musik und Poesie in der Metamorphose des Dichters zum Vogel.[2] Auch in der zeitgenössischen Lyrik finden wir Beispiele metapoetischer Vogelbilder, in denen die Weltenthobenheit und Entrücktheit der Vögel als Symbol der Dichtkunst auf die transgressiven Dimensionen lyrischen Sprechens verweisen: So wie sich die Vögel in die Lüfte erheben – um Friederike Mayröcker zu paraphrasieren –,[3] so ist dem Gedicht ein über die Alltagssprache Hinausgehendes inne. Das Bild der Vogelsprache umfasst demnach nicht nur die musikalisch-klangliche Ebene der Lyrik, sie ist auch die Sprache der Fliegenden, die die Welt-über-der-Welt, das Traumhafte, das ‚Andere' zu evozieren vermag.

Yoko Tawada verbindet die Vogel-Metaphorik mit der Frage des Transkulturellen. In ihrer Tübinger Poetik-Vorlesung von 1998 mit dem Titel *Verwandlungen* verknüpft sie im ersten Kapitel die Vogelstimme mit dem Problem der Fremdheit: „Wer mit einer fremden Zunge spricht, ist ein Ornithologe und ein Vogel in einer Person."[4] Der mit einer fremden Zunge sprechende Poet – so müsste wohl ergänzt werden – spricht nicht nur vogelgleich, wie im klassischen metapoetischen Bild festgehalten, sondern der Sprachwechsel und die fremde Sprachumgebung erfordern auch

---

1 Vgl. Gudrun Langer, *Kunst, Wissenschaft, Utopie*, Frankfurt a. M. 1990, 542.

2 Vgl. Henrike Schmidt, *Wortmusik, Schrifttanz, Textbilder. Intermediale Sprachkonzeptionen in der russischen Poesie des 20. Jahrhunderts*, Bochum 2002, 190.

3 Vgl. Norbert Hummelt, *Meinen Schatten wirft ein Fliederbaum*, Radiofeature zum 90. Geburtstag von Friederike Mayröcker. Prod. SWR 2014.

4 Yoko Tawada, *Verwandlungen*, Tübingen 1998, 22.

ein forschend-nachahmendes Sprechen. Es geht Tawada hier um jenes, dem transkulturellen Schreiben inhärente Verfahren, sich ein Stück weit in den Gegenstand zu ‚verwandeln', den man zugleich im Begriff ist, aus der Distanz, die der Kulturwechsel mit sich bringt, zu ‚untersuchen':

> Denn eine der wichtigsten Eigenschaften der Vögel ist, daß sie das Zwitschern anderer Vögel nachahmen. Ein Vogel, der eine menschliche Sprache nachahmend spricht, versteht weder den Inhalt noch die sogenannte Grammatik der Sprache. Auch werden Menschen nie die Vogelsprache verstehen können. Aber eine konzentrierte Nachahmung kann – wie Träume – klare Abbilder der fremden Sprache darstellen. Wenn ich deutsch spreche, komme ich mir manchmal vor wie eine Komponistin, die in einem Wald steht und versucht, die Musik der Vögel zu hören, zu notieren und nachzuahmen.[5]

Auch die russisch-deutsche Autorin Olga Martynova, die im Spannungsfeld zwischen den Literatursprachen Russisch und Deutsch schreibt, entwickelt in dem Gedichtband *O Čvirike i Čvirke* (*Von Tschwirik und Tschwirka*, russ. 2010, dt. 2012) eine Vogelsprache, mittels derer sie den ‚dritten Raum' zwischen den Kulturen sprachästhetisch auslotet. Ich möchte im Folgenden zeigen, wie die bei Tawada dargelegten transkulturellen Aspekte des poetischen Sprechens, beschrieben im Bild der Vogelstimme, als Modell der Vermittlung fremder und eigener Sprache und Welt auch bei Martynova relevant sind. Im Anschluss an einleitende Überlegungen zur Spezifik der transkulturellen Gegenwartslyrik werde ich zunächst ausgewählte Gedichte des Lyrikzyklus *O Čvirike i Čvirke* hinsichtlich ihrer sprachlichen Mittel untersuchen, ehe ich inhaltliche Merkmale in den Blick rücke, wobei der Fokus jeweils auf transkulturelle Aspekte der textuellen Verfahren gerichtet ist. Tawada koppelt das poetische Sprechen mit fremder Zunge, das exophone Sprechen, auch an das vogelgleiche Artikulieren von Unsinn und Nonsens, ein Aspekt, der in Martynovas Gedichtzyklus über Tschwirik und Tschwirka eine wichtige Rolle spielt, weil sich die Autorin (nicht nur) in diesem Werk intertextuell mit der absurden Literatur der Oberiuten,[6] der letzten Vertreter der rus-

---

5 Tawada 1998, 21.

6 Obėriu (Ob"edinenie real'nogo iskusstva, Vereinigung der realen Kunst) ist der Name jener letzten Gruppe der russischen historischen Avantgarde, die sich in den frühen 1930er Jahren einer Poetik des Absurden verschrieben hat. Zu den Mitgliedern zählen neben den Schriftstellern Daniil Charms (1905–1942), Aleksandr Vvedenskij (1904–1941), Nikolaj Olejnikov (1898–1937), Nikolaj Zabolockij (1903–1958) und Konstantin Vaginov (1899–1934) auch der Philosoph Leonid Lipavskij (1904–1941) und der Musiktheoretiker und Philosoph Jakov Druskin (1902–1980). Olga Martynova widmet den zehnteiligen Lyrikzyklus *O Vvedenskom* (*Wwedenskij*, russ. 2010, dt. 2012) einem prominenten Vertreter dieser Gruppe; auch in ihrem ersten Roman *Sogar Papageien überleben uns* (2010) spielen die Oberiuten eine zentrale Rolle: Die Protagonistin Marina macht als Literaturwis-

sischen historischen Avantgarde, verbindet. Ein Blick auf die in der russischen Avantgarde so präsente Vogelkunde sollte die Einschätzung der Vogelgedichte Olga Martynovas abrunden: Kann die bei Velimir Chlebnikov dominante Dimension einer Vogel- als Universal- und Weltsprache als ein transkulturelles Gegenmodell zu dem der Nationalsprachen verstanden werden, so bietet die Oberiutische (Vogel-)Poetik des Absurden und Infantilen eine Orientierung für die Lektüre der Tschwirik-und-Tschwirka-Gedichte, die als sinnliche, stimmhafte Sprachmusik daherkommen, keinen Inhalt brauchen und zwischen Sinn und Unsinn gleiten. Auch bei Martynova ist die von der Normalität abweichende Vogelsprache eine andere Sprache als die der Logik und der Vernunft, die „tief ins Gehör eindring[t], dabei aber unfaßbar bleib[t]",[7] ein sinnzentriertes Lesen erschwert und den Rezipienten lediglich ein kurz aufblitzendes Verständnis gönnt, das freilich gleich wieder entgleitet.

Transkulturelle Gegenwartslyrik

Andreas Blödorn beobachtet in seinem Aufsatz „Nie da sein, wo man ist. ‚Unterwegs-Sein' in der transkulturellen Gegenwartslyrik" (2006) in der deutschsprachigen Lyrik seit den 1980er Jahren die Herausbildung einer sprachbewussten und sprachreflexiven Tendenz, die in der transkulturellen Lyrik an das Motiv der Wanderschaft, des Fremd- und Umhergetriebenseins gekoppelt ist.[8] Des Weiteren beschreibt er in seiner Charakteristik der transkulturellen Lyrik vergleichbare Phänomene, wie sie auch aus der Forschung zur transkulturellen Prosa bekannt sind und mehrfach ausführlich dargelegt wurden:[9] Transkulturelle Lyrik gestaltet hybride Selbstentwürfe jenseits von Oppositionen, entwickelt vielfach Verfahren der Ungleichzeitigkeiten, räumlicher Dislozierungen und doppelter Optik.[10] Blödorn betont den Zusammenhang dieser Verfahren mit dem Sprachwechsel, den die Autoren vollziehen und führt die Charakteristik des transkulturellen Schreibens auf das diesem Wechsel innewohnende kreative Potenzial zurück: „Der ‚nicht selbstverständliche Umgang' mit der Sprache führt so zu ‚ästhetischen Innovationen', zu neuen Bildern und zu

---

senschaftlerin eine Vortragsreise durch Deutschland, wo sie über diesen Dichterkreis referiert.

7 Vgl. Tawada 1998, 7.

8 Vgl. Andreas Blödorn, „Nie da sein, wo man ist. ‚Unterwegs-Sein' in der transkulturellen Gegenwartslyrik", in: *Text + Kritik* IX (2006), 135.

9 Vgl. u. a. Elke Sturm-Trigonakis, *Global playing in der Literatur: Ein Versuch über die Neue Weltliteratur*, Würzburg 2007; Eva Hausbacher, *Poetik der Migration. Transnationale Schreibweisen in der zeitgenössischen russischen Literatur*, Tübingen 2009; Myriam Geiser, *Der Ort transkultureller Literatur in Deutschland und Frankreich*, Würzburg 2015.

10 Vgl. Blödorn 2006, 136–137.

einer neuen, entautomatisierten Wahrnehmung des durch Sprache Bezeichneten",[11] wobei sich die Begegnung mit der Fremde häufig zu einer Selbstbegegnung in der Fremde wendet.[12] Wie ebenso bereits in Studien zur transkulturellen Prosa vielfach ausgeführt, betont Blödorn, dass sich diese Poetik des perspektivischen Unterwegs-Seins nicht auf die biografische Erfahrung der Autoren reduzieren läßt.[13] Inwiefern dieser Wechsel der Perspektiven und Positionen und die den ‚Wandernden' begleitende sprachliche Verunsicherung spezifische Kennzeichen der transkulturellen (Gegenwarts-)Lyrik sind, beantwortet Blödorn allerdings nicht. Ich vertrete die These – und die folgende Auseinandersetzung mit den Texten Olga Martynovas sollte dies veranschaulichen –, dass transkulturelle Schreibstrategien wenig Gattungsspezifik aufweisen, ja transkulturelles Schreiben geradezu dazu tendiert, Gattungsgrenzen zu überschreiten bzw. aufzulösen. Über das Ziel hinaus schießen allerdings aus meiner Sicht jene Stimmen, die Transkulturalität als generelle Eigenschaft avancierter Literatur verstehen.[14] Meine bisherigen Untersuchungen zu dieser Thematik haben gezeigt, dass das Schreiben im Kontext von Migration und Kulturwechsel durchaus spezifische Sujets, aber auch spezifische ästhetische Strategien hervorbringt, die zwar in jeder Literatur aufscheinen können, tendenziell aber häufiger und expliziter innerhalb des transkulturellen Paradigmas zu beobachten sind.[15] Das innovative Potenzial transkulturellen Schreibens ist also – so meine Ausgangsüberlegung – weniger an die Gattungswahl gebunden denn an eine verfremdende Ästhetik, die aufgrund des Sprachwechsels der Autoren begünstigt wird. Wenn wir von den traditionellen Gattungsdifferenzen ausgehen, dann sind diese verfremdenden Verfahren allerdings wohl in der Lyrik offensichtlicher, wo das Spiel mit Sprache und ihrem Formeninventar gattungskonstitutiv ist.

Die transkulturelle „Sprach-Beschauung", von der Andreas Blödorn spricht,[16] ist auch kennzeichnend für das Schreiben der 1962 in Russland geborenen und seit 1991 in Deutschland lebenden Lyrikerin und Prosaautorin Olga Martynova, die bereits mit einer Reihe renommierter Literaturpreise vom Adelbert-von-Chamisso-Förderpreis 2011 bis zum Ingeborg Bachmann-Preis 2012 ausgezeichnet wurde. Das im Nachwort zur zwei-

11 Blödorn 2006, 140.

12 Vgl. Blödorn 2006, 145.

13 Vgl. Blödorn 2006, 145.

14 Eine derartige Auffassung liegt beispielsweise auch dem Beitrag von Sebastian Donat in diesem Band zugrunde, wenn er Lyrik per se als transkulturelles Phänomen beschreibt aufgrund der ihr inhärenten Intertextualität, Mehrsprachigkeit und der Versform, die meist eine Kombination von fremd- und eigenkulturellen Bestandteilen darstellt.

15 Vgl. dazu Eva Hausbacher, „Schreiben MigrantInnen anders? Überlegungen zu einer Poetik der Migration", in: Eva Binder / Birgit Mertz-Baumgartner (Hg.), *Migrationsliteraturen in Europa*, Innsbruck 2012, 169–183.

16 Vgl. Blödorn 2006, 140.

sprachigen Anthologie *Leb wohl lila Sommer. Gedichte aus Rußland* von Frank Grüner verfasste Porträt der Lyrikerin Martynova kommt allerdings ohne Verweis auf das transkulturelle Potenzial ihrer Gedichte aus:

> Ol'ga Martynova gehört zu der jüngeren Generation zeitgenössischer russischer Lyriker, deren erste Veröffentlichungen bereits in die Zeit nach dem Ende der Sowjetunion reichen. [...] Gern imaginiert sie die Stadt ihrer Kindheit und Jugend, das ehemalige Leningrad. Auch das moderne Europa in vielfältigen Facetten ist bei Martynova Gegenstand dichterischer Auseinandersetzung. In ihrem Gedicht „Zugluft Europas" klingen sozialkritische Töne an. Martynova verarbeitet verschiedene historische Stoffe, z.B. aus der germanischen und römischen Sagenwelt; in ihren Gedichten finden sich zahlreiche Bezüge zu russischen und europäischen Klassikern der Weltliteratur. Für Martynova ist eine deskriptive, metaphernreiche Sprache charakteristisch; Bilder und Motive verwendet sie mosaikartig. Ihre Lyrik gleicht einem Kaleidoskop von bunten Bildern, die in vielen Fällen dem Bereich der Natur und Alltagswelt entnommen sind. Martynovas Stil könnte man im weitesten als neoimpressionistisch bezeichnen.[17]

Dass sich allerdings ihre biographisch bedingte transkulturelle Verortung auch in ihrer Lyrik niederschlägt, wird beim Lesen ihrer Texte rasch offensichtlich. Im Essay „Eine Kuh von Rom",[18] in dem Martynova das Entstehen ihres Gedichts „Verse von Rom (3)" beschreibt, spricht sie die Verknüpfung unterschiedlicher Verstraditionen in ihrem Schreiben an:

> Im Unterschied zu vielen russischen Kollegen bin ich nicht der Meinung, dass die Poesie ohne Reim unmöglich, weil entseelt ist. Aber ich teile auch nicht die Meinung vieler deutscher Kollegen, der Reim sei überholt. Der Geist atmet, wo er will. Auch in den gereimten Gedichten. Auch in den ungereimten. [...] Meine Gedichte [...] werden in Russland oft als „Freie Verse" bezeichnet. Das heißt, dass viele Kritiker und Kollegen die Reime einfach übersehen, weil sie keinem strengen Reimschema folgen.[19]

Dieses Zitat lässt auf eine „russische Spezifik des Modernebruchs" schließen, die auch Jan Kuhlbrodt in seiner Rezension des Tschwirik-Bandes betont: Stärker als in Westeuropa wurde nämlich in der russischen Dich-

---

17 Frank Grüner, „Aktuelle Tendenzen in der russischen Gegenwartslyrik. Ein Nachwort". In: Gregor Laschen / Hans Thill (Hg.), *Leb wohl lila Sommer. Gedichte aus Rußland*, Heidelberg 2004, 187.

18 Olga Martynova, „Eine Kuh von Rom", in: Dies., *Von Tschwirik und Tschwirka*, Graz/Wien 2012, 89–92.

19 Martynova 2012, 90–92.

tung an Reim und klassischer Harmonik festgehalten.[20] Martynova verbindet – und hierin lässt sich ein erster transkultureller Aspekt ihrer Texte festmachen – beide Traditionen und überwindet dabei die jeweiligen nationalliterarisch verankerten ‚Dogmen' der Verspoetik. Für sie ist Dichtung weder hermetisch verschlossene L'art pour l'art noch bloßes Medium einer wie auch immer gearteten Botschaft. Ihre häufig selbstreflexiven und metapoetischen Gedichte sind lust- und humorvolle Sprachmusik und wortmalerisches Experiment, sie weisen aber immer auch über sich selbst als Sprachkunstwerk hinaus auf Orte, Landschaften, mythische Namen und historische Ereignisse – „sie öffnen Türen, die der Alltagssprache und dem Alltagsdenken verschlossen bleiben".[21] Formal sind Martynovas Gedichte sehr assoziativ gestrickt. Wenn Leopold Federmair Martynovas Arbeit mit Assoziationen als eine Technik beschreibt, mittels derer sie „eine Linie über den Erdball spannt",[22] die geographische und kulturelle Grenzen überwindet, so kann auch dieses transitorische Moment im Sinne einer geopoetischen Betrachtungsweise als transkulturell bezeichnet werden. Die Gedichte kombinieren – und dabei erinnern sie an das barocke Concetto – Unverbundenes und weit Auseinanderliegendes und bieten mittels Alliteration, Vokaldehnung, eigenwilliger Tempi und Reime eine Fülle klanglicher Variation. Nicht zuletzt sei auf eine weitere Besonderheit im (lyrischen) Schreiben Martynovas hingewiesen, der ein transkulturelles Potenzial inhärent ist: Im Unterschied zur Gattungskonvention ist ihre Dichtung nämlich sehr dialogisch; nie gibt es bei Martynova ein einsames Dichten, immer ist es eines im Gespräch. Dieser Dialog im lyrischen Sprechen wird teils explizit geführt, wie das beispielswiese bereits der Titel des Bandes *Rom liegt irgendwo in Russland. Zwei russische Dichterinnen im lyrischen Dialog* (2006)[23] offenlegt, teils implizit im intertextuellen Spiel mit einer stattlichen Galerie von Autoren der Literaturgeschichte von Dante, Novalis und Goethe, über Rilke, Dickinson und Mandel'štam bis zu Chlebnikov, Charms und Vvedenskij.

---

20 Vgl. Jan Kuhlbrodt, „Eine Begegnung. Die Bachmann Preisträgerin 2012 – Olga Martynova", in: *fixpoetry*, http://www.fixpoetry.com/feuilleton/kritiken/olga-martynova/von-tschwirik-und-tschwirka (18.08.2014).

21 Vgl. Roman Widder, „Ein Dialog zwischen den Sprachen – Autorenportrait der Lyrikerin Ol'ga Martynova", in: *novinki*, http://novinki.de/html/vorgestellt/Portrait _Martynova.html (18.08.2015).

22 Leopold Federmair, „Der Stafettenstab der Poesie. Zu Olga Martynova", in: *Manuskripte* 53, 201 (2013), 155.

23 Der 2006 in der Edition per procura (Wien) herausgegebene zweisprachige Band umfasst mit Elena Švarc verfasste Gedichte, die Martynova mit Elke Erb ins Deutsche übersetzt hat.

Von Tschwirik und Tschwirka

Der zweiteilige Zyklus *O Čvirike i Čvirke*, bestehend aus insgesamt 24 Gedichten, trägt den zunächst kryptisch anmutenden Untertitel „Stichi iz romana o popugajach" („Gedichte aus dem Roman über Papageien"), denn diese russischen Gedichte entstanden – so Martynova –[24] parallel zu ihrem in deutscher Sprache verfassten und 2010 bei Droschl erschienen Roman *Sogar Papageien überleben uns*. Die Gedichte stellen die lyrisch-versponnene Kehrseite des interessant gebauten Romans dar, wobei die Verbindung der beiden Werke keine offensichtliche ist und in erster Linie über die zahlreichen Federwesen, die beide Textwelten bevölkern, nachvollziehbar wird. Neben den Papageien und den vogelähnlichen Sprachwesen Tschwirik und Tschwirka in den jeweiligen Titeln spielen hier wie dort Kagus, Schwalben, Todesvögel und anderes Gefieder diverse Rollen, die in einem unmittelbaren oder weiteren Sinne immer mit der bereits eingangs angeführten Symbolhaftigkeit der Vögel zu tun haben. So ist im Roman beispielsweise die Rede von zwei Dichterinnen, einer deutschen und einer russischen, die „kleinen paradiesischen Vögeln ähneln, jeweils einem paradiesischen Spatz und einer paradiesischen Dohle".[25] Auch Yoko Tawadas Vergleich des Sprachwechlers mit einem Ornithologen spiegelt sich unmittelbar in der Romanwelt wider: Marinas „Taschentelefon" – so bezeichnet die Protagonistin ihr Handy – hat nämlich den Klingelton „Ornithology" eingestellt, der auf einer Melodie aus Charly Parkers „Bird" basiert.[26]

So wie die Gedichte selbst schwer verständlich sind, erschließt sich auch dem Leser nie gänzlich, wer Tschwirik und Tschwirka eigentlich sind, denn sie zeigen sich immer nur stückweise, „mal eine Locke, mal eine Zehe".[27] Sie sind ein Paar, das – Zugvögeln gleich – von Kontinent zu Kontinent fliegt, alles Leben beäugt, aber nicht begreifen kann. Die beiden sind Gottes Geschöpfe, vorübergehend der „Welt-hinter-der-Welt"[28] entsprungen, schwer fassbar, zwei lautmalerische Wörter und als solche Teil der Poesie. Nicht nur mit Emily Dickinson pflegt Martynova geheime Korrespondenzen,[29] intertextuelle Bezüge finden wir hier auch zu William Shakespeare, Christian Morgenstern, Ossip Mandel'štam und Anna Achmatova, zu Rainer Maria Rilke, Novalis und – ganz wichtig – zu den den Nonsens liebenden Oberiuten, die als Geburtshelfer dieser Wesen gesehen werden können. Marina, die Hauptfigur im Roman *Sogar Papageien überleben uns,* forscht über diese Dichtergruppe, was eine weitere Verbin-

---

24 Vgl. Martynova 2012, 7.

25 Olga Martynova, *Sogar Papageien überleben uns*, Wien/Graz 2010a, 113.

26 Vgl. Martynova 2010a, 116 und 121.

27 Vgl. Martynova 2012, 7.

28 Vgl. Martynova 2012, 19; „в замирный мир" (Martynova 2010, 44).

29 Vgl. das Gedicht „Pis'ma Ėmili Dikinson" („Emily Dickinsons Briefe").

dung der Gedichte mit dem Roman herstellt. Die Gedichte des Zyklus, im zweiten Teil ein Wechselgesang zwischen Tschwirik und Tschwirka, flattern im Sinne ihrer Erfinderin über alles von der Sprache, der Logik, der Wirklichkeit Vorgegebene hinaus. Sie beäugen, belauschen und prüfen die Welt. Ihre Sprache ist ganz anders als die unsere, sie malen mit Lauten und suchen nach dem Sinn der Worte, wovon ganz explizit das Gedicht „Čvirka učit slova i probuet ponjat', začem oni nužny" („Tschwirka lernt Vokabeln und versucht zu begreifen, wozu sie gut sind") handelt. Sie präsentieren Vögel wie den Kagu,[30] solche, „die sich die Achselhöhlen rasieren",[31] oder „die Eule, die Zweifel am Flug überkommt".[32] Indem Tschwirik und Tschwirka den Klang des deutschen Adjektivs ‚schwierig' und dessen Steigerung echogleich nachbilden, werden mit dem Titel schon die Dreh- und Angelpunkte der rätselhaften Gedichte, die uns hinsichtlich ihrer Inhalte und Sujets etwas ratlos machen, sichtbar: Komplexität, Humor und Klang. Jeder der Gedichttexte folgt einer Choreographie von Alliterationen, Vokaldehnungen und Sprachspielen, die der Logik des Absurden gehorchen.[33] Martynova arbeitet auch hier mit eigenwilligen Tempi, verblüffenden Kombinationen und Assoziationen. In der deutschen Ausgabe stellt Martynova dem Zyklus ein Vorwort voran, das uns Lesern das Verstehen ein wenig erleichtern soll. Dort heißt es:

> Die [zum Papageien-Roman, E. H.] parallelgeführte Unlogik hat zwei Lebewesen ins Leben gerufen: den Tschwirik und die Tschwirka. Zu sagen, wer genau sie sind, ist schwierig (trotz der Ähnlichkeit der Wörter „schwierig" und „Tschwirik" ist Tschwirik seinem russischen Klang nach etwas sehr Leichtes, leichter sogar als Tschwirka). Tschwirik und Tschwirka zeigten sich nur stückweise [...]. Sie waren ziemlich kommunikativ, aber sie konnten nicht viel mitteilen, weil unsere und ihre Sprache so grundverschieden sind, dass ich inzwischen bezweifle, ob ihre Sprache überhaupt Wörter und Sätze kennt. Während Tschwirik und Tschwirka versuchen, die Sprachen der verschiedenen Erdbewohner zu entziffern, versuchen die Gedichte, Tschwirik und Tschwirka zu begreifen. [...] Alles, was ich über sie herausfinden konnte, ist in diesem Buch.[34]

Diese wechselseitige Unübersetzbarkeit und Unverständlichkeit von Vogel- und Menschensprache wollen die Gedichte überwinden. Die Autorin selbst fungiert dabei als Dolmetscherin zwischen diesen Welten und Sprachen. Wenn ihr dafür das Wortmaterial nicht ausreicht – so lässt sich be-

---

30 Vgl. Martynova 2012, 11.

31 Vgl. Martynova 2012, 25.

32 Vgl. Martynova 2012, 46; „Сова усомнилась в полете" (Martynova 2010, 68).

33 Vgl. Natalia Shchyhlevska, „Gedichte, vom Geiste beseelt. Zum Gedichtband ‚Von Tschwirik und Tschwirka' von Olga Martynova", in: *literaturkritik.de* 1 (2013), http://www.literaturkritik.de/public/rezension.php?rez_id=17405 (09.10.2015).

34 Martynova 2012, 7–8.

haupten –, erfindet sie neues und orientiert sich dabei am Klang des Vogelgezwitschers:

> […]
> Нельзя запомнить,
> какая птица, что твердит.
> Кто говорит *твичей*,
> кто говорит *тютю*,
> а кто молчит.
> […][35]

> […]
> Man kann sich nicht merken,
> welcher Vogel, was er doziert.
> Welcher Twitschach sagt,
> welcher Tjutju,
> und wer da hält den Schnabel.
> […][36]

Sprach- und Gattungswahl

Olga Martynova gibt unterschiedliche Antworten auf die Frage, weshalb ihre Muttersprache Russisch bis heute die Sprache ihrer Lyrik geblieben ist, wohingegen sie für ihre Essays und Romane in die deutsche Sprache wechselt: Gedichte setzen eine andere Geschwindigkeit voraus, die sie auf Deutsch nicht habe, meint sie beispielsweise in dem Essay „Eine Kuh von Rom".[37] Um Reimmöglichkeiten gedanklich durchzuspielen, bedürfe es einer Schnelligkeit, die ihr im Deutschen nicht zu Gebote stehe und die für das Schreiben von Prosa auch nicht notwendig sei.[38] An anderer Stelle spricht sie davon, dass es ihr um das Auseinanderhalten der Gattungen gehe: „Ich hasse es, wenn es in einer Kritik heißt: das ist die Prosa einer Lyrikerin."[39] Die Differenzierung von Lyrik und Prosa gelinge ihr besser, wenn sie sich beider Sprachen bediene, die sprachliche Trennung begünstige so die Trennung der Gattungen. Diese Koppelung der Sprachwahl an die jeweilige Gattung – übrigens kein solitäres, sondern in der Literaturgeschichte immer wieder beobachtbares Phänomen –[40] erklärt Martynova im

---

35 Martynova 2010, 57.
36 Martynova 2012, 35.
37 Martynova 2012, 90.
38 Vgl. Martynova 2012, 90.
39 Siehe das Interview „Literatur ist dazu da, das Gedächtnis zu sensibilisieren", das Holger Heimann am 10. Juli 2012 mit Olga Martynova geführt hat.
40 Beispielsweise schufen Norditalienische Troubadoure zwischen dem 13. und dem 15. Jahrhundert lyrische Poesie auf Provenzalisch, epische Poesie auf Französisch und Rechtstexte auf Italienisch.

Vorwort zum Tschwirik-Zyklus auch mit gattungsspezifischen Eigenschaften, wonach Lyrik dem Irrationalen, Prosa hingegen der rationalen Logik zugeordnet werde. Dabei schreibt sie althergebrachte Sprachklischees fort, die dem Deutschen die Vernunft und dem Russischen das Herz und die Unvernunft zusprechen. Während des parallelen Schreibprozesses sei nämlich „alles Rationale und Logische in die Prosa [gegangen]“,[41] was sich von den im Roman verhandelten Geschichten nicht in Worte fassen ließ, ging in die Gedichte ein bzw. umgekehrt, für das, was übrig bleibe beim Gedichteschreiben – das Logische und Rationale – brauche man die Prosa. Dorothea von Törne kommentiert in ihrer Rezension dieses Phänomen folgendermaßen: „Die Leichtigkeit und Lust an Metamorphosen, die der Roman *Sogar Papageien überleben uns* (2010) mittels Logik und Ratio der Prosa nicht fassen konnte, kommt in den schnellen assoziativen Verknüpfungen der Gedichte voll zum Zuge.“[42]

Im Unterschied zu dieser Sichtweise und damit auch entgegen der Aussagen und dem poetologischen Selbstverständnis der Autorin verstehe ich Martynovas Textwelt als eine transkulturelle *métissage* von Gattungen und Sprachen. Ihre Romane sind – abgesehen davon, dass sie immer wieder Gedichte beinhalten – nicht ohne Poesie, nicht ohne die spezielle Verdichtung, die sie der Lyrik verdanken. Gleichzeitig ist in ihren klangmalerischen und bildkräftigen Gedichten immer auch ein erzählerischer Duktus der Stimme hörbar, wenn sie historische und mythologische Sujets oder selbstreflexive Überlegungen durchspielen. Diese einzigartige Verknüpfung von Lyrik und Prosa in Martynovas Schreiben korreliert mit einer sehr originellen Sprachmischung: In Martynovas sehr lyrisch gestalteter Prosa schwingt unter der deutschen Sprachoberfläche Satzbau, Melodie und Idiomatik des Russischen mit und erzeugt einen eigenwilligen neuen Sound.[43] Genauso stellen auch ihre Gedichte höchst innovative Sprachverbindungen her, wie wir im Folgenden anhand der hier analysierten Beispiele sehen werden. Olga Martynovas Beweglichkeit in verschiedenen Gattungen und Sprachen entspricht damit jener von Roy Sommer beschriebenen Modifizierung von Gattungskonventionen in der transkulturellen Literatur, für die in der Forschung häufig auf die von Clifford Geertz eingeführte Formel des *blurring of genres*[44] zurückgegriffen wird

---

41 Martynova 2012, 7.

42 Dorothea von Törne, „Gedichte, die es in sich haben, leben immer in verschiedenen Zeitaltern. Neue Lyrik von Bonné bis Martynova“, in: *Die Welt*, 04.08.2012.

43 Selbst deutschsprachige Kritiker wie Jochen Jung (2010) oder Anton Thuswaldner (2010), die des Russischen nicht mächtig sind, erkennen diese Tendenz zur *métissage* bei Martynova, wenn sie in ihren Rezensionen des Romans *Sogar Papageien überleben uns* von der im Text spürbaren Sprachleidenschaft sprechen und in ihm die Energie für eine eigenwillige neue Sprache wahrnehmen.

44 Clifford Geertz, *Blurred genres: The refiguration of social thought*, New York 1983, 19–35.

und die ein geeignetes Aktionsfeld für die Performanz von sprachlichen und kulturellen Übersetzungen darstellt.[45] Und tatsächlich lässt sich bei Martynova ein weiteres Phänomen der Mischung in der nicht mehr eindeutigen Abgrenzbarkeit von Original und Übersetzung ausmachen: Martynova überträgt, unterstützt durch die deutsche Schriftstellerin und Übersetzerin Elke Erb, ihre Gedichte selbst ins Deutsche. Genauso wie im russischen Original ihrer Lyrik andere Sprachen mitklingen – im Tschwirik-Zyklus sind es in erster Linie die italienische und die deutsche Sprache –, gibt es in den übersetzten Texten klangliche Sonanzen, die als Echo des Russischen wahrnehmbar sind. Carmine Chiellino hat dieses Phänomen bei mehrsprachigen Autoren als Sprachecho und Sprachlatenz bezeichnet.[46]

Ein sehr schönes Beispiel für eine derartige Sprachmischung im Tschwirik-Zyklus ist das Gedicht „Ptica Basanata (Stichi ob Italii)“ („Der Vogel Bassanata [Russische Dichter in Florenz]“), in welchem sich das vogelhafte Tschwirikieren mit dem Italienischen vermischt:

> […]
> Замри, Флоренция, (не) забуду
> Твоих сумасшедших старух
> И премудрых Триче,
> Им не сойтись вовек,
>
> А серые ленты
> Арно и трече-,
> Кватроче-,
> Чинквече-
> И прочее птичьеченто
> Залатали вход, Флоренция, в твой небесный чертог.[47]
>
> […]
> Stirb hin, Florenz, ich vergesse (nicht)
> Deine Greisinnen, die verrückten,
> deine hochweisen Beatrices,
> sie werden sich nimmer finden.
>
> Und die grauen Bänder
> Des Arno und des Trece-,
> des Quattroce-,
> Cinquece.

---

45 Vgl. Roy Sommer, *Fictions of migration: Ein Beitrag zur Theorie und Gattungstypologie des zeitgenössischen interkulturellen Romans in Großbritannien*, Trier 2001.

46 Vgl. Carmine Chiellino, „Der interkulturelle Roman“, in: Aglaia Blioumi (Hg.), *Migration und Interkulturalität in neueren literarischen Texten,* München 2002, 41–54.

47 Martynova 2010, 52.

Und jedes weiteren Zwitscher-ce-nto
Flickten den Eingang zu, Florenz, in dein Paradies.[48]

Viktor Bejlis bezeichnet in seinem zur russischen Ausgabe verfassten Vorwort dieses Misch-Verfahren Martynovas als „spletenie jazykov“, als ein Sprachflechten, und als ein Springen zwischen Sprachen – „pereskoki iz jayka v jayzyk“.[49] Dabei überschreiten die Wörter ihre eigenen Sprachgrenzen, was in den ersten Verszeilen des Gedichts „O tom, počemu Čvirka ne možet pomoč' popugaja“ („Warum Tschwirka den Papageien nicht helfen kann“) nicht nur gut nachvollziehbar ist, sondern geradezu metapoetisch reflektiert wird:

Дре-ль? -во? -наж?
Слова не любят продолженья –
Дре- скок в чужой язык: dreht durch! –
Неважно – все это не много значит.
[...][50]

Dre-l' (Drehbohrer)? Dre-wo (Baum)? Dre-nash (Drainage)?
Die Wörter mögen nicht enden
in die Fremdsprache, Dre-, spring! Dreh durch!
Unwichtig – das alles bedeutet nicht viel.
[...][51]

Diesen Sprachspielen eignet ein gewisser Sprachwitz, der vielfach auf einen Effekt der Entauratisierung des lyrischen Ausdrucks abzielt. Natalia Shchyhlevska beschreibt das Wechselspiel von sprachlicher Auratisierung und Entauratisierung als zentrales Kennzeichen der Sprachmischung, wie ihn Sprachwechsler produzieren, wie folgt:

> Die Sprachwechsler produzieren eine neuartige „Esoterik des Ausdrucks“ (der deutsche Leser bemerkt, dass eine Anspielung und mithin eine Sinnerweiterung vorliegt, muss aber glauben, dass deren Verständnis dem Kreis von Eingeweihten vorbehalten bleibt, der die gleiche Migrationserfahrung teilt). Das führt zu sprachlichen Vorgängen der Auratisierung, denen an anderer Stelle Entauratisierungen entgegenstehen, z.B. durch den spezifischen Sprachwitz der Mehrsprachler, der an der deutschen Sprache Denkgewohnheit-

[48] Martynvoa 2012, 29.
[49] Viktor Bejlis, „Predislovie k issledovaniju v stichach Ol'gi Martynovoj ‚O Čvirike i Čvirke'“, in: Ol'ga Martynova: *O Vvedenskom. O Čvirike i Čvirke. Issledovanija v stichach,* Moskva 2010, 27–35.
[50] Martynova 2010, 61.
[51] Martynova 2012, 40.

en aufdeckt, die gar nicht mehr bewusst und darum umso unbeirrter vollzogen werden.[52]

Abzählreime, Palindrom-Technik, wie im Gedicht „Čvirka op'janela ot zimy (2)" („Tschwirka, beschwipst vom Winter [2]") und ähnliche spachspielerische Verfahren sind es auch, die den lyrischen Texten Pathos nehmen. Die russische Literaturwissenschaftlerin Natal'ja Černych stellt Martynova aufgrund dieser Kennzeichen in die Tradition der futuristischen, genauer der Chlebnikov'schen Traum- und Sonnenpoetik,[53] wie folgende Beispiele zeigen:

[…]
бах трах ах крах
вечер ветер весел верен
ветренен весна весна
вот и красная девица
разослала разносолы
[…][54]

[…]
bach ach dach knach
omen ofen oder opel
wotan wonne monat mai
so denn ei die schöne jungfrau
appetithappen versandte
[…][55]

[…]
Мой ратный труд –
Обратный круг.
Мой родный брат –
Обратный враг.
[…][56]

[…]
Meine Müh im Heer –
Eine Kreisumkehr.

52 Natalia Shchyhlevska, „Deutsch-russische Literatur nach dem Mauerfall. Versuch einer Bestandsaufnahme", in: *literaturkritik.de* 12 (2014), http://www.literaturkritik.de/public/rezension.php?rez_id=17405 (09.10.2015).

53 Natal'ja Černych, „Umnožennyj duėt. O ‚Čvirike i Čvirke' Ol'gi Martynovoj", in: *Novaja Kamera Chranenija* 2009, http://kamenah.livejournal.com/356296.html?view=396488&style=mine#t396488 (18.08.2015).

54 Martynova 2010, 72.

55 Martynova 2012, 50.

56 Martynova 2010, 56.

Der Bruder mein
War verkehrt der Feind.
[...][57]

Abgesehen von diesen Verfahren des Sprachmischens und Sprachflechtens lassen sich in Martynovas Lyrik auch in Inhalten, Themen und Motiven der Gedichte transkulturelle Aspekte nachweisen. Offensichtlicher als im Tschwirik-Zyklus werden diese im Band *In der Zugluft Europas* (2009) verhandelt. Dort entwirft sie ein Europabild als eine zersplitterte, nicht nur irritierte, sondern seit jeher uneinige kulturelle Formation: „In der Zugluft Europas ist das epische Weiter und Weiter am Ende nicht durchzuhalten.“[58] Dabei kommt wohl auch die beschriebene Lebenssituation Martynovas zwischen zwei Ländern und mehreren Sprachen oder – um es in ihren eigenen Worten zu sagen – zwischen dem „Dürren und Seidenen der deutschen Zunge und dem Brotigen und Euterwarmen der russischen Sprache“[59] ins Spiel. Eine mit Vertrautheit gepaarte Distanz, eine Fremdheit des Blicks, die uns einen uns nahen Gegenstand durch fremde Augen wahrnehmen lässt, durchziehen ihre Lyrik. Das Ich dieser Gedichte befindet sich zumeist in einer eigenartigen Schwebe und Unentscheidbarkeit, in einem passiven Zögern und Zweifeln, einem unverständigen Staunen. Europa und Russland werden nicht als Gegensätze entworfen, es besteht beispielsweise keine Trennung zwischen den „Pariser Abflussrinnen“ und „dem schwarzen Wasser der Newa.“[60] Ein Gedicht aus dem Tschwirik-Zyklus durchbricht in ähnlicher Weise die konventionelle Entgegensetzung von Ost und West. In „Čvirik na vojne“ („Tschwirik im Krieg“) werden mittels Oxymora das Heim als fremd, der Kreis als Umkehr und West als Ost gesetzt:

Еще я не погиб
В родном-чужом краю.
Еще закат-восход
Зовет меня в поход.

Мой ратный труд –
Обратный круг.
Мой родный брат –
Обратный враг.
[...]
И будет птичий день
В родном-чуждом краю.

---

57 Martynova 2012, 34. Die zungenbrecherischen Buchstabenverdrehungen der russischen Version fehlen in der deutschen Übertragung weitgehend.

58 Olga Martynova, *In der Zugluft Europas*, Heidelberg 2009, 5.

59 Martynova, zit. nach Widder 2007.

60 Martynova, zit. nach Widder 2007.

И на закат-восход
Товарищ мой уйдет.[61]

Ich kam noch nicht um
Im fremden Daheim,
Noch beruft mich West-Ost
Zum Feldzug ein.

Meine Müh im Heer –
Eine Kreisumkehr.
Der Bruder mein
War verkehrt der Feind.
[...]
Und es kommt ein Vogeltag
Im fremden Heimatland.
Und mein Freund geht fort
Nach West und Ost.[62]

Die Metapher der Zwischenwelt, die wir aus dem transkulturellen Theoriediskurs kennen,[63] bringt Viktor Bejlis in seinem Vorwort ins Spiel, wenn er Tschwirik und Tschwirka als „mežmirnye suščestva", als Zwischenwelt-Wesen bezeichnet.[64] Diese transitorische Kondition der Vogellyrik, auch hinsichtlich ihres identitären Entwurfs, kommt beispielsweise im folgenden Gedicht zum Tragen:

Упав с велосипеда, знаешь вдруг:
между тобой и миром – плоть,
и так тонка, и так капризна,
что грубой и выносливой душе
она сплошная укоризна.
И знаешь вдруг,
что равен небу, лесу, полю,
как зеркало, что ли, ты –
тогда представишь ЗЕРКЛО,
Чьи отраженья сначала расплывчаты
[...][65]

Wenn du vom Fahrrad fällst, weißt du auf einmal,
zwischen dir und der Welt ist das Fleisch,
das so fein ist, so kapriziös,
dass es der groben und abgehärteten Seele

61 Martynova 2010, 56.
62 Martynova 2012, 34.
63 Vgl. die Konzeptionen des *third space* bei Homi Bhabha in *The Location of Culture*, London/New York 1994.
64 Bejlis 2010, 27–35.
65 Martynova 2010, 48.

ein einziger Vorwurf ist.
Und weißt auf einmal,
dass du dem Himmel gleich bist, dem Wald, dem Feld,
wie ein Spiegel etwa – dann denkst du: Ein SPILG,
wo die Spiegelbilder zuerst verschwommen sind
[...][66]

Das „ЗЕРКЛО" („SPILG") der vorletzten Verszeile kann neuerlich als entauratisierendes Sprachspiel bewertet werden, das der Nonsenshaftigkeit dieses Zyklus zuarbeitet. „Послушай, из логики слов меня вывези" („Hör, hilf mir heraus aus der Logik der Wörter"),[67] heißt es im ersten Gedicht aus dem Zyklus *O Vvedenskom* (*Wwedenskij*). Für dieses Heraustreten aus der Logik der Wörter sorgen Tschwirik und Tschwirka, die – so heißt es im sechsten Gedicht – die Laute bestimmten, ohne etwas zu wissen oder zu bedeuten.[68] Dieses Freisein von Sinn und Bedeutung meint für Martynova aber nicht Unsinnigkeit oder Bedeutungslosigkeit, denn „die Kunst [kann]", so schreibt sie, „wie absurd und unlogisch sie auch scheinen mag, eine hundertprozentige Sinnlosigkeit – im Unterschied zum Leben – nie erreichen [...], wie sehr sie auch darauf aus ist".[69]

Die Kategorie der Exophonie, das Heraustreten der Stimme aus der Schrift, das in der kulturwissenschaftlichen Forschung seit den 1990er Jahren zur Beschreibung des Phänomens, wenn Schriftsteller nicht in ihrer Erst- oder Muttersprache schreiben, verwendet wird und in der Beschreibung transkultureller Literatur zum Einsatz kommt,[70] bietet eine interessante Perspektive auf die Korrelation von Gattungs- und Sprachwahl, wie wir sie im Werk Olga Martynovas beobachten können. Dass sie die stimmlich dominierte Muttersprache dem lyrischen Schreiben vorbehält, würde sich aus der im Konzept der Exophonie inhärenten Differenz von Mutter- und Schriftsprache erklären, wohingegen die an den Erzähltext gebundene Schriftsprache die neue, Zweit- oder Ankunftssprache ist. Olga Martynova ist auch insofern eine Repräsentantin zeitgenössischer exophoner Literatur, als dieser auch eine kulturkritische Position inhärent ist, wenn sie

> [...] unter den Gegebenheiten der Heteronomie von Kultur und Gesellschaft, das Dilemma der Aneignung und der daraus abgeleiteten, gewaltsam durchgesetzten Machtansprüche dadurch zu umgehen sucht, dass sie Eigenes und Fremdes, Gegenwärtiges und Vergangenes, räumlich und zeitlich weit voneinander Entferntes,

66 Martynova 2012, 24.
67 Martynova 2010, 16 bzw. Martynova 2012, 55.
68 Vgl. Martynova 2012, 22; „Я думаю о Чвирике и Чвирке / Они уже тогда определяли звуки, / Не зная ничего, не значна." (Martynova 2010, 46).
69 Martynova 2012, 8.
70 Vgl. Susan Arndt / Dirk Naguschewski / Robert Stockhammer (Hg.), *Exophonie: Anderssprachigkeit (in) der Literatur*, Berlin 2007.

> Lebendes und Totes, die Sprache der Dinge und die der Menschen gleichzeitig vernehmbar macht.[71]

Martynova bewegt sich im Gemengelage mehrerer Sprachen und Kulturen exophon in dem Sinne, dass in ihren Texten die gängigen, hierarchisch geprägten Formen kultureller Aneignung außer Kraft gesetzt sind. Ein derartig exophones Sprechen hat in seiner reflexiven Dimension auch kulturkritisches Potenzial: Wie gehe ich mit den ‚fremden' Stimmen, mit den ‚anderen' Welten, in und von denen die Texte sprechen, um?

Ptičij jazyk – Vogellyrik transkulturell

Wie bereits erwähnt, hat Olga Martynova beim Schreiben des Papageien-Romans gleichsam automatisch die Tschwirik-Gedichte gemacht, um Dimensionen der erzählten Welt, die sich prosasprachlich nicht fassen lassen, dort zu verorten. Die Problematik des Nicht-Sagbaren bzw. der Nicht-Abbildbarkeit ist bereits in der historischen Avantgarde an das Motiv der Vogelstimme gebunden.[72] Damit verbunden war das Bestreben dieser Autoren, eine nicht nach den Grundsätzen der Konventionalität und Arbitrarität gedachte Sprache zu entwickeln, die nach anderen Kriterien als denen der Referentialität funktioniert, um damit das Denken zu befreien und ein neues Sehen zu ermöglichen. Neben Aleksej Kručenychs *Zaum-Sprache* und Aleksandr Tufanovs *Phonischer Sprache* zählt Velimir Chlebnikovs Konzept einer Sternen- bzw. Universalsprache zu den prominentesten Beispielen. In seinen Bestrebungen der Erschaffung einer die engen Grenzen der Nationalsprachen überwindenden Weltsprache bieten die Vogelstimmen eine Variante einer neuen poetischen Sprache. Sie verweisen auf die vorrationale Naturerscheinung Sprache und ein frühes Stadium des Autors, der im wörtlichen und im übertragenen Sinne Ornithologe, Vogel- und Sprachkundler ist. In seiner Jugend- und Studienzeit in Kazan' hat Chlebnikov die Vogelwelt des Ural erforscht, ausführliche Aufzeichnungen der Vogelstimmen angefertigt und in ornithologischen Fachzeitschriften mehrfach publiziert.[73] In einigen wichtigen literarischen

---

[71] Christine Ivanovic, „Exophonie und Kulturanalyse. Tawadas Transformationen Benjamins", in: Dies. (Hg.), *Yoko Tawada. Poetik der Transformation. Beiträge zum Gesamtwerk*, Tübingen 2010, 205.

[72] Zur russischen Avantgarde siehe Gudrun Langer, *Kunst, Wissenschaft, Utopie: die „Überwindung der Kulturkrise" bei V. Ivanov, A. Blok, A. Belyj und V. Chlebnikov*, Frankfurt a. M., 1990; Julia Kursell, *Schallkunst. Eine Literaturgeschichte der Musik in der frühen russischen Avantgarde*, München 2003; Henrike Schmidt, *Wortmusik, Schrifttanz, Textbilder. Intermediale Sprachkonzeptionen in der russischen Poesie des 20. Jahrhunderts*, Bochum 2002.

[73] Vgl. Kursell 2003, 303.

Werken, beispielsweise in der ‚sverchpovest'[74] *Zangezi* (1922), verwendet er diese Niederschriften, die lautmalerisch den Vogelgesang nachahmen, weiter. Insofern ist – wie Julia Kursell in ihrer Studie *Schallkunst* sehr ausführlich darlegt – Chlebnikovs Vogelsprache einzigartig, denn im Gegensatz zu seinen Nachfolgern, den Oberiuten oder den Dadaisten im deutschen Sprachraum, bezieht er sich auf tatsächliche Vogelrufe.[75] Die Oberiuten überführen schließlich die Vogelsprache zum Kindervers, in dem es nicht mehr auf die Unterscheidungen zwischen tatsächlicher Akustik und Fiktion ankommt.[76] Olga Martynovas Vogelpoetik verbindet beide Stränge der historischen Avantgarde: Die Chlebnikov'schen, stark onomatopoetischen Vogellaute, die als Sprachrohr des Astralen und Elementaren funktionieren, finden wir in ihren Gedichten ebenso wie jene, die der Poetik des Infantilen und Nonsenshaften zuzurechnen sind. Dass Martynovas literarische Vogelliebe unter transkulturellen Vorzeichen deutbar ist, macht nicht nur der Verweis auf die transnationale Dimension der Vogel- als Weltsprache deutlich; die Vogelstimmen zeigen auch, wie im Prozess des poetischen Schreibens das Andere in der eigenen Stimme evozierbar wird. Jan Kuhlbrodt beschreibt in seiner Rezension des Tschwirik-Bandes diesen Prozess wie folgt:

> Martynovas Buch sei jedem empfohlen, weil die sich gegenseitig beleuchtenden Kulturen darin und durch die Autorin hindurch etwas geschehen lassen, was man als unbeschreibliches Drittes in der Lektüre selbst erfahren sollte.[77]

Im letzten Gedicht des Zyklus verabschieden sich Tschwirik und Tschwirka mit einem Blick auf das Werk ihrer kapriolenschlagenden Imagination wieder von dieser Welt:

> Земную жизнь задумал Чвирик.
> И что сказать? Она ему, пожалуй, удалась.
>
> Но Чвирка так ему сказала:
> – Я вяну здесь,
> Давай вернемся.
>
> И Чвирик Чвирку пожалел.[78]

---

[74] Eine ‚sverchpovest' ist eine von Chlebnikov entwickelte Gattung zwischen Langgedicht und Drama.

[75] Vgl. Kursell 2003, 325.

[76] Vgl. Kursell 2003, 325 sowie Irina N. Antanasievič, „Pticy v tvorčestve Vvedenskogo", in: http://www.portal-credo.ru/site/?act=lib&id=2422 (20.01.2016).

[77] Jan Kuhlbrodt, „Eine Begegnung. Die Bachmann Preisträgerin 2012 – Olga Martynova", in: *fixpoetry*, http://www.fixpoetry.com/feuilleton/kritiken/olga-martynova/von-tschwirik-und-tschwirka (18.08.2014).

[78] Martynova 2010, 73.

Tschwirik erdachte das Erdengeschick.
Was wäre dazu zu sagen? Es scheint ihm gelungen.

Aber Tschwirka sagte zu ihm:
„Ich werde hier welk.
Komm, wir kehren zurück.“

Und Tschwirik erbarmte sich ihrer.[79]

Die Erde ist also kein dauerhafter Aufenthaltsort für diese Luftgeister. Doch ihre Verse bleiben in der Welt, geist- und lustvolle Sprachkunst, in der – auch im transkulturellen Sinne – Unverbundenes verbunden, ästhetisch Ungekanntes entdeckt wird. Die Vogelstimmen sind dabei die Einflugschneisen, entlang derer wir nachvollziehen können, wie im lyrisch-kreativen Prozess des poetischen Schreibens das Andere – als das Unsagbare, als das Unlogische und als das sprachlich und kulturell Andere – in der eigenen Stimme hörbar wird. Der vogelgleichen Sprache der Poesie kommt im transkulturellen Diskurs die Aufgabe zu, jene anderen Räume aufzutun, die in der Alltagssprache und im Alltagsdenken – insbesondere solange es im monolingualen Kontext verharrt – verschlossen bleiben. Auch wenn diese Räume in einer Welt des Paradoxons und Unsinns verortet sind, fordern sie uns Leser heraus, sie wahrzunehmen, zu sehen, zu staunen, ohne alles zu verstehen, genauso wie es Tschwirik und Tschwirka und damit ihre Gedichte mit unserer Welt tun.

Bibliographie

Arndt, Susan / Naguschewski, Dirk / Stockhammer, Robert (Hg.): *Exophonie: Anderssprachigkeit (in) der Literatur.* Berlin: Kadmos 2007.

Antanasievič, Irina N.: „Pticy v tvorčestve Vvedenskogo“. In: http://www.portal-credo.ru/site/?act=lib&id=2422 (20.01.2016).

Bejlis, Viktor: „Predislovie k issledovaniju v stichach Ol'gi Martynovoj ‚O Čvirike i Čvirke‘“. In: Ol'ga Martynova: *O Vvedenskom. O Čvirike i Čvirke. Issledovanija v stichach*. Moskva: Russkij Gulliver 2010, 27–35.

Bhabha, Homi K.: *The Location of Culture*. London/New York: Routledge 1994.

Blödorn, Andreas: „Nie da sein, wo man ist. ‚Unterwegs-Sein‘ in der transkulturellen Gegenwartslyrik“. In: *Literatur und Migration. Text + Kritik*, Sonderband IX (2006), 134–147.

Černych, Natal'ja: „Umnožennyj duėt. O ‚Čvirike i Čvirke‘ Ol'gi Martynovoj“. In: *Novaja Kamera Chranenija* 2009, http://kamenah.live

[79] Martynova 2012, 51.

journal.com/356296.html?view=396488&style=mine#t396488 (18.08.2015).

Chiellino, Carmine: „Der interkulturelle Roman“. In: Aglaia Blioumi (Hg.): *Migration und Interkulturalität in neueren literarischen Texten.* München: Iudicum 2002, 41–54.

Federmair, Leopold: „Der Stafettenstab der Poesie. Zu Olga Martynova“. In: *Manuskripte* 53, 201 (2013), 154–159.

Geiser, Myriam: *Der Ort transkultureller Literatur in Deutschland und Frankreich.* Würzburg: Königshausen & Neumann, 2015.

Geertz, Clifford: „Blurred genres: The refiguration of social thought“. In: Ders.: *Local knowledge: Further essays in interpretive anthropology.* New York: Basic Books 1983, 19–35.

Grüner, Frank. „Aktuelle Tendenzen in der russischen Gegenwartslyrik. Ein Nachwort“. In: Gregor Laschen / Hans Thill (Hg.): *Leb wohl lila Sommer. Gedichte aus Rußland.* Heidelberg: Wunderhorn 2004, 186–190.

Hartwig, Ina: „‚Hände hoch‘ oder wir bleiben! Die Lyrikerin Olga Martynova wird für ihren Debütroman ‚Sogar Papageien überleben uns‘ ausgezeichnet“. In: *Chamisso: Viele Kulturen, eine Sprache* 5 (2011), 10–13.

Hausbacher, Eva: *Poetik der Migration. Transnationale Schreibweisen in der zeitgenössischen russischen Literatur.* Tübingen: Stauffenburg 2009.

Hausbacher, Eva: „Schreiben MigrantInnen anders? Überlegungen zu einer Poetik der Migration. In: Eva Binder / Birgit Mertz-Baumgartner (Hg.): *Migrationsliteraturen in Europa.* Innsbruck: innsbruck university press 2012, 169–183.

Heimann, Holger: „Literatur ist dazu da, das Gedächtnis zu sensibilisieren. Olga Martynova im Interview vom 10. Juli 2012“. In: http://www.boersenblatt.net/541621/ (26.03.2014).

Hummelt, Norbert: „Meinen Schatten wirft ein Fliederbaum“. Radiofeature zum 90. Geburtstag von Friederike Mayröcker. Prod. SWR 2014.

Ivanovic, Christine: „Exophonie und Kulturanalyse. Tawadas Transformationen Benjamins“. In: Dies. (Hg.): *Yoko Tawada. Poetik der Transformation. Beiträge zum Gesamtwerk.* Tübingen: Stauffenburg 2010, 171–206.

Jung, Jochen: „Ach, du grause Zeit. Deutsch-russische Spielerein: Olga Martynova und ihr Roman ‚Sogar Papageien überleben uns‘“. In: *Der Tagesspiegel*, 02.05.2010. In: http://www.tagesspiegel.de/kultur/literatur/olga-martynova-ach-du-grause-zeit/1812752.html (02.04.2014).

Jung, Jochen: „Laudatio auf Olga Martynova. Adelbert von Chamisso-Preis 2011“, http://www.bosch-stiftung.de/content/language1/downloads/Laudatio_Olga_Martynova.pdf (02.04.2014).

Kuhlbrodt, Jan: „Eine Begegnung. Die Bachmann Preisträgerin 2012 – Olga Martynova“. In: http://www.fixpoetry.com/feuilleton/kritiken/olga-martynova/von-tschwirik-und-tschwirka (18.08.2014).

Kursell, Julia: *Schallkunst. Eine Literaturgeschichte der Musik in der frühen russischen Avantgarde*. München: Sagner 2003 (=Wiener Slawistischer Almanach, Sonderband 61).
Langer, Gudrun: *Kunst, Wissenschaft, Utopie: die „Überwindung der Kulturkrise" bei V. Ivanov, A. Blok, A. Belyj und V. Chlebnikov*. Frankfurt a. M.: Klostermann 1990.
Lughofer, Johann Georg: „Exophonie. Literarisches Schreiben in anderen Sprachen. Eine Einordnung". In: Ders. (Hg.): *Exophonie. Broschüre zum Symposium „Exophonie. Schreiben in anderen Sprachen / Eksofonija. Pisanje y drugih jezikih"* 23.10.2010, 3–6, http://www.goethe.de/ins/si/pro/10j/publikationen/Exo-01-04-web.pdf (18.08. 2015).
Martynova, Olga: *In der Zugluft Europas. Gedichte*. Übersetzt von Gerhardt Czejka, Elke Erb, Sylvia Geist, Sabine Küchler, Gregor Laschen, Olga Martynova, Hans Thill und Ernest Wichner. Heidelberg: Wunderhorn 2009.
Martynova, Ol'ga: *O Vvedenskom. O Čvirike i Čvirke. Issledovanija v stichach*. Moskva: Russkij Gulliver 2010.
Martynova, Olga. *Sogar Papageien überleben uns. Roman*. Graz/Wien: Droschl 2010a.
Martynova, Olga. *Von Tschwirik und Tschwirka. Gedichte*. Aus dem Russischen von Elke Erb und Olga Martynova. Graz/Wien: Droschl 2012.
Polukhina, Valentina / Daniel Weissbort (Hg.): *An anthology of contemporary Russian women poets*. Iowa: University of Iowa Press 2005.
Schmidt, Henrike: *Wortmusik, Schrifttanz, Textbilder. Intermediale Sprachkonzeptionen in der russischen Poesie des 20. Jahrhunderts*. Dissertation an der Ruhr-Universität Bochum 2002, http://www-brs.ub.ruhr-uni-bochum.de/netahtml/HSS/Diss/SchmidtHenrike/diss.pdf (19.08.2015).
Shchyhlevska, Natalia: „Gedichte, vom Geiste beseelt. Zum Gedichtband ‚Von Tschwirik und Tschwirka' von Olga Martynova". In: *literaturkritik.de* 1 (2013), http://www.literaturkritik.de/public/rezension.php?rez_id=17405 (09.10.2015).
Shchyhlevska, Natalia: „Deutsch-russische Literatur nach dem Mauerfall. Versuch einer Bestandsaufnahme". In: *literaturkritik.de* 12 (2014), http://www.literaturkritik.de/public/rezension.php?rez_id=20072 (18.08.2015)
Sommer, Roy: *Fictions of migration: Ein Beitrag zur Theorie und Gattungstypologie des zeitgenössischen interkulturellen Romans in Großbritannien*. Trier: WVT 2001.
Sturm-Trigonakis, Elke: *Global playing in der Literatur: Ein Versuch über die Neue Weltliteratur*. Würzburg: Könighausen & Neumann 2007.
Šubinskij, Valerij: „Ol'ge Martynovoj". In: *Vozduch* 2 (2006), 5–7.
Tawada, Yoko: *Verwandlungen. Tübinger Poetik-Vorlesungen*. Tübingen: Konkursbuchverlag 1998.

Thuswaldner, Anton: „Auftritt neuer Namen“. In: *Salzburger Nachrichten*, 04.09.2010, http://search.salzburg.com/articles/12831518 (25.08. 2015).

Tröger, Beate: „Olga Martynova: Von Tschwirik und Tschwirika. Botschaften aus Wolkenkuckkucksheim“. In: *FAZ*, 13.07.2012, http://www.faz.net/aktuell/feuilleton/buecher/rezensionen/belletristik/olga-martynova-von-tschwirik-und-tschwirka-botschaften-aus-wolkenkuckucksheim-11819356.html (02.04.2014).

von Matt, Beatrice: „Zwitschernde Poesie. ‚Von Tschwirik und Tschwirka‘ von Olga Martynova“. In: *NZZ*, 03.01.2013, http://www.nzz.ch/feuilleton/buecher/zwitschernde-poesie-1.17917860 (18.08.2015).

von Törne, Dorothea: „Gedichte, die es in sich haben, leben immer in verschiedenen Zeitaltern. Neue Lyrik von Bonné bis Martynova“. In: *Die Welt*, 04.08.2012, http://www.welt.de/108476831 (18.08.2015).

Widder, Roman: „Ein Dialog zwischen den Sprachen – Autorenportrait der Lyrikerin Ol'ga Martynova“. In: *novinki.de* 2007, http://novinki.de/html/vorgestellt/Portrait_Martynova.html (18.08.2015).

Transversal Threads. Nomadism and Transculturation in the Poetry of Cecilia Vicuña

Julio Prieto

In this essay I focus on the practice of territorial crossing in the work of Chilean poet and visual artist Cecilia Vicuña. I am interested in examining how, out of a highly nomadic poetics that involves multiple transcultural, transmedial and transdisciplinary crossings, there emerge world visions that position poetry in the present. My analysis will trace the ways in which this author's specific practice of transculturation addresses contemporary issues such as neoliberal globalization, mass migratory movements, economic and ecologic crisis and the acceleration of communication and circulation of knowledge in the digital era.

Cecilia Vicuña's poetry is characterized by an intense nomadism between textual, visual and performative practices. Beyond poetry collections in the traditional sense (i. e., in the form of printed books), the transversal threads of her work cover a broad spectrum of visual and textual experiments that include performances and installations, visual poetry, happenings, land and street art, painting and sculpture, textiles, film and photography. As to this broad range of practices it should be emphasized that they are not conceived as isolated or parallel endeavours: rather they form a highly organic corpus which coheres by way of the singular poetic vision that permeates them. Vicuña's poetry may be described as a puncturing of established practices and discourses that produces in-between spaces. A poignant exploration of the word and of the world at the intersections of writing, performance, sound and vision, as well as across different disciplines and cultural traditions, is thus enabled. As she states in her poem "Purmamarca", "the poem is not speech, nor is it on the earth, nor on paper, but in the crossing and union of the three in the place that is not"[1]. In that sense, Vicuña concurs with Uruguayan poet and literary critic Eduardo Milán's vision of modern poetry as intrinsically "exi-

---

1 Cecilia Vicuña, *QUIPOem / The Precarious: The Art and Poetry of Cecilia Vicuña*, Hannover/London 1997, 92.

lic".[2] What she often describes as "lyric space" is thus conceived and practiced as a cultural and discursive shortcircuit through which the intertwined cognitive, poetic and politic potentialities of the word are brought to the foreground.

If we were to single out an emblem for Vicuña's poetry, that might very well be the *huaca purpur*, the "travelling dune" to which she dedicates a poem included in her book *El Templo* (*The Temple*), published in New York in 2001. In the afterword to her anthology *Soy yos* (*I am I's*) she describes this Quechua notion as follows: "*Huaca purpur*: a huge form-changing travelling dune that moves as a sign through the desert of the Virú Valley in the northern coast of Perú".[3] The reference here to Andean geography and cultural space under the sign of mobility is symptomatic, as it points to an operation that distinguishes Vicuña's poetry as well as the performances and artistic interventions – what she calls *precarios* – that she has been creating since the 1960s: an engagement with the indigenous cultures of America, and in particular with Andean culture, that goes beyond the recuperation of a lost origin or the affirmation of a "root-identity" ("*identité-racine*"), to borrow Antillean writer and cultural theorist Édouard Glissant's key notion.[4] Avoiding the usual operations of exoticism and nationalism – all too common ways of dealing with indigenous cultures in Latin America –, Vicuña's poetry rather explores their relationality with other cultural spaces and traditions, as a way of activating marginalized languages and knowledges that are creatively projected into the present and prospectively toward the imagination of future 'origins'.

In that sense her poetry dovetails with recent developments in literary and cultural theory such as Jahan Ramazani's postcolonialist approach to the lyric in his study of "transnational poetics",[5] and Ottmar Ette's theorization of "transarea studies"[6] and transcultural "ZusammenLebensWissen",[7] whose insights are central to my reading. In my analysis of Vicuña's poetry as transcultural practice I depart then from the territorializing inflections of transculturation in the tradition of Latin Americanist

---

[2] Eduardo Milán, *En la crecida de la crisis: ensayos sobre poesía latinoamericana*, Quito 2013, 345–369.

[3] "*Huaca purpur*: una inmensa duna cambiante y viajera que se desplaza como un signo por el desierto del valle Virú en la costa norte del Perú." Cecilia Vicuña, *Soy yos*, Santiago 2010, 144. Unless otherwise indicated, all translations into English are mine – J. P.

[4] Édouard Glissant, *Poétique de la Relation*, Paris 1990, 158.

[5] Jahan Ramazani, *A Transnational Poetics*, Chicago/London 2009.

[6] Ottmar Ette, *TransArea. Eine literarische Globalisierungsgeschichte*, Berlin/Boston 2012.

[7] Ottmar Ette, *ZusammenLebensWissen: List, Last und Lust literarischer Konvivenz im globalen Maßstab*, Berlin 2010.

critical discourse,[8] and move toward a non-identitarian understanding of the notion that owes as much to Deleuze and Guattari's reflection on "nomad affects"[9] as to Antonio Cornejo Polar's concept of the "migrant subject"[10].

The frequent crossings in Vicuña's work between Western poetry, contemporary art[11] and Indoamerican poetic practices entail a very specific political gesture. As remarked by Jerome Rothenberg, the North American poet and pioneer proponent of 'ethnopoetry' with whom Vicuña

---

8 The notion of 'transculturation' was coined by Cuban anthropologist Fernando Ortiz in his seminal *Contrapunteo cubano del tabaco y el azúcar* (1940) and later taken up by Uruguayan literary critic Ángel Rama in his influential *Transculturación narrativa en América Latina* (1989), where he proposes it as a distinctive feature of Latin American cultural and specifically literary production. As several critics have pointed out, Ortiz' notion of transculturation, even if originally conceived as an attempt to debunk the ethnocentric notion of 'acculturation' predominant at the time in European and North American anthropology, tends to overlook key imbalances of power in its understanding of Latin American culture and society (Silvia Spitta, *Between Two Waters: Narratives of Transculturation in Latin America*, Houston 1995, 6; Carlos Alonso, *The Burden of Modernity: The Rethoric of Cultural Discourse in Spanish America*, New York 1998, 27–28). For a critique of this notion as a cornerstone of the hegemonic discourses of the modern State in Latin America see John Beverley, *Subalternity and Representation: Arguments in Cultural Theory*, Durham 1999, 41–64; and Gareth Williams, *The Other Side of the Popular: Neoliberalism and Subalternity in Latin America*, Durham 2002, 23–70). See also Friedhelm Schmidt-Welle (ed.), *Multiculturalismo, transculturación, heterogeneidad, poscolonialismo. Hacia una crítica de la interculturalidad*, Mexico 2011 for a useful discussion of transculturation in the context of Latin American intellectual traditions and discourses on intercultural dynamics. On the Latin Americanist critical tradition see Santiago Castro-Gómez / Eduardo Mendieta (eds), *Teorías sin disciplina: latinoamericanismo, poscolonialidad y globalización en debate*, Mexico 1998 and Román de la Campa, *Latin Americanism*, Minneapolis 1999. For a productive redeployment of the concept in the field of Latin American literary criticism, albeit circumscribed like Rama's study to the analysis of narrative, see Spitta, who offers the following definition of 'transculturation': "[...] the complex processes of adjustment and re-creation – cultural, literary, linguistic, and personal – that allow for new, vital and viable configurations to arise out of the clash of cultures and the violence of colonial and neo-colonial appropriations" (Spitta 1995, 2).

9 Gilles Deleuze / Felix Guattari, *A Thousand Plateaus: Capitalism and Schizophrenia*, Paris 1987, 351–424.

10 Antonio Cornejo Polar, "Una heterogeneidad no dialéctica: sujeto y discurso migrantes en el Perú moderno", in: *Iberoamericana* LXII.176–177 (1996), 837–844.

11 On the connections of Vicuña's poetry and artwork with various contemporary art movements see Soledad Bianchi, "Pasaron desde aquel ayer ya tantos años, o acerca de Cecilia Vicuña y la Tribu No", in: *Hispamérica* 17.51 (1988), 87–94 and Catherine de Zegher, "*Ouvrage*: Knot a Not, Notes as Knots", in: Catherine de Zegher (ed.), *The Precarious: The Art and Poetry of Cecilia Vicuña / QUIPOem*, Hannover/London 1997, 17–45.

collaborated in several projects, the political meaning of a transcultural project such as ethnopoetry lies not so much in the recovery and preservation of marginalized practices and traditions as in their rearticulation in the context of contemporary technological and social transformations – in other words, in their contribution to imagining alternative ways of life and sociability.[12] In his essay "Ethnopoetics and Politics", Rothenberg claims:

> More important than the defense of a particular system seems to us the contribution of the 'primitive' (the traditional tribal) to whatever world we may yet hope to bring about. [...] Any language poetry (language-centered poetry) among us would, it seems to me, be advanced by a hightened awareness of the ways in which language (as our principal cultural-bearing instrument) shapes reality in divergent times and places.[13]

In Vicuña's poetry a place is usually meaningful because of the way it relates to other places. Her motto could be these lines from her poem "La Wiq'uña", included in her eponymous poetry-collection *La Wiq'uña*: "Mover el pelo / al norte y al sur" ("To move the hair / to the north and to the south").[14] It is a central operation of this poetry: to move against the grain ("a contrapelo") of the cultural imaginaries of the North and the South, questioning them as static and self-sufficient entities. As Walter Benjamin observed in his *Passagen-Werk,* "the decisive in art is: to brush the world against the grain" ("Wie in der Kunst das entscheidende ist: Natur gegen den Strich bürsten.").[15] This critique of territorializing discourses and ideologies of the place is linked, however, to a very specific positioning of poetry. We do not find here the indefinite shifting of location, where everything is more or less interchangeable – thus perpetuating the logic of the global market – that is typical of many postmodern discourses, but rather a very specific way of inscribing the social and geopolitical

---

12 Rothenberg introduced the notion of ethnopoetry in the Preface to *Technicians of the Sacred* (1968), his celebrated anthology of the lyric traditions of Africa, America, Asia, Europe and Oceania. Several critics relate Vicuña's work to this notion: see Iván Carrasco, "Las voces étnicas en la poesía chilena actual", in: *Revista chilena de literatura* 47 (1995), 57–70 and Gloria Gálvez-Carlisle, "La Wiq'uña: locus etnopoético y dimensión femenina", in: Lilianet Brintrup / Juan Armando Epple / Carmen de Mora (eds.), *La poesía hispánica de los Estados Unidos: aproximaciones críticas*, Sevilla 2001, 123–131.

13 Jerome Rothenberg, "Ethnopoetics und Politics / The Politics of Ethnopoetry", in: Charles Bernstein (ed.), *The Politics of Poetic Form: Poetry and Public Policy,* New York 1990, 9–12.

14 Cecilia Vicuña, *La Wiq'uña,* Santiago 1990. The title of the book plays on the homonymy of the author's last name and the Spanish name for the Andean wild camelid (*vicuña*), which plays an important role in the culture of the indigenous peoples of the Andes on account of its extremely fine wool and its symbology as a sacred creature (hence its rendering by Vicuña in Quechua-like characters).

15 Walter Benjamin, *Das Passagen-Werk*, Frankfurt a. M. 1991, 1011.

asymmetries that historically determine the relations between peoples, languages and cultures.

In that sense it is interesting to see how this poetics of transcultural counterpoint is deployed in the final poems of *La Wiq'uña*: "Selvaje matar" ("Wild/Jungle Killing"), "Yaguareté" ("Jaguar"), "Guanambi Tominejo El último colibrí" ("The Last Hummingbird") and "Ba surame" ("Go Love South/Trash Me"). These poems articulate an ecological and sociopolitical critique through a system of swift jumps across geographically and culturally remote spaces and traditions. If the damning effects of transnational capitalism are inescapably global, so should strategies of resistance and alternative discourses have recourse to a world-wide cultural reservoir. Thus, through a series of transcultural "tiger-jumps into the past", to borrow Benjamin's formulation,[16] we leap from the Andean tiger to the Nahua jaguar of Central America to the *yaguareté* of the Guaranis of Paraguay, and from the postcolonial Andean myth of *Inkarrí* (the milenarist belief in a *pachakuti*, a "turn of the world" to be brought about by the return of the dead king of the Incas) to the popular wisdom of the Mayas, to the ancient oriental philosophy of the *Tao Teh Ching* (composed by Lao Tsé in the sixth century B. C.) and to the revolutionary poetry of the Peruvian writer and anthropologist José María Arguedas.

In their nomadic exploration of the notions of 'shining' and 'reflection' these poems inscribe political conflict in a global scenario of geopolitical asymmetries and social inequalities. The denounciation of ecological devastation through predatory neoliberal policies, translinguistically conveyed in the first of these poems –"selvaje matar / bulldoza tu sierra" ("wild jungle killing / bulldozing your sierra") –,[17] is directly linked to the political struggles of subaltern groups and communities in the contemporary peripheries of a world-system marked by accelerated globalization and the spread of transnational capitalism: "'Estamos brillando' dicen los obreros en huelga. / 'Hay una gran luz en nuestras vidas'" ("'We are shining', say the striking workers. / 'There is a great light in our lives'").[18] In the nomadic diction of this poetry, 'to shine', as the striking workers do in this quote from José María Arguedas' poem "A nuestro padre creador Tupac Amaru" ("To our Father and Creator Tupac Amaru"),[19] and as the hair of the Quechua mirror-tiger who "learned how to reflect" ("Pelo que aprendió a reflejar / Tigre espejo Chuquichincay") and the Nahua jaguar "who sees through the mirror of the heart" ("Tezcatlipoca 'espejo que hu-

16 Walter Benjamin, *Illuminations*, New York 1969, 261.

17 Vicuña 1990, 80.

18 Vicuña 1990, 84.

19 José María Arguedas, *Tupac Amaru kamaq taytanchisman. Haylli-taki. A nuestro padre creador Tupac Amaru; himno-canción*, Lima 1962. The poem, originally written in Quechua, was published in a bilingual edition with a Spanish version by the author.

mea' / ve por el espejo del corazón") do, means daring to raise one's voice against an injustice or, to put in the terms of the Andean vocabulary mobilized by these poems, to recover the "life-mist" ("la neblina vital") that insufflates the hearts, and to stop "walking around empty" – since, as we are reminded by another poem, in Quechua "'andar vacío' es no recordar, no tener 'flor adentro'" ("'walking around empty' means not to remember, to lose the 'flower inside'").[20]

In this sense, Vicuña's poetic project entails a specific "political *poiesis*", to borrow a central notion of Giorgio Agamben's aesthetics.[21] The remembering that according to W. H. Auden is intrinsic to poetry as "memorable speech"[22] intertwines here with the precariousness of subalternized memories, imaginaries and practices – with the sounding of the repressed in the "political unconscious" of late capitalism, to put it in Fredric Jameson's terms.[23] Vicuña's poetics of transcultural nomadism is oriented toward opening up a horizon of action and social transformation that is crucially linked to the etymology of migration as "change of heart", as she explains in the afterword to her anthology *Soy yos*: "*mei:* cambiar; *migrar:* corazón cambiado (corazón, del latín *cor* y *gra*)" ("*mei:* to change; *to migrate*: changed heart [heart, from the Latin *cor* and *gra*])".[24] In her bilingual poem "Alba saliva" ("Dawn Saliva"), from her book *Instan*, published in New York in 2002 and in a second version in Buenos Aires in 2005, Vicuña specifically relates the theme of the "changed heart" to the in-betweenness of the migrant condition. The point I would like to stress here is how that condition is made visible through wordplay, textual spacing and exploration of linguistic in-betweenness – an operation of "entretejer el entredós" ("entwine the betwixt")[25] that envisions an alternative sociability based on the Andean notion of reciprocity[26]:

> ¿cuál
> entre medio
> es nues tro
> lu gar?
> [...]
>
> mei
> del migrar

[20] Vicuña 1990, 72.

[21] Giorgio Agamben, *El hombre sin contenido,* Barcelona 2005, 179.

[22] Wystan Hugh Auden, *The Poet's Tongue: An Anthology*, London 1935, v.

[23] Fredric Jameson, *The Political Unconscious: Narrative as a Socially Symbolic Act,* New York 1981, 9–102.

[24] Vicuña 2010, 147.

[25] Vicuña 2010, 119.

[26] On this notion see Fernando Rivera, *Dar la palabra: ética, política y poética de la escritura en Arguedas*, Madrid/Frankfurt a. M. 2011, 65–72.

cambiar

el corazón
del estar

el in mi
            grant
                  e

changing
the heart
of the ear
            th
[...]
mi sed
de un

futur
      o
re late

de volver

el juguito
vital

la justicia
de la relación

el gramma
ticar

de un
recipro
car

which / in between / is ou r / pla ce? [...] mei / of migrate // change / the heart / of being // the im mi / gran / t // changing / the heart / of the ear / th [...] // my thirst / of a // futur / e / beats a gain // to re turn // life's / little juice // the justice / of the relation // the gramma / r // of / recipro / city[27]

The question of migration is a central concern of Vicuña's work that emerges with singular force in the last poems of *La Wiq'uña*. These poems reimagine the geopolitical South through a resignification of the periphery and the "waste" of global capitalism: those "desechos" that migrate be-

---

27 Vicuña 2010, 121–122.

tween the suburban indigenous space of the poem "Guanambi Tominejo El último colibrí" ("The Last Hummmingbird") and the capital cities of Quito and Santiago in the "explicatorio quebrado", the "fragmentary gloss" interspersed between the poems. "Esmoga tu llama / mi picaflor // Desecho / rubiando / en el basural" ("Smoke your flame / my hummingbird // Shining / waste / in the garbage-dump"), read the closing lines of "The Last Hummingbird", which the *explicatorio* glosses thus:

> 'Tienes que apurarte, nos estamos acabando', dice el colibrí. / En Quito vi picaflores que seguían las luces del tránsito como un camión. / [...] En Santiago los vi haciendo su danza nupcial en el basurero de Conchalí.
>
> 'You must hurry, we are coming to an end', says the hummingbird. / In Quito I saw colibris that followed the traffic-lights like a truck. / [...] In Santiago I saw them doing their nuptial dance in the dunghill of Conchalí.[28]

This theme of the South as geopolitical 'waste'/'desecho' is further developed through wordplay and lexical deconstruction in the last poem of the book, "Ba Surame":

> Bá
> surame
>
> Sura
> en mí
>
> Ven
> a surear
>
> Séme
> Sur
>
> Sur ame
> ya!
> [...]
>
> Go / Love South (Trash me) // Go South / in me // Come / do South // Be / South to me // South love / now! [...][29]

Here we go from the *Sur* of 'ba*sur*a' (trash) to a 'amor del Sur': a "South love" that inscribes a dissent and a specifically political gesture in the sense theorized by Jacques Rancière, i. e. as a making visible of what was hidden and removed from expression – "the part of those who have no

[28] Vicuña 1990, 86–87.
[29] Vicuña 1990, 87.

part".[30] From a discourse on the 'desechos' in the sense of the 'leftover', the debris of transnational capitalism, we go to a vision of the 'desechados' of the world (the 'thrown-away', the excluded by the logic of neoliberal globalization), of those cast aside and undone (*desechados* and *deshechos*) by a predatory global economic system. Not by chance the last line of the poem is a quote from María Sabina, the Mazatec *chamana* whose magisterial voice punctuates the book and closes it with the blunt statement: "*La justicia es la curación*" ("In justice lies the healing")[31]. In this sense Vicuña's vision of capitalism from the global South provides a striking instantiation of Benjamin's figure of the "storm of progress" – whose "pile of debris grows skyward" – put forth in his famous Thesis IX on the philosophy of history.[32]

The cross-pollination of poetics and politics in Vicuña's work is thus directly linked to what Jorge Polanco Salinas calls a "poética del detritus" ("a poetics of the throw-away").[33] The centrality of transcultural remembering as an operation of weaving poetic invention and political imagination is apparent in Vicuñas *precarios*, as she names the ephemeral installations she has been creating since the mid-60s. A mixture of ritual and poetic assemblage combining waste and biodegradable materials such as yarn, sticks, feathers, leaves, stones and bones, Vicuña's installations redefine the precarious by drawing on its etymological meaning of 'prayer' while at the same time activating a sense of the danger that entails any crossing as offering, exposure and opening to the other. Vicuña stresses the ritual dimension of her work with the precarious: "Precario es lo que se obtiene por medio de la oración. Incierto, expuesto a lo imprevisto, inseguro. Del latín *precarius*, de *precis*, rezo" ("Precarious is what is obtained through prayer. Uncertain, exposed to the unforeseeable, insecure. From the Latin word *precarius*, from *precis*, prayer").[34] "Quipu que no recuerda nada" ("Quipu that remembers nothing") and "Con-con", her two first *precarios*, date from 1966 and were revisited in her book *QUIPOem* (1997), an artistic autobiography – an "autobiography in débris" ("una autobiografía en desechos"), as she puts it – where poems dialogue with photographs documenting Vicuña's artwork, performances and installations. The link between these works is established in the first pages of the book through what could be described as a calligrammatical *quipu* (see figures 1–2):[35] on a thin horizontal line that crosses the first page from edge

30 Jacques Rancière, *Malaise dans l'esthétique*, Paris 2004, 38–39.

31 Vicuña 1990, 87.

32 Benjamin 1969, 257–258.

33 Jorge Polanco Salinas, "La poética del detritus de Cecilia Vicuña", in: *La piedra de la locura* 6 (2005), n. p., http://www.letras.s5.com/cv151006.htm (18.10.2015).

34 Vicuña 1997, 10.

35 A Quechua word meaning 'knot', *quipu* is the name given to an ancient record-keeping device based on a complex system of coloured knots tied on wool

to edge, the title of the first *precario*, "The Quipu that remembers nothing, an empty cord", can be read in typeprint; the same line continues on the next two pages, but now sketching a handwritten phrase whose characters evoke the knots on the cord of a *quipu* – a phrase that reads: "is the core" and (continuing on the following page) "the heart of memory".[36]

In a way, this continuous yet multiply interrupted line – interrupted by the change of page and typescript as much as by the oscillating interval between what is read and what is seen – visualizes the interplay of interruptions and continuities that punctuate "the heart of memory". Relevant to this 'remembering' are the thirty years elapsed between the installations created in the 60s and their iconotextual rearrangement in the book of the 90s, as much as the transhistorical links they establish with the American indigenous cultures of past and present, which – like Vicuña's precarious poetic interventions – involve a specific quality of flickering oscillation between the visible and the disappeared in Western culture and historiography as well as in the public spheres of modern and contemporary Latin America. Thus the reference in her first *precario* to the ancient Andean practice of the *quipu* is as telling as the indigenous name of the place chosen to create the second: the strand of *Con-con* in Chile, at the point where the Aconcagua river flows out into the Pacific Ocean. If we consider the double meaning of 'con' – which means 'with' in Spanish and 'mass of water' in Mapudungun, the language of the Mapuches of Southern Chile –, the place chosen for the installation is highly significant on account of its double European and Andean etymology, as a space of turbulent confluence of cultural waters, signaling to the gaps and historical interruptions of coexistence between cultures, to the conflicts and asymmetries (the remains and the ruins) as much as to the challenges and creative potentialities of the 'con-con', of the 'with-with' in a transcultural and transartistic sense.

Drawing on etymological explorations that often become neologistic, Vicuña reworks the figure of 'remembering' in a metapoetic and ethnopolitical sense as re-cording: as a re-weaving of the threads, what touches the fundamental cords, making the hearts vibrate with other tones. As she trans-linguistically puts it in one of the closing texts of *QUIPOem*: "To

---

strings. Although still given ritual uses by contemporary Andean communities, the exact functioning of the *quipu* as mnemonic/accounting/narrative device remains a mystery as it did not survive the violence of colonization – a point stressed by Vicuña's "Quipu that remembers nothing". On the *quipus* as non-alphabetical writing system see Walter Mignolo / Elizabeth Hill Boone (eds), *Writing without Words: Alternative Literacies in Mesoamerica and the Andes*. Durham 1994; Gary Urton, "From Knots to Narratives: Reconstructing the Art of Historical Record-Keeping in the Andes from Spanish Transcriptions of Inka *Khipus*", in: *Ethnohistory* 45.3 (1998), 409–438; Frank Salomon, *The Cord-Keepers: Khipus and Cultural Life in a Peruvian Village*, Durham 2004.

36 Vicuña 1997, 5–8.

remember (*recordar*) in the sense of playing the strings (*cuerdas*) of emotion / Re-member, *re-cordar*, from *cor*, *corazón*, heart".[37] Crucial to this "semiotics of weaving" is the prospective dimension of remembering/recording as a point of departure to imagine alternative forms of sociability.[38] As she elaborates in another poem, "the Inca is about to be / and the ruins of the past / are the model of the future / being created by our / remembering".[39] In the last poem of the book, entitled "Precarious Art", the ethnopoetics of the "remains" and the figure of the knot are combined into a healing art that beyond remembering an ancient Andean knowledge silenced by the violence of colonization – the weaving practice of the *quipus* as mnemonic and writing system – projects itself through the notions of change, complexity and relationality toward the imagination of a global alternative future for humanity. As expressed in the quote from Argentinean philosopher and avant-garde writer Macedonio Fernández that closes the poem and the book – after a long sequence of cross-cultural references that beyond Macedonio Fernández' words include passages from the German mystic Meister Eckhart and the Japanese Buddhist philosopher Daisetsu Suzuki – "Humanity begins tomorrow".[40] Humanity, in order to re-invent itself, needs to remember/re-cord itself – and that beginning demands a transcultural imagination.

Transcultural remembering in Vicuña's poetic practice is thus linked to the reflection on the lyric moment as an 'instant' of intuition of multiple temporalities as well as on time as interruption and cut, as suggested by the etymology of 'time', from the Greek 'temno' ('to cut'), interestingly also related to the word 'témenos' ('temple' or 'sacred space'). Vicuña explores these connections in original ways in her recent work, especially in her poetry collections *El Templo* (2000) and in the neologistically entitled *Instan* (2002). "Instan" is an invented word that sways between the Spanish and English nouns 'instante'/'instant', the Spanish verb 'instar' ('to urge') and the English 'instar' ('to stud with stars'). Vicuña describes it as "a word equally inexistent in Spanish and English and nonetheless legible from the cognado potens, the fertile in-between of these

---

37 Vicuña 1997, 131.

38 Juliet Lynd, "Precarious Resistance: Weaving Opposition in the Poetry of Cecilia Vicuña", in: *PMLA* 120.5 (2005), 1590. As Lynd points out, in Vicuña "the writing of poetry finds parallels in the semiotics of weaving, a textual/textile practice that alludes to the unspoken, unwritten stories of women and of the indigenous." For a feminist reading of the figure of weaving in Vicuña in the context of a specific "ginotradición" see Sharon Keefe-Ugalde, "Hilos y palabras: Diseños de una ginotradición (Rosario Castellanos, Pat Mora y Cecilia Vicuña)", in: *Inti* 51 (2000), 53–67.

39 Vicuña 1997, 15.

40 Vicuña 1997, 137.

languages"[41]. In the last poem of the book, "Fábula del comienzo y restos del origen" ("Fable of the beginning and remains of the origin"), the poetic 'instan(t)' amounts to an awakening brought about by the intuition of time as cut, a "dawn of speech" ("alba del habla") conveyed by the neat palindrome that opens the poem – a phrase that (in a way, like time) can be read forwards and backwards:

> alba del habla,
> amanecer del estar,
> palíndrome del tiempo,
>
> alquimia del nombre
> el instan.
> […]
> El continuum del tiempo es cortar.
>
> dawn of speech, / daybreak of being, / palindrome of time, //
> alchemy of the name / the instan […]
> The continuum of time is to cut.[42]

The moment of poetic vision entails here an interruption of the illusion of temporal linearity and cultural continuity anchored in a monological world-view. The "instan" – the moment that instigates, urging us to see the precariousness of being – moves us toward a trans-territorial vision that is complementary to the interruptive temporal vision: in other words, it moves us toward utopic vision and what I would call "untimely" and anachronistic imagination in the emancipatory sense proposed by Georges Didi-Huberman.[43] A mode of imagination that in Vicuña's poetry is directly linked to the perception of what moves in the in-between of languages and cultural traditions conventionally understood as monological continuities. In Vicuña's "time bending tongue",[44] what is constantly bent and strained is the illusion of *one* temporality – one history, one tradition, one culture. The 'awakening' of poetic vision is thus directly related to the practice of cross-cultural and translinguistic weaving – a weaving dynamically conceived as circulation, as suggested by her poem "Fragments of a *Ceq'e*", where she reworks the ancient Andean system of astronomical observation known as *Ceq'e*, a sight-line to observe astronomical events in relation to the horizon in the Andean city of Cuzco: "The *ceq'e* is a line /

---

41 "una palabra igualmente inexistente en español y en inglés y sin embargo legible desde el cognado potens, el entremedio fecundo entre ambas lenguas" (Vicuña 2010, 146).

42 Vicuña 2010, 126.

43 Georges Didi-Huberman, *Devant le temps. Histoire de l'arte et anachronisme des images,* Paris 2000.

44 Vicuña 2010, 109.

or a form of relation? […] Have you seen how water travels / along a thread of wool? / Pure threadness / pure circulation".[45]

Nowhere is the transcultural dimension of Vicuña's poetry so apparent as in the drastic displacements operated by its system of references. In the final poem of *Instan*, the teachings of Buddha mingle with the Andean words of Don Pablo, a fictional character from José María Arguedas' landmark novel *Los ríos profundos* – "el indio que más quise" ("the Indio whom I loved the most")[46] –, the transcendental philosophy of Chuang Tzu dialogues with the surrealism of Antonin Artaud, the popular wisdom of the South American Guaraní People with the experimentalism of North American objectivist poet George Oppen. In fact, many of her poems present themselves as a sheer montage of cross-cultural quotations – as a weaving of words "traídas de lejos". In a way, of course, this is what poetry always does: putting together words brought from far away. What is distinctive in Vicuña, I would argue, is the intensity with which this archeologic and heterologic quality of poetic speech is made visible and textually productive:

> "Hay que acompañar el hilo", dice don Pablo, soltando y jalando a la vez
> la cuerda de un trompo que empieza a bailar.
> El Buda oyó una cuerda y se iluminó: "muy tirante se corta, muy suelta no canta".
> […]
> La música de las cuerdas en tensión,
>   tu intención.
>
> *"Las diez mil cosas suenan diferentemente y cada una llega*
> *a ser sí misma por sí misma – ¿quién podría crear una música así?"*
> CHUANG-TZU
> […]
> *"Mi corazón es lo que no es yo"*
> ANTONIN ARTAUD
> […]
>
> Hipnótico manar,
>   el *am*
>   del   amo
> no una idea abstracta
>   si   no
>   una   con
>   ti   nui
>   dad

[45] Vicuña 1997, 83.
[46] José María Arguedas, *Los ríos profundos*, Santiago 1967, 61.

"el amor que congrega"
dice el guaraní

"Amor en los genes, si falla
No habrá más gente sana".
GEORGE OPPEN

"One must go along with the thread", says don Pablo, letting loose and pulling at once / the cord of a whipping-top that begins to spin. / The Buddha heard a cord and his face illuminated: "too tight it'll snap, too loose it won't sing" / [...] The music of the cords in tension / your intention. / *"Ten thousand things sound differently and every single one / gets to be itself by itself – Who could create such a music?"* / CHUANG-TZU / *"My heart is what I am not"* / ANTONIN ARTAUD / [...] Hipnotic flow, / the *am* / of *amo*, I love / not an abstract idea / but a / con / ti nui / ty / *"the love that brings together"* / says the Guaraní / *"love in the genes, if this fails / there'll be no sane people left".* / GEORGE OPPEN[47]

Vicuña's transcultural weaving of foreign and familiar words is surely not unrelated to the fact that she has spent most of her adult life away from her land of origin. Vicuña's long experience of living abroad began in London in the mid-70s, where she went to study art and was forced to stay after Pinochet's *coup d'état* in Chile; this eventually turned into a voluntary exile, for some years in Bogotá and then in New York, where she has lived for more than three decades. As she puts it in the translingual diction of a poem that shifts between English, Spanish and Quechua, Vicuña "weaves her awayness":

Awayo
mi
away!

Voy a tejer

mis tres

lenguas away.

Awayo my away! // I am weaving / my three / languages away.[48]

[47] Vicuña 2010, 126–130.
[48] Vicuña 2010, 127.

These lines make visible the dialectic of nearness and distance set in motion by exile – the interplay of the own and the foreign that in Eduardo Milán's terms may be described as the relation between a "language of exile" and an "exile from language".[49] While Vicuña writes from a very specific "away", a horizon of disappearance of foreignness emerges here – a vanishing point of foreignness that would be written away by the weaving together of her three languages, yet cannot but reinscribe the difference of the languages articulating that vision. Particularly noteworthy here is the neologistic wordplay upon the Andean *awayo*, a Quechua word related to the verb *awak* ("to weave"),[50] designating a colourful piece of clothing worn by Andean women and often used as baby-carrier. The translinguistic pun "awayo mi away" suggests the figure of weaving as a doing that nurtures cultural and linguistic difference while at the same time pointing toward an intertwining that would undo the distance between the different stripes or threads of humanity – an idea also intimated by the Quechua term *allqa* (a marbled or striped cloth) that recurs in her poems and installations.[51] This idea can be discerned in this poem in the textile pattern evoked by the spacing of the words of the second strophe (suggesting the interlacing of two overlapping triangles or V-shaped figures). What interests me here, at any rate, is how that prospective point of encounter between the languages and cultures of the world relates to a poetics of "constant displacements and transformations", to put it in Vicuña's formulation[52] – a poetic vision that emphasizes the ethical and political dimensions of intercultural relationality through a sustained reflection on the dialogic dynamic of a 'be with'.

In the "instan" of poetic vision as heterologic moment that upsets the illusion of monolinguism, what emerges, paradoxically, is a vision of what is common to the human species – what each and every human being has in common as *zoon politikón*,[53] i. e. as a being endowed with speech whose saying (whose code) is always a 'saying with', a *co-decir* that projects the ethical and the political in the poetics of relationality:

> La lengua es la memoria de la especie, el có-digo po-ético de una relación:
> el deseo e'justicia, el juguito e'la unión, yuxta posición.
> *Con* jugar, dice la lengua, no *sub* yugar.

---

49 Eduardo Milán, "La lengua del exilio", in: Ders., *Disenso*, México D. F. 2010, 193–195.

50 This is suggested by a previous line of the poem that triggers further wordplay between Quechua and English: "Despertar, o tejer, '*to awake*' o '*awak*', 'el que teje'" ("To awake, or to weave, '*awak*', 'someone who weaves'"); Vicuña 2010, 126.

51 See for instance her installation *Hilumbres / Allqa* (Kortrijk, Belgium 1994).

52 "Una palabra se esfuma y sólo queda la conexión, un continuo / desplazamiento, una transformación" ("A word vanishes and only the connection remains, a constant / displacement, a transformation"), Vicuña 2010, 127.

53 Aristoteles, *Politik,* München 2006, 1097b12.

O así lo veía mi corazón embelesado en la con
templación, templo del *con*.

Language is the memory of the species, the po-etic co-de (saying-with) of a relation:
The desire for justice, the dearest juice of union, juxta position.
Con jugate, playing with, says the language, not *sub* jugate.
Or so I saw it in my heart, enthralled by the con
templation, temple of the *with*.[54]

The interruptive quality of the lyric – "lo po-ético" – is here inseparable, then, from the ethic and politic projections of a *Zusammenlebenswissen*, to put it in Ottmar Ette's terms – a dynamic and transformative knowledge that is closely linked to the "history of words" as verbal cosmos.[55] In Vicuña's transcultural cosmopoetics, the verse wants to "con/verse": its singularity goes hand in hand with a project of "universe". What is thus "con/templated" is a project of global *convivencia*, a living together that fundamentally relies on the archeological and heterological knowledges activated through the trans-portations of poetry:

Unir y cortar, la *con* ciencia de una trans formación.
El comienzo del *com* pre verbal, labor manual, la búsqueda de la paz,
un terreno común.
La historia de las palabras es un cosmos verbal. […]
El *uni* del verso desea *con* versar. […]
En el *con* nacía el relato de una relación: "llevar atrás" la leche del tiempo.
Una *grammatica* fluía de la mamma a la *gramma*: la leche
manando,
la lengua y el trans.

To bind and to cut, the *con* science of a trans formation.
The beginning of the pre verbal *com*, manual labor, the search for peace,
a common ground.
The history of words is a verbal cosmos. […]
The *uni* of verse wants to *con* verse. […]
In the *con* (*with*) the story of a relation was born: "carrying back" the milk of time.
A *grammar* flowed from the mamma to the *gramma*: the milk
streaming,
the language and the trans.[56]

The singularity of Vicuña's poetry lies thus in the intense link it weaves between the heterological vocation of the lyric and a vision of global co-

---

54 Vicuña 2010, 129.
55 Ette 2010, 327–358.
56 Vicuña 2010, 129.

existence based on transcultural sharing and understanding, a specific "commotion" that emerges through a cross-cultural *com-partir* and *comprender*. A "con-moción" that, I would argue, is intimately related to the creativity of poetic speech – which has to do with the precariousness to which poetry exposes us as much as with the forms of political imagination and social inventiveness it awakens in us. In the afterword to her namesake poetry collection, Vicuña adumbrates that link by evoking the 'apparition' of the word that originated the book. It is worth remembering it, to end this exploration of her poetry with the vision of a beginning rather than with a conclusion:

> El libro empezó como un llamado. [...]
> Soñé que una red blanca y radiante envolvía a la tierra como un cristal.
> Labios y manos se fortalecían tejiendo.
> Una palabra ignota, una forma desconocida empezaba a vivir:
>
> nacía en la tierra la convivencia y la conmoción. El com
> brotaba como un frijol. Com-partir, com-prender,
> moverse juntos en una y otra dirección.
>
> The book began like a calling. [...]
> I dreamt that a radiant white net covered the Earth like a crystal.
> Lips and hands were becoming stronger through weaving.
> An occult word, an unknown form was coming to life:
>
> Coexistence and commotion were being born. The *com*
> sprouted like a bean. *Com-partir*, *com-prender*: sharing, understanding
> moving together in this and that direction.[57]

Works Cited

Agamben, Giorgio: *El hombre sin contenido*. Trad. Eduardo Margaretto Kohrmann. Barcelona: Áltera 2005.

Alonso, Carlos: *The Burden of Modernity: The Rethoric of Cultural Discourse in Spanish America*. New York: Oxford University Press 1998.

Arguedas, José María: *Los ríos profundos*. Santiago: Editorial Universitaria 1967.

Arguedas, José María: *Tupac Amaru kamaq taytanchisman. Haylli-taki. A nuestro padre creador Tupac Amaru; himno-canción*. Lima: Ed. Salqantay 1962.

Aristoteles: *Politik*. Übersetzt und hg. von Olof Gigon. München: dtv 2006.

[57] Vicuña 1990, 109.

Auden, Wystan Hugh: *The Poet's Tongue: An Anthology*. London: Scholarly Press 1935.

Benjamin, Walter: *Das Passagen-Werk* (= *Gesammelte Schriften.* Hg. von Rolf Tiedemann, Bd. V,1). Frankfurt a. M.: Suhrkamp 1991.

Benjamin, Walter: "Theses on the Philosophy of History". In: Hanna Arendt (ed.): *Illuminations*. New York: Schocken Books 1969, 253–264.

Beverley, John: *Subalternity and Representation: Arguments in Cultural Theory*. Durham: Duke University Press 1999.

Bianchi, Soledad: "Pasaron desde aquel ayer ya tantos años, o acerca de Cecilia Vicuña y la Tribu No." In: *Hispamérica* 17.51 (1988), 87–94.

Carrasco, Iván: "Las voces étnicas en la poesía chilena actual". In: *Revista chilena de literatura* 47 (1995), 57–70.

Castro-Gómez, Santiago / Mendieta, Eduardo (eds): *Teorías sin disciplina: latinoamericanismo, poscolonialidad y globalización en debate*. Mexico: Porrúa 1998.

Cornejo Polar, Antonio: "Una heterogeneidad no dialéctica: sujeto y discurso migrantes en el Perú moderno". In: *Iberoamericana* LXII/176–177 (1996): 837–844.

de la Campa, Román. *Latin Americanism*. Minneapolis: University of Minnesota Press 1999.

de Zegher, Catherine: "*Ouvrage*: Knot a Not, Notes as Knots." In: Catherine de Zegher (ed.): *The Precarious: The Art and Poetry of Cecilia Vicuña / QUIPOem*. Hannover/London: University Press of New England 1997, 17–45.

Deleuze, Gilles / Guattari, Félix: *A Thousand Plateaus: Capitalism and Schizophrenia*. Translated by Brian Massumi. Minneapolis: University of Minnesota Press 1987.

Didi-Huberman, Georges: *Devant le temps. Histoire de l'art et anachronisme des images*. Paris: Les Éditons de Minuit 2000.

Ette, Ottmar: *TransArea. Eine literarische Globalisierungsgeschichte*. Berlin/Boston: de Gruyter 2012.

Ette, Ottmar: *ZusammenLebensWissen: List, Last und Lust literarischer Konvivenz im globalen Maßtab*. Berlin: Kadmos 2010.

Gálvez-Carlisle, Gloria: "La Wiq'uña: locus etnopoético y dimensión femenina". In: Lilianet Brintrup / Juan Armando Epple / Carmen de Mora (eds.): *La poesía hispánica de los Estados Unidos: aproximaciones críticas*. Sevilla: Universidad de Sevilla 2001, 123–131.

Glissant, Édouard: *Poétique de la Relation*. Paris: Gallimard 1990.

Jameson, Fredric: *The Political Unconscious: Narrative as a Socially Symbolic Act*. New York: Cornell University Press 1981.

Keefe-Ugalde, Sharon: "Hilos y palabras: Diseños de una ginotradición (Rosario Castellanos, Pat Mora y Cecilia Vicuña)". In: *Inti* 51 (2000), 53–67.

Lynd, Juliet: "Precarious Resistance: Weaving Opposition in the Poetry of Cecilia Vicuña". In: *PMLA* 120.5 (2005), 1588–1607.
Mignolo, Walter / Hill Boone, Elizabeth (eds): *Writing without Words: Alternative Literacies in Mesoamerica and the Andes*. Durham: Duke University Press 1994.
Milán, Eduardo: *En la crecida de la crisis: ensayos sobre poesía latinoamericana.* Quito: Centro Cultural Benjamín Carrión 2013.
Milán, Eduardo: *Disenso*. México D. F.: Fondo de Cultura Económica 2010.
Polanco Salinas, Jorge: "La poética del detritus de Cecilia Vicuña." In: *La piedra de la locura* 6 (2005): n. p. http://www.letras.s5.com/cv151006.htm (18.10.2015).
Ramazani, Jahan: *A Transnational Poetics.* Chicago/London: University of Chicago Press 2009.
Rancière, Jacques: *Malaise dans l'esthétique*. Paris: Galilée, 2004.
Rivera, Fernando: *Dar la palabra. Ética, política y poética de la escritura en Arguedas*. Madrid/Frankfurt a. M.: Iberoamericana-Vervuert 2011.
Rothenberg, Jerome: "Ethnopoetics und Politics / The Politics of Ethnopoetry". In: Charles Bernstein (ed.): *The Politics of Poetic Form: Poetry and Public Policy.* New York: Small Press Distribution 1990, 1–22.
Rothenberg, Jerome: *Technicians of the Sacred: A Range of Poetries from Africa, America, Asia, Europe & Oceania.* Berkeley: University of California Press 1985.
Salomon, Frank: *The Cord-Keepers: Khipus and Cultural Life in a Peruvian Village.* Durham: Duke University Press 2004.
Schmidt-Welle, Friedhelm (ed.): *Multiculturalismo, transculturación, heterogeneidad, poscolonialismo. Hacia una crítica de la interculturalidad.* Mexico: Herder 2011.
Spitta, Silvia: *Between Two Waters: Narratives of Transculturation in Latin America*. Houston: Rice University Press 1995.
Urton, Gary: *Signs of the Inka Khipu. Binary Coding in the Andean Knotted-String Records*. Austin: University of Texas Press 2003.
Urton, Gary: "From Knots to Narratives: Reconstructing the Art of Historical Record-Keeping in the Andes from Spanish Transcriptions of Inka *Khipus*." In: *Ethnohistory* 45.3 (1998), 409–438.
Vicuña, Cecilia: *Soy yos. Antología, 1966-2006.* Santiago de Chile: LOM 2010.
Vicuña, Cecilia: *QUIPOem / The Precarious: The Art and Poetry of Cecilia Vicuña*. Ed. by Catherine de Zegher. Translated by Esther Allen. Hannover/London: University Press of New England 1997.
Vicuña, Cecilia: *Hilumbres/Allqa.* Kortrijk, Belgium: Kanaal Foundation 1994.
Vicuña, Cecilia: *La Wiq'uña*. Santiago de Chile: Zegers 1990.
Vicuña, Cecilia: *Precario / Precarious.* New York: Tanam Press 1983.

Williams, Gareth: *The Other Side of the Popular: Neoliberalism and Subalternity in Latin America*. Durham: Duke University Press 2002.

Fig. 1. Cecilia Vicuña, *QUIPOem*, Hannover/London 1997, 5–6.

Fig. 2. Cecilia Vicuña, *QUIPOem*, Hannover/London 1997, 7–8.

„es kostet Sinn und Zeit / die Sphären zu einen“. Das Selbst und der Andere, der Himmel und die Erde in *Übergang* von Zafer Şenocak

Joseph Twist

Einleitung

Zafer Şenocak (geb. 1961) wies schon 1990 im Essay „Deutschland – Heimat für Türken? Ein Plädoyer für die Überwindung der Krise zwischen Okzident und Orient“ darauf hin, dass der Islam langsam wieder dabei sei, in Europa zu einem Streitpunkt zu werden.[1] Nach den islamistischen Terroranschlägen vom 11. September 2001 in den USA stehen die Muslime in Deutschland (und im Allgemeinen) unter zunehmendem Verdacht. Wie eine Untersuchung von Reim Spielhaus zeigt, ersetzt die Bezeichnung ‚Muslim‘ nach 9/11 immer mehr die früher häufig verwendeten Etikettierungen ‚Gastarbeiter‘, ‚Migrant‘ oder ‚Türke‘.[2] Dieses neue Etikett ist genauso einschränkend wie es die alten Etikettierungen sind, aber die Bezeichnung Muslim führt zudem zur diskriminierenden Verknüpfung von (vermuteten) muslimischen Bürgern mit Terroristen aus aller Welt, wie Yasemin Yildiz argumentiert.[3]

Als Reaktion auf diese Polarisierung in der deutschen Gesellschaft rückt der Islam immer mehr ins Zentrum des essayistischen Schreibens Şenocaks, und der Autor wird mit steigender Häufigkeit dazu aufgefordert, als Islamexperte in den Medien aufzutreten, wie die Essaybände *Das Land Hinter den Buchstaben: Deutschland und der Islam im Umbruch* (2006) und *Deutschsein: Eine Aufklärungsschrift* (2011) bestätigen. Wie wichtig seine Rolle als *public intellectual* und Gegenstimme zur medialen Islamfeindlichkeit auch sein mag, so muss auch seine Lyrik als ein wichtiger Beitrag zur deutschen Islamdebatte betrachtet werden, denn hier dis-

---

1 Zafer Şenocak, *Atlas des tropischen Deutschland*, Berlin 1993, 18–19.

2 Reim Spielhaus, „Religion and Identity: How Germany's foreigners have become Muslims“, in: *Internationale Politik* 8/2 (2006), 18.

3 Yasemin Yildiz, „Turkish Girls, Allah's Daughters, and the Contemporary German Subject: Itinerary of a Figure“, in: *German Life and Letters* 62/4 (2009), 475.

kutiert und erforscht Şenocak die relevanten Themen mit mehr Nuancen, Ambiguität und Vielschichtigkeit als in seinen journalistischen Arbeiten, die unter diskursiven Einschränkungen stehen. Diese wohlüberlegte Ambiguität und Vielschichtigkeit zeigt sich besonders im Lyrikband *Übergang* (2005), in dem der Chamisso-Preisträger Şenocak sich mit kulturellen, historischen, politischen, generationsübergreifenden und religiösen Übergängen befasst. Es ist mein Ziel, die Konzepte der Subjektivität und der Religiosität in diesem facettenreichen Text anhand einiger Beispiele zu untersuchen.

Die in Şenocaks erzählerischen sowie lyrischen Werken weit verbreitete Vorstellung von sich überlappenden kulturellen Grenzen und eines fragmentierten Ich lässt sich durch die im deutschen Sprachraum herrschenden multi- und interkulturellen Ansätze nicht adäquat beschreiben. Damit meine ich, dass Identitäten nicht geschlossen und unveränderlich, sondern ständig im Wandel sind und nicht zu einem Abschluss kommen. *Übergang* ist in diesem Sinne keine Ausnahme. Um die vielseitige Vorstellung von Kultur und Identität (vornehmlich der religiösen Identität) in diesem Gedichtband Şenocaks zu erhellen, berufe ich mich auf den erkenntnistheoretischen Antifundamentalismus Jean-Luc Nancys. Nancys Begriff der Dekonstruktion des Monotheismus ist hier besonders einschlägig, um Einsicht zu gewinnen, wie die Dichtung Şenocaks das dualistische Denken nicht nur vom Selbst und dem Anderem (bzw. vom Eigenen und dem Fremden), sondern auch das vom Himmel und der Erde abbaut, mit erheblichen Auswirkungen auf die allgegenwärtigen Islamdebatten im heutigen Deutschland.

„Wir brauchen keine Einheit": Das Selbst und der Andere in *Übergang*

> [Das Atom der Bürgergesellschaften] ist der Bürger, das Individuum, das wiederum in zahllose einander nicht gleichende Teilchen zerfällt. Diese Teilchen sind in ständiger Bewegung, berühren und verändern einander.[4]

Dieses Zitat aus dem Essay „Mein erster Türke in Deutschland – ein Fremder: Über das Markieren von Grenzen" (2011) zeigt den komplexen Kultur- und Identitätsbegriff Şenocaks. Er lässt sich auch mit der Beschreibung Nancys vom *clinamen*[5] der Menschen in Beziehung bringen, oder, wie Nancy es nennt, der „singulären Wesen", die in ihrer Offenheit sich genauso wie Atome in unberechenbarer Weise aufeinander zubewegen und sich gegenseitig verändern:

---

4 Zafer Şenocak, *Deutschsein: Eine Aufklärungsschrift*, Hamburg 2011, 145–146.

5 Dieser Begriff geht auf den römischen Lyriker und Philosophen Lukrez zurück.

> Im Übrigen machen einzelne Atome noch keine Welt. Es bedarf eines *clinamen*. Es bedarf einer Neigung oder einer Zuneigung des einen für den anderen, einer Anziehung des einen durch den anderen, eines gegenseitigen Hingezogenseins. Die Gemeinschaft ist zumindest das *clinamen* des ‚Individuums'. Aber keine Theorie des Individuums ist in der Lage, dieses *clinamen*, diese Bewegung oder diesen Niedergang des Individuums in der Gemeinschaft ins Auge zu fassen.[6]

Nancy fordert dementsprechend, dass wir uns als singuläre Wesen sehen sollen, die eher durch die Ekstase als den Individualismus geprägt sind. Er nennt diese Art von „Mitsein"[7] die „entwerkte Gemeinschaft", denn sie „ist weder ein herzustellendes Werk, noch eine verlorene Kommunion, sondern der Raum selbst, das Eröffnen eines Raums der Erfahrung des Draußen, des Außer-Sich-Sein"[8]. Diese Auslegung von Gemeinschaft ohne gemeinsame Identität gibt Aufschluss über den antifundamentalistischen Kosmopolitismus Şenocaks, wie Berthold Schoene schon in Bezug auf den britischen „kosmopolitischen Roman" argumentiert hat:

> Nancy's outline of community [...] proves instructively illuminating for literature imagining global community beyond ‚the people' or (united) nations, and outside the utopian/dystopian framework of ideological modelling or transcendent meaning-making.[9]

Diese Kritik an einer in sich geschlossenen Subjektivität sowie an der geschlossenen Gemeinschaft kommt auch in *Übergang* vor.

Obwohl das Wortspiel und die Struktur eine wichtige Rolle in der Dichtung Şenocaks spielen, liegt der Schlüssel zu ihrer Auslegung in deren Symbolik. Das Haus ist ein zentrales Symbol seines gesamten Werkes und *Übergang* ist hierin keine Ausnahme. Karin E. Yeşilada hält das Haus in diesen Gedichten für die Sprache.[10] Ich aber interpretiere es umfassender als Identität bzw. das Selbst und deren Instabilität, die natürlich ebenso von der Sprache beeinflusst werden, wie die Diskussion Erika M. Nelsons über die Vieldeutigkeit und Durchlässigkeit der Bedeutungen im Gedichtband aufzeigt.[11] Auch Leslie A. Adelson verknüpft die Identität mit

---

6 Jean-Luc Nancy, *Die undarstellbare Gemeinschaft*, Stuttgart 1988, 16.

7 Nancy arbeitet hier mit der philosophischen Terminologie Martin Heideggers und erweitert sie.

8 Nancy 1988, 45.

9 Berthold Schoene, *The Cosmopolitan Novel*, Edinburgh 2010, 17.

10 Karin E. Yeşilada, „Poetry on its Way: aktuelle Zwischenstationen im lyrischen Werk Zafer Şenocaks", in: Tom Cheesman / Karin E. Yeşilada (Hg.): *Zafer Şenocak*. Cardiff 2003, 117.

11 Erika M. Nelson, „A Path of Poetic Potentials: Coordinates of German Lyric Identity in the Poetry of Zafer Şenocak", in: Katharina Gerstenberger / Patricia Herminghouse (Hg.), *German Literature in a New Century: Trends, Traditions, Transitions, Transformations*, New York 2008, 172–173.

der Sprache in ihrer Besprechung der häuslichen Räume im Prosaband *Der Mann im Unterhemd* (1995):

> Das Haus der Wörter, durch das man sich hier bewegt, weicht signifikant ab von der geläufigen Trope der Sprache als Heimat, die bis dato einen Großteil der Diskussion über türkisch-deutsche Literatur geprägt hat. Dieses Haus der Wörter ist sowohl ein bestimmtes als auch transnational. Die phantasmatische Räumlichkeit *dieser* deutschen Kultur deutet auf analytische Alternativen zur Annahme einer allzu strikten Trennung zwischen türkischen und deutschen Stoffen.[12]

In *Übergang* ist das Haus in ähnlicher Weise instabil. In Gedicht IX des Zyklus „Übergang“, nach dem der gesamte Band benannt ist, schreibt Şenocak: „nicht so wichtig wo ich bin / bleibt doch mein Haus / mir immer noch im Sinn“[13]. Dies deutet auf eine Selbstwahrnehmung hin, die mit keinem geographischen Ort verbunden, sondern flexibel und ortsunabhängig ist. Eine Öffnung des Subjekts auf den Anderen hin kommt über die Haus-Metapher auch in Gedicht XV von „Übergang“ zum Ausdruck:

> du kommst bis zur Tür und nicht weiter
> wir haben unsere Tür nie verriegelt
> den Riegel gibt es
> zwischen deinen Lippen
>
> gib mir dein Wort und ich öffne dir
>
> wäre ich draußen
> hörte ich dich drinnen singen
> jemand käme hinzu
> noch so einer der dich vermisst
> und hören will das unerhörte Lied[14]

Der Eintritt des Anderen ins Haus und die offene Tür (häufig verwendete Motive in *Übergang*) deuten hier die Öffnung der Subjektivität und die darauffolgende ontologische Verzahntheit des ‚Mitseins‘ an. Sie erschüttern die angebliche Geschlossenheit sowohl des Selbst als auch der Sprachgemeinschaft. Das antifundamentalistische Ich in *Übergang* ist bestimmt auch durch die Sufidichtung inspiriert, besonders durch Yunus Emre, dessen Werk Şenocak übersetzte und im Essay „Zwischen Koran und Sexpistols“ (2005) als „ein[en] befremdet[en] Blick auf das Eigene“[15]

---

12 Leslie A. Adelson, „Against Between – Ein Manifest gegen das Dazwischen“, in: Heinz Ludwig Arnold (Hg.), *Literatur und Migration*, München, 2006, 45.

13 Zafer Şenocak, *Übergang*, München 2005, 17.

14 Şenocak 2005, 23.

15 Zafer Şenocak, *Das Land hinter den Buchstaben: Deutschland und der Islam im Umbruch*, München 2006, 30–31.

schildert. Das oben erwähnte Gedicht erinnert z. B. an ein Gedicht Emres, das die Beziehungen zwischen dem Selbst und dem Anderen und zwischen Gott und dem Menschen verwirrt:

> Es gibt ein Ich in mir weiter drinnen
> Was ich betrachte ist voll von dir
> Wo laß ich dich außer in mir weiter drinnen
> [...]
> Zum Freund gehend verläuft sich Yunus
> Steht vor der Tür und nicht weiter drinnen[16]

Diese Schwächung der Grenzen des Selbst stellt auch kulturelle Grenzen in Frage, sowohl in Şenocaks als auch in Nancys Denken. In seinem Essay „Der Dichter und die Deserteure: Rushdie und seine *Satanischen Verse* zwischen den Fronten" (1992) plädiert Şenocak nicht für die Rückkehr zum Individualismus, um sich mit den heutigen Identitätskonflikten auseinanderzusetzen, sondern für eine „negative Hermeneutik", nämlich dafür, dass man sich eher auf das Unverständliche konzentriert, als dass man versucht, den Anderen durch die eigene kulturelle Linse zu verstehen;[17] dies gilt auch für die Dichtung Şenocaks, die einer endgültigen Auslegung entgegenwirkt. Hier kann man eine direkte Beschäftigung mit Theodor Adornos Konzept des „Nichtidentischen" aus der *Negativen Dialektik* (1966) sehen, die die Unterdrückung von Alterität durch den Drang nach Einheit und Identität betont:

> Da aber jene Totalität sich gemäß der Logik aufbaut, deren Kern der Satz vom ausgeschlossenen Dritten bildet, so nimmt alles, was ihm nicht sich einfügt, alles qualitativ Verschiedene, die Signatur des Widerspruchs an. Der Widerspruch ist das Nichtidentische unter dem Aspekt der Identität; der Primat des Widerspruchsprinzips in der Dialektik mißt das Heterogene am Einheitsdenken.[18]

Ähnlich argumentiert Şenocak später im Essay „Die atonale Welt: Wieviel Vielfalt ertragen wir?" (2011): „Wir brauchen keine Einheit"[19]; und diesen Widerstand gegen die Homogenisierung – der Frankfurter Schule geschuldet – kann man durch die antifundamentalistische Ontologie Nancys weiter erläutern.

Nancy versteht Identität nicht im interkulturellen Sinne als das vollendete und stabile Produkt einer Mischung, bei der reine Identitäten miteinander verschmelzen, sondern als einen nie endenden Prozess der Vermischung und Transformation, bei der eher Differenzierung als Integrati-

---

16 Yunus Emre, *Das Kummerrad / Dertli Dolap*, Frankfurt a. M. 1986, 9.

17 Zafer Şenocak, *War Hitler Araber? IrreFührungen an den Rand Europas*, Berlin 1994, 28.

18 Theodor W. Adorno, *Negative Dialektik*, Frankfurt a. M. 1966, 15.

19 Şenocak 2011, 57.

on stattfindet: „Selbst im Unendlichen wird sie nicht mit sich identisch, kommt sie nicht bei sich an, *weil sie immer schon da ist*, weil sie, die Identität, die Vermischung ist."[20] Die Homogenisierung ist für Nancy deswegen problematisch, weil die Auffassung vom Individuum und der Gesellschaft als homogene Einheiten und ihr Drang nach Vereinigung irrig ist. Diese kulturelle Vermischung lässt sich in der Literatur Şenocaks als eine kosmopolitische Geste verstehen,[21] und aus diesem Grund sehe ich Şenocak als kosmopolitischen und nicht als „transkulturellen" Autor, da im Sinne Nancys jede Person transkulturell ist, d. h. jede Person wird durch verschiedene Kulturen mit verschwommenen Grenzen geprägt.

Die Einstellungen Şenocaks und Nancys zu Identität und Kultur sind deshalb unvereinbar mit dem auf der Gadamerschen Horizontverschmelzung basierenden interkulturellen Dialog, der zu den beliebtesten Methodiken der inlandsgermanistischen Şenocak-Forschung gehört, schließlich gibt es keine festen Subjektpositionen, von denen aus man verhandeln könnte – ebenso wie es keine festen Kulturen gibt, die sich miteinander mischen lassen. Während Horizontverschmelzung, so unerreichbar sie auch sein mag, das Überbrücken zweier eigenständiger Welten bzw. Horizonte zur Folge hat, sprechen Şenocak und Nancy von Heterogenität und einer Offenheit zur Alterität. Eine solche antifundamentalistische Identitätsvorstellung kann, so behaupte ich, die Lyrik Şenocaks erhellen, die die Mehrdeutigkeit akzeptiert, statt die Vielschichtigkeit der kulturellen Vermischung durch die Assimilation der Alterität des Anderen zu verschleiern.

Die binäre Opposition vom Selbst und dem Anderen, die die Beurteilung anderer Kulturen durch den Vergleich mit der eigenen mit sich bringt, wird in Şenocaks Essay „Das Unbehagen am Kulturbegriff" (1993) ein wieteres Mal abgelehnt. Hier fordert Şenocak eine Herangehensweise ohne dialektische Gegensätzlichkeit vom Selbst und dem Anderen:

> Wir sind gezwungen eine neue Sprache zu schaffen, gemeinsam mit den Anderen [...]. Wir können uns nicht wie in der Wissenschaft auf Fakten und eine eingebildete Objektivität stützen. Aber auch der Begriff der Subjektivität erscheint uns untauglich zu sein, da wir uns nicht mehr über den anderen definieren können, also unsere überlieferte Identität aufgelöst haben. Auch die dialektische Methode, mit der wir Standpunkte festlegen, ist unbrauchbar geworden, weil Gegensätze als solche nicht mehr auszumachen sind.[22]

Diese Kritik an der Dialektik der Identität und dieses Denken über die Subjektivität hinaus spricht nochmals für eine Beschäftigung mit Adorno, aber sie findet auch einen Nachhall in Nancys Begriff der Vermischung.

---

20 Jean-Luc Nancy, „Lob der Vermischung", in: *Lettre International* 21 (1993), 7.

21 Elke Segelcke sieht einen Bezug zum Deleuze'schen Rhizommodell, vgl. Elke Segelcke, „Jenseits von ‚Eigenem' und ‚Fremdem': Zu Europabild und nomadischer Schreibstrategie Şenocaks", in: *Gegenwartsliteratur* 8 (2009), 179.

22 Şenocak 1994, 62.

Genauso wie Nancy unser ‚Mitsein' in Form eines Eröffnens eines Raums der wechselseitigen Beziehungen singulärer Wesen versteht, schlägt auch Şenocak eine alternative Art des Miteinanderseins vor, basierend auf Neugier, Anerkennung, Kennenlernen und dem Teilen des Raums:

> Wenn Sprachlose einander gegenüberstehen, sind sie auf ihre Sinne und auf ihren Körper angewiesen. Ihre Körper entwickeln ein neues, unmittelbares Verhältnis zum Raum und somit auch zueinander. [23]

Dennoch wird diesem Standpunkt im selben Essay paradoxerweise widersprochen. Obschon Şenocak weiter gegen die Subjektivität argumentiert, nimmt sein Essay einen universalistischen Ton im Geiste von Gadamer an, wenn er die Orientierung des Selbst „am Horizont, dort wo dieser sich mit dem Horizont des Anderen verschmelzen kann",[24] befürwortet. Diese Behauptung steht im Gegensatz zur negativen Hermeneutik des vorigen Essays, in dem Şenocak das Unverständliche und auch den Gedanken von Identität als Vermischung in den Vordergrund stellt. Es zeigt sich aber, dass Şenocak trotz seines Schwankens zwischen diesen Positionen immer wieder die Auffassung von Kultur als stabil und geschlossen kritisiert und dass er diese Komplexität auch in seinen Gedichten suggeriert, wie zuletzt in *Übergang*.

Şenocak betont die Bedeutung der kulturellen Vielfalt im Essay „Was hat Waldsterben mit multikultureller Gesellschaft zu tun?" (1991) durch die Baum-Symbolik.[25] Statt um Häuser geht es in Gedicht XXVII in „Übergang" um Bäume, die man als die verschiedenen kulturellen „Teilchen", um Şenocaks Terminologie zu verwenden, sehen könnte. Obwohl *Übergang* impliziert, dass das Selbst und seine Identität unabgeschlossen bleiben, ist die Kultur immer noch eine bedeutsame Quelle. Şenocak spricht in diesem Zusammenhang in einem Interview vom Verfügen über einen weiten „Erinnerungshorizont", „der uns hinter unsere Berührungsängste führen könnte"[26]. Bäume fehlen aber in Gedicht XXVII und dies schafft ein beunruhigendes Bild:

> einst beschrieb ich einen Baum
> der hier wurzelte
> jetzt gehe ich durch die Lande und
> suche seinen Schatten
> den ich eigenhändig gepflanzt hatte
> manchmal glaube ich

---

23 Şenocak 1994, 64.
24 Şenocak 1994, 64.
25 Şenocak 1993, 40–41.
26 Matthias Konzett / Zafer Şenocak, „Zafer Şenocak im Gespräch", in: *The German Quarterly* 76/2 (2003), 135.

es ist das falsche Land
das ich durchstreife

die Menschen sind wurzellos
und es gibt keinen Schatten
zum Ausruhen

an den Wahrsagern der Vergangenheit
komme ich nicht vorbei
sie fragen mich aus
und vermuten

ich wäre gesteinigt worden
am Wegrand
hätte ich gelebt
zu anderer Zeit[27]

Das lyrische Ich erkennt hier das Land nicht mehr, in dem es sich befindet, möglicherweise weil es umgezogen ist oder weil das Land sich verändert hat. Dies scheint aber keine organische Veränderung zu sein, denn die Menschen suchen nach einem schattenspendenden Baum bzw. einem Aspekt der Kultur, der eliminiert worden ist.

In seinen Essays spricht Şenocak von den Brüchen in der deutschen Nachkriegsgesellschaft, herbeigeführt durch die Tabuisierung der Vorkriegskultur,[28] und auch in der post-kemalistischen Gesellschaft der Türkei. Er beklagt die republikanische Tabuisierung des sufistischen Erbes in der Türkei, in dem er eine schöpferische Kraft erkennt:

> Erst die Wiederentdeckung des muslimischen kulturellen Erbes in all seinen frommen und häretischen Strömungen, seinen rationalen und irrationalen, seinen skeptischen und euphorischen Geisteswelten kann eine wirkliche Renaissance der islamischen Kultur einleiten.[29]

Wenn man die „Wahrsager der Vergangenheit“ als Kemalisten versteht, nehmen die Strophen in Gedicht XXVII einen ironischen Ton an, da ihre Bemerkungen sich als überheblich und als falsch entpuppen. In der Tat ignoriert die Vermutung, dass das lyrische Ich in der Vergangenheit gesteinigt worden sei, die ehemalige Toleranz der Ambiguität und der Heterodoxie durch den mystischen Islam in Anatolien – die kreative Leistungsfähigkeit, die, wie vorher erwähnt, Atatürk und seine Anhänger beseitigten, weil sie, wie die heutigen Medien im Westen, den Islam lediglich als eine rückständige Kraft betrachteten. Nichtsdestoweniger lässt sich das Bild

---

[27] Şenocak 2005, 35.

[28] Şenocak 2011, 75–85; Şenocak 2011, 28.

[29] Şenocak, *Zungenentfernung: Bericht aus der Quarantänestation*, München 2001, 78.

der Verfolgung auch umgekehrt als Ketzerei gegen den kemalistischen Säkularismus auslegen, wodurch Şenocak einen Vergleich zwischen der ideologischen Natur des orthodoxen Islam und des Kemalismus zieht.

Genauso wie er eine kreative Auseinandersetzung mit der vorkemalistischen Kultur bevorzugt, hält Şenocak auch eine weite und heterogene Vorstellung von der deutschen Kultur für wichtig. Beide Seiten kommen im poetischen Essay „Gespräch über Bäume" (2006) zusammen, in dem eine Person einen vermutlich kranken Baum fällen will, eine andere aber im Baum sitzt, um Gott näher zu sein.[30] Die Baum-Symbolik in *Übergang* lässt sich auch mit Bertolt Brechts Gedicht „An die Nachgeborenen" in Verbindung bringen, in dem *l'art pour l'art* kritisiert wird, wenn es heißt: „Ein Gespräch über Bäume fast ein Verbrechen ist. / Weil es ein Schweigen über so viele Untaten einschließt!"[31] Şenocak diskutiert die Brüchigkeit der deutschen Identität in anderer Hinsicht im Essay „Gebrochen Deutsch: Die Sondersprache der Deutschen"[32] und er beteuert, dass es mehr „Berührungspunkte" mit der islamischen Kultur zu entdecken gäbe, wenn der Facettenreichtum der deutschen Kultur den Deutschen zugänglicher wäre, wie z. B. der Einfluss des Korans und des Sufismus auf Rilke und Goethe.[33]

Şenocak gesteht allerdings die Anziehung der Stabilität im Essay „Die atonale Welt" ein:

> Fundamente bieten das Gefühl der Kontinuität und die Sicherheit der Wiedererkennung [...]. Dem gleichen Prinzip folgt der Hausbau. Ein Stück Erde wird zum Eigenen. Die eigenen vier Wände markieren Grenzen nach außen, verleihen Intimität und verschaffen Zugehörigkeit nach innen.[34]

Jedoch kritisiert er dieses Bedürfnis im selben Essay aufgrund seiner Affinität zu Nationalismus und Kapitalismus. Identität ist in *Übergang* alles andere als stabil; wie Nelson behauptet, ist *Übergang* voller mehrschichtiger und mehrdeutiger Symbolik, die auf wohlbekannte oder auch weniger bekannte deutsche, türkische und internationale Verhältnisse verweist.[35] Şenocak schneidet hier deshalb nicht nur den Sachverhalt der kulturellen Amnesie an, sondern führt das kreative Potential eines breiten Erinnerungshorizonts vor. Adelson argumentiert:

> Şenocaks Konfiguration von Transnationalismus handelt weniger von nationalen und ethnischen ‚Identitäten' als vielmehr von Tex-

---

30 Şenocak 2006, 77–78.

31 Reinhold Grimm / Caroline Molina y Vedia (Hg.), *Bertolt Brecht: Poetry and Prose*, New York 2003, 70.

32 Şenocak 2011, 28.

33 Şenocak 2011, 33.

34 Şenocak 2011, 36–37.

35 Nelson 2008, 160.

> turen und Architekturen historischer Erfahrung im Wandel, die nicht weniger *imaginiert* wird als *gelebt*.[36]

Die kopräsenten Geschichten in *Übergang* entsprechen der Befähigung zu veränderlichen Identifikationen, die Adelson „touching tales" nennt – „[that] commingle cultural developments and historical references generally not thought to belong together in any proper sense".[37] Laut Şenocak verschmilzt der eigene Erinnerungshorizont mit einem fremden also nicht, sondern er berührt und verändert ihn und wird selbst verändert im Sinne einer Vermischung. Dies zeigt die Offenheit der negativen Hermeneutik genauso wie das Bild des Hauses in *Übergang*, welches nicht nur Grenzen nach außen markiert, sondern auch Türen und Fenster zum Hinein- und Herausgehen hat – ein besonders wichtiges Argument im Blick auf die religiöse Identität in *Übergang*.

„in meinem All bist du der einzige Planet": Der Himmel und die Erde in *Übergang*

Şenocak stellt den Islam in das Zentrum der gegenwärtigen Identitätskonflikte. Wie ich schon oben kurz angedeutet habe, steht eine Auseinandersetzung mit dem Islam auch im Mittelpunkt von *Übergang*. Dieser Lyrikband erschien ein Jahr vor seinem Essayband zum Thema Islam *Das Land hinter den Buchstaben*, der einen hilfreichen Einstieg in die Themen und die Symbolik dieser hermetischen Gedichte gibt. Beide Werke stellen eine beachtenswerte Auseinandersetzung mit dem Islam in der Post-9/11-Zeit dar. Yeşilada konstatiert zu Recht: „Das Ich ist unterwegs in Şenocaks neuester Lyrik, so wie ein Derwisch auf Wanderschaft".[38] Sie empfindet dieses Derwischmotiv auch als bedeutsam für seine Lyrikbände *Flammentropfen* (1985) und *Ritual der Jugend* (1987), die auch von der sufistischen Ambiguität der göttlichen und der menschlichen Liebe beeinflusst werden,[39] wie in der Lyrik Emres: „Wo du hinschaust ist Gott in allen Körpern zu finden".[40] Es gibt also Verbindungen zwischen *Übergang* und der frühen Dichtung Şenocaks, die ebenfalls Bezüge zum Sufismus aufweist. *Übergang* ist jedoch auch anders, weil darin die Aufforderung, den Ambiguität tolerierenden Frühislam wiederzuentdecken, vor dem Hintergrund der Post-9/11-Situation wohl dringender geäußert wird. Der Islamwissenschaftler Thomas Bauer stellt in Bezug auf den Frühislam fest: „Nicht

---

36 Adelson 2006, 45.

37 Leslie A. Adelson, *The Turkish Turn in Contemporary German Literature: Toward a New Critical Grammar of Migration*, New York 2005, 20.

38 Yeşilada 2003, 125.

39 Yeşilada, *Poesie der Dritten Sprache: Türkisch-deutsche Lyrik der zweiten Generation*, Tübingen 2012, 202.

40 Emre 1986, 41.

Mittelalter und Moderne stehen einander gegenüber, sondern das moderne Beharren auf Eindeutigkeit und das postmoderne Potential der islamischen nachformativen Tradition."[41]

Şenocak nützt die islamische Vergangenheit als Inspiration, um die islamische Kultur kreativ neuzuformen und sie für die Postmoderne anschlussfähig zu machen. Ähnlich wie Nancy, der die Tendenz, die Gemeinschaften der Vergangenheit als einheitlich und rein zu betrachten, tadelt, befürwortet Şenocak im Essay „Islam übersetzen" (2003) die „Glorifizierung ferner Zeiten" nicht, sondern er tritt für die schöpferische Neuinterpretation religiöser Quellen ein, um die Stagnation des Religiösen im Ritual zu vermeiden.[42] Hier plädiert er triftig für den Beibehalt der Vieldeutigkeit der religiösen Texte, da diejenigen, die die eigene Exegese für die absolute Wahrheit halten, sich über Gott stellen. Während die Wahrheit göttlich ist, ist „[d]er Mensch aber [...] ein nach Wahrheit Suchender".[43] Diese Vorstellung vom Islam kommt auch in *Übergang* vor, in dem Şenocak, genauso wie in seinen Essays, den Untergang des Sufismus in der Türkei beklagt, wie etwa in Gedicht V aus dem Zyklus „Vor der Festung":

> Lampe des Orients
> ihr Licht fiel und zerbrach wie Glas
> gäbe es noch die Nacht
> funkelten hier die Glassplitter
> und in den Spiegeln des Narziß
> stemmten Sultanpoeten die Schönheit
> suchten den Schlüssel zum Paradies im All[44]

Die zerbrochene Lampe des Orients ist hier eine Anspielung auf den für die Sufis wichtigen „Lichtvers" im Koran (Sure 24, Vers 35), der auch eine Baum-Symbolik enthält. Die zerbrochene Lampe steht also für eine verschollene Heiligkeit oder für das verlorene goldene Zeitalter des Sufismus im Mittelalter. *Übergang* ist aber dennoch keine pessimistische Resignation über unsere Unfähigkeit, ein besseres Jetzt hervorzubringen. Dieser Optimismus liegt vielleicht in einem (im Rückblick falsch gesetzten) Vertrauen in die modernisierende Kraft der islamistischen Partei in der Türkei, der AKP (Partei für Gerechtigkeit und Aufschwung). Şenocak bringt diesen Optimismus im Essay „Mein Vater – ein türkischer Lebenslauf" (2005) zum Ausdruck, in dem er Rosa Luxemburg paraphrasiert:

> Die Freiheit kann nichts anderes sein als die Freiheit des Andersdenkenden [...]. Diese elementare Botschaft scheint jedoch inzwi-

[41] Thomas Bauer, *Die Kultur der Ambiguität: Eine andere Geschichte des Islams*, Berlin 2011, 114.

[42] Şenocak 2006, 54–55.

[43] Şenocak 2006, 57.

[44] Şenocak 2005, 66.

schen bei der Mehrheit der türkischen Bevölkerung angekommen zu sein, vor allem bei der jungen Generation von muslimischen Politikern.[45]

Dennoch wird die Neubelebung der islamischen Kultur im Gedicht V in „Vor der Festung“ in der letzten Strophe problematisiert:

alle Irrfahrer horchen in die Ferne
während der Staub der Verwüstung vor ihren Augen flimmert
und der Prophet in seinem Sandkasten
nach dem versunkenen Zeitalter der Kindheit gräbt[46]

Dieses Gedicht plädiert über die Metaphorik der Kindheit für das Wiederentdecken der islamischen Vergangenheit, die in der Türkei wegen des säkularen Kemalismus vielen unbekannt bleibt. Die Kindheit ist aber nicht nur positiv als der Ambiguität tolerierende Frühislam zu deuten, der sich selbst weniger streng in Konkurrenz mit anderen Religionen sah, sondern sie evoziert auch eine Nostalgie für diese oft idealisierte Epoche. Das Gedicht plädiert dafür, Aspekte des sufistischen Kulturerbes schöpferisch aufzugreifen, um den Islam für heute neu zu übersetzen, genauso wie andere Gedichte historische Situationen in neue Zusammenhänge bringen. Man sollte aber diese Wiederentdeckung nicht als eine identitätsstiftende Geste deuten, denn Şenocak befürwortet sie, um das vergessene Erbe neu zu formen, und nicht, um es in Orthodoxie erstarren zu lassen – wie es im Gedicht V aus dem Zyklus „Vor der Festung“ heißt: „die Wüste ist kein Museum für versunkene Zivilisationen“.

Neben den Klagen über die verlorenen Sufiüberlieferungen in *Übergang* findet man auch Beispiele für die kreative Übersetzung der frühislamischen Kultur. So pflegt Gedicht XXIV aus „Übergang“ durch die Bildsprache der menschlichen Liebe eine weltliche bzw. immanente Religiosität im Sinne der Sufidichtung und suggeriert dadurch eine Offenheit ebenso zum Anderen wie auch zum Heiligen:

hat jemand mich gehört
in meiner verlassensten Stunde
so soll er bei mir bleiben ewig
und wollt ich ihn jemals verlassen
soll mir versperrt sein der Weg
seinem Verlangen will ich bieten stets ein Heim
sollt ich jemals ohne Obdach sein
werd ich mit ihm unter einer Decke warm[47]

---

45 Şenocak 2006, 16.
46 Şenocak 2005, 66.
47 Şenocak 2005, 32.

Dieses Gedicht lässt sich als Auseinandersetzung Şenocaks mit der homoerotischen Symbolik der Sufiliteratur interpretieren, die den Leser an einen weiteren toleranten Aspekt des mystischen Islam erinnert. Laut Şenocak ist die homosexuelle Dimension der Sufidichtung besonders wertvoll:

> Dabei bleibt vor allem die erotische Komponente der islamischen Kultur fast unangetastet, dort, wo sie vor ein paar Jahrhunderten begraben wurde. Das Spannungsfeld von Homosexualität und Heterosexualität war in der Blütezeit der muslimischen Kultur zwischen dem 8. und 13. Jahrhundert die eigentliche Triebfeder der geistigen Erneuerung.[48]

Şenocak kommt in diesen Gedichten nochmals auf den Frühislam mit seinen durchlässigeren Grenzen zurück, um Raum für einen Eklektizismus heiliger Quellen zu schaffen. Genauso wie Şenocak uns einlädt, unseren Standpunkt mangels definierender Anderer (im Sinne von Jacques Lacan) zu relativieren, vergegenwärtigt diese Beschäftigung mit dem vormodernen Islam einen Zeitpunkt, in dem der Islam offener war.

Margaret Littler merkt in ihrer Deleuze'schen Interpretation von Şenocaks Roman *Der Pavillon* (2009) an, dass „die Religion [...] in die materielle Wirklichkeit eingebunden [wird], statt im metaphysischen Raum zu schweben".[49] Auch *Übergang* wird von einer weltlichen und affektiven Spiritualität durchdrungen, die sich durch Nancys Begriff der Dekonstruktion des Monotheismus erklären lässt. Nancy argumentiert in seinem Essayband *Dekonstruktion des Christentums* (2008, französisches Original 2005), dass der Monotheismus, dank seiner strengen Trennung von Gott und den Menschen, „in sich [...] das Prinzip einer Welt ohne Gott birgt"[50] und dadurch Anlass zum Atheismus gibt. Der Atheismus harmoniert mit dem monotheistischen Paradigma insofern, als dass atheistische Ideologien lediglich Gott durch eigene Leitbilder ersetzen und somit neue Grundlagen schaffen, statt sich mit dem Nichts an den Ursprüngen der Welt auseinanderzusetzen. Nancy entwickelt eine post-monotheistische Auslegung des Heiligen als einer Beziehung zur Alterität an diesen unbekannten Ursprüngen, die Şenocaks Religiosität erhellen kann:

> Trotz des ungeheuren Gewichts der religiösen Repräsentation war die ‚andere Welt' oder das ‚andere Reich' niemals eine zweite Welt oder eine Hinterwelt, sondern stets das Andere der Welt.[51]

---

48 Şenocak 2001, 77–78.

49 Margaret Littler, „Der Islam im Werk von Zafer Şenocak: *Der Pavillon*", in: Michael Hofmann / Klaus von Stosch (Hg.), *Islam in der deutschen und türkischen Literatur,* Paderborn 2012, 151–152.

50 Jean-Luc Nancy, *Dekonstruktion des Christentums*, Zürich 2008, 58.

51 Nancy 2008, 20.

Dieser durch die Mystik beeinflusste Begriff des Göttlichen gibt die experimentelle Religiosität von *Übergang* wieder, die Gott nicht als Subjekt der Welt und das sie organisierende Prinzip anordnet, sondern sich mit dem flüchtigen, in der Andersheit der Welt gefundenen Blick auf das Heilige befasst. Diese weltliche, oft durch Erotik geprägte Religiosität Şenocaks hat deswegen ihre Basis nicht in einer institutionalisierten Glaubenslehre, die zum Konflikt führen würde, sondern vielmehr in der Vernetzung von Menschen, die sich durch die Ambiguität der menschlichen und göttlichen Liebe vermitteln lässt.

Diese postmoderne, post-monotheistische Religiosität erhält die Immanenz der Welt und führt deshalb nicht zu festen, in idealen Welten gegründeten Identitäten und Ideologien. Analog zu seiner Vorstellung von Kultur, die sich über die Repräsentation hinausbewegt, schafft die antifundamentalistische Philosophie Nancys auch Raum für eine undarstellbare Religiosität. Diese Auffassung einer post-monotheistischen Religiosität muss aber nicht als umfassender Ersatz des Monotheismus betrachtet werden. Sie ist eher ein alternatives, aus dem Monotheismus selbst stammendes Konzept, das sich zwar über den Monotheismus hinausbewegt, aber auch neben ihm koexistiert:

> Die Heiligkeit lässt sich weder determinieren noch repräsentieren noch vorschreiben. Sie öffnet dem Menschen oder im Menschen (es sei denn, man müsste sagen: Sie öffnet der Welt oder in der Welt, nicht für den Menschen allein) die Dimension und die Bewegung oder die Geste eines ‚sich unendlich übersteigen' [*se passer infiniment*].[52]

Diese Religiosität wächst aus der subjektiven Offenheit heraus, ohne ein festes Fundament im Anderen zu finden. *Übergang* vermittelt in dieser Hinsicht den Eindruck einer Religiosität als Offenheit zur Andersheit der Welt, genauso wie Şenocak auch für eine negative Hermeneutik plädiert, die für die Alterität des Anderen offen bleibt. In dieser Hinsicht suggeriert *Übergang*, trotz seiner Religiosität, eine im Sinne Nancys immanente bzw. geschlossene Welt, deren Sinn nicht von außen, sondern von der verlorenen subjektiven Immanenz, nämlich von der radikalen Offenheit ihrer Einwohner kommt. Dieser Denkansatz, so würde ich argumentieren, ist in den heutigen Debatten über den Islam in Deutschland von zentraler Bedeutung, da er das dualistische identitätsgestützte Denken des so genannten „Kampfs der Kulturen" in Frage stellt.

Wie in Şenocaks Essays verschwimmen die Grenzen zwischen menschlicher und göttlicher Liebe in Gedicht V in „Übergang", wenngleich in einem gegenwärtigen Umfeld:

---

[52] Nancy 2008, 42.

ich sammle auf deine hie und da abgelegten Kleider
sehe deinen entblößten Körper vor mir um einen Pfahl kreisen
um den Pfahl eines Gemarterten
er hat dich angerufen und wurde gefesselt
will aber nicht preisen dein Sternbild in die Nacht hinein[53]

Die sexuelle Bildersprache vom drehenden Stangen- bzw. Derwischtanz verbindet das Heilige mit dem Profanen, so wie das Wort „gefesselt" zweideutig auf den Märtyrer in Ketten ebenso wie auf das Verliebtsein hinweist. Das Gedicht endet mit der Symbolik der Raumfahrt, die zugleich auf die Überwindung der Zweiheit von Himmel und Erde sowie auf eine Religiosität ohne Zielpunkt hindeutet, deren Bedeutung in der Entdeckungsreise liegt:

in meinem All bist du der einzige Planet
mein vertrautes lebensfremdes Irrlicht
für mich zwar noch nicht bewohnbar
doch mein einziger Landepunkt

Die Anspielung auf Gott als „Irrlicht" bestätigt die flüchtige Natur des Heiligen und auch die Bedeutung der religiösen Reise im Vergleich zum Ziel, denn das Irrlicht entfernt sich, wenn Menschen ihm nahekommen. Im Gespräch mit Matthias Konzett behauptet Şenocak:

> Alles wird fixiert, benannt, etikettiert. Wie gelangt man da zum Wesen der Dinge? [...] Mich interessiert dabei auch nicht eine Antwort, ein Ergebnis, sondern der Weg, der endlose Weg, oft voller Umwege und Überraschungen.[54]

Die Religiosität bleibt in *Übergang* unabgeschlossen und suggeriert dabei, dass eine wahre Heiligkeit demjenigen fehlt, der den Glauben als eine starre und eindeutige weltanschauliche Botschaft versteht.

Das Gedicht „Wetterleuchten" deutet ebenfalls eine nie erreichbare Religiosität an:

ich bin am Fenster
und sehe
wie die Blätter zurückkommen an den Baum

treffe Vorbereitungen
für meine eigene Rückkehr
verirre mich im Wald[55]

---

53 Şenocak 2005, 13.
54 Konzett / Şenocak 2003, 132.
55 Şenocak 2005, 91.

Hier symbolisiert der Baum nochmals einen Aspekt der islamischen Überlieferung, aber diesmal mit einem Optimismus, der den öden Landschaften im Zyklus „Übergang“ fehlt. Das lyrische Ich verläuft sich im Wald und findet seinen Weg nicht zurück. Das kulturell codierte Bild des Waldes deutet vielleicht darauf hin, dass Şenocak in Deutschland bleibt, während die Anfänge einer islamischen Renaissance in der Türkei keimen. Dank diesem Optimismus fing Şenocak nach *Übergang* an, Romane auf Türkisch zu schreiben. Wie dem auch sei, suggeriert dieses Gedicht auch die unfassbare Natur des Heiligen und, wenn die Bäume verschiedene Aspekte der Kultur darstellen, auch das Sich-Selbst-Verlieren in der kulturellen Vermischung.

Schlussbemerkungen

Şenocak setzt in *Übergang* seine Theorie der negativen Hermeneutik insofern in die Praxis um, als dass, im Gegensatz zur binär definierten Gegenüberstellung des Anderen, das Selbst (und seine Identität) in Form einer Offenheit zum Anderen betrachtet wird. Laut Nancy müssen wir diese komplexe Idee der Identität begreifen:

> Die Stämme und Hautfarben neu vermischen, aber auch ihre heterogenen historischen Wege beschreiben, ihre verflochtenen und doch unterschiedenen Netze: auf keinen Fall meinen, der ‚Mensch‘ sei einfach, homogen, präsent. Es gibt weder *den* Menschen (*den* Mann/ *die* Frau) noch *den* Kroaten, *den* Serben oder *den* Bosnier. Stattdessen wissen wir (aber was für ein Wissen wäre das?), daß künftig das Subjekt des Wissens lediglich irgend*einer* ist und, wie jeder Irgend*einer*, ein *Mischblut*.[56]

Şenocak stellt die Subjektivität einer positiven Hermeneutik durch die Haus-Metaphorik in Frage, genauso wie er die kulturelle Identität durch die mehrdeutigen Berührungspunkte zwischen der türkischen postkemalistischen und der deutschen post-nationalsozialistischen Situation als fragmentarisch versteht, ohne sie vereinfachend zu vergleichen. Diese spielerische Mehrdeutigkeit lässt sich eher mit Nancys Konzeption der Vermischung als mit der Gadamerschen Horizontverschmelzung begreifen, da sie feste Standpunkte durch eine offene Subjektivität destabilisiert.

Außerdem befasst sich *Übergang* auch mit der verlorenen sufistischen Tradition, um auf eine weltliche und offene Religiosität hinzudeuten, die, indem sie das monotheistische Paradigma ablehnt, zu keiner Komplexität einbüßenden Identität erstarren kann. Durch die Symbolik der profanen Liebe und der Raumfahrt wird die menschliche Beziehung zum Heiligen in der Welt zum Ausdruck gebracht und dadurch die Zwei-

---

56 Nancy 1993, 5.

heit vom Himmel und der Erde radikal erschüttert. Diese Gedichte setzen also den in Şenocaks Essays geforderten schöpferischen Umgang mit religiösen Quellen in die Praxis um, um auf einen Islam hinzudeuten, der für die postmoderne Gegenwart, in der feste Grundlagen hinterfragt werden, geeignet ist. Darum beeinflusst die negative Hermeneutik auch die Religiosität Şenocaks, die in gleicher Weise verweigert, ihre Bedeutung durch ein symbolisches Anderes, sei es eine andere Religion oder ein übernatürlicher Gott, zu gewinnen. Die Religiosität ebenso wie das Selbst lassen sich in *Übergang* als Dekonstruktion des monotheistischen Paradigmas verstehen, da beide sich durch Offenheit auf eine unentschiedene Zukunft richten. Deshalb ist die Zeile im Gedichtband „es kostet Sinn und Zeit / die Sphären zu einen"[57] nicht als Stellung Şenocaks zwischen zwei Kulturen, sondern vielmehr als Abbau dieser komplexen Zweiheiten zu verstehen.

Im Gegensatz zur dualistischen Herangehensweise eines interkulturellen Dialogs zwischen dem Islam und Deutschland, die manchmal in den Essays mitschwingt, ist die Dekonstruktion dieser binären Oppositionen in *Übergang* eher im Rahmen einer nicht-identitätsstiftenden kosmopolitischen Teilnahme Şenocaks an den gegenwärtigen Diskussionen über den Islam in Deutschland zu deuten, die über ein dialektisches Denken hinausgeht. Im heutigen Deutschland, wo sogenannte „Patriotische Europäer gegen die Islamisierung des Abendlandes" Muslime aus der Gemeinschaft ausschließen wollen, wird die Vorstellung einer ‚entwerkten Gemeinschaft' (einer Gemeinschaft jenseits von Identität) zu einem produktiven Denkansatz, der Konflikte vermeiden könnte. Genauso wichtig ist der erweiterte Erinnerungshorizont dieser Lyrik in Bezug auf die deutsche sowie die islamische Geschichte, denn sie zeigt die „multiple Persönlichkeit, die sich hinter den Etikettierungen verbirgt"[58] und bringt Berührungspunkte hervor. Şenocak argumentiert im Essay „Deutschsein am Bosporus: Über die Vieldeutigkeit von Identität" (2011):

> Wer heute darüber diskutiert, ob der Islam ein Teil der deutschen Kultur sei, kennt weder seinen Goethe noch seinen Lessing und schon gar nicht Rückert, den genialen Übersetzer aus den orientalischen Sprachen. Er weiß nichts über die muslimischen Engelmotive bei Rilke.[59]

Außerdem kann man den Islam wohl kaum aus der Postmoderne ausgrenzen, wenn die weltliche und skeptische Religiosität der mittelalterlichen Ketzer wie Emre und der gegenwärtigen Ketzer in der deutschen Literatur wie Şenocak zum islamischen Kanon gezählt werden.

57 Şenocak 2005, 82.
58 Konzett / Şenocak 2003, 132.
59 Şenocak 2011, 106.

Bibliographie

Adelson, Leslie A: „Against Between – Ein Manifest gegen das Dazwischen". In: Heinz Ludwig Arnold (Hg.): *Literatur und Migration*. München: edition text + kritik 2006, 36–46.

Adelson, Leslie A: *The Turkish Turn in Contemporary German Literature: Toward a New Critical Grammar of Migration*. New York: Palgrave Macmillan 2005.

Adorno, Theodor Wiesengrund: *Negative Dialektik*. Frankfurt a. M.: Suhrkamp 1966.

Bauer, Thomas: *Die Kultur der Ambiguität: Eine andere Geschichte des Islams*. Berlin: Insel 2011.

Emre, Yunus: *Das Kummerrad / Dertli Dolap*. Aus dem Türkischen von Zafer Şenocak. Frankfurt a. M: Dağyeli 1986.

Grimm, Reinhold / Molina y Vedia, Caroline (Hg.): *Bertolt Brecht: Poetry and Prose*. New York: Continuum 2003.

Konzett, Matthias / Zafer Şenocak: „Zafer Şenocak im Gespräch". In: *The German Quarterly* 76/2 (2003), 131–139.

Littler, Margaret: „Der Islam im Werk von Zafer Şenocak: *Der Pavillon*". In: Michael Hofmann / Klaus von Stosch (Hg.): *Islam in der deutschen und türkischen Literatur*. Paderborn: Schöningh 2012, 139–152.

Nancy, Jean-Luc: *Dekonstruktion des Christentums*. Übersetzt von Esther von der Osten. Zürich: diaphanes 2008.

Nancy, Jean-Luc: „Lob der Vermischung". In: *Lettre International* 21 (1993), 4–7.

Nancy, Jean-Luc: *Die undarstellbare Gemeinschaft*. Übersetzt von Gisela Febel und Jutta Legueil. Stuttgart: Edition Patricia Schwarz 1988.

Nelson, Erika M: „A Path of Poetic Potentials: Coordinates of German Lyric Identity in the Poetry of Zafer Şenocak". In: Katharina Gerstenberger / Patricia Herminghouse (Hg.): *German Literature in a New Century: Trends, Traditions, Transitions, Transformations*. New York: Berghahn 2008, 158–177.

Schoene, Berthold: *The Cosmopolitan Novel*. Edinburgh: Edinburgh University Press 2010.

Segelcke, Elke: „Jenseits von ‚Eigenem' und ‚Fremdem': Zu Europabild und nomadischer Schreibstrategie Şenocaks". In: *Gegenwartsliteratur* 8 (2009), 170–191.

Şenocak, Zafer: *Deutschsein: Eine Aufklärungsschrift*. Hamburg: Edition Körber-Stiftung 2011.

Şenocak, Zafer: *Das Land hinter den Buchstaben: Deutschland und der Islam im Umbruch*. München: Babel 2006.

Şenocak, Zafer: *Übergang*. München: Babel 2005.

Şenocak, Zafer: *Zungenentfernung: Bericht aus der Quarantänestation*. München: Babel 2001.

Şenocak, Zafer: *War Hitler Araber? IrreFührungen an den Rand Europas*. Berlin: Babel 1994.

Şenocak, Zafer: *Atlas des tropischen Deutschland*. Berlin: Babel 1993.

Spielhaus, Reim: „Religion and Identity: How Germany's foreigners have become Muslims". In: *Internationale Politik* 8/2 (2006), 17–23.

Yeşilada, Karin Emine: *Poesie der Dritten Sprache: Türkisch-deutsche Lyrik der zweiten Generation*. Tübingen: Stauffenberg 2012.

Yeşilada, Karin Emine: „Poetry on its Way: aktuelle Zwischenstationen im lyrischen Werk Zafer Şenocaks". In: Tom Cheesman / Karin E. Yeşilada (Hg.): *Zafer Şenocak*. Cardiff: University of Wales Press 2003, 112–129.

Yildiz, Yasemin: „Turkish Girls, Allah's Daughters, and the Contemporary German Subject: Itinerary of a Figure". In: *German Life and Letters* 62/4 (2009), 465–481.

Ein verlängertes Transitvisum. Panpoesie und Transkulturalität bei Edward Stachura

Christian Zehnder

Ist ein Transitvisum verlängerbar? Als der polnische Dichter Edward Stachura 1973 in Genf weilt, um von der Kościelski-Stiftung eine Auszeichnung für sein bisheriges Prosawerk entgegenzunehmen,[1] macht er auch eine Reise in seinen französischen Geburtsort Charvieu, eine Gemeinde unweit von Lyon, ein paar Stunden von der Schweizer Grenze entfernt. Dafür benötigte er damals als polnischer Staatsbürger ein zusätzliches Visum. Auf dem französischen Konsulat in Genf bei der Mauer der Reformation wird ihm ein zehntägiges Transitvisum ausgestellt. In dem Formular, das er fünfmal exakt identisch auszufüllen hat, nennt er als Grund der Reise: Recherchen für eine Doktorarbeit über Rimbaud und Lautréamont – obwohl, wie er in der Aufzeichnung dieser Episode festhält, höchstens eine längere Sonnenfinsternis ihn dazu bringen könnte, eine Doktorarbeit zu schreiben. Die siebenminütige Verfinsterung der Sonne, die er 1970 in Mexiko erlebt hatte, habe dafür nicht ausgereicht. Der Beamte auf dem Konsulat, der, so behauptet er, in der Schule einmal als Strafe zwanzigmal Rimbauds „Le Bateau ivre" hatte abschreiben müssen, weist den polnischen Reisenden auf einen Umstand besonders hin: Ein Transitvisum könne nicht verlängert werden. Als Stachura – nach seinem eher enttäuschenden Besuch in Charvieu – schließlich nach Paris fährt, um sich mit Freunden zu treffen, versucht er trotzdem, das Visum um wenigstens drei, vier Tage zu verlängern. Und auf der Polizeipräfektur schräg gegenüber von Notre-Dame wird es ihm dann, wie Stachura schreibt, „vollkommen problemlos [bezboleśnie]"[2] von einer freundlichen Dame um zehn Tage verlängert.

---

1 Stachura war Preisträger des Vorjahres 1972, als ihm und drei weiteren polnischen Schriftstellern von der Kościelski-Stiftung je 3.000 Schweizer Franken zugesprochen worden waren. Vgl. Wojciech Klas / Jan Zieliński, *Kościelscy. Ród, fundacja, nagroda*, Kraków 2011, 116–117.

2 Edward Stachura, *Wszystko jest poezja. Opowieść-rzeka* (*Poezja i proza*, Bd. 4), Warszawa 1984, 164–166.

Es ist also ein kleines Wunder geschehen: Das Transitvisum hat sich als verlängerbar herausgestellt. Dass der Warnung im Genfer Konsulat ausdrücklich die bedrohliche Mauer der Reformation, dem milden Stattgeben auf der Pariser Polizeipräfektur hingegen die berückende Notre-Dame-Kathedrale zugeordnet werden, scheint die symbolische Dimension dieser Episode vom verlängerten Transitvisum noch zu unterstreichen. In der Tat handelt Stachuras „opowieść-rzeka" („Fluss-Erzählung") mit dem Titel *Wszystko jest poezja* (1975, Alles ist Poesie), eine zum autobiographischen Roman verdichtete Essaysammlung, von eben diesem Vorhaben: den Transit, das Hindurchgehen/-fahren/-gleiten als unendlich verlängerbaren Zustand festzuhalten. Die am Anfang des Textes formulierte Formel: alles sei Poesie, im geringsten Maße aber das aufgeschriebene Gedicht, und: jeder sei Dichter, im geringsten Maße aber jener, der Gedichte schreibt,[3] diese Formel wird Stachura in *Wszystko jest poezja* auf ihre Haltbarkeit hin prüfen. So fragt sein Erzähler: „[...] ist es wirklich evident? Das ist noch nicht bekannt. Manche Zeichen auf der Erde und am Himmel deuten darauf hin, dass es wirklich so ist."[4]

Positionen zu Stachura: Von der ‚Aktivität' zur Bewegung und zum Transit

Klar scheint, dass es sich hier um „Panpoesie"[5], nicht um sogenannte Antipoesie handelt. Denn während Antipoesie davon ausgeht, dass nach den Katastrophen der ersten Hälfte des 20. Jahrhunderts nicht mehr ‚schön' gedichtet werden *darf*,[6] dass es für das Schöne in der Struktur der Wirk-

---

3 Stachura 1984:4, 5.

4 „[...] czy to jest też oczywistość? Jeszcze niewiadomo. Wiele znaków na ziemi i niebie wskazuje na to, że tak istotnie jest." Stachura 1984:4, 5. Sofern nicht anders vermerkt, stammen sämtliche Übersetzungen vom Verfasser – Ch. Z.

5 Krzysztof Rutkowski spricht von „panpoetyckość" (Panpoetizität). Krzysztof Rutkowski, *Przeciw (w) literaturze. Esej o „poezji czynnej" Mirona Białoszewskiego i Edwarda Stachury*, Bydgoszcz 1987, 245.

6 Paradigmatisch für eine solche anti-poetische Haltung ist in der polnischen Literatur Tadeusz Różewicz. Siehe umfassend Andrzej Skrendo, *Tadeusz Różewicz i granice literatury. Poetyka i etyka transgresji*, Kraków 2002. Skrendo beschreibt Różewiczs Position als nicht mehr moderne und noch nicht postmoderne „Ethik der Transgression"; gerade der „Nihilismus" Różewiczs zeuge von einer „sehr rigoristischen Ethik" (Skrendo 2002, 376). Rutkowski (1987, 250) erwähnt das „programmatisch antiliterarische" Werk Różewiczs im Zusammenhang mit Stachuras späten Texten, einen näheren Vergleich mit dessen Panpoesie zieht er jedoch nicht. – Hinsichtlich der Prosa hatte der Kritiker Tomasz Burek in den 1970er Jahren den wortspielerischen Begriff „l'alittérature" von Claude Mauriac aufgegriffen. Siehe Tomasz Burek, „Powieść utajona" (1973), in: Ders., *Żadnych marzeń*, Warszawa 1989, 134 (Claude Mauriac, *L'Alittérature contemporaine* [1958], Paris 1969). – Zur Antipoesie außerhalb Polens, hier in der italienischen Nach-

lichkeit keine Basis mehr gibt, möchte Panpoesie stets *mehr* als nur schön schreiben. Für die Panpoesie, wie Stachura sie entwirft, besteht eine solche Basis über-geschichtlich weiter, doch die traditionelle Kunst erweist sich als zu schwach, um Schönes noch zur Erscheinung zu bringen. Das bleibt bei Stachura bis in den letzten Texten so. Er zweifelte die Poesie radikal an und wurde, wie Krzysztof Rutkowski andeutet, vielleicht wirklich an ihr krank.[7] Doch dabei bezeichnete Stachura die Poesie, wenn ich recht sehe, nie als etwas moralisch Unschickliches. Die Behauptung der Unmöglichkeit einer vollen Offenbarung durch Sprache bleibt eine romantische Position – gerade in ihrer Krisenhaftigkeit.[8] Der späte Stachura begab sich auf die Suche nach einem Verhalten, das keine Zweifel zuließe, „daß man Poesie *ist*."[9] Doch das schmerzliche Bewusstsein von der Lücke zwischen Dichter und Poesie macht Stachuras Werk nach *Wszystko jest poezja*, wo sich der Dichter teilweise noch mit der Rolle eines Arrangeurs der Panpoesie begnügt hatte, so ausweglos düster.

In den Arbeiten zu Stachura stand früh das Interesse an der ‚aktiven Poesie' (poezja czynna) im Zentrum. 1987 veröffentlichte der bereits erwähnte Rutkowski seinen vielbeachteten Essay *Przeciw (w) literaturze* (Gegen die/in der Literatur).[10] Er vertritt darin die These, in der polnischen Literatur der 1960er und 1970er Jahre, namentlich bei Miron Białoszewski und Edward Stachura, sei eine „prinzipielle Kritik an der Literatur" geübt worden, die nur mit Adam Mickiewiczs romantischem Projekt einer Überwindung der Buchkultur in seinen Pariser Vorlesungen aus den 1840er Jahren verglichen werden könne. Białoszewskis Unterwanderung der Literatursprache durch Elemente von „Geschwätz und Gestotter" und Stachuras – in umgekehrter Richtung laufender – Versuch, die Poesie zu einer allgemeinen Umgangsform zu machen, verbinde mit Mickiewiczs ‚poezja czynna' zunächst eine „funktionale Ähnlichkeit" innerhalb der li-

kriegslyrik, vgl. zuletzt Antonio Pietropaoli, *Le strutture dell'anti-poesia. Saggi su Sanguineti Pasolini Montale Arbasino Villa*, Napoli 2013.

7 „Die Anfälle [psychischer Erkrankung] in den letzten Lebensjahren Stachuras sind nicht Ursache, sondern schon eher Folge (obwohl es in diesem Fall sehr unvorsichtig scheint, eine Ursache-Folge-Beziehung zu suggerieren) der viele Jahre hindurch praktizierten ‚aktiven Poesie'." (Rutkowski 1987, 234).

8 In der Erzählung „Się" („Sich") aus dem gleichnamigen Erzählband von 1977, in dem mit der Figur des „Sich" die Spaltung der Welt in Subjekt und Objekt überwunden werden soll, sieht man schön, wie die „Poesie" Literatur und Sprache überdauert: „To nie wiersz. To nie sidła. To nie sieć. *To poezja*. To nie słowa." („Das ist kein Gedicht. Das sind keine Schlingen. Das ist kein Netz. *Das ist Poesie*. Das sind keine Wörter.") (Edward Stachura, *Opowiadania*. (*Poezja i proza*, Bd. 2), Warszawa 1984, 420–421; Hervorhebung – Ch. Z).

9 „że się *jest* poezją." (Edward Stachura, „Fabula rasa (rzecz o egoizmie)", in: Ders., *Fabula rasa. Z wypowiedzi rozproszonych* (*Poezja i proza*, Bd. 5), Warszawa 1984, 61–62; Hervorhebung – Ch. Z.).

10 Rutkowski 1987.

terarischen Evolution. Überdies sei dieses neue Schreiben ‚romantisch' in dem Sinne, dass Stachura mit seinem betonten Individualismus und Einsamkeitskult in der Tradition eines Lord Byron oder Chateaubriand gegen eine „schon fertige Welt" ankämpfe.[11]

Rutkowskis Essay zeichnet nebst einer Fülle von Einsichten aus, dass er selbst von einer neoromantischen Emphase getragen ist. Fast selbstverständlich übernimmt er in Bezug auf Stachura den von Henryk Bereza geprägten Begriff des ‚życio-pisanie' (Leben-schreiben), also die These, wonach für Stachura Leben und Schreiben weitgehend eine Einheit gebildet hätten. Erst mit der Zeit wurde hiergegen Einspruch erhoben, zuletzt von Waldemar Szyngwelski und Dariusz Pachocki, die den Akzent stattdessen auf die ‚Labyrinthik'[12] bzw. auf die ‚Totalität'[13] von Stachuras Textwelt legten. Dass der unbestreitbare Unmittelbarkeitsanspruch freilich nach wie vor interessieren kann, zeigt die umfangreiche Arbeit von Agnieszka Karpowicz über die Prosa Białoszewskis und Stachuras sowie weiterer polnischer Schriftsteller der 1960er bis 1980er Jahre.[14] In Karpowiczs Kapiteln zu Stachura bleibt Rutkowskis Essay der zentrale Anhaltspunkt, wobei sie vor allem die Tendenz des Literarischen zur gesprochenen Sprache und zu realer Kommunikation hervorhebt.[15] Man könnte sagen, dass das neoromantische Paradigma Rutkowskis durch ein neues Paradigma abgelöst wird: eben jenes der Kommunikation, bei letztlich gleichbleibendem Interesse an einer neu zu erringenden Unmittelbarkeit. Entsprechend sieht Karpowicz Stachura optimistischer. Das Projekt der ‚aktiven Poesie', wie Rutkowski es dargestellt hatte, war letztlich eine Geschichte romantischen Scheiterns und Verstummens gewesen. Rutkowski unterscheidet in Stachuras Werk drei Phasen: (1) den Kampf mit Konventionen, ein Ausloten der Grenzen des Literarischen *durch* Literatur,[16] (2) den Versuch eines „totalen Sagens", einer Realisierung des Wortes im Leben,[17] und (3) eine Infragestellung des poetischen Wortes schlechthin, eine Verfassung, in der das Wort zum reinen Index ohne jede inkarnatorische Kraft wird.[18]

Was aber ist das für eine Poesie, von der Stachura schreibt, sie sei „alles" – und die man tatsächlich nicht so sehr in seinen Gedichten suchen

---

11 Rutkowski 1987, 5–9.

12 Vgl. Waldemar Szyngwelski, *Sobowtór w labiryncie. Proza artystyczna Edwarda Stachury*, Warszawa 2003.

13 Vgl. Dariusz Pachocki, *Stachura totalny*, Lublin 2007.

14 Vgl. Agnieszka Karpowicz, *Proza życia. Mowa, pismo, literatura (Białoszewski, Stachura, Nowakowski, Anderman, Redliński, Schubert)*, Warszawa 2012.

15 Karpowicz 2012, 435–437.

16 Rutkowski 1987, 198.

17 Rutkowski 1987, 199–203.

18 Rutkowski 1987, 207.

sollte?[19] Kann man sie mit Rutkowski als ‚aktiv' bezeichnen? Wie ich meine, ist es hilfreich, zunächst den Faktor, der bei Stachura *zwischen* Poesie und Aktivität liegt, in den Fokus zu nehmen, nämlich: Bewegung, Laufen/Fliehen, Reisen. Man kann nicht sagen, dass dieser Faktor in der Literatur zu Stachura bisher ignoriert worden wäre; nahezu alle Kommentatoren erwähnen die Bewegung, allerdings meistens ohne sie direkt in die poetologische Fragestellung einzubeziehen.[20] Etwas anders verhält es sich, wenn etwa Michał Januszkiewicz über die unablässige Bewegung aller Dinge in fernöstlichen Weisheitslehren schreibt, deren Einfluss auf Stachura er untersucht.[21] Zweifellos spricht Januszkiewicz damit ein wichtiges, auch hochgradig generationstypisches Phänomen an,[22] doch der spezifischen Bewegung, für die bei Stachura einzig und allein die Dichterfigur verantwortlich ist, kann mit einer fernöstlichen Lesart nicht beigekommen werden. In manchen Arbeiten ferner, in denen das Moment der Bewegung nicht explizit benannt wird, ist zwar durchaus eine Vorstellung von Dynamik auszumachen, so wenn Szyngwelski von einer „Enthüllung des Heiligen in der Sphäre des Profanen"[23] spricht. Aber wie sieht eine solche Enthüllung aus? Gerade in diesem Punkt ist bei Stachura eine machtvolle Metaphorik der Bewegung, des Übergangs, des Transit, der Transitivität am Werk – sein unermüdliches Reisen ist hier nur die Oberfläche. Das möchte ich in dem vorliegenden Beitrag zeigen und diskutieren, vornehmlich am Beispiel der „Fluss-Erzählung" *Wszystko jest poezja*, aus der ich eingangs die Episode vom Transitvisum zitiert habe. Es geht mir dabei in erster Linie um die Auswirkungen des Transit auf die Poetologie. Zugleich soll gefragt werden – wie es in der Literatur bisher nicht geschehen ist –, inwiefern der Transit, Stachuras poetischer Motor, ein *transkultureller* ist: Wie verhalten sich seine Migration, Mehrsprachigkeit und sein permanentes Reisen zu dem scheinbar unaffizierbaren Programm der Pan-

19 Es liegt in der Natur der Sache, dass sich Stachuras Anspruch weniger in Gedichten als in Prosa äußert; die Macht und Ubiquität der Poesie soll sich ja gerade *außerhalb* des Schreibens von Gedichten erweisen. Darin ist die Rezeption Stachura gefolgt und hat sich mit seinen Gedichten und Liedern eher stiefmütterlich beschäftigt. Die Stellung seines poetischen Werks ist in diesem Sinne bis heute weitgehend ungeklärt. Sicher zu Recht unterstreicht Pachocki (2007), dass für Stachuras Projekt die „Totalität" des Schreibens charakteristisch sei: dass also zu seinem Prosawerk unbedingt auch Tagebücher, Notizen, Briefe zu zählen seien. Diesbezüglich kann sowohl editorisch wie interpretatorisch noch vieles getan werden.

20 Vgl. als Beispiele Rutkowski 1987, 199, oder Pachocki 2007, 12.

21 Michał Januszkiewicz, *Tropami egzystencjalizmu w literaturze polskiej XX wieku. O prozie Aleksandra Wata, Stanisława Dygata i Edwarda Stachury*, Poznań 1998, 199.

22 Vgl. auch Mirosław Wójcik, *Człowiek-Nikt. Prozatorska twórczość Edwarda Stachury w kontekście buddyzmu zen*, Kielce 1998.

23 Szyngwelski 2003a, 325.

poesie[24] – und das unter den Voraussetzungen eines sozialistischen Literaturbetriebs?

Transkulturelle Dimensionen der Panpoesie

Wszystko jest poezja verfolgt gleichzeitig zwei im Grunde verschiedene Anliegen: Einerseits will der Text die Formel „Alles ist Poesie" bzw. „Jeder ist Dichter" verifizieren, andererseits handelt er vom Traum eines verlängerten Transits. Um das Verhältnis dieser beiden Anliegen soll es im Folgenden gehen. Meine These lautet: Das permanente Auf-der-Durchreise-Sein ist jener aktiv-passive Zustand, bei dem das Postulat, alles sei Poesie und jeder sei Dichter, erst Evidenz annehmen kann. Mit anderen Worten: Die Dynamisierung macht Panpoesie möglich, führt allerdings auch eine nicht gefahrenlose Relativierung der Poesie mit sich, insofern letztere von der Bewegung abhängig gemacht wird. Wie angedeutet, kann und sollte man sich fragen, in welchem Maße der Zustand des Transits bei Stachura ein trans*kultureller* ist. Diese Frage wiederum, so meine Vermutung, kann jedoch erst dann näher beantwortet werden, wenn auch die nichtdeskriptiven, emphatischen Dimensionen der Transkulturalität selbst berücksichtigt werden, wie sie Anfang der 1990er Jahre Wolfgang Welsch konzipierte.[25]

Zunächst zu Stachuras Herkunft. Manches prädestiniert sein Schreiben zur Transkulturalität. Er wurde 1937 in dem, wie es in *Wszystko jest poezja* heißt, „internationalen polnisch-griechisch-albanisch-italienisch-ukrainisch-weißrussisch-arabischen" Ort Charvieu in der Region Rhône-Alpes, Département Isère, geboren.[26] Erst 1948, als Elfjähriger, übersiedelte er mit der Familie ins nunmehr sozialistische Polen. Die Rückemigration schildert Stachura mit sanfter Ironie als „neuzeitliche Odyssee", und diese

---

24 Eine Tatsache ist übrigens, dass es für ‚Dichtung' im Polnischen keinen anderen etablierten Ausdruck gibt als das Fremdwort ‚poezja'.

25 Vgl. Wolfgang Welsch, „Transkulturalität – Lebensformen nach der Auflösung der Kulturen", in: *Information Philosophie* 2 (1992). Freilich plädiert Welsch (1992, 12) mit Wittgenstein für einen pragmatischen Kulturbegriff, der überkommene idealistische Elemente der Exklusivität gerade überwinden helfen solle. Im Ganzen, kann man sagen, hält sich Welschs erster Artikel einer ganzen Reihe von Beiträgen zur Transkulturalität zwischen nüchterner Konstatierung, Propagierung und leisen Anflügen von Kulturkritik in der Schwebe. Da er die meisten wichtigen Argumente der Diskussion schon enthält, beschränke ich mich hier auf diesen Beitrag.

26 „cały międzynarodowy polsko-grecko-albańsko-włosko-ukrańsko-białorusko-arabski Réveil, czyli Wieża Babel, w której się urodziłem" (Stachura 1984:4, 148). Réveil war eine Siedlung, die zur Gemeinde Charvieu gehörte. Vgl. Waldemar Szyngwelski, *Sted. Kalendarium Życia i twórczości Edwarda Stachury*, Warszawa 2003, 11.

habe die Familie in das „neuzeitliche Ithaka“ Kujawy Białe im Landstrich Kujawien geführt.[27] Später zog er fürs Studium zwischenzeitlich nach Lublin und schließlich nach Warschau. Dort schloss er 1965 mit einer Arbeit über den Surrealisten Henri Michaux (*La situation d'Henri Michaux*)[28] das Studium der Romanistik ab. Bereits 1961 hatte er mit dem Erzählband *Jeden dzień* (Ein einziger Tag) debütiert. Es folgten weitere Erzähl- und Gedichtbände, Anfang der 1970er Jahre dann die Kultromane *Cała jaskrawość* (Das ganze Gleißen) und *Siekierezada albo Zima leśnych ludzi* (Axterade oder Der Winter der Waldleute), und 1975 *Wszystko jest poezja*, um das es hier geht. Seit den 1960er Jahren trat Stachura im Sinne einer ‚Verlebendigung‘ des Geschriebenen immer mehr als Barde mit Gitarre hervor. In der letzten großen Publikation, *Fabula rasa* (1978), verwandelt sich sein zuvor von Epiphanie zu Epiphanie gespanntes Schreiben in eine desillusionierte, wenn nicht verzweifelte Aphoristik. 1979 nahm er sich, während er in psychiatrischer Behandlung war, in Warschau das Leben.

Für einen Dichter in einem sozialistischen Land hatte Stachura ungewöhnlich viele und vor allem weite Reisen ins Ausland unternommen. Er bereiste Jugoslawien, Mexiko, den Nahen Osten, Skandinavien, Frankreich, die Schweiz, Nordamerika. Und wie das weite Reisen war bei Stachura auch das Übersetzen Teil des Schreibens; er übersetzte Jorge Luis Borges, Julio Cortázar, Juan Carlos Onetti, fragmentweise Gabriel García Marquez ebenso wie Arthur Rimbaud, Lautréamont oder Michel Deguy, mit dem er befreundet war und der als Gesprächspartner und Ideengeber in *Wszystko jest poezja* präsent ist.

In diesem Sinne ist Stachuras Schaffen transkulturell par excellence: Sprachen, Länder, Landschaften, Städte werden permanent durchquert. Doch was geschieht dabei mit den einzelnen Kulturen? Alle werden sie irgendwie nahe gerückt, in einem gewissen Sinne auch *berührt* – einmal ist von „[m]einem Universum der Intimität“[29] die Rede –, doch man könnte nicht sagen, dass die Kulturen sich dabei vermischen, sich ineinander ‚auflösen‘ (nach Welsch). Im Gegenteil: Sogar da, wo sich eine viele Tausend Kilometer entfernte Landschaft mit einer polnischen Landschaft überblendet, wird die jeweilige Eigenart mehr betont als aufgehoben. So etwa, wenn vom „Indian Summer, das heißt indianischen Sommer, das heißt vom goldenen polnischen Herbst im nördlichen Zentrum des Midwest“[30] erzählt wird, oder wenn die Weichsel (Wisła) im Text immer wieder spanisch und französisch umbenannt wird: „Znowu nad Wisłą. La Vistule. El Vístula.“[31] Die Vermischung, hat man den Eindruck, ist umso weniger der

---

27 Stachura 1984:4, 147.

28 Vgl. Szyngwelski 2003b, 69.

29 „[m]ój wszechświat intymności“ (Stachura 1984:4, 195).

30 „Indian Summer, czyli indiańskie lato, czyli złota polska jesień w północnym centrum Midwestu“ (Stachura 1984:4, 254).

31 Stachura 1984:4, 47.

Fall, je mehr sie von der Poesie heraufbeschworen wird. Die Wirkung der poetisch konstruierten Vermischung ist eine ephemere, die wie ein Refrain erklingt und wieder verklingt. Und ich glaube nicht, dass dies lediglich damit zu tun hat, dass die Volksrepublik Polen eine in der Tat stark unifizierte, weitgehend einsprachige Kultur war.[32] Im Zentrum steht die *Ausdauer* des Dichters in seinem ständigen Durchqueren, nicht die durchquerten Sphären. So wendet sich der Erzähler in *Wszystko jest poezja* mit folgenden Worten an die Leser: „Ich danke ihnen für die offenen Fenster und die freie Bahn für den einsamen Langstreckenläufer."[33]

Das hier anklingende neoromantische Motiv der Einsamkeit fließt interessanterweise auch in die Übersetzungspoetik ein, die Stachura skizziert. Während seines schon erwähnten Genf-Aufenthalts habe er, von Café zu Café wechselnd, Gedichte von Borges übersetzt, da Borges einst in Genf das Gymnasium besucht hatte.[34] In diesem Zusammenhang heißt es:

> Niesamowita rzecz – przekładać słowa i to, co one znaczą, z jednego języka na inny język. Niesamowita rzecz – wchodzić w cudzy świat i krążyć po nim, kluczyć bocznymi drogami [...]. Nie wychodząc z własnego labiryntu (bo jak?), więc z własnym labiryntem wstępować w inny labirynt, więc labirynt podwójny, podwójnie zagęszczony, zgęszczony, tak, ale zarazem niezastąpiona pomocność własnego labiryntu w wyszukiwaniu przejść w innym, cudzym labiryncie, i odwrotnie: niezastąpiona pomocność innego, cudzego w wyszukiwaniu przejść we własnym.[35]

> Eine unerhörte Sache – Wörter und das, was sie bedeuten, von einer Sprache in eine andere Sprache zu übersetzen. Eine unerhörte Sache – eine fremde Welt zu betreten und in ihr umherzugehen [...]. Ohne das eigene Labyrinth zu verlassen (wie schon?), also mit dem eigenen Labyrinth ins andere Labyrinth einzutreten, also: ein doppeltes Labyrinth, doppelt eingedickt, verdichtet, ja, aber zugleich der unerlässliche Beitrag des eigenen Labyrinths beim Versuch, durch das andere, fremde hindurchzugehen, und umgekehrt: der unerlässliche Beitrag des anderen, fremden beim Versuch, durch das eigene hindurchzugehen.

---

32 Vgl. Norman Davies, „The Legacy of Humiliation: Post-war Poland to the Crisis of the People's Republic, 1944–1983", in: Ders., *Heart of Europe. The Past in Poland's Present*, Oxford 2001, 10.

33 „Dziękuję im za otwarte drzwi, za otwarte okna i za wolną drogę dla samotnego długodystancowca." (Stachura 1984:4, 138).

34 Außerdem waren Borges' zwei engste Freunde der Genfer Gymnasialzeit Polen bzw. polnische Juden gewesen. Für diesen und weitere wertvolle Hinweise danke ich Prof. Dr. Jan Zieliński (Warszawa/Fribourg).

35 Stachura 1984:4, 160.

Auch das Übersetzen verbindet sich zwar, wie man sieht, mit der Vorstellung des Hindurchgehens. Was dabei aber ins Auge sticht, ist, wie sehr Stachura auf der Unhintergehbarkeit der jeweiligen „Welt“ des übersetzten und des übersetzenden Dichters beharrt. Die beiden „Labyrinthe“ würden im Übersetzungsprozess übereinandergeschoben, jedoch in keinem dritten, gemeinsamen aufgelöst. Es scheint überhaupt nichts Gemeinsames zu geben. Bestenfalls gibt es „Gegenseitigkeit“[36], wie ein zentrales Signalwort des „Alles ist Poesie“-Programms lautet. Im Sinne dieser Gegenseitigkeit ist übrigens auch der Titel *Wszystko jest poezja*, genauer, der dort unterschlagene Instrumental (poezją) zu verstehen. Damit die Formel „Alles ist Poesie“ vom Ende her lesbar wird: „Poesie ist alles“, müssen beide Glieder im Nominativ belassen werden – was dem Titel im Polnischen außerdem einen umgangssprachlichen Anstrich gibt.[37]

„Alles ist Poesie“: Enttextualisierte Neoromantik?

Kommen wir zu Stachuras Begründung der Panpoesie. Auf den ersten Seiten von *Wszystko jest poezja* wird die These, alles sei Poesie und jeder sei Dichter, mit mehreren anschaulichen Beispielen illustriert (von einer eigentlichen Beweisführung sieht der Erzähler von Anfang an ab). Eines der Beispiele handelt vom Zugfahren:

> Kiedy się jedzie pociągiem, to jest to o ile ciekawsza poezja. Znam takich, którzy wysiadają na jakiejś stacji albo wprost wyskakują z pociągu (nie trzeba z pośpiesznego), żeby wejść w krajobraz, który ich nagle olśnił. Żeby być nim. Wtopić się weń. Być jedną linijką, jednym wersem w tym wierszu. Taki skok z pociągu albo nagłe

---

36 „Wzajemność“ (Stachura 1984:4, 43 und passim). Stachura (1984:4, 161–162) beschreibt sogar das Verhältnis zwischen Liebenden als Kontakt zweier inkommensurabler Labyrinthe, die sich im besten Fall „gegenseitig“ den Ariadnefaden auslegten.

37 Marian Buchowski weist darauf hin, dass das Fehlen des Instrumentals ursprünglich womöglich auf einen Tippfehler auf dem Manuskriptumschlag zurückgeht. Während der Text in der Zeitschrift *Miesięcznik Literacki* diskussionslos unter dem grammatisch korrekten Titel *Wszystko jest poezją* erschien, setzte Stachura bei der Buchausgabe im Verlag *Państwowy Instytut Wydawniczy* die Variante ohne Instrumental durch, allerdings erst nachdem der ‚Fehler‘ vom Lektorat beanstandet worden war. Buchowski schreibt: „[...] wenn schon der Inhalt des Buches verrückt war, so sollte wenigstens die Flexion in Ordnung sein. Stachura korrigierte wann immer er konnte seine Korrektoren, und es ist, als hätte er vergessen, dass er bei dem Titel mit der Variante *Wszystko jest poezją* ans Werk gegangen war.“ (Marian Buchowski, *Buty Ikara. Biografia Edwarda Stachury*, Warszawa 2014, 185).

> wysiadanie na stacji niedocelowej i pojście przez pola [...] – jest przepięknym wierszem, tyle że nie zapisanym na papierze.[38]

> Wenn man im Zug fährt, ist das die weitaus interessantere Poesie [als ein aufgeschriebenes Gedicht]. Ich kenne solche Leute, die bei irgendeiner Haltestelle aussteigen oder schlicht aus dem Zug rausspringen (bloß nicht aus einem Express), um in die Landschaft hineinzugehen, von der sie auf einmal bezaubert wurden. Um in ihr zu sein. In ihr zu schwimmen. Eine Linie in ihr zu sein, ein Vers in diesem Gedicht. Ein solcher Sprung aus dem Zug oder ein plötzliches Aussteigen bei einer unbenötigten Haltestelle und Gehen über die Felder [...] – ein wie wunderschönes Gedicht ist das, bloß kein auf Papier geschriebenes.

Das Beispiel erinnert von gar nicht so fern an die traditionelle Buchmetapher, wie sie etwa Hans Blumenberg in seiner Studie *Die Lesbarkeit der Welt* (1979) entwickelt: Die Natur wird als Text aufgefasst und aufgeschlüsselt. Zugleich fällt auf, wie physisch aktiv der ‚Leser' in Stachuras realisierter Natur-Poesie werden muss; er purzelt geradezu in den Text der Landschaft hinein. Die Frage ist damit, ob in dieser Poetisierung der Welt der Faktor der Textualität und des Lesens und Entzifferns überhaupt noch so prägend ist.[39] In einem anderen Beispiel auf den ersten Seiten von *Wszystko jest poezja* kollidiert die Poesie des Lebens jedenfalls direkt mit dem *Lesen* von Gedichten – und damit womöglich mit dem Dekodieren von Texten überhaupt:

> Wszystko jest poezją: to, że idziesz do księgarni, kupujesz tomik wierszy, wychodzisz na ulicę, przy straganie kupujesz pół kilo czereśni albo pół kilo śliwek, zależy, jaka pora roku, idziesz do parku, siadasz na ławce, jedną ręką przewracasz kartki, drugą sięgasz po czereśnie lub śliwki, zależy, jaka pora roku, wszystko jest oczywiście poezją, a najmniej poezją są czytane wiersze.[40]

> Alles ist Poesie: dass du in die Buchhandlung gehst, ein Gedichtbändchen kaufst, auf die Straße hinausgehst, beim Obststand ein halbes Kilo Süßkirschen oder ein halbes Kilo Pflaumen kaufst, je nach Jahreszeit, in den Park gehst, dich auf eine Bank setzt, mit einer Hand die Seiten umwendest, mit der anderen nach den Süßkirschen oder den Pflaumen greifst, je nach Jahreszeit, das alles ist ganz offensichtlich Poesie, doch am wenigsten Poesie sind die gelesenen Gedichte.

Durch die Süßkirschen und Pflaumen und die ihnen entsprechenden Erntezeiten ist dieses Beispiel für Panpoesie zwar stark an die Natur ge-

---

38 Stachura 1984:4, 6.

39 Karpowicz (2012, 432) spricht insofern vielleicht zu buchmetaphorisch von einem „Lesen des Alltags".

40 Stachura 1984:4, 5.

bunden und zeigt in gewisser Weise noch ein *Lesen* im Buch der Natur an. Doch in den Mittelpunkt rückt das schiere Sich-Ereignen einer Alltagssituation, in welcher das Sommerlicht, der Geschmack des Obsts, die Gesten, also nicht-sprachliche Faktoren jede Tätigkeit des Entzifferns als zweitrangig erscheinen lassen. Wo ein deutschsprachiger Leser geradezu reflexartig an Novalis' Diktum „Die Welt muß romantisirt werden“[41] denken würde – und tatsächlich erwähnt Stachura den Frühromantiker in seinem Text[42] –, da erweist sich der Akzent bei dem polnischen Neoromantiker als ein anderer: Poetisierung will vor allem physische Bewegung. Zwar muss bei Novalis auch etwas *getan* werden. Er spricht von einer „Operation“ des Romantisierens, von der „Erhöhung“ des Gewöhnlichen und „Erniedrigung“ des „Höhere[n]“.[43] Er verwendet überdies mathematische Metaphern wie „Potenzirung“ und „[L]ogarythmisir[en]“.[44] Gerade solche strukturhafte Explikationen der Poetisierung gibt es bei Stachura aber nicht. Außerhalb der Dynamisierung, hier eines spektakulären Sprungs und eines schlichten Gestikulierens, ist Poetisierung für ihn offensichtlich undenkbar.

Das „zweite Leben“: Zwischen poetischer Eschatologie und neuer Ruhe

Stachuras Programm ist allerdings nicht ganz so durchsichtig, wie es die Beispiele von der Zugfahrt und vom Obstessen nahelegen. Zunächst scheint es zwar, als würde die aufgeschriebene, vom Literaturbetrieb institutionalisierte und disziplinierte Poesie gegen die flüchtige, schriftlich nie ganz erfassbare und immer etwas sentimentale ‚Poesie des Alltags‘ ausgetauscht. Bei genauem Hinsehen wird in Stachuras Konzeption jedoch gerade der Wert des Alltäglichen selbst zur Disposition gestellt. Wenn Poesie als „Seins-“ und „Lebensweise“, als eine „Art zweiten Lebens“ bezeichnet wird und schließlich als eine Art, das „erste Leben“, d. h. die faktische soziale Alltagsrealität, an dieses „zweite Leben anzuschließen“,[45] so wird deut-

---

41 Novalis, *Das philosophische Werk I*, Stuttgart/Berlin/Köln/Mainz ^{3}1981, 545.

42 Stachura 1984:4, 169.

43 Novalis 1981, 545.

44 Novalis 1981, 545.

45 „Tak więc dużo bardziej niż czymś innym, niż na przykład pisaniem wierszy, poezja jest sposobem bycia, sposobem życia, sposobem innego, drugiego życia. Dużo bardziej niż czymś innym poezja jest sposobem włączenia tego pierwszego życia (którym wszyscy żyjemy) do tego drugiego życia, czy też, inaczej mówiąc, przemianą tego pierwszego życia, całkiem fałszywego lub ćwierćprawdziwego, lub co najwyżej półprawdziwego, w drugie, prawdziwe życie. Tym właśnie: przemianą tego pierwszego życia w drugie życie ja się od pewnego czasu bez reszty zajmuję.“ („Denn in weit höherem Maße als etwas anderes, beispielsweise als das Schreiben von Gedichten, ist Poesie eine Seinsweise, eine Lebensweise, eine Art des anderen, zweiten Lebens. In weit höherem Maße als etwas anderes ist Poesie eine Art,

lich, dass Stachura keineswegs einfach den Alltag zur Poesie erklärt. Im Gegenteil, das „erste Leben“ erscheint als „ganz falsch“, „viertelwahr“ oder „höchstens halbwahr“, während die Poesie schlichtweg das „wahre Leben“[46] sei. In diesem Sinne ist Stachuras vermeintlich so ‚monistische‘ Vorstellungswelt, wie Karpowicz jüngst gegen Rutkowski eingewendet hat, von einem unverblümten Dualismus durchzogen.[47] Vielleicht sollte man statt von Dualismus vorsichtiger von einem Paradox sprechen; es geht ja darum, dass eine Ver-alltäglichung – diese Seite lässt sich schwerlich bestreiten – und eine Ent-alltäglichung *zugleich* ins Werk gesetzt werden. So wie die mal teilweise, mal vollständige Wiederholung von Sätzen Stachuras Schreiben einerseits entliterarisieren und ihm andererseits umso mehr einen wiedererkennbaren literarischen Stil verleihen.

Auch die Vorstellung, wonach das erste an ein zweites Leben „angeschlossen“ werde, nährt sich aus einem Transit-Moment. Das „erste“ Leben soll ins „zweite“ *hinübergerettet* werden. Und diese Rettung hat interessanterweise eine eschatologische Dimension. Am Ende der besprochenen Passage heißt es: „Gehen wir weiter. Denn auch Zeit, scheint es, bleibt nicht mehr allzu viel. Man muss sich beeilen. Weiter also. Denn womöglich wird man je weiter [man geht] desto näher jenem zweiten Menschen sein, der doch bitte endlich verraten möge, wer er ist.“[48] Auch die Bewegung des „Anschließens“ muss offenbar noch einmal dynamisiert werden. Die eschatologische Zeitknappheit wird zum Imperativ der ständigen, nie auszusetzenden Weiter-Bewegung.

Damit soll nicht gesagt sein, dass Bewegung bei Stachura reiner Selbstzweck wäre. Stets behält sie nämlich auch den Charakter eines Mittels zum Zweck. Dieser Zweck könnte *Ruhe* sein, oder wie es in einem Traktat des Suprematisten Kazimir Malevič einmal heißt: „eine neue klas-

---

jenes erste Leben (das wir alle leben) an dieses zweite Leben anzuschließen, oder, um es anders zu sagen, die Verwandlung jenes ersten Lebens, das ganz und gar falsch oder viertelwahr oder allerhöchstens halbwahr ist, in das zweite, wahre Leben. Eben damit: mit der Verwandlung jenes ersten Lebens in das zweite Leben beschäftige ich mich seit einiger Zeit ausschließlich [ohne Rest].“) (Stachura 1984:4, 22).

46 „prawdziwe życie“ (Stachura 1984:4, 22).

47 Karpowicz 2012, 427.

48 „Idźmy dalej. Bo i czasu, zdaje się, też już nie za wiele. Trzeba się śpieszyć. Więc dalej. Bo być może, im dalej, tym właśnie bliżej się będzie tego drugiego człowieka, który niech zgadnie, niech wreszcie zgadnie, kim jest.“ (Stachura 1984:4, 22). Siehe dazu auch folgende Passage aus der Erzählung „Naprzód, niebiescy“ („Vorwärts, Blaue“, 1977): „Tak, każdy dzień jest dniem ostatnim i ostatnią jest każda chila [...]. Ale dlatego też, dlatego właśnie też każdy nowy dzień jest pierwszym i pierwszą jest każda chwila.“ („Ja, jeder Tag ist der letzte Tag und der letzte ist jeder Augenblick [...]. Doch auch deshalb, gerade deshalb ist auch jeder neue Tag der erste und der erste ist jeder Augenblick.“) (Edward Stachura, „Naprzód, niebescy“, in: Stachura 1984:2, 339). Vgl. dazu Januszkiewicz 1998, 188.

sische Ruhe"[49]. Im Zusammenhang des spürbaren Wunsches nach Ruhe ist die Präsenz des französischen Dichters Lautréamont in *Wszystko jest poezja* von besonderem Interesse.[50] Wie sind Lautréamonts *Chants de Maldoror* (1874), diese phantastischen Horrorvisionen, mit der überzeichnet gewöhnlichen Welt Stachuras in Einklang zu bringen? Hier besteht eine schwerlich überbrückbare Diskrepanz. Könnte es aber sein, dass Stachura und Lautréamont über Umwege doch intim zusammenhängen, und zwar über die Vermittlung Gaston Bachelards (den *Wszystko jest poezja* ebenfalls erwähnt)[51]? Wirft man einen Blick in Bachelards Studie *Lautréamont* (1939), so fällt die kritische Distanz gegenüber dem Dichter auf. Zumal am Ende seines Büchleins skizziert Bachelard eine vertiefte Beschäftigung mit dem, was er schlicht „non-lautréamontisme" nennt. Der „lautréamontisme", das suggestive Vermächtnis des Zeitgenossen von Rimbaud, sei erst „eine erste Dynamisierung"[52] gewesen, „ein noch zu konvertierender Wert, wie eine zu transformierende expansive Kraft"[53]. Bachelard schwebt vor, die Imagination und Sprache Lautréamonts, seine animalischen Metamorphosen aufzugreifen, dabei aber etwas völlig anderes aus ihnen zu gewinnen, „ein neues Denken und eine neue Poesie"[54]. Er schreibt:

> La question à poser est donc la suivante : Comment provoquer des métamorphoses vraiment humaines [...], vraiment *ouvertes* ? La voie de l'effort humain direct n'est qu'un pauvre prolongement de l'effort animal. C'est dans le *rêve d'action* que résident les joies vraiment humaines de l'action. Faire agir sans agir, quitter le temps lié pour le temps libre, le temps de l'exécution pour le temps de la décision, le temps lourdement continu des fonctions pour le temps miroitant d'instants des projets, remplacer la philosophie de l'action, qui est trop souvent une philosophie de l'agitation, par une philosophie du repos, puis par une philosophie de la conscience du repos, de la conscience de la solitude, de la conscience de la force en réserve, telles sont les tâches préliminaires pour une pédagogie de l'imagination.[55]

> Folgende Frage ist zu stellen: Wie können Metamorphosen ausgelöst werden, die wirklich menschlich [...], wirklich *offen* wären? Der Weg der gerichteten menschlichen Bemühung ist bloß eine

---

49 „новый классический покой" (Kazimir Malevič, „1/42. Bespredmetnost'", in: Ders., *Sobranie sočinenij v pjati tomach*, Bd. 4, Moskva 2003, 133).

50 Es ist sogar ein mehrseitiges Übersetzungsfragment aus den *Chants de Maldoror* eingefügt. Stachura 1984:4, 9–11.

51 Vgl. Stachura 1984:4, 6.

52 „une première dynamisation" (Gaston Bachelard, *Lautréamont*, Paris 1939, 199).

53 „une valeur à convertir, comme une force d'expansion à transformer" (Bachelard 1939, 199).

54 „une pensée et poésie nouvelle" (Bachelard 1939, 199).

55 Bachelard 1939, 197–198.

> armselige Fortsetzung der tierischen Stärke. Im *Traum von der Tat* schlummern die wirklich menschlichen Freuden der Tat. Zum Handeln führen ohne zu handeln, die gebundene Zeit verlassen für die freie Zeit, die Zeit der Ausführung für die Zeit der Entscheidung, die schwerfällig fortschreitende Zeit der Funktionen für die schillernde Zeit der Entwürfe, die Philosophie der Tat, die allzu oft eine Philosophie der Aufwiegelung ist, durch eine Philosophie der Ruhe, dann durch eine Philosophie des Bewusstseins von der Ruhe, dann des Bewusstseins von der Einsamkeit, des Bewusstseins von der gespeicherten Kraft, das sind die vorläufigen Aufgaben für eine Pädagogik der Imagination.

Was genau aus dem breiten Werk des französischen Literaturtheoretikers Stachura kannte, geht aus *Wszystko jest poezja* nicht hervor, und es bestehen diesbezüglich keine mir zugänglichen Informationen. Anzunehmen ist, dass er Bachelard während seines Romanistikstudiums gelesen oder jedenfalls zur Kenntnis genommen hatte. Der Essay *Lautréamont* könnte zu den Büchern gehört haben, die ihm bekannt waren, denn der skizzierte ‚non-lautréamontisme' ist der Panpoesie in gewissen Punkten erstaunlich nahe. Auch unabhängig von den faktischen Kenntnissen Stachuras kann Bachelards Vorschlag, namentlich sein Begriff der „Konversion", für ein ganz konkretes Problem erhellend sein. „Auslösen", „verlassen", „ersetzen" – die Konversion von Lautréamonts „erster Dynamisierung" muss offensichtlich selbst wieder in Begriffen der Bewegung geschehen. Wie Stachuras „Anschließen" des „ersten" an das „zweite" Leben bedeutet der Moment der Transformation eine weitere, wenn auch andere Dynamisierung. *Wie* diese sich gestalten soll, darauf geht Bachelard nicht näher ein. Das Ziel ist bei ihm aber eine umfassende Besänftigung, eine Besänftigung, die von Lautréamonts blutigen Metamorphosen die Energie bezieht, diese aber zugleich in etwas Leichteres, Offeneres, Freieres verwandeln möchte.

Der Mangel an Poesie: Transkulturalität als Utopie

In dem Maße, wie die Panpoesie von solchen ‚konvertierenden' Vorkehrungen durch den Dichter abhängig ist, bleibt sie ein höchst fragiles Gut. So sehr Stachura an sie glaubt, ist es doch keineswegs sicher, dass sie bereits da ist. Spätestens in der Mitte seiner Essaysammlung kommt es zu einer empfindlichen Einschränkung in der „Alles ist Poesie"-Formel: Alles *wäre* Poesie! In Wirklichkeit ist die Poesie noch lange nicht überall, mehr noch, sie fällt dem Dichter am dringlichsten gerade durch ihr allgegenwärtiges Fehlen auf. An einigen Stellen kippt die Euphorie über die Universalisierung der Poesie in eine tragische Klage:

[...] tam gdzie jest poeta, we wszystkim widzi on za mało poezji, jakieś braki poezji, jakieś luki. Wydaje się mu, mniema, jest nawet o tym prawie przekonany, że więcej poezji powinno się jawić we wszystkim i w każdej rzeczy z osobna. To go straszliwie gnębi. Zapytuje się: Na czym to polega? Czy to tak ma być? Tak jakoś ułomnie, kaleko? Zapytuje się: Czy nie dorosłem do pełni? Do pełnej w każdej chwili wzajemności? Zapytuje się: Czy moja wina, czy to czyja wina?[56]

[...] da wo ein Dichter ist, sieht er in allem zu wenig Poesie, irgendwie Mängel an Poesie, irgendwie Lücken. Ihm scheint, er ahnt, fast ist er überzeugt davon, dass sich in allem mehr Poesie zeigen sollte, und in jedem Ding insbesondere. Das quält ihn fürchterlich. Er fragt sich: Womit hat das zu tun? Muss das so sein? So, irgendwie gebrochen, beschädigt? Er fragt sich: Bin ich denn noch nicht reif für die Fülle? Für die vollständige Gegenseitigkeit in jedem Augenblick? Er fragt sich: Ist das meine Schuld, oder die Schuld von sonst jemand?

Das „Fehlen“ der Poesie und der Schrecken davor, den der Erzähler erst nach und nach offenlegt, hat selbstredend Auswirkungen auf die Transit-Figur und damit auf die Frage nach der Transkulturalität. Denn die Panpoesie ist, wie wir gesehen haben, aufs engste mit der Vorstellung eines stets neu begonnenen Durchquerens verbunden. Da, wo die Poesie ausbleibt und sich nicht ‚zeigen‘ will, ist da nicht auch die permanente Bewegung ein müßiges Unterfangen gewesen? Jedenfalls wird die Bewegung in *Wszystko jest poezja* einmal ausdrücklich als Gegenmaßnahme, geradezu als Ablenkungsmanöver identifiziert: „Einige jener ‚Unbehaglichkeiten‘ sind weniger dominant, wenn man in Bewegung ist, wenn man Bewegung in Bewegung ist [...].“[57] Die Formel ‚Bewegung sein‘ kehrt später in *Fabula rasa* in anderem Kontext wieder, als gefragt wird, ob es möglich sei, „die Wahrheit zu erkennen [poznać]“. Die Antwort lautet: Ja (wobei stillschweigend das Verb aus dem vollendeten in den unvollendeten, prozessualen Aspekt übertragen wird): „Die Wahrheit zu erkennen [pozna**wać**] ist möglich. Wie? Im Laufen/Fliehen, in Bewegung. Das heißt, dieses Laufen/Fliehen zu sein, diese Bewegung zu sein.“[58] Freilich ist hier nicht vom Zugang zur Poesie, sondern von der Erkennbarkeit der Wahrheit die Rede. Die Figur des Laufens/Fliehens zeigt allerdings an, dass die Bewegung nicht abstrakt-philosophisch zu verstehen ist. Sie lässt auch hier noch unmittelbar an Stachuras Durchreise-Tätigkeit denken.

56 Stachura 1984:4, 135–136.

57 „Niektóre z tych ‚niewygodności‘ są mniej dominujące, kiedy się jest w ruchu, kiedy się jest ruchem w ruchu [...].“ (Stachura 1984:4, 43).

58 „Prawdę można poznawać. Jak? W biegu, w ruchu. To znaczy być tym biegiem, być tym ruchem.“ (Stachura 1984:5, 35).

Also: Das Leben sei dann weniger schwer und die Wahrheit könne dann erkannt werden – „wenn man Bewegung ist". Ist dieses Modell auf die Transkulturalität zu übertragen? Ist Panpoesie nur dann möglich, wenn es Transkulturalität gibt? Ich versuche mit einem Beispiel zu antworten. Symptomatisch ist die Episode vom Besuch im Geburtsort per Transitvisum: Der einstmals ‚babylonisch' vielsprachige Ort Charvieu ist in der Gegenwart von 1973 offensichtlich nicht zu einem Schmelztiegel geworden (und scheint so gesehen kaum in höherem Maße transkulturell zu sein als das abgeschottete Volkspolen). Es ist ein weitgehend ausgestorbener Ort, in dem die noch Verbliebenen ihre alten Dialekte sprechen.[59] Stachuras Erzähler ist schnell wieder weg. Ausführlicher als das bedrückende Bild des entleerten, der Entropie anheimfallenden „Turms zu Babel" schildert er dann, wie er in einem Café das unspektakuläre „normale Leben der Straße"[60] betrachtet habe. Die Transit-Figur wird so von den Visa-Belangen und der Neugier am transkulturellen Herkunftsort heruntergebrochen auf die Wahrnehmung des Dichters und seine Fragen: was „zwischen mir und der Straße" geschehe, was „im Leben zu tun" sei ...[61] Das heißt: Die Transkulturalität wird (zwischenzeitlich) ad acta gelegt, die poetische Transit-Figur jedoch mikrokosmisch, als Modus der Betrachtung sogleich weitergeführt.

Stachuras Diagnose zur Transkulturalität – falls man von einer solchen sprechen kann – ähnelt interessanterweise stark der Kritik, mit der sich das Konzept in der akademischen Diskussion zuweilen konfrontiert sah. Transkulturalität, so einer der verbreiteten Einwände, imaginiere einen gemeinsamen dritten ‚Ort'[62], wie es ihn im konkreten Kontakt zwischen Kulturen, und seien diese noch so in Auflösung begriffen, gar nie geben könne. Ein immer bleibender Rest an Differenz werde so vernachlässigt oder idealistisch übersehen.[63] Ob man diese Einwände teilt oder nicht – der

---

59 Stachura 1984:4, 149–150.

60 „normalne życie ulicy" (Stachura 1984:4, 155).

61 „w tym punkcie, którym byłem ja, i w obliczu tego, co działo się POMIĘDZY NAMI (na przykład pomiędzy mną i ulicą), więc w obliczu tego wszystkiego i tego, co jest w życiu do zrobienia" (Stachura 1984:4, 155–156).

62 Aus einer emanzipatorischen Perspektive kritisiert Wolfgang Welsch (1992, 18) allerdings gerade ein derartiges raum-metaphorisches, territoriales Denken und nimmt für die Transkulturalität alternative „Metaphoriken des Gewebes, der Verflechtung, der Verkreuzung, der Vernetzung" in Anspruch.

63 Vgl. Hamid Resa Yousefi / Ina Braun, *Interkulturalität. Eine interdisziplinäre Einführung*, Darmstadt 2011, 108–109. Hinsichtlich der Kritik am Konzept der Transkulturalität beziehen sich Yousefi / Braun (2011, 109) auf Bernhard Waldenfels und zitieren ihn mit der Aussage, es gebe „keinen Ort jenseits der Kulturen, [...] den man als transkulturell bezeichnen könnte". Auf der angegebenen Seite findet sich bei Waldenfels allerdings nur der erste Teil: „Es gibt keinen Ort jenseits der Kulturen...". Der Nebensatz: „...den man als transkulturell bezeichnen könnte" wurde von den Autoren hinzugefügt. Vgl. Bernhard Waldenfels, *Grundmotive einer*

Hinweis auf ein idealistisches oder sagen wir: utopisches Moment in der Transkulturalität ist wohl berechtigt. Mit Stachuras *Wszystko jest poezja* könnte man nun noch einen Schritt weiter gehen und von einer *poetischen* Dimension in dem Konzept sprechen.[64] Die Durchquerung von allem, soll sie nicht bloß Nivellierung sein, erfordert Phantasie, ja einen gewissen Kunstwillen. Umgekehrt kann sich die Poesie nur ausbreiten, wenn sie sich unablässig der Transit-Figur bedient, selbst da, wo es ihr darum geht, zu einer neuen Ruhe zu finden. Die Poesie erscheint als ‚andere' Sphäre, in die das vordergründige, indifferente Leben übertragen werden soll. In diesem unfassbaren „Anschließen" des „ersten" an das „zweite" Leben realisiert sich die Transit-Figur von *Wszystko jest poezja*. Der Transkulturalität als sozialem Faktum steht Stachuras Text dagegen mit merklicher Reserviertheit gegenüber – dies freilich nicht vom Standpunkt der Interkulturalität und ihrem Differenzkriterium aus. Den Grund für die Skepsis sehe ich vielmehr darin, dass er gesellschaftlichen Mechanismen grundsätzlich jenes Anziehende, Anschließende, Zusammenführende nicht zutraut. Hier kann nach Stachura nur die Poesie helfen. Damit wird die Transkulturalität zur poetischen Utopie.

Schluss. Sein und Nichtsein auf einmal: Ein metaphysischer Transit?

So würde ich Stachuras Verknüpfung des „Alles ist Poesie"-Programms mit der Transit-Figur konzeptualisieren. Gegen Ende des Textes erfährt die Panpoesie aber noch einmal eine Wende. Unter dem Eindruck einer transatlantischen Schiffsreise nach Amerika (die Stachura 1974 unternahm)[65], angesichts der offenen Weiten des Ozeans, wird *Wszystko jest poezja* zum metaphysischen Traktat über die Ewigkeit.[66] Am unverkennbarsten ein Dichter sei der – so das erweiterte Argument –, dem es gelinge, *zugleich zu sein und nicht zu sein*. Das Sein stelle in der Ewigkeit lediglich einen begrenzten Bereich dar. Deshalb müsse es durch das Nicht-Sein stets von neuem annulliert, aufgebrochen werden.[67] Das Bewegungs-Credo („Bewe-

---

Phänomenologie des Fremden, Frankfurt a. M. 2006, 109–110. Aus Welschs (1992, 14) Sicht wiederum hat der Multikulturalismus „den Weg des Separatismus eingeschlagen".

64 Welsch (1992, 20) bezieht sich in seinem Grundtext zur Transkulturalität nicht auf literarische, sondern, durchaus prominent, auf musikalische Beispiele. Kompositionen der Neuen Musik, schreibt er, „beginnen transkulturell zu operieren". Im Vorantreiben der Transkulturalität kam der Kunst nach Welsch offenbar eine wichtige Rolle zu.

65 Vgl. Szyngwelski 2003b, 154–159.

66 Auch in *Fabula rasa* spielt das Umkreisen des Ewigkeitsbegriffs eine zentrale Rolle. Definiert wird Ewigkeit dort als „ewig neues Jetzt" („Wieczność to wiecznie nowe teraz") (Stachura 1984:5, 35).

67 Stachura 1984:4, 251–252 und passim.

gung in Bewegung sein") bleibt so noch in der metaphysischen Übersteigerung des Panpoesie-Programms virulent. Nur wer in „unablässiger Bewegung" sei, wer permanent „anreise und wieder abreise", ständig „erscheine und wieder verschwinde", der könne in „letztgültigen, ewiglichen Dimensionen" leben.[68] Ähnlich war schon der Held des Romans *Cała jaskrawość* in einer seiner Epiphanien zur Einsicht gekommen, dass es zwischen Leben und Tod nicht um zwei sich entgegenstehende Pole gehe, sondern vielmehr um die „zwischen ihnen [Leben und Tod] *balancierende Ewigkeit*".[69] Ewig kann demnach nur das Bewegliche sein. Sogar die ewige Ruhe muss nach Stachura in der Bewegung gesucht werden.

So bleibt von den transkulturellen Allusionen am Ende ein perpetuiertes Changieren zwischen Sein und Nicht-Sein, zwischen Erscheinen und Verschwinden, Anreisen und Abreisen. Falls dem Dichter das Bewegung-in-Bewegung-Bleiben gelingt, so realisiert sich auch die Transkulturalität. Das ist eine einseitige Abhängigkeit. Doch gerade das ausgeprägte Bewusstsein von der Fragilität der Panpoesie macht Stachuras *Wszystko jest poezja* zu mehr als einem bloß neoromantischen Restitutionsversuch.

Bibliographie

Bachelard, Gaston: *Lautréamont*. Paris: Librairie José Corti 1939.

Buchowski, Marian: *Buty Ikara. Biografia Edwarda Stachury*. Warszawa: Iskry 2014.

Burek, Tomasz: „Powieść utajona". In: Burek, Tomasz: *Żadnych marzeń*. Warszawa: Oficyna wydawnicza „Pokolenie" 1989, 131–142.

Davies, Norman: „The Legacy of Humiliation: Post-war Poland to the Crisis of the People's Republic, 1944–1983". In: Ders.: *Heart of Europe. The Past in Poland's Present*. Oxford: Oxford University Press 2001, 1–54.

Januszkiewicz, Michał: *Tropami egzystencjalizmu w literaturze polskiej XX wieku. O prozie Aleksandra Wata, Stanisława Dygata i Edwarda Stachury*. Poznań: Poznańskie Studia Polonistyczne 1998.

Karpowicz, Agnieszka: *Proza życia. Mowa, pismo, literatura (Białoszewski, Stachura, Nowakowski, Anderman, Redliński, Schubert)*. Warszawa: Wydawnictwo Uniwersytetu Warszawskiego 2012.

Klas, Wojciech / Zieliński, Jan: *Kościelscy. Ród, fundacja, nagroda*. Kraków: Universitas 2011.

---

68 „w nieustannym będąc ruchu", „przyjeżdżając i odjeżdżając", „pojawiając się i znikając", „w wymiarach ostatecznych, wieczystych" (Stachura 1984:4, 253).

69 „między nimi *balansująca wieczystość*" (Edward Stachura, *Cała jaskrawość*, in: Ders., *Powieści* (*Poezja i proza*, Bd. 3), Warszawa 1984, 92; Hervorhebung – Ch. Z.).

Malevič, Kazimir: „1/42. Bespredmetnost'“. In: Ders.: *Sobranie sočinenij v pjati tomach*. Hg. von A. S. Šackich. Bd. 4. Moskva: Gileja 2003, 68–134.
Mauriac, Claude: *L'Alittérature contemporaine*. Paris: Éditions Albin Michel 1969.
Novalis: *Das philosophische Werk I*. Hg. von Richard Samuel (= *Schriften. Die Werke Friedrich von Hardenbergs*. Hg. von Paul Kluckhohn / Richard Samuel. Bd. 2). Stuttgart/Berlin/Köln/Mainz: W. Kohlhammer ^{3}1981.
Pachocki, Dariusz: *Stachura totalny*. Lublin: Wydawnictwo KUL 2007.
Pietropaoli, Antonio: *Le strutture dell'anti-poesia. Saggi su Sanguineti Pasolini Montale Arbasino Villa*. Napoli: Guida 2013.
Rutkowski, Krzysztof: *Przeciw (w) literaturze. Esej o „poezji czynnej“ Mirona Białoszewskiego i Edwarda Stachury*. Bydgoszcz: Wydawnictwo Prasowe „Pomorze“ 1987.
Skrendo, Andrzej: *Tadeusz Różewicz i granice literatury. Poetyka i etyka transgresji*. Kraków: Universitas 2002.
Stachura, Edward: *Poezja i proza*. Hg. von Henryk Bereza / Ziemowit Fedecki / Krzysztof Rutkowski. 5 Bde. Warszawa: Czytelnik 1984.
Szyngwelski, Waldemar: *Sobowtór w labiryncie. Proza artystyczna Edwarda Stachury*. Warszawa: Oficyna Wydawnicza RYTM 2003 (=2003a).
Szyngwelski, Waldemar: *Sted. Kalendarium Życia i twórczości Edwarda Stachury*. Warszawa: Oficyna Wydawnicza RYTM 2003 (=2003b).
Waldenfels, Bernhard: *Grundmotive einer Phänomenologie des Fremden*. Frankfurt a. M.: Suhrkamp 2006.
Welsch, Wolfgang: „Transkulturalität – Lebensformen nach der Auflösung der Kulturen“. In: *Information Philosophie* 2 (1992), 5–20.
Wójcik, Mirosław: *Człowiek-Nikt. Prozatorska twórczość Edwarda Stachury w kontekście buddyzmu zen*. Kielce: Wyższa Szkoła Pedagogiczna im. Jana Kochanowskiego 1998.
Yousefi, Hamid Resa / Braun, Ina: *Interkulturalität. Eine interdisziplinäre Einführung*. Darmstadt: WBG 2011.

Über die AutorInnen

Alessandro Achilli, Slawist, Literatur- und Kulturwissenschaftler; seit 2015 Lehrbeauftragter für slawische Literaturen an der Universität Mailand. Arbeitsschwerpunkte: Dichtung des 20. Jahrhunderts, literarische Beziehungen zwischen den ostslawischen Ländern, Polen und dem deutschen Sprachraum, Literaturtheorie und Komparatistik. Publikationen zum zeitgenössischen ukrainischen Literaturkanon, zur russischen poetologischen Lyrik, u. a. „The Lyrical Subject as a Poet in the Poetry of Marina Cvetaeva, Boris Pasternak, and Rainer Maria Rilke", in: *Studi slavistici* 10 (2013), 129–148; „Soviet Dissident Writers in the Literary Canon of Contemporary Ukraine", in: Giovanna Brogi / Giovanna Siedina / Oxana Pachlovska / Marta Dyczok (Hg.): *Ukraine Twenty Years After Independence: Assessments, Perspectives, Challenges*, Rom: Aracne 2015, 289–302.

Wolfram Aichinger, Romanist, Literaturwissenschaftler; lehrt seit 1998 spanische und französische Literatur- und Landeswissenschaft an der Universität Wien. 2012–2017: Leiter des Forschungsprojekts *Geheimnisse und Geheimhaltung in Calderóns Komödien und im Habsburg-Spanien;* Arbeitsschwerpunkte: Literaturtheorie und Literaturdidaktik, Literatur und Kultur der Barockzeit. Ausgewählte Publikationen: *El fuego de San Antón y los hospitales antonianos en España*, Wien: Turia+Kant 2009 (Neuauflage 2014); *Pintura viva. Einführung in die Bedeutung, Funktionen und Ausdruckmittel literarischer Texte*, Wien: Turia+Kant 2010 (Neuauflage 2013); Wolfram Aichinger / Simon Kroll / Fernando Rodríguez-Gallego (Hg.): *Pedro Calderón de la Barca: El secreto a voces, edición crítica*, Kassel: Reichenberger 2015.

Yaraslava Ananka, Slawistin, Literaturwissenschaftlerin, Lyrik-Übersetzerin; seit 2015 wissenschaftliche Mitarbeiterin im Forschungsprojekt *Das Dorf als Imaginationsraum und Experimentierfeld im östlichen Europa* am Institut für Slawistik der Universität Potsdam. Arbeitsschwerpunkte: russische Exillyrik, belarussische Gegenwartsliteratur, polnisch-ostslawische Kultur- und Literaturbeziehungen. Ausgewählte Publikationen: (gem. mit Heinrich Kirschbaum): „Briefe vom Galgen. Gewaltnarrative in der weißrussischen Gegenwartsliteratur", in: Nina Frieß u. a. (Hg.): *Verbrechen – Fiktion – Vermarktung: Gewalt in den zeitgenössischen slavischen Literatu-*

ren, Potsdam: Universitäts Verlag Potsdam 2013, 213–227; „Berlin. Elektrische Fische. Metropolis und Atlantis", in: Nina Frieß u. a. (Hg.): *Grenzräume – Grenzbewegungen. Beiträge des Jungen Forums Slavistische Literaturwissenschaft*, Potsdam: Universitäts Verlag Potsdam 2016 (im Druck).

Christa Baumberger, Literaturwissenschaftlerin am Schweizerischen Literaturarchiv der Nationalbibliothek (Bern), Kuratorin der Archive von Mariella Mehr, Robert Walser, Friedrich Glauser, Emmy Hennings, Mitherausgeberin von Emmy Hennings' Prosawerk. Arbeitsschwerpunkte: Interkulturelle Literaturwissenschaft, Ästhetik der Mehrsprachigkeit, Literarische Übersetzung, Schweizer Literatur, Literaturkritik. Ausgewählte Publikationen: Christa Baumberger / Nicola Behrmann (Hg.): *Emmy Hennings Dada*, Zürich: Scheidegger&Spiess 2015; Christa Baumberger / Nicola Behrmann (Hg.): *Emmy Hennings. Gefängnis – Das graue Haus – Das Haus im Schatten*, Göttingen: Wallstein 2016; *Dada. Performance & Programme*, Zürich: Chronos 2016.

Eva Binder, Slawistin, Literatur-, Kultur- und Filmwissenschaftlerin; Universitätsassistentin am Institut für Slawistik und stellvertretende Leiterin des Forschungszentrums „Kulturen in Kontakt" der Universität Innsbruck. Arbeitsschwerpunkte: Russische Kultur des 20. Jahrhunderts und der Gegenwart unter dem Aspekt von kultur- und medienwissenschaftlichen, film- und literarhistorischen Fragestellungen, dokumentarisches Erzählen in Film und Literatur. Ausgewählte Publikationen: *Konstruktionen von Identität im Film des postsowjetischen Russlands* (Dissertation, 2004); (gem. mit Birgit Mertz-Baumgartner, Hg.): *Migrationsliteraturen in Europa*, Innsbruck: iup 2012; „Filmwahrheit und Serienhelden: Das Film-Projekt ‚Srok' im medialen, kulturellen und politischen Kontext von Putins Russland", in: Sabine Schrader / Daniel Winkler (Hg.): *TV Glokal. Europäische Fernsehserien und transnationale Qualitätsformate*, Marburg: Schüren 2014, 175–194.

Anja Burghardt, Slawistin, Literatur- und Kulturwissenschaftlerin; seit 2015 akademische Rätin am Institut für Slawische Philologie der LMU München, Lehrstuhl Prof. Dr. Riccardo Nicolosi. Arbeitsschwerpunkte: polnische und russische Lyrik, polnische Literatur des 19. Jahrhunderts und der Zwischenkriegszeit, Fotoreportage. Ausgewählte Publikationen: „Mandel'štams Pathosformeln Armeniens", in: *Wiener Slawistischer Almanach* 68 (2011), 101–135; *Raum-Kompositionen: Raum, Verortung und lyrische Welt in den Gedichten Marina Cvetaevas*, Frankfurt a. M. u. a.: Lang 2013; „Der Geschmack des Exils. Zur Poetik der Erinnerung in Zagajewskis Lyrik", in: Daniel Henseler / Renata Makarska (Hg.): *Polnische Exilliteratur der 1980er Jahre*, Bielefeld 2013, 317–334.

Eleonore De Felip, Germanistin, Altphilologin; seit 2015 Senior Scientist am Forschungsinstitut Brenner-Archiv der Universität Innsbruck; Elise-Richter-Stipendiatin (FWF), Habilitationsprojekt *Zur ‚lyrischen Intensität' von Friederike Mayröckers Lyrik.* Arbeitsschwerpunkte: zeitgenössische Lyrik, Georg Trakl, Literatur und Emotionen, Human Animal Studies, kognitive Poetik. Publikationen zur deutschsprachigen Literatur vom 19. bis zum 21. Jahrhundert, u. a.: „‚Hearing the Speechless': Empathy with Animals in Contemporary German Lyrical Poetry", in: Meghan Marie Hammond / Sue J. Kim (Hg.): *Rethinking Empathy through Literature*, New York/London: Routledge 2014, 144–163; „Spiegelbilder einer hohen Wahrnehmungsbegabung: Georg Trakls Gedichte ‚Am Abend' und ‚Die Schwermut' im Lichte der Kognitiven Poetik", in: Roman Mikulas / Sophia Wege (Hg.): *Schlüsselkonzepte und Anwendungen der Kognitiven Literaturwissenschaft*, Münster: mentis 2016, 211–228.

Andreas Degen, Literaturwissenschaftler; habilitierter Privatdozent, seit 2011 wissenschaftlicher Mitarbeiter am Institut für Germanistik der Universität Potsdam. Arbeitsschwerpunkte: Poetologie und Literaturgeschichte ab 1750, Begriffs- und Ästhetikgeschichte. Jüngste Publikationen u. a. „Faszination und Sympathie. Zur Begründung einer Ästhetik der Faszination durch Johann Georg Hamann", in: Claudia Hillebrandt / Elisabeth Kampmann (Hg.): *Sympathie und Literatur. Zur Relevanz des Sympathiekonzeptes für die Literaturwissenschaft*, Berlin: ESV 2014, 65–96; (gem. mit Elżbieta Dzikowska) „Wanda. Femme polonaise", in: Hans Henning Hahn / Robert Traba (Hg.): *Deutsch-Polnische Erinnerungsorte*, Paderborn u. a.: Schöningh 2015, 521–543; „Bildpoetik und Faszinationspoetik im Frühwerk Durs Grünbeins", in: Christoph auf der Horst / Miriam Seidler (Hg.): *Bildlichkeit im Werk Durs Grünbeins*, Berlin: de Gruyter 2015, 31–52.

Sebastian Donat, seit 2009 Professor für Vergleichende Literaturwissenschaft an der Leopold-Franzens-Universität Innsbruck. Arbeitsschwerpunkte: Theorie und Geschichte der literarischen Übersetzung, Weltliteratur, Metrik, Wechselbeziehungen zwischen der russischen und deutschsprachigen Literatur, Goethe, literarische Absurde, Film und Literatur. Aktuelle Publikationen im Themenfeld des Bandes: *Deskriptive Metrik*, Innsbruck/Wien/Bozen: StudienVerlag 2010; „‚das Verdienst, uns als ein Popanz in das Original zu schrecken' – Goethe als Theoretiker und ‚Opfer' buchstabengetreuer Übersetzung", in: Markus May / Evi Zemanek (Hg.): *Annäherung – Anverwandlung – Aneignung: Goethes Übersetzungen in poetologischer und interkultureller Perspektive*, Würzburg: Königshausen & Neumann 2013, 235–256; „‚Und ich dachte, es sei... jedenfalls anders' – Dostoevskijs ‚Krokodil' zwischen Innen und Außen, Eigenem und Fremdem, Spiel und Ernst", in: Dirk Kretzschmar u. a. (Hg.): *Spiel und Ernst:*

Formen – Poetiken – Zuschreibungen, Zum Gedenken an Erika Greber, Würzburg: Ergon Verlag 2014, 233–242.

Miriam Finkelstein, Slawistin, Literatur- und Kulturwissenschaftlerin; seit 2002 wissenschaftliche Mitarbeiterin am Lehrstuhl für Slawische Literaturen und Kulturen an der Universität Passau. Arbeitsschwerpunkte: Migrationsliteratur, Postkoloniale Literatur, Erinnerung und Gedächtnis, translinguale und mehrsprachige Literatur. Publikationen zur russisch-amerikanischen und russisch-deutschen Gegenwartsliteratur, u. a. (gem. mit Diana Hitzke): „Mehrsprachigkeit in der translingualen postjugoslawischen und russischen Gegenwartsliteratur“, in: *Variatons* 22 (2014), 53–65; „A Common Place, a Contested Space: Reciprocal Representations of Russian and Eastern European Migrants in their Berlin Narratives“, in: *Zeitschrift für Slavische Philologie* 70/2 (2015), 365–399; „Re-Writing Tolstoevskii: Postcolonial Narratives in Contemporary Russian-American Literature“, in: Klavdia Smola / Dirk Uffelmann (Hg.): *Postcolonial Slavic Literatures after Communism*, Köln/Wien: Böhlau 2016 (im Druck).

Andrea Gremels, Romanistin, Literatur- und Kulturwissenschaftlerin; seit 2008 wissenschaftliche Mitarbeiterin am Institut für Romanische Sprachen und Literaturen der Johann Wolfgang Goethe-Universität Frankfurt am Main. Arbeitsschwerpunkte: Migrationsliteraturen und transkulturelle Philologie, postkoloniale Literaturtheorie, transversaler Surrealismus, inter- und transmediale Verfahren, sowie die Kulturen und Literaturen der Karibik. Ausgewählte Publikationen: *Exil und Transkulturalität: Kubanische Gegenwartsliteratur in Paris zwischen Grenzziehungs- und Entgrenzungsprozessen*, Tübingen: Narr 2014; *Cuba: ¿Tránsito o cambio? Romanische Studien* 3 (2016), in: http://www.romanischestudien.de/index.php/rst.

Eva Hausbacher, Slawistin, Literatur- und Kulturwissenschaftlerin; seit 2012 Professorin für Slawistische Literatur- und Kulturwissenschaft am Fachbereich Slawistik der Universität Salzburg. Arbeitsschwerpunkte: Russische Literatur im 20. und 21. Jahrhundert im europäischen Kontext, Literatur im Kontext von Migration, Gender und Fashion Studies. Ausgewählte Publikationen: *Poetik der Migration. Transnationale Schreibweisen in der zeitgenössischen russischen Literatur*, Tübingen: Stauffenburg 2009; „‚Stiljagi‘ – eine westliche Modeinvasion? Kulturtransfer und Kleidermode in der Sowjetunion“, in: Christa Gürtler / Eva Hausbacher (Hg.): *Kleiderfragen: Mode und Kulturwissenschaft*, Bielefeld: transcript 2015, 117–138; „Vom Schicksal des Gummibaums im sowjetischen Klima: Kitsch im Kontext kulturpolitischer Paradigmen der Sowjetzeit“, in: Kathrin Ackermann / Christopher Laferl (Hg.): *Kitsch und Nation*, Bielefeld: transcript 2015, 223–245.

Heinrich Kirschbaum, Slawist, Literaturwissenschaftler, Lyrikübersetzer; seit 2013 Juniorprofessor für westslawische Literaturen und Kulturen an der Humboldt-Universität zu Berlin. Arbeitsschwerpunkte: westosteuropäische Literaturbeziehungen, Rhetorik der Interkulturalität, Lyrik, Ekphrasis. Publikationen zur russischen, polnischen und belarussischen Literatur vom 19. Jahrhundert bis zur Gegenwart. Ausgewählte Publikationen: *Valgally beloe vino. Nemeckaja tema v poėzii O. Mandel'štama* (Walhallas weißer Wein. Das deutsche Thema in der Dichtung Osip Mandel'štams), Moskau 2010; *Im intertextuellen Schlangennest. Adam Mickiewicz und polnisch-russisches (anti)imperiales Schreiben*, Frankfurt a. M. u. a. 2016.

Sieglinde Klettenhammer, Germanistin; seit 2002 Ao. Univ. Prof. am Institut für Germanistik an der Universität Innsbruck. Arbeitsschwerpunkte: Literatur des 20. Jahrhunderts aus Österreich, Literatur und Erinnerung, Migrationsliteratur und Literatur aus mehrkulturellen Räumen (Südtirol), Rezeptionsforschung, Geschlechterforschung, Radioliteratur. Ausgewählte Publikationen: (gem. mit Johann Georg Lughofer, Hg.): *Georg Trakl. Interpretationen. Kommentare Didaktisierungen*, Wien 2016; (Hg.) *Kulturraum Tirol. Literatur – Sprache – Medien*, Innsbruck: iup 2009; „Topographien des Fremden. Zu Joseph Zoderers Romanen ‚Die Walsche', ‚Lontano', ‚Das Schildkrötenfest' und ‚Der Schmerz der Gewöhnung'", in: Günther A. Höfler / Sigurd Paul Scheichl (Hg.): *Joseph Zoderer*, Graz: Droschl 2010, 35–68; „Gefährliche Erbschaften. Erinnerungstopographien in transkulturellen Familien- und Generationenromanen von Carmen-Francesca Banciu, Zafer Şenocak und Vladimir Vertlib", in: Eva Binder / Birgit Mertz-Baumgartner (Hg.): *Migrationsliteraturen in Europa*, Innsbruck: iup 2012, 67–85; „‚Transit. Transfinit. Transnationality' oder ‚Ich ist viele'. Transkulturelle Konstruktionen des Selbst in Ilma Rakusas Autobiographie ‚Mehr Meer. Erinnerungspassagen'", in: Christine Meyer (Hg.): *Kosmopolitische ‚Germanophonie': Postnationale Perspektiven in der deutschsprachigen Gegenwartsliteratur*, Würzburg: Königshausen & Neumann 2012, 247–271.

Birgit Mertz-Baumgartner, Romanistin; seit 2012 Professorin für Französisch- und Spanischsprachige Literaturen und Kulturen an der Universität Innsbruck; Leiterin des Forschungszentrums „Kulturen in Kontakt". Arbeitsschwerpunkte: frankophone Literaturen des Maghreb, Migrationsliteraturen, postkoloniale Literaturtheorien, Literatur und Geschichte. Ausgewählte Publikationen: (gem. mit Ursula Mathis-Moser): *Passages et ancrages en France. Dictionnaire des écrivains migrants*, Paris: Éditions Honoré Champion 2012; (gem. mit Eva Binder, Hg.): *Migrationsliteraturen in Europa*, Innsbruck: iup 2012; „‚Guerre. Ennemis. Français. Arabes. Libération' (M. Bey). Le texte littéraire francophone face à la guerre d'Algérie", in: Wolfgang Asholt / Ursula Bähler (Hg.): *Le savoir historique de* *la littérature contemporaine*, Villeneuve d'Ascq: Presses Universitaires du Septentrion 2016, 210–226.

Julia Prager, Komparatistin; seit 2014 Postdoc-Stipendiatin am Lehrstuhl für Allgemeine und Vergleichende Literaturwissenschaft der Universität Erfurt. Arbeitsschwerpunkte: Exophone Verfahren in Literatur und Theater, Rhetorik und Körper, Performativitäts- und Intermedialitätstheorien. Ausgewählte Publikationen: *Frames of Critique. Kulturwissenschaftliche Handlungsfähigkeit ‚nach' Judith Butler*, Baden-Baden: Nomos 2013; „Exophone Wende: Bewegte Klangkörper in Text und Inszenierung von Jelineks ‚Die Schutzbefohlenen'", in: *Forschungsplattform Elfriede Jelinek* (2015), https://fpjelinek.univie.ac.at/fileadmin/user_upload/proj_ejfz/PDF-Downloads/Beitrag_Julia_Prager.pdf.

Julio Prieto, Romanist, Literaturwissenschaftler und Schriftsteller; seit 2015 Professor für spanischsprachige Literatur an der Technischen Universität Dresden. Arbeitsschwerpunkte: Lateinamerikanische Literatur des 20. Jahrhunderts und der Gegenwart, zeitgenössiche Lyrik und Poetiken der Moderne, Transmedialität und Theorien der Übersetzung, transatlantische Studien und Transkulturationsprozesse in der Iberoromania; Lyrikbände und experimentelle Prosa auf Spanisch, u. a. *Sedemas* (2006), *Bilingües* (2013), *De masa menos* (2013); Publikationen zur spanischsprachigen Literatur und Kultur, u. a. *Desencuadernados: vanguardias ex-céntricas en el Río de la Plata*, Rosario: Beatriz Viterbo 2002; *De la sombrología: seis comienzos en busca de Macedonio Fernández*, Madrid: Iberoamericana / Frankfurt a. M.: Vervuert 2010; *La escritura errante: ilegibilidad y políticas del estilo en Latinoamérica*, Madrid: Iberoamericana / Frankfurt a. M.: Vervuert 2016.

Eleonora Ravizza, Anglistin, Literatur- und Kulturwissenschaftlerin; Post-Doktorandin an der Universität Bergamo. Arbeitsschwerpunkte: Postkoloniale Literaturen, Anglistik, Komparatistik. Publikationen zur karibischen Literatur des 20. Jahrhunderts und der Gegenwart, u. a. „A Middle Passage to Modernity. David Dabydeen's Postmodern Slave Narrative A Harlot's Progress", in Ansgar Nünning / Kai Marcel Sicks (Hg.): *Turning Points. Concepts and Narratives of Change in Literature and Other Media*, Berlin u. a.: de Gruyter 2012, 285–300; *Becoming Home. Figurations of Exile and Return in Contemporary Anglo-Caribbean Literature* (Dissertation, 2014).

Barbara Siller, Literaturwissenschaftlerin; seit 2016 Lecturer am German Department / University College Cork. Arbeitsschwerpunkte: narrative Identitätskonstruktionen, Mehrsprachigkeit und Literatur, Übersetzung und Selbstübersetzung, Literatur und Topographie, Generationenromane und

Erinnerung, Schweigen in Prosa. Ausgewählte Publikationen: „Übersetzung, Dialog, (Sub)version – Aushandlungsprozesse kultureller Bedeutungen in Gerhard Koflers zweisprachiger Lyrik", in: *Die Zeitschrift für deutsche Sprache, Kultur und Literatur. Germanistische Mitteilungen* 72 (2010), 91–106.; „Wörter, Sprichwörter und Geschichten als Referenzpunkte für die Ausbildung transkultureller Identitäten", in: Nikolaos Katsaounis / Renate M. Sidiropoulou (Hg.): *Sprachen und Kulturen in (Inter)aktion*, Frankfurt a. M.: Peter Lang 2014, 217–228; *Identitäten – Imaginationen – Erzählungen. Literaturraum Südtirol seit 1965*, Innsbruck: iup 2015.

Claus Telge, Literatur- und Kulturwissenschaftler; seit 2015 Associate Professor am Institut für Germanistik der Universität Osaka. Arbeitsschwerpunkte: Literarische, kulturelle und intermediale Übersetzung, deutschsprachige Gegenwartsliteratur, Lyrik und Lyriktheorie. Aufsätze u. a. zur Gedächtnismetaphorik, Pablo Neruda und Christoph Ransmayr. Monographie: *‚Brüderliche Egoisten.' Die Gedichtübersetzungen aus dem Spanischen von Erich Arendt und Hans Magnus Enzensberger* (Dissertation, Druck in Vorbereitung).

Joseph Twist, Germanist, Literaturwissenschaftler; wissenschaftliche Hilfskraft an der University of Manchester und Gastdozent an der University of Chester. Arbeitsschwerpunkte: Minderheitenliteratur, Islam in der deutschen Gegenwartsliteratur, Kosmopolitismus, Romantik. Publikationen zur deutschen Literatur der Gegenwart und der Romantik, u. a. „‚The Crossing of Love': The Inoperative Community and Romantic Love in Feridun Zaimoglu's ‚Fünf klopfende Herzen, wenn die Liebe Springt' and Hinterland", in: *German Life and Letters*, 67/3 (2014), 399–417.

Christian Zehnder, Slawist; seit 2009 wissenschaftlicher Assistent für slawische Literaturen an der Universität Freiburg/CH. Arbeitsschwerpunkte: Literatur und Ideengeschichte, Literatur und Religion, Poetologie, inoffizielle Kultur und Literatur; Übersetzungen von russischer Lyrik ins Deutsche. Publikationen zur russischen und polnischen Literatur, u. a. *Axiome der Dämmerung. Eine Poetik des Lichts bei Boris Pasternak*, Wien u. a.: Böhlau 2015; „‚Actually speaking, this man converted me': Jerzy Liebert's Brzozowski and the Question of a Modern Religious Poetry", in: Jens Herlth / Edward Świderski (eds.): *‚Always our contemporary': Stanisław Brzozowski and the Intellectual Field in 20th Century Poland and Beyond* (im Druck).

Personenregister